Handbuch Canyoning

Allgemeiner Hinweis:

Aus Gründen der besseren Lesbarkeit haben wir uns entschlossen, durchgängig die männliche (neutrale) Anredeform zu nutzen, die selbstverständlich die weibliche mit einschließt.

Das vorliegende Buch wurde sorgfältig erarbeitet. Dennoch erfolgen alle Angaben ohne Gewähr. Weder die Autoren noch der Verlag können für eventuelle Nachteile oder Schäden, die aus den im Buch vorgestellten Informationen resultieren, Haftung übernehmen.

Sollte diese Publikation Links auf Webseiten Dritter enthalten, so übernehmen wir für deren Inhalte keine Haftung, da wir uns diese nicht zu eigen machen, sondern lediglich auf deren Stand zum Zeitpunkt der Erstveröffentlichung verweisen.

EBERHARDT HOFMANN | TOBIAS OTT

HANDBUCH CANYONING

SICHERHEIT, TECHNIK, AUSRÜSTUNG, PLANUNG

Meyer & Meyer Verlag

Handbuch Canyoning

Bibliografische Information der Deutschen Nationalbibliothek
Die Deutsche Nationalbibliothek verzeichnet diese Publikation in der Deutschen Nationalbibliografie; detaillierte bibliografische Details sind im Internet über <http://dnb.d-nb.de> abrufbar.

Auckland, Beirut, Dubai, Hägendorf, Hongkong, Indianapolis, Kairo, Kapstadt, Manila, Maidenhead, Neu-Delhi, Singapur, Sydney, Teheran, Wien

Member of the World Sport Publishers' Association (WSPA)

Gesamtherstellung: Print Consult GmbH, München

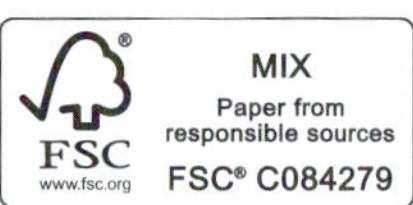

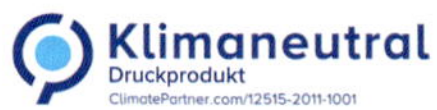

ISBN 978-3-8403-7716-7
E-Mail: verlag@m-m-sports.com
www.dersportverlag.de

INHALT

Vorbemerkungen – Canyoning ist anders als andere Sportarten 8

1 Die Entwicklung des Canyonings 12
- 1.1 Die geschichtliche Entwicklung 12
- 1.2 Die rechtliche Lage 15

2 Ausrüstung 16

3 Die Vorbereitung einer Canyontour 22
- 3.1 Die Schwierigkeitsbewertung von Canyons 24
- 3.2 Das Topo eines Canyons 27
- 3.3 Das Einzugsgebiet des Canyons 42
- 3.4 Wetter- und Wasserverhältnisse 48
- 3.5 Wasserfassungen 59
- 3.6 Die Gesteinsart des Canyons 60
- 3.7 Sicherungen 64
- 3.8 Die Gruppengröße 66

4 Bewegung im Canyon 70
- 4.1 Gehen und Abklettern 71
- 4.2 Springen 82
- 4.3 Rutschen 93
- 4.4 Schwimmen 101
- 4.5 Abseilen 130
- 4.6 Naturschutz bei der Begehung von Canyons 165

5 Kommunikation im Canyon 172
- 5.1 Visuelle Zeichen 173
- 5.2 Pfeifsignale 176
- 5.3 Technische Hilfsmittel 178

6 **Seiltechnik** **184**
- 6.1 Knoten 185
- 6.2 Zentralkarabinertechnik 194
- 6.3 Selbstblockierung 198
- 6.4 Lösbare und fixe Systeme, geschlossener Kreis 205
- 6.5 Komplettprozedur 245
- 6.6 Der Umlenker 265
- 6.7 Das Seilgeländer 276
- 6.8 Zusätzliche Seiltechniken 284

7 **Besondere Formen des Canyonings** **294**
- 7.1 Canyoning mit Kindern 295
- 7.2 Eiscanyoning 302
- 7.3 Nachtcanyoning 312

8 **Gefahren beim Canyoning** **316**
- 8.1 Objektive Gefahren 318
- 8.2 Subjektive Gefahren
  Gefahren aufgrund psychologischer Mechanismen 321
- 8.3 Die besondere Rolle der Gruppe 329
- 8.4 Ein Modell zur Entstehung von Unfällen 332
- 8.5 Incidents und Accidents 335
- 8.6 Deskriptiver Zugang 338

9 **Sicherheit beim Canyoning** **344**

10 **Der Weg zum Canyoning – Canyoning lernen** **360**
- 10.1 Lernen von Techniken 360
- 10.2 Wie lernt man Canyoning in der Gesamtheit? 371

Anhang **380**
1 Das Ausbildungssystem der Deutschen Canyoning Schule 380
2 Links 384
3 Literatur 386
4 Schwierigkeitsbewertungen 388
5 Schriftenreihe der Deutschen Canyoning Schule 395
6 Making of 396
7 Bildnachweis 398

VORBEMERKUNGEN – CANYONING IST ANDERS ALS ANDERE SPORTARTEN

Liebe Outdoorfans, liebe Sportler, liebe Canyoningnovizen: Toll, dass ihr euch für die überaus faszinierende und aufregende Sportart Canyoning interessiert. Tolle Naturerlebnisse, herausfordernde Situationen und ein einmaliges Gruppengefühl liegen vor euch. Wer einmal mit dem Canyoning angefangen hat, den lässt dieser Sport so schnell nicht mehr los. Wir wünschen euch viel Spaß bei euren Touren!

Gleichzeitig soll dieses erste Kapitel euch in aller Klarheit deutlich machen, dass es sich beim Canyoning um eine Risikosportart handelt. Bitte nehmt euch die Zeit, die Hinweise aus diesem Kapitel zu lesen. Nehmt sie ernst, handelt stets umsichtig, überschätzt euch nicht – dann stehen euch einmalige Erlebnisse bevor.

Canyoning unterscheidet sich von anderen Sportarten. Wenn man tanzen lernt und danach mit wenigen Kenntnissen tanzt, tanzt man eben relativ schlecht. Wenn man beginnt, Badminton zu spielen, wird man am Anfang wenige Bälle treffen und noch weniger Bälle zielsicher platzieren können. Solange es einem Spaß macht und solange man keinen höheren Anspruch an die Sportart hat, ist das auch überhaupt kein Problem und der normale Einstieg in fast jeden Sport. Man kann mit einem relativ niedrigen Kompetenzniveau beginnen und darauf vertrauen, dass man durch das Praktizieren Erfahrung gewinnt und sein Leistungsniveau steigert.

Bein Canyoning funktioniert dies jedoch nicht. Man kann es – außer in geführten Touren – nicht auf einem „niedrigen Niveau“ betreiben. Dies kann schnell zu erheblichen Problemen führen. Ein Blick in die Medien oder eine entsprechende Internetrecherche liefert zahlreiche Beispiele hierfür. Auch in „einfachen“ Schluchten können Fehler sehr schnell eminente Konsequenzen nach sich ziehen. Ein Annähern an den Canyoningsport durch autodidaktisches Praktizieren und die Hoffnung darauf, dass sich dabei ein Kompetenzgewinn einstellt, ist fahrlässig und gefährlich.

Das bedeutet, dass du dich entscheiden musst, ob du Canyoning „richtig", das heißt, mit relativ viel Aufwand an Ausbildung, Equipment und der entsprechenden Investition an Energie, Zeit und auch Geld betreiben willst. Wenn du nicht dazu bereit bist, solltest du Canyoning nur im Rahmen professionell geführter Touren betreiben. Auch das macht eine Menge Spaß und stellt für fast alle Canyonauten den Einstieg in die Sportart dar. Ein bisschen eigenverantwortliches Canyoning, nur so „zum Spaß", geht nicht! Denn: Canyoning ist prinzipiell lebensgefährlich. Beim Canyoning gilt der Ausspruch von Adorno in einem besonderen Maße: „Das Halbverstandene und Halberfahrene ist nicht die Vorstufe von (Aus-)Bildung, sondern ihr Todfeind".

Daher ist ein Extrakapitel dem Thema „Gefahren beim Canyoning" gewidmet. Dieses Kapitel hat nicht die Absicht, dir den Canyoningsport zu vergällen, sondern dir das aufzuzeigen, was dich in der Realität erwarten kann. Ein Großteil der in diesem Buch beschriebenen Techniken und Verhaltensweisen dient dazu, die beschriebenen Gefahren zu vermeiden oder ihnen effizient zu begegnen.

Canyoning ist eine Risikosportart, die man nur zusammen mit ausgebildeten und erfahrenen Personen ausüben sollte. Ein Lehrbuch kann niemals eine Ausbildung ersetzen. Ein unvollständiges oder fehlerhaftes Verständnis der Inhalte kann zu fatalen Konsequenzen führen. Ein Lehrbuch dient zum NACH-Lesen und zur Unterstützung einer Ausbildung, kann diese aber niemals ersetzen. Wenn ihr euch für entsprechende Kurse interessiert, beachtet bitte, dass eine Ausbildung ausschließlich von Canyonführern mit anerkanntem Fachkundenachweis (also mit amtlicher Bestätigung der Kompetenz) durchgeführt wird. Und wer würde schon zu einem Fahrlehrer gehen, der selbst keinen Führerschein besitzt?

Und vor allem müssen die Techniken immer wieder geübt werden, bis einem die einzelnen Knoten, Abseiltechniken etc. und insbesondere die Vorbereitung einer Tour in Fleisch und Blut übergegangen sind. Übt dies unbedingt vor der ersten Tour und zwar außerhalb von Schluchten! Idealerweise geht ihr dazu in einen Klettergarten. Wer vom Klettersport kommt, wird bald merken, dass sich die Techniken signifikant unterscheiden. Am ehesten entsprechen sie noch den Techniken in der Speläologie.

Die in diesem Buch beschriebenen Techniken stellen den derzeitigen Stand der Technik dar.

Techniken, die uns gefährlich erscheinen, sind in diesem Buch in Schwarz-Weiß mit rotem Rahmen und mit Warnsymbol abgebildet und sollten dringend vermieden werden!

Ergänzend zu den Kapiteln dieses Buchs können über einen QR-Code zusätzliche Informationen abgerufen werden. Der Verweis auf den jeweiligen QR-Code erfolgt an der entsprechenden Stelle im Text.

Techniken und Ausrüstung verändern sich. Techniken, die zu einem Zeitpunkt als Standard erachtet wurden, können nach einiger Zeit durch andere, bessere ersetzt werden.

Und nicht zuletzt: Die Schluchten selbst verändern sich permanent. Ein Gumpen, in den ich im letzten Jahr noch problemlos springen konnte, kann mit dem Schmelzwasser des Frühlings komplett zugekiest sein – oder es steckt auf einmal eine Eisenstange im Wasser, die jemand achtlos von oben in die Schlucht geworfen hat. Aber auch durch Flutwellen, Felsstürze etc. verändern sich die Schluchten von einem Tag auf den anderen. Daher sind alle Informationen, die eine Schlucht beschreiben (in sogenannten *Topos*) immer relativ zu betrachten.

Dieses Handbuch wurde von sachkundigen Personen erstellt und von mehreren fachkundigen Personen gegengelesen, es kann jedoch – wie jedes Manual – prinzipiell auch noch Fehler beinhalten. Für solche Fehler haften die Autoren nicht.

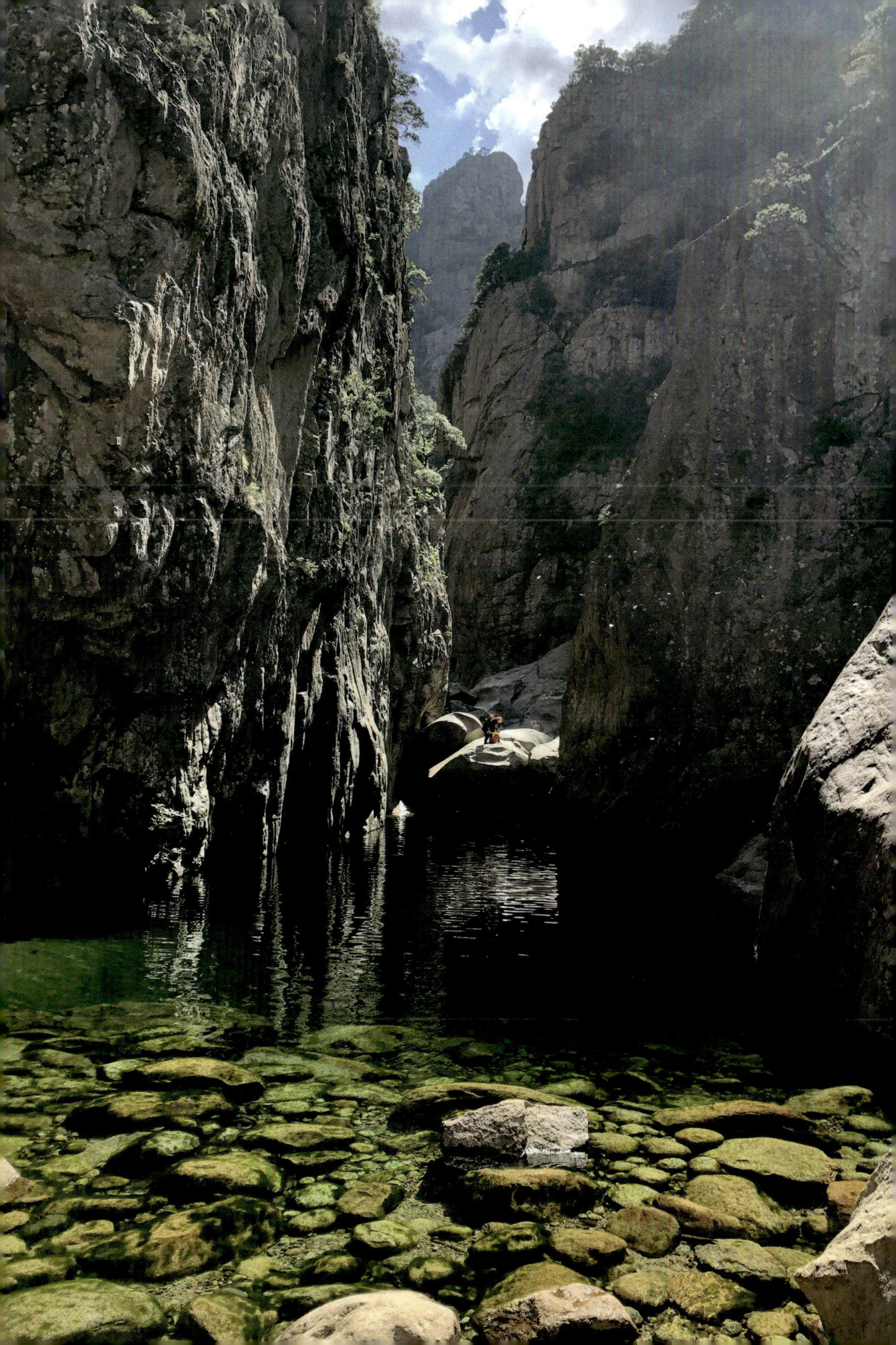

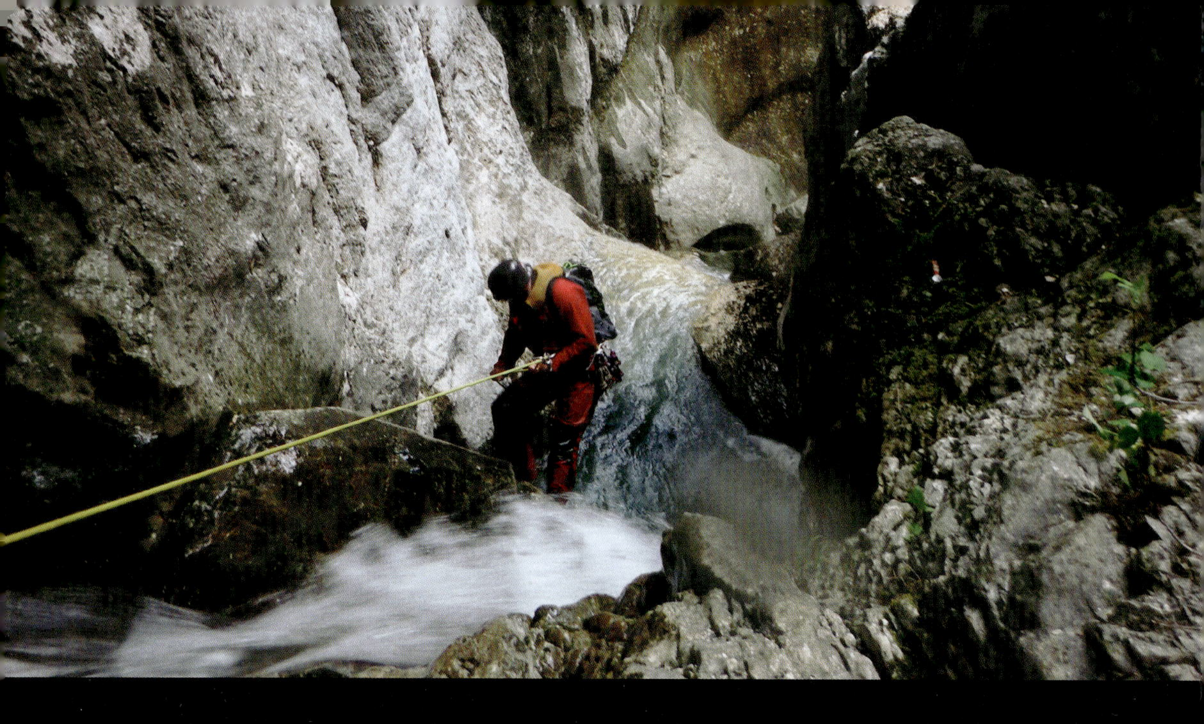

1 DIE ENTWICKLUNG DES CANYONINGS

In diesem Kapitel wollen wir die geschichtliche Entwicklung des Canyoningsports kurz beschreiben. Die Entwicklung der Verfügbarkeit von Informationen über Canyons wird nachgezeichnet und die rechtliche Situation wird dargestellt.

1.1 DIE GESCHICHTLICHE ENTWICKLUNG

Schluchten und Höhlen haben schon immer Menschen angezogen, zunächst als Rückzugsort und Wohnbehausung. Man findet Höhlenmalereien, die mehrere tausend Jahre alt sind. Eremiten suchten schon sehr früh die Abgeschiedenheit von Höhlen und Schluchten auf. In der Neuzeit war es wichtig, Schluchten zu begehen, um sie für die Holzdrift nutzbar zu machen. Im Zuge dessen wurden die ersten Steige angelegt, um – stromaufwärts wie stromabwärts – eine Schlucht begehbar zu machen.

Höhlenforscher begannen in der Mitte des 19. Jahrhunderts systematisch mit dem Begehen und Kartografieren von Höhlen. Erste Canyonexpeditionen fanden in den

1950er- und 1960er-Jahren des 20. Jahrhunderts in Südfrankreich statt. 1955 wurde der Mascun in der spanischen Sierra de Guara erstbegangen.

Im Jahr 1986 beschloss man im französischen Speläologenverband, eine eigene Gruppe zu gründen, die sich speziell mit Canyoning beschäftigen sollte. Aus dieser ging 1988 die „Commission Canyon" hervor. Im Jahr 1995 wurde die CEC (Commission Européene de Canyon), später in CIC (Commission Internationale de Canyon) umbenannt, als eine Organisation zur Ausbildung und zur Interessensvertretung kommerzieller Canyonführer gegründet.

Die CIC versteht sich sowohl als eine Ausbildungs- als auch als eine berufsständische Organisation. Ein Großteil der technischen Entwicklungen in unserer Sportart ist sicher den Franzosen zu verdanken. Dort wurde schon sehr früh viel Wert auf die Entwicklung entsprechender Techniken gelegt.

Die AIC (Assoziazione Italiana Canyoning) wurde 1998 gegründet. Durch einen tragischen Unfall im Frauenbach im Jahr 1999 motiviert, gründete die AIC im Jahr 2000 die Scuola Nazionale Canyoning „Federico Tietz" (benannt nach dem Kollegen, der bei dem besagten Unfall ums Leben gekommen war), die anfangs stark durch französische Ausbilder unterstützt und beeinflusst wurde. Die AIC veranstaltet auch seit 2002 ein jährliches internationales Canyoningtreffen. Seit einigen Jahren findet auch das „Rassemblement International Canyoning" (RIC) in verschiedenen Ländern statt.

In der Zwischenzeit gibt es auch Canyoningvereine in (aus europäischer Sicht) eher entlegenen Ländern wie z. B. Nepal und Brasilien. Dort entwickelt sich das Canyoning erst langsam.

In Deutschland und Österreich begann man in den 1980er-Jahren, Schluchten zu begehen. Die Pioniere waren meist Höhlenforscher, Kajakfahrer und Kletterer, da diese bereits einen Teil der Ausrüstung besaßen und auch über Kenntnisse verfügten, die im Canyon anwendbar waren. Auch wenn sich ein Teil dieser Techniken später als nicht optimal oder sogar als gefährlich erwiesen hat (z. B. das Abseilen mit einer Prusiksicherung, wie es beim Klettern üblich war), waren diese aus anderen Bereichen übernommenen Techniken doch ein Grundstock, um Canyons zumindest „irgendwie" begehen zu können.

In Österreich wurde die ACA, die Austrian Canyoning Association, 2011 gegründet. Sie ist eine Vereinigung für nicht kommerzielles Canyoning, wird aber von professionellen Canyonführern geleitet. Eine Mitgliedschaft ist jedoch für jedermann möglich, unabhängig von Nationalität und Ausbildungsstand.

Im Jahre 1995 wurde der Deutsche Canyoning Verein (DCV) gegründet. Er ist ein Verein, der im Gegensatz zu ACA, AIC, CIC sowie der Deutschen Canyoning Schule nicht von Canyoningführern geleitet wird.

Ein wichtiges Buch wurde 1997 von Stefan Hofmann veröffentlicht, das sich mit dem Thema Technik, hauptsächlich aus der Sicht eines Canyoningführers, beschäftigt. Die Entwicklung des Canyonings ist leider auch mit tragischen Ereignissen verbunden. Der Begriff „Canyoning" wurde einer breiteren Öffentlichkeit leider erst durch das Unglück im Saxetbach im Jahr 1999 bekannt, bei dem es die bis heute größte Anzahl an Todesopfern gab. Ab circa 2010 wurde in Österreich die kommerzielle Durchführung von Canyoningtouren – allerdings bundesländerspezifisch – mittels Gesetzen geregelt.

Die Deutsche Canyoning Schule (DCS) wurde 2012 gegründet. Sie verfolgt das Ziel, private Canyongeher für ein sicheres Begehen von Canyons zu qualifizieren und sie auf eventuelle Notsituationen vorzubereiten. Dazu werden Kurse auf verschiedenen Leveln und zu verschiedenen Spezialthemen angeboten. An der DCS werden auch Ausbildungen für Tourenleiter im nicht kommerziellen Bereich angeboten (siehe Kap. 10). Die Inhalte dieses Buchs stellen gleichzeitig den Lehrplan der Deutschen Canyoning Schule dar.

Informationen über Canyons

Das erste deutschsprachige Buch, in dem Ausrüstung, Technik und vor allem auch Touren in Deutschland, Österreich und weiteren Ländern beschrieben wurden, veröffentlichte Alfons Zaunhuber 1996. Das Buch ist besonders deshalb bemerkenswert, weil in ihm erstmalig Touren relativ detailliert beschrieben wurden. Bis zu diesem Zeitpunkt war das Wissen um geeignete Schluchten, Ein- und Ausstiege, besondere Schwierigkeiten sowie die Länge der Abseilstellen eher ein Geheimwissen, das sorgsam gehütet wurde.

Insbesondere auch in Österreich, wo das Canyoning sehr schnell kommerzialisiert wurde, wurde die Geheimhaltung dabei auf die Spitze getrieben. Die Schluchten erhielten Tarnnamen (Jurassic Park, Silver Slide, . . .), in der Anfangsphase soll dies auch zu Problemen geführt haben, da Rettungskräfte bei Unfällen aufgrund der Tarnnamen keine Orientierung hatten. Heutzutage existiert eine Menge an Führern, die exakte und differenzierte Beschreibungen einer Unzahl an Canyoningtouren bieten. Zusätzlich gibt es eine ganze Reihe von Onlinedatenbanken.

Der Vorteil einer Onlinedatenbank besteht natürlich darin, dass die Informationen sehr aktuell sind und dass es auch aktuelle Gefahrenmeldungen gibt. Das ist besonders wichtig, da sich die Canyons ständig verändern, der Canyon „lebt" gewissermaßen. Man kann sich nicht sicher sein, dass man den Canyon so vorfindet, wie man ihn das letzte Mal gesehen hat. Die umfangreichste und zudem frei zugängliche Datenbank ist die „CanyoningApp" (www.canyoningapp.com).

1.2 DIE RECHTLICHE LAGE

Das rechtliche Umfeld für das Canyoning ist in Europa höchst unterschiedlich. In den meisten europäischen Ländern ist Canyoning erlaubt, in Frankreich wird es sogar intensiv gefördert. Eine eigene Gruppe der Gendarmerie kümmert sich z. B. in den Seealpen darum, dass die Canyons optimal begehbar sind. In Österreich und der Schweiz ist das Canyoning ganz analog zum Rafting ein fester Bestandteil des touristischen Angebots. In Italien wird das Canyoning ebenfalls stark gefördert, bei den internationalen Treffen der AIC engagieren sich sogar Gemeinden und ganze Tourismusregionen bei der Unterstützung des Treffens.

In Deutschland dagegen sieht man das oft kritischer, einige Landkreise des Alpenraums haben das Canyoning verboten. Das führt dann unter anderem auch zu seltsamen Situationen, da Canyons mitunter die Grenze zwischen Deutschland und Österreich darstellen und die rechtliche Lage dadurch völlig konfus wird. Die regional sehr unterschiedlichen Rahmenbedingungen führten auch dazu, dass die Qualität der Sicherungen sehr unterschiedlich sein kann. In Südfrankreich sind die Sicherungen in aller Regel sehr gut. In Italien werden Canyons regelmäßig von der AIC saniert.

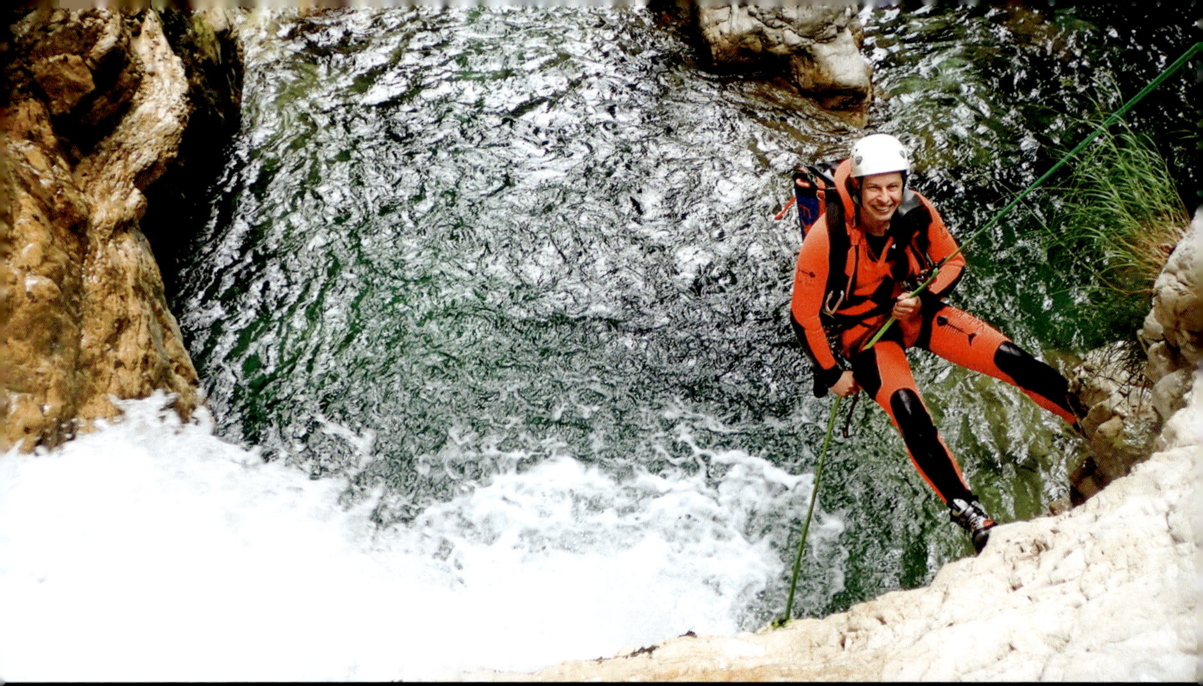

2 AUSRÜSTUNG

In Kap. 2 geht es um die für das Canyoning notwendige persönliche Ausrüstung, die jeder Teilnehmer einer Canyoningtour haben muss. Da immer wieder neue Ausrüstungsgegenstände auf den Markt kommen, die in dieses Buch einfließen sollen, findet ihr das ausführliche Kapitel über die Ausrüstung online.

Ausrüstung

Das Online-Kapitel „Individuelle Ausrüstung" ist der persönlichen Ausrüstung gewidmet. Ein eigenes Kapitel („Seile") behandelt das Thema Seile, da an diesen wortwörtlich unser Leben hängt. Im Kapitel „Technische Notfallausrüstung für die Gruppe" geht es dann um die technische Notfallausrüstung, die in einer Gruppe vorhanden sein muss und mit der ihr in der Lage seid, unvorhergesehene Situationen sicher zu bewältigen. Die medizinische Notfallausrüstung für eine Gruppe, die man benötigt, um die Folgen eines Unfalls im Canyon im Griff zu haben, beschreiben wir ebenfalls in einem separaten Online-Kapitel.

Wir empfehlen euch sehr, auch die Onlinekapitel dieses Buchs ausführlich zu lesen! Ihr findet dort viele spannende Tipps rund um eure persönliche Ausrüstung sowie alles zur Materialkunde.

Hier im Buch beschränken wir uns darauf, die Ausrüstung in Form von Checklisten aufzulisten.

AUSRÜSTUNGSLISTEN

Individuelle Bekleidung

- Canyoningschuhe
- Neoprenanzug
- Neoprensocken
- Helm
- Optional: Schlaz
- Optional: Handschuhe

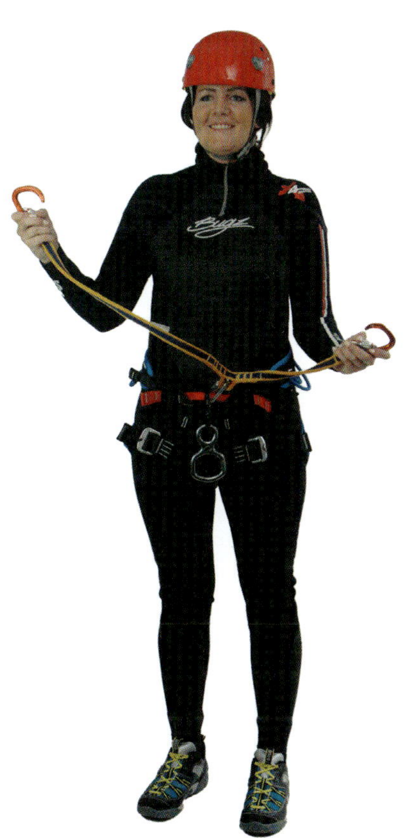

Individuelle technische Mindestausrüstung

- Canyoninggurt
- Selbstsicherung
- Optional: Multitool
- Abseilgerät
- Pfeife
- Messer
- Schere

Technische Zusatzausrüstung (für mindestens zwei Gruppenmitglieder)

- 5 Schraubkarabiner Alu
- 1 Stahlschraubkarabiner
- Shunt
- Tibloc
- Expressschlinge
- 2 Rollen
- Kurzprusik
- Langprusik
- Rucksack
- Wasserdichte Tonne

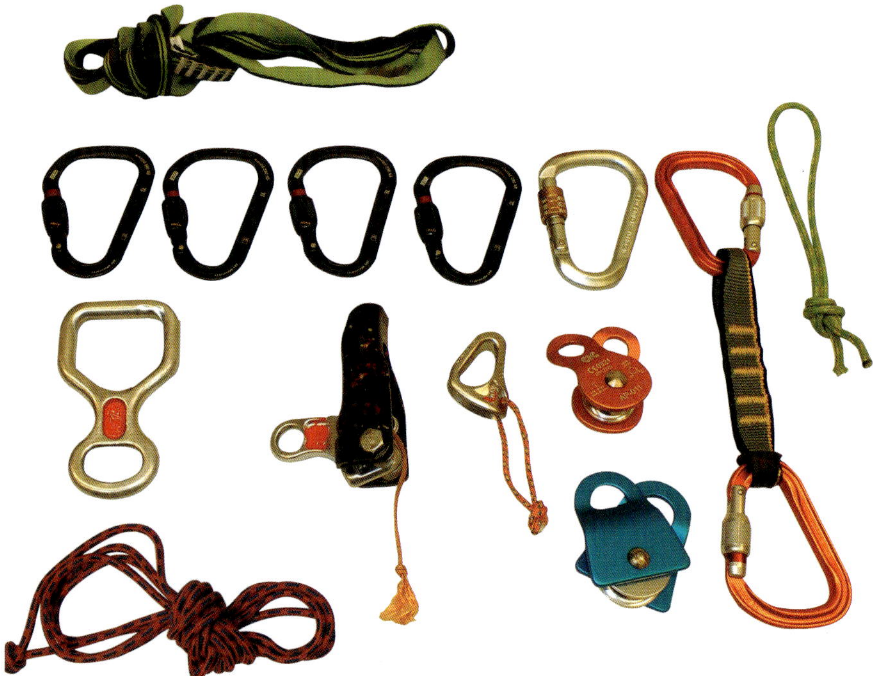

Seile

- Statische Canyoningseile
- Ein Notseil (doppelt so lang wie die längste Abseilstelle)
- Ein kurzes, dynamisches Seil (zum Hochklettern)
- Seilstücke (zur Verwendung als Fixseil)

Technische Ausrüstung für die Gruppe

- Handy (mindestens eines, besser mehrere), am besten mit Powerbank
- Optional: Funkgeräte
- Gegebenenfalls GPS-Gerät
- Taucherbrille
- Lawinensonde
- Wurfanker
- Betastick/Reacher oder Ähnliches
- Großer Abseilachter
- Treibanker
- Optional: Setzzeug/Bohrmaschine mit Dübelmaterial
- Lichtquelle
- Rauchkörper
- Signalraketen
- Ideal: Escaper
- Je nach Schlucht (Aquatik): Wurfsack

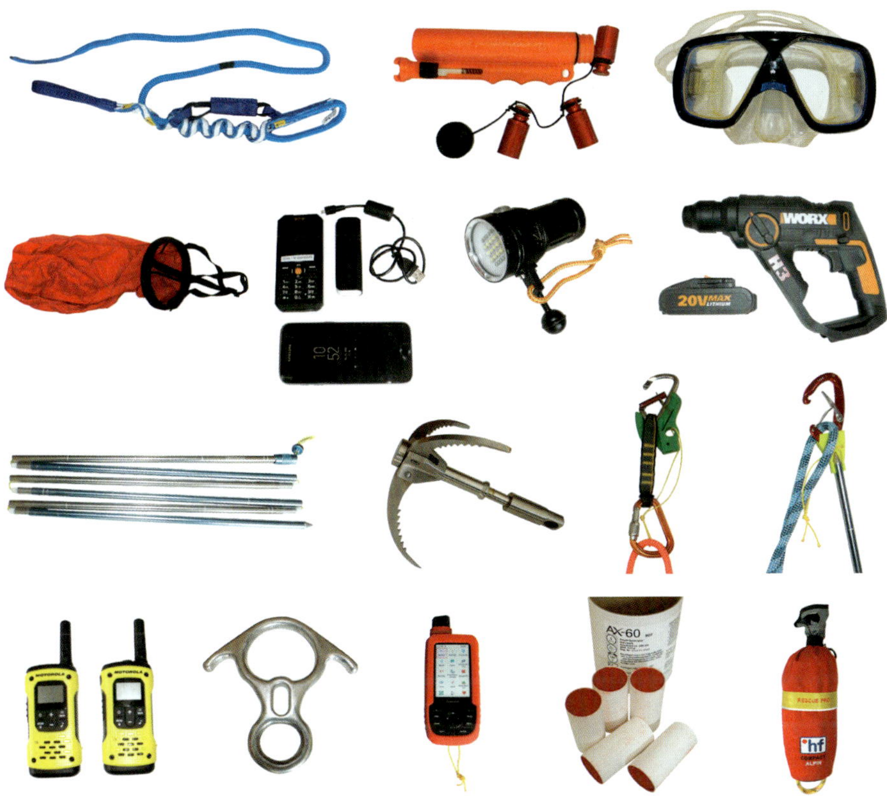

Medizinische Ausrüstung für die Gruppe

- SAM-Splint
- Ready Heat
- Je TN eine Rettungsdecke
- Biwaksack
- Thermosflasche mit heißem Wasser
- Poncho
- Esbitkocher/Gaskocher
- Zeckenkarte
- Beatmungsmaske
- Klebeband

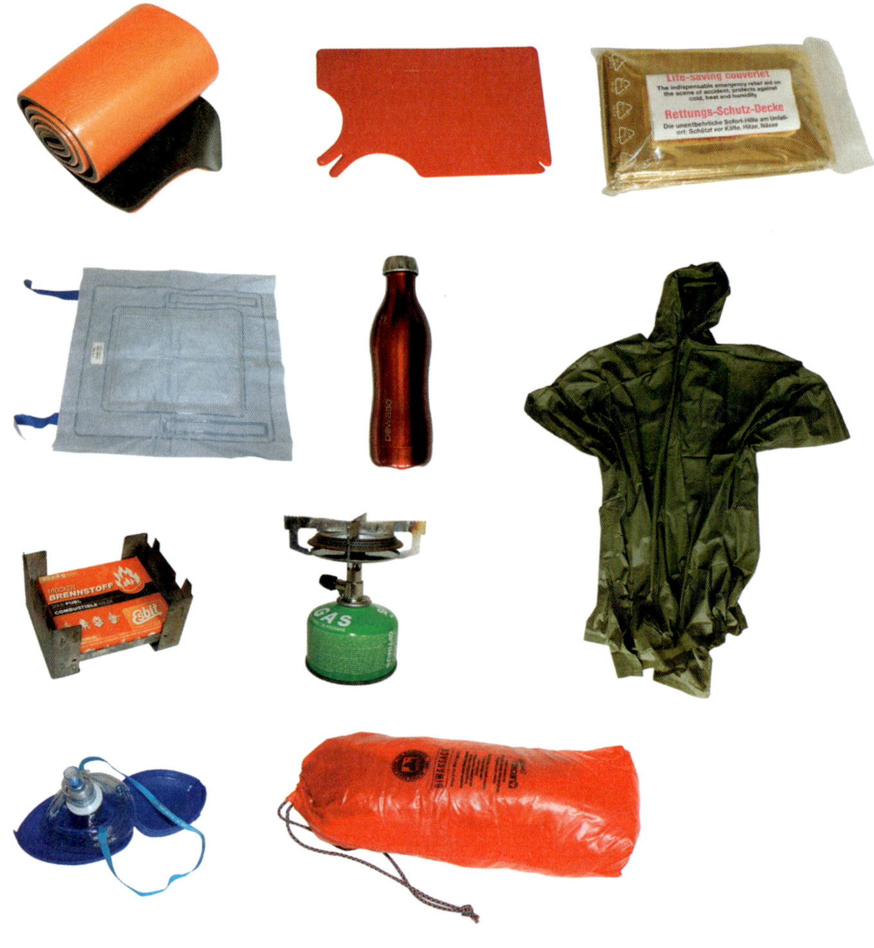

Die Ausrüstung entwickelt sich ständig weiter. In einem Buch kann immer nur der Stand zum Erscheinen des Buchs wiedergegeben werden. Daher werden auf der Homepage der Deutschen Canyoning Schule (www.deutsche-canyoning-schule.de) neue Produkte vorgestellt, die aus unserer Sicht tatsächlich hilfreiche Innovationen sind und die natürlich auch von uns getestet wurden.

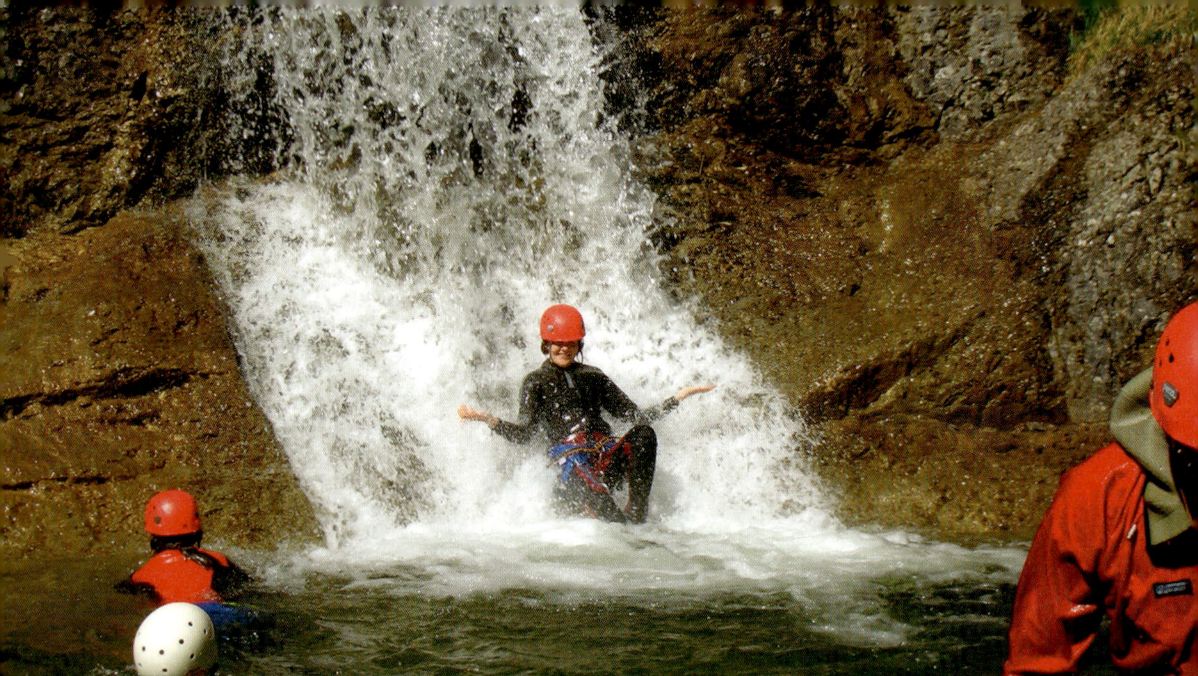

3 DIE VORBEREITUNG EINER CANYONTOUR

Eine gute Vorbereitung ist essenziell für das Gelingen einer Canyontour. Die Vorbereitung stellt das „stumpfe Ende" des Unfallgeschehens dar (siehe Kap. 8).

Hier gilt das Sprichwort: „If you fail to plan, you plan to fail."

Einen Canyon ohne entsprechende Vorbereitung gehen zu wollen, wäre mehr als fahrlässig. Eine gute Planung ist die beste Voraussetzung für ein sicheres und fantastisches Schluchterlebnis – und die Planungsphase macht bereits viel Spaß, steigert sie doch erheblich die Vorfreude.

Bei der Vorbereitung einer Tour sind insbesondere folgende Aspekte zu bedenken:

- die Schwierigkeitsbewertung der Tour;
- das Topo der Tour;
- das Einzugsgebiet des Canyons;
- das Wetter und die Wasserverhältnisse;
- das eventuelle Vorhandensein von Wasserfassungen;

- die Gesteinsart des Canyons;
- die Sicherungen sowie
- die Gruppenzusammensetzung.

Nicht für alle Schluchten sind diese Informationen leicht zu beschaffen. Lange Zeit galten Informationen über Canyons – insbesondere über die Zustiege – als eine Art Geheiminformation, die man nur unter Gleichgesinnten weitergab. Das hat sich in den letzten Jahren erfreulich geändert.

Dank der verfügbaren Informationen könnt ihr nicht nur sehr viel leichter zwischen „lohnenden" und „uninteressanten" Schluchten unterscheiden (obwohl dies immer sehr subjektive Wertungen sind), die bekannten Zustiege verhindern auch, dass sich jede Canyoninggruppe aufs Geradewohl ihren eigenen Weg in die Schlucht bahnt und damit mehr als unbedingt notwendig die empfindliche Natur stört. Daher gilt: Wenn in einer Beschreibung von einer Begehung wegen naturschutzrechtlicher Bedenken abgeraten wird, so haltet euch bitte daran!

Es gibt in der Zwischenzeit jede Menge Canyonbeschreibungen in Buchform. Diese können natürlich nicht, oder nur sehr zeitverzögert im Rahmen von Neuauflagen, auf saisonale oder aktuelle Änderungen der Verhältnisse in den Schluchten reagieren. Die Informationen im Netz sind hier – zumindest potenziell – eher up to date.

Eine Garantie bietet aber auch die scheinbare Aktualität des Internets nicht: Bitte schaut immer genau, wann eine Tourinfo zuletzt aktualisiert wurde. Und nicht vergessen: Auch eine gestern ins Netz gestellt Information kann heute schon überholt sein! Gute Informationsquellen sind unter anderem canyoningapp.com oder canyon-carto.net.

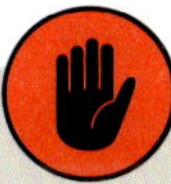

Wichtig: Die reine Verfügbarkeit von Informationen genügt nicht. Man muss auch lernen, die Informationen richtig zu interpretieren!

3.1 DIE SCHWIERIGKEITSBEWERTUNG VON CANYONS

Bei der Schwierigkeitsbewertung von Canyons gibt es kein allgemein anerkanntes System. Es setzt sich jedoch das französisch-italienische System immer mehr durch, daher haben wir uns entschieden, dieses hier näher auszuführen.

Bei der Anwendung eines jeden Systems zur Schwierigkeitsbewertung gilt stets:

Eine Bewertung bezieht sich immer auf einen höchstens normalen Wasserstand und optimale Bedingungen. Da jedoch der Wasserstand die entscheidende Variable aller Schwierigkeiten und Risiken ist, muss dieser immer mit beachtet werden.

Zeitangaben sind sehr relativ. Sie beziehen sich in der Regel auf eine Gruppe von vier Personen. Bei einer größeren Gruppe kann es schnell zu Wartezeiten an Fixpunkten kommen. Zudem unterscheiden sich Personen natürlich bezüglich ihrer Bewegungsgeschwindigkeit und bezüglich der Schnelligkeit in der Anwendung von Sicherungs- und sonstigen Techniken. Ruhepausen sind in den Angaben nicht inbegriffen.

Wichtig zu wissen: Der gleiche Schwierigkeitsgrad zweier Schluchten kann, im Detail betrachtet, auf völlig unterschiedlichen Anforderungen beruhen, z. B. kann eine identisch eingestufte aquatische Schwierigkeit in einem Fall auf dem Vorhandensein eines (lebensgefährlichen!) Siphons, im anderen Fall auf starker Strömung oder auf hohem Wasserdruck bei einer Abseilstelle beruhen.

Die Angaben beziehen sich auf die schwierigste zu erwartende Einzelstelle, sie beziehen sich nicht auf die Häufigkeit solcher Stellen. Es macht vor Ort jedoch einen großen Unterschied, ob ein Canyon lediglich eine schwierige Schlüsselstelle hat oder ob er aus einer Abfolge schwieriger Stellen besteht. Lest euch also bitte immer die gesamte Beschreibung durch und nicht nur die Schwierigkeitsbewertung, um zu wissen, was auf euch zukommt und welches Material ihr mitnehmen müsst.

Die französisch-italienische Bewertung besteht aus drei Angaben: Die erste Angabe (beginnend mit einem kleinen „v") bezieht sich auf die Vertikalität („Steilheit") des Canyons auf einer Skala von 1 (leicht) bis 7 (sehr schwer) in arabischen Ziffern. Die zweite Angabe (beginnend mit einem „a“) informiert über die Aquatik des Canyons, ebenfalls auf einer Skala von 1 (leicht) bis 7 (sehr schwer) in arabischen Ziffern.

Die dritte Angabe bewertet die „Ernsthaftigkeit“ eines Canyons. Die Bewertung der Ernsthaftigkeit ist ein Durchschnittswert aus drei Komponenten:

1. aus der Zeit bis zum Erreichen sicherer Stellen im Falle eines plötzlich auftretenden Hochwassers,
2. aus der Zeit zur Erreichung eines Notausstiegs und
3. aus der Gesamtdauer der Canyonbegehung. Die Ernsthaftigkeit wird auf einer Skala von I (leicht) bis VI (sehr schwer) bewertet. Diese Zahlen werden römisch geschrieben.

Oftmals erfolgt noch die Bewertung der „Schönheit“ eines Canyons. Diese Bewertung ist jedoch maximal subjektiv, gibt euch aber einen guten Hinweis auf besonders lohnenswerte Schluchten.

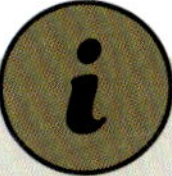

Die Bewertung eines Canyons hat folgende Struktur:

- Bewertung der Vertikalität,
- Bewertung der Aquatik sowie
- Bewertung der Ernsthaftigkeit.

Eine Beispielbewertung kann folgendermaßen aussehen:

v3, a4, III

Dies bedeutet:

- Der Canyon hat eine Schwierigkeit von 3 bezüglich der Vertikalität.
- Er hat eine Schwierigkeit von 4 bezüglich der Aquatik.
- Die Ernsthaftigkeit des Canyons wird mit III bewertet.

Eine genaue Definition der jeweiligen Schwierigkeitsstufen befindet sich im Anhang.

Das Bewertungsschema kann jedoch immer nur die Situationskomponente, die objektiven Bedingungen im Canyon, beschreiben. Zur Beantwortung der Frage, ob man einen Canyon begehen kann, ist es jedoch unerlässlich, diese Situationskomponenten auf dem Hintergrund der eigenen Kompetenz und natürlich auch der Kompetenz der anderen Gruppenmitglieder zu betrachten. Diese Einschätzung unterliegt jedoch häufig gewissen Verzerrungen (siehe Kap. 8).

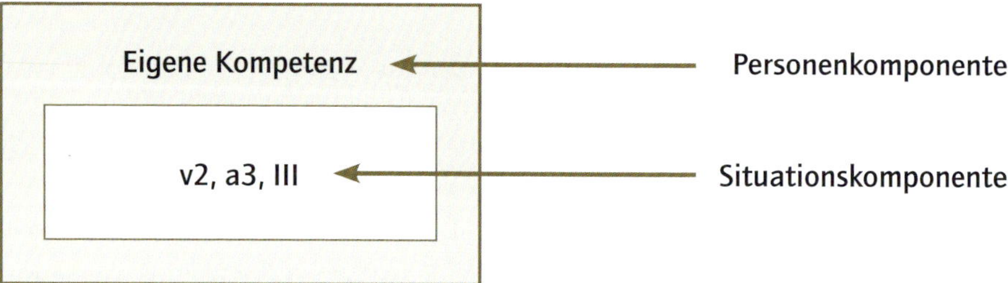

Natürlich ist eine Schwierigkeitsbewertung nur so gut wie die Person, die diese Bewertung erstellt hat.

Es gibt keine staatliche oder sonstige Stelle, die die Schwierigkeitsbewertungen überprüfen oder diejenigen autorisieren, die die Schwierigkeitsbewertungen vornehmen. Man hat somit keinerlei Sicherheit, dass die Schwierigkeitsbewertung auch richtig ist.

Anmerkung:

Die Bewertung C1 bis C6, die man immer noch gelegentlich vorfindet, ist völlig veraltet und ohne jegliche praktische Relevanz, da sie versucht, eine Gesamtbewertung eines Canyons vorzunehmen und keine Differenzierungen ermöglicht.

3.2 DAS TOPO EINES CANYONS

Der Ausdruck „Topo" stammt aus dem Klettersport und ist die Abkürzung für „Topografie". Er bezeichnet die grafische Darstellung einer Kletterroute. Der Begriff wurde für das Canyoning übernommen und meint die grafische Darstellung der relevanten Beschreibungen eines Canyons. Dabei hat sich umgangssprachlich die Form „das Topo" durchgesetzt.

Ein Topo ist neben der Schwierigkeitsbewertung die wichtigste Informationsquelle, die ihr für eine (wetterunabhängige) Einschätzung einer Schlucht habt. Anhand eines guten Topos könnt ihr tatsächlich eine Schlucht schon im Geiste begehen und die Materialauswahl treffen. Es bietet sich an, ein Topo entweder in laminierter Form oder als Bild auf dem Handy mit in die Schlucht zu nehmen, um sich unterwegs orientieren zu können.

Dabei hat ein Topo folgende Einschränkungen: Es ist eine abstrakte (und nie maßstabsgetreue) Darstellung des Canyons, man muss also „Übersetzungsarbeit" leisten, um daraus die wichtigen Informationen ableiten zu können. Zudem „lebt" ein Canyon. Durch Hochwasser können sich z. B. Rutsch- und Springstellen sehr stark verändern, Haken können beschädigt werden etc. Daher ist es wichtig, zu wissen, wie alt ein Topo ist. Je neuer dieses ist, desto brauchbarer ist es.

> Ein Topo kann immer nur eine Hilfe sein – ihr dürft ihm nie zu 100 Prozent vertrauen. Das Topo gibt euch keine Garantie, sondern lediglich eine Idee, wie der Canyon mit einer gewissen Wahrscheinlichkeit aussehen wird.

Was beinhaltet ein gutes Topo?

- Höhe der Abseilstellen
- Lage der Haken
- Abseilen trocken oder im Wasserstrahl?
- Gegebenenfalls Zwischenstände
- Seilgeländer
- Rutschstellen
- Sprungstellen
- Gefahrenstellen
- Scharfe Kanten
- Notausstiege
- Engstellen
- Wasserfassungen
- Wasserzuläufe
- Siphons
- Unterspülungen
- Rückläufe
- Gehpassagen
- Die Lage von Ein- und Ausstiegen
- Die Gesteinsart
- Besondere Charakteristiken
- Die Schwierigkeitsbewertung
- Das Erstellungsdatum
- Eine Legende

Es existiert keine „Norm", welche Symbole und welche Buchstaben in einem Topo zu verwenden sind. Im Prinzip kann jeder Ersteller eines Topos dieses so gestalten, wie er es möchte. Daher ist eine Legende zwingend notwendig, um ein Topo interpretieren zu können. Auch wenn es keine offizielle Norm gibt, so werden doch einige Symbole und Buchstaben in den meisten Topos verwendet.

Die Buchstaben sind dabei Abkürzungen aus dem Französischen: In Frankreich wurde die entsprechende Pionierarbeit geleistet, die Buchstaben und Symbole haben sich eingebürgert.

Gebräuchliche Symbole in Topos

Rg	Rive gauche, orografisch (in Flussrichtung) links		Strömung
Rd	Rive droite, orografisch (in Flussrichtung) rechts	!	Achtung
X	Abseilpunkt		Abklettern
XX	Zwei Abseilpunkte, in der Regel mit einer Kette verbunden		Umlenker
R	Abseilstrecke, trocken		Ausstieg, Notausstieg
C	Abseilstrecke mit Wasserstrahl		Engstelle
T	Rutsche	**enc**	Engstelle
	Becken		Unbegehbar
10 m	Schwimmstrecke	100 m	Gehstrecke
	Becken mit Rücklauf, ggf. Seilbahn aufbauen		Siphon
	Seilgeländer		Schlüsselstelle
Mc (…)	Seilgeländer (Länge)		Umgehen
			Scharfe Kante

Gebräuchliche Buchstaben in Topos		
R	(Rappel)	Abseilen außerhalb des Wassers
C	(Cascade)	Abseilen im Wasser
S	(Sault)	Springen
T	(Tobbogan)	Rutschen
E	(Escalade)	Klettern, in der Regel abklettern
M	(Marche)	Gehen
RG	(Rappel Guide)	Führungsseil, Seilbahn
Mc	(Main currable)	Seilgeländer
Rg	(Rive gauche)	In Flussrichtung links
Rd	(Rive droite)	In Flussrichtung rechts
Affl.	(Affluent)	Zufluss
Echap.	(Échappatoire)	Notausstieg
Enc	(Encaissement)	Eingeschnitten
D	(Detour)	Umgehung
Der Buchstabe D wird nicht einheitlich verwendet, er kann auch bedeuten:		
D	(Deescalade)	Abklettern

Interpretation eines Topos

Ein Topo wird nur „von links nach rechts" aufgezeichnet und ist insofern keine „Wegbeschreibung" wie ein Navigationssystem, vor allem wird nicht der Bachlauf nachgezeichnet! Um dies zu verdeutlichen, wollen wir nachfolgend ein Topo interpretieren und mit der Situation in der realen Schlucht abgleichen.

Dieses Topo soll nachfolgend erläutert werden. Zudem gibt es zu jeder der 12 Stellen Fotos der realen Verhältnisse im Canyon. Die entsprechenden Stellen sind zur leichteren Orientierung in der Kopfzeile mit Zahlen versehen. Diese Zahlen findet man normalerweise natürlich nicht in einem Topo.

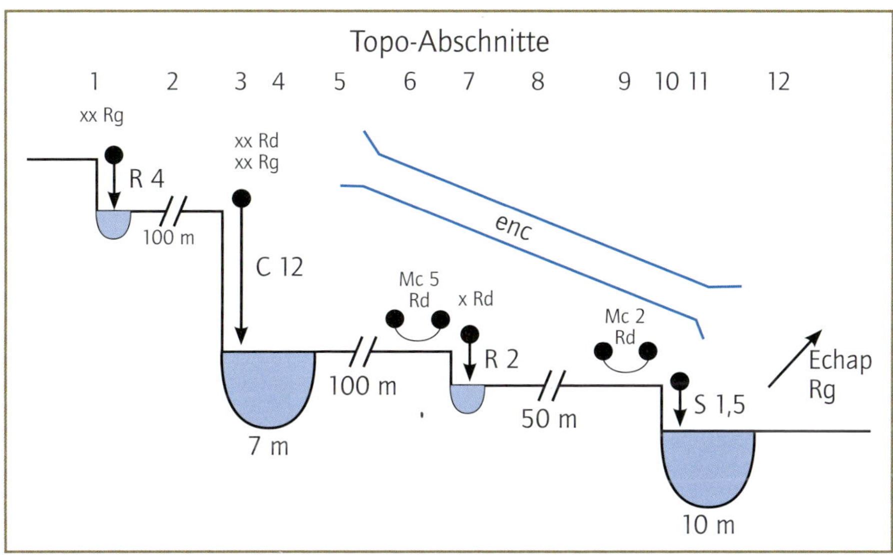

Korrekte Interpretation:

Topo-Abschnitt 1

„Die Tour beginnt mit einer Abseilstelle, an der man im Trockenen vier Meter abseilt (R 4) und dann in einem Becken landet. Die Abseilstelle besteht aus zwei Haken und befindet sich auf der linken Seite in Flussrichtung (xx Rg)."

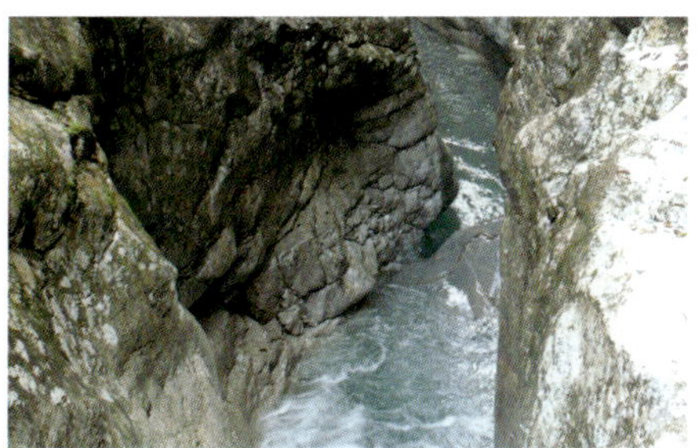

Die Einstiegstelle von oben

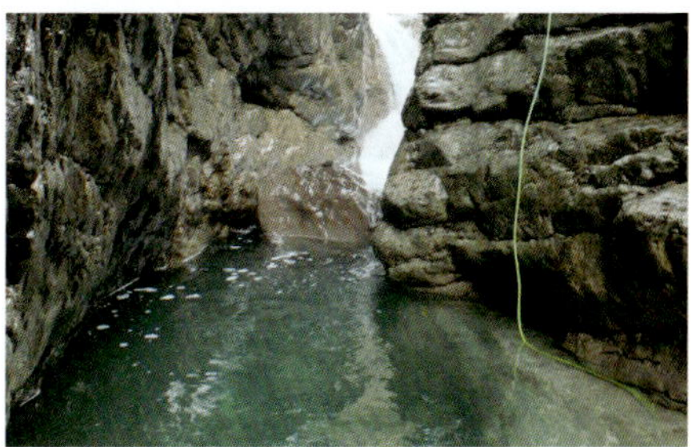

Die Einstiegstelle von unten

Topo-Abschnitt 2

„Danach folgen circa 100 Meter Gehstrecke."

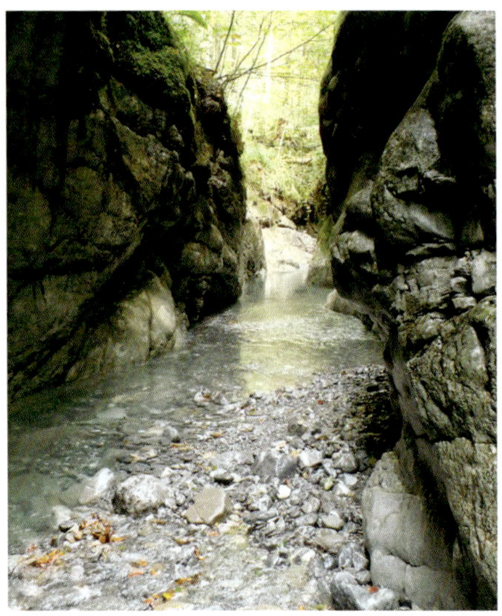

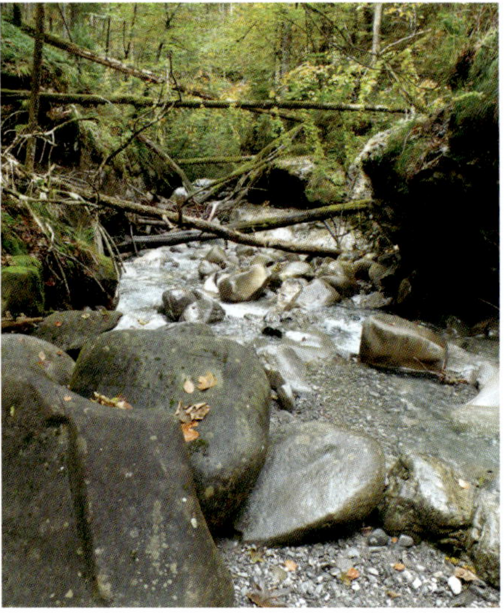

Topo-Abschnitt 3

„Nun folgt eine 12 Meter hohe Abseilstelle in einem Wasserfall (C 12). Es gibt dazu rechts (xx Rd) und links (xx Rg) jeweils eine Abseilstelle mit zwei Haken. Das Becken hat eine Länge von sieben Metern (die man voraussichtlich durchschwimmen muss)."

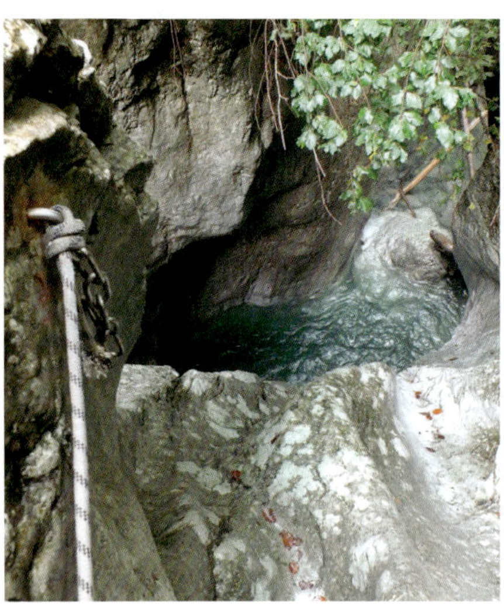

Achtung: Die Angabe „sieben Meter" heißt hier NICHT, dass das Becken sieben Meter tief ist (man also springen könnte!).

Die Abseilstelle von oben

Topo-Abschnitt 4

Danach schwimmt man durch ein sieben Meter langes Becken.

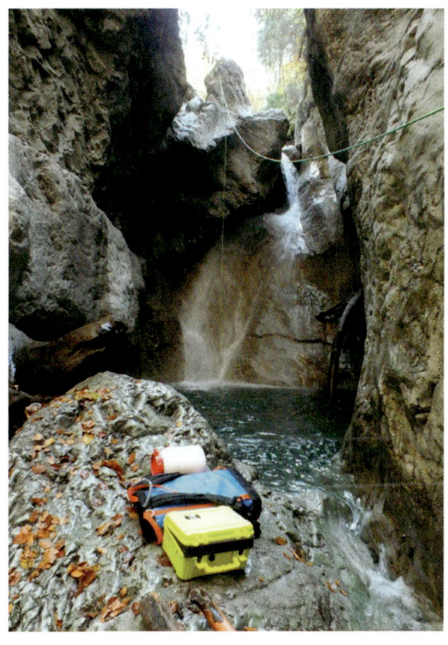

Das Becken von unten

Topo-Abschnitt 5

„Von nun an ist der Canyon eng eingeschnitten. Es folgt eine circa 100 Meter lange Gehstrecke."

Wie man sieht, kann eine „Gehstrecke" durchaus hüfthoch im Wasser sein.

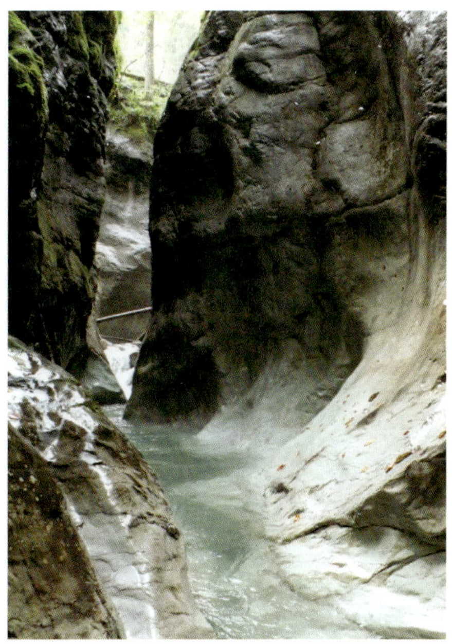

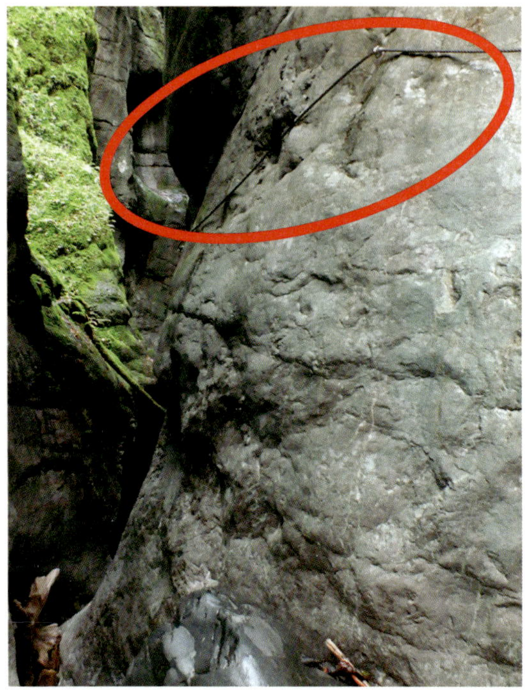

Topo-Abschnitt 6

„Auf der rechten Seite befindet sich dann ein fünf Meter langes Seilgeländer (MC 5 Rd)."

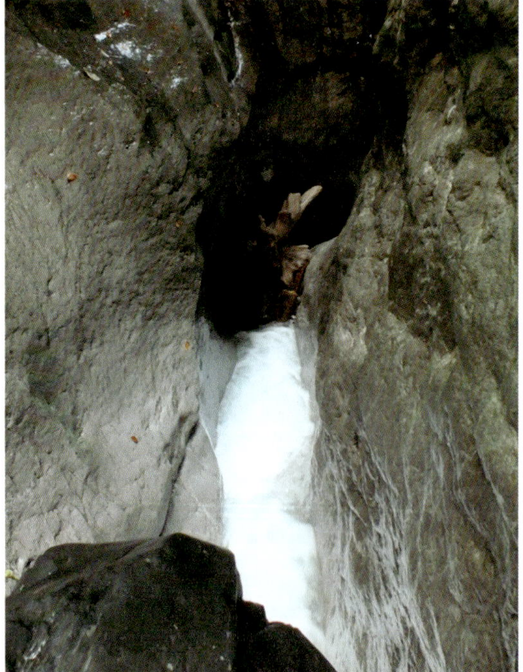

(Diese Stelle, die bei hohem Wasserstand gefährlich wird, wird mit dem Seilgeländer oben umgangen.)

Topo-Abschnitt 7

„Am Ende des Seilgeländers seilt man sich trocken zwei Meter (R 2) ab und kommt in einem Becken an."

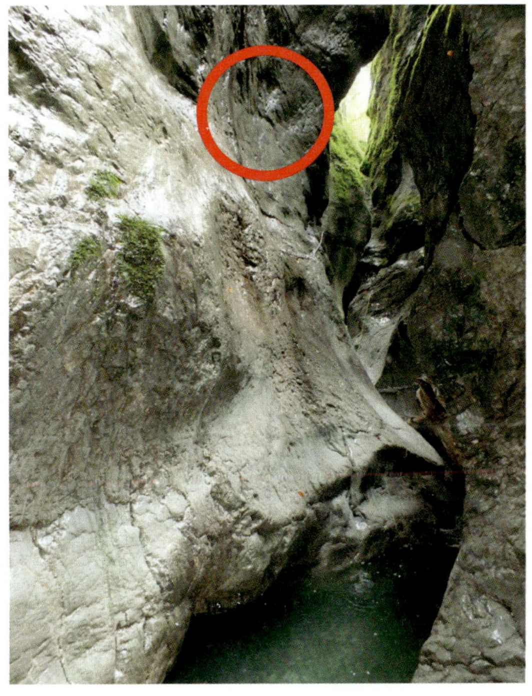

Topo-Abschnitt 8

„Weiter geht es mit circa 50 Metern Gehgelände."

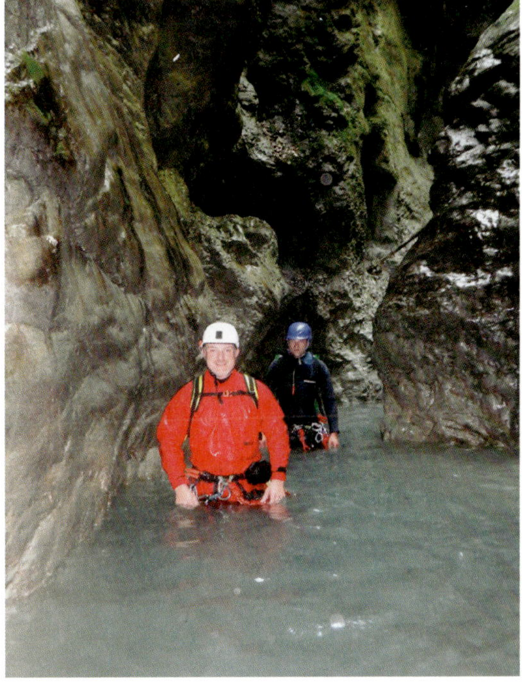

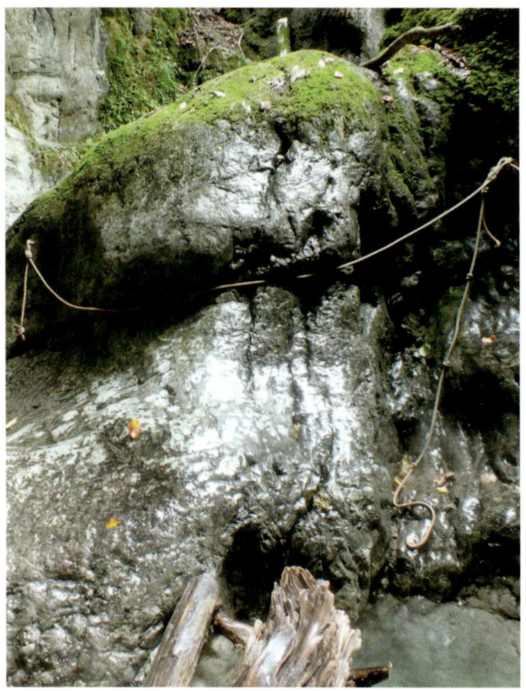

Topo-Abschnitt 9

„Anschließend findet man ein zwei Meter langes Seilgeländer (Mc 2) auf der rechten Seite (Rd)."

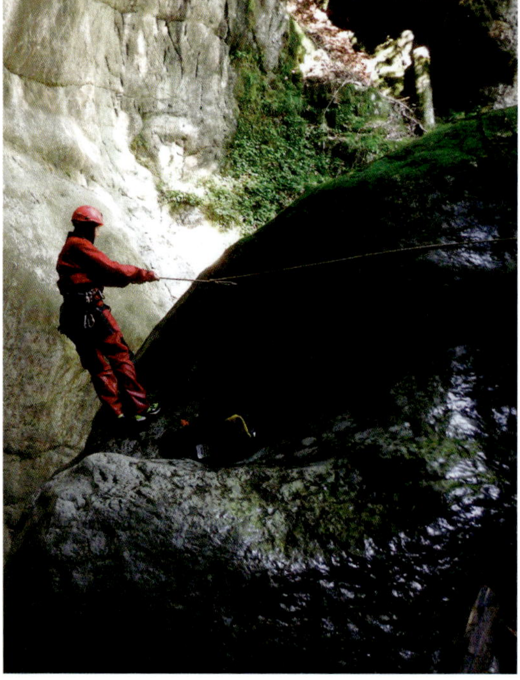

Topo-Abschnitt 10

„Am Ende des Seilgeländers folgt ein Sprung aus 1,5 Metern Höhe (S 1,5) in ein Becken."

Die Person steht am Ende des Seilgeländers, d. h. am Absprungpunkt.

Topo-Abschnitt 11

„Danach schwimmt man durch ein circa 10 Meter langes Becken."

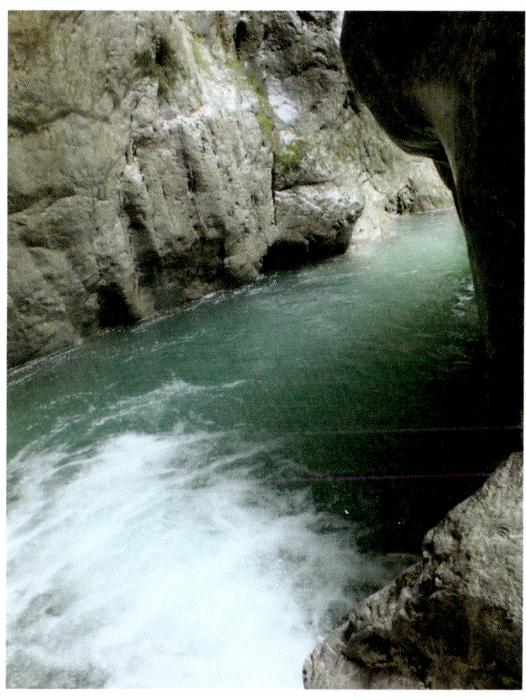

Das Becken in Flussrichtung

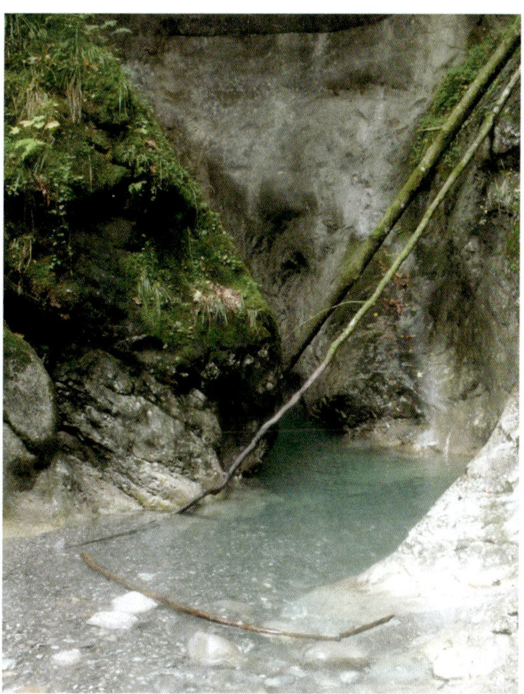

Das Becken von unten, gegen die Flussrichtung

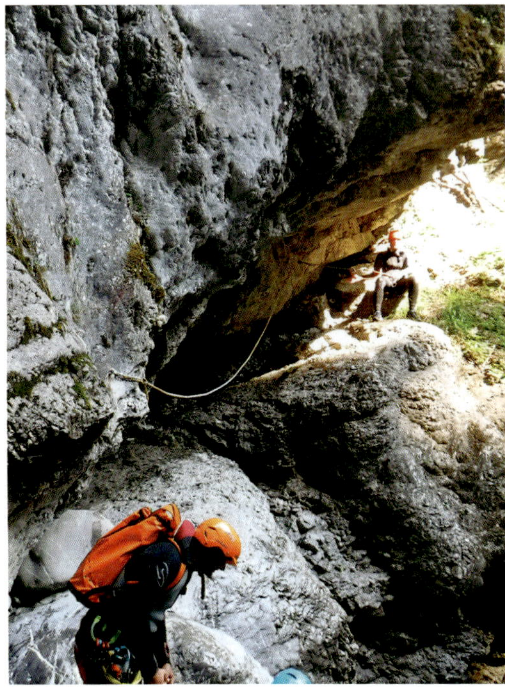

Topo-Abschnitt 12
„Nach diesem Becken gibt es links einen Notausstieg (Echap Rg).“

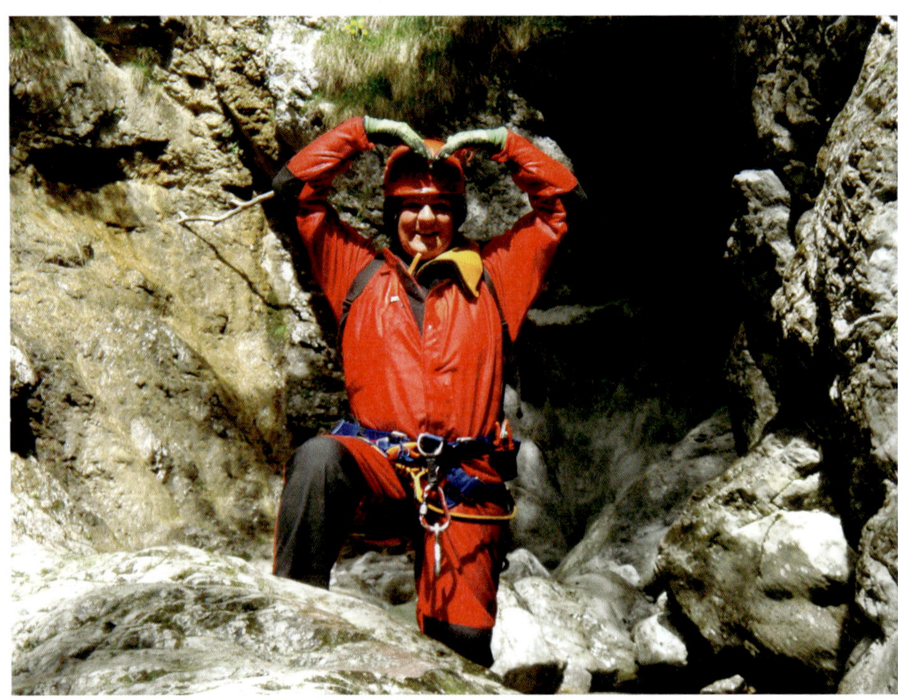

Verlasst euch niemals auf die Aktualität eines Topos – und nicht auf die aufregenden Bilder, die ein Topo in eurem Kopf erzeugt. Vor Ort kann sich die Situation völlig anders darstellen. Das macht den Reiz des Canyonings aus – aber, viele Unfälle im Canyon passieren, weil das Topo unkritisch als ein aktuelles Abbild der Realität gesehen wird, oder weil man sich darauf verlässt, dass die Schlucht noch genauso aussieht wie beim letzten Mal . . .

Der Canyon „lebt"

Auch wenn eine Schlucht vor allem aus massivem Fels besteht, so verändert sie sich doch. Zwei solche typischen Veränderungen sind nachfolgend abgebildet:

Durch quer liegende Bäume, in denen sich weiteres Holz sowie Gestein ansammelt, bilden sich Staudämme. Diese Staudämme können dann z. B. Abseilstellen unter sich begraben. Ebenso kann es sein, dass diese Staudämme durch Verwitterung oder durch ein Hochwasser platzen und somit Abseilstellen, die jahrelang gut erreichbar waren, plötzlich einige Meter höher liegen und dadurch unerreichbar werden.

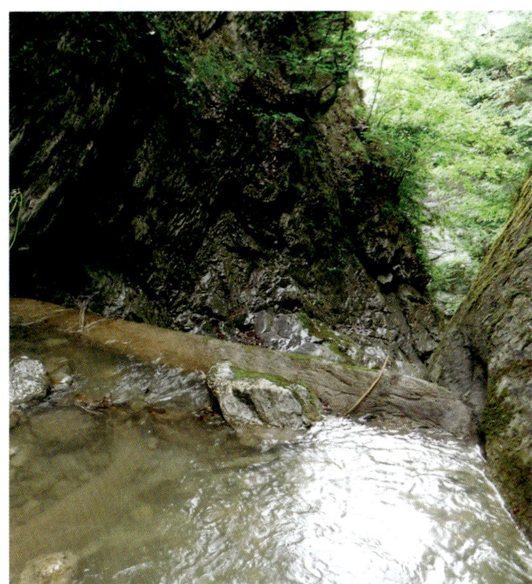

Ein natürlicher „Staudamm"

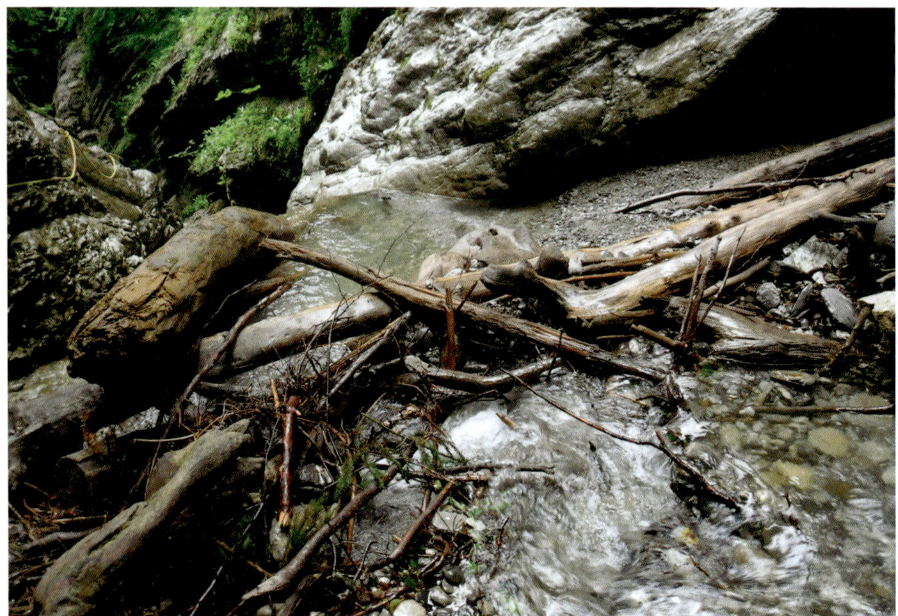

Ein natürlicher „Staudamm", von oben gesehen

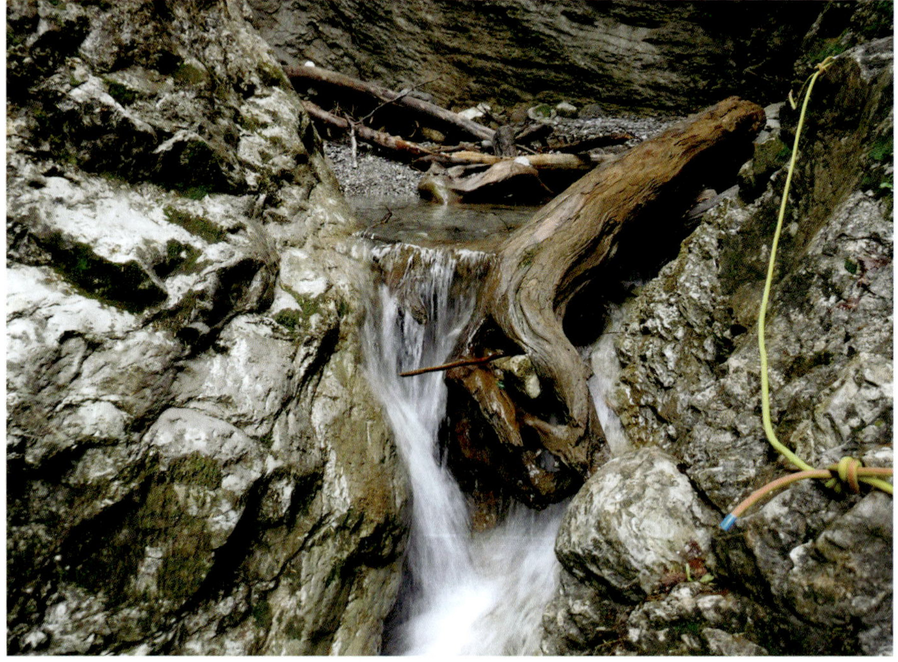

Der gleiche „Staudamm", von unten gesehen

Ein Beispiel für eine Veränderung des Canyons durch einen Felssturz:

Das nebenstehende Bild zeigt eine Abseilstelle.

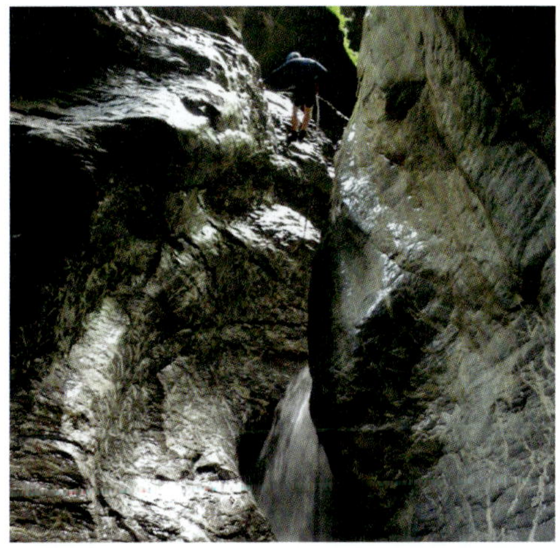

Durch den Abbruch eines großen Felses bildet sich heute an dieser Stelle ein großes Becken.

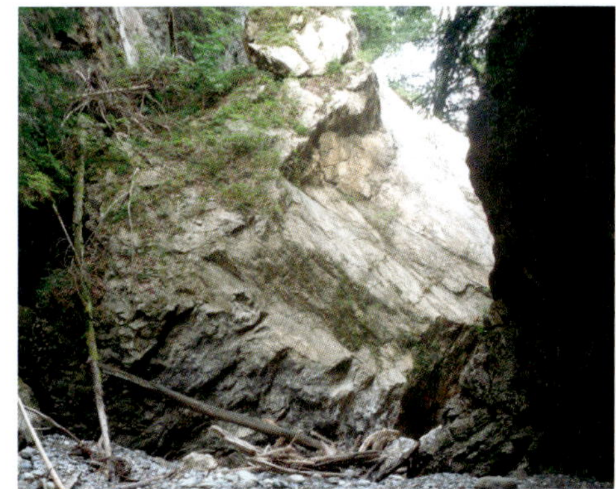

Man erkennt gut die Höhe des Beckens. Der Wasserspiegel befindet sich in etwa auf der Höhe, auf der sich die Person an der Abseilstelle im obigen Bild befindet. Die Abseilstelle ist somit völlig verschwunden. Bemerkenswert ist, dass in einigen „aktuellen" Topos auch circa 10 Jahre nach dem Felssturz noch die Abseilstelle verzeichnet ist.

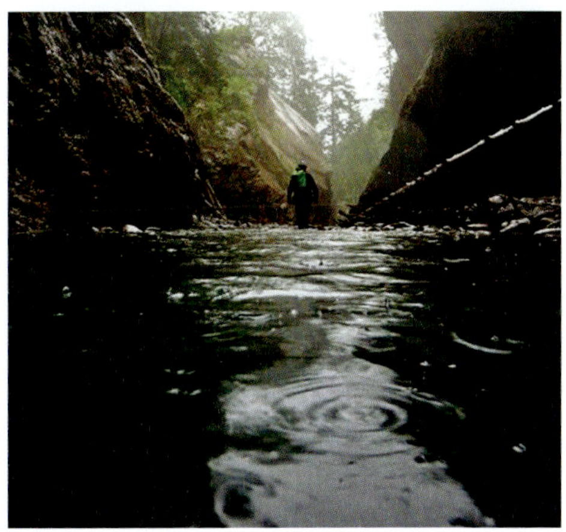

3.3 DAS EINZUGSGEBIET DES CANYONS

Die Analyse des Einzugsgebietes ist absolut zentral für die sichere Durchführung einer Canyontour. Viele Unfälle entstehen durch das Nichtbeachten der Verhältnisse im Einzugsgebiet.

Das Einzugsgebiet ist die Fläche, aus der der Canyon sein Wasser erhält. Eine Schlucht stellt eine Art „Trichter" dar, in dem sich das Wasser von verschiedenen Zuflüssen sammelt. Die Größe des Einzugsgebiets ist entscheidend dafür, wie lange das Wasser nach Regenfällen „nachläuft": Je größer das Einzugsgebiet ist, desto länger läuft das Wasser nach (!) Regenfällen nach. Es kann also sein, dass eine Schlucht, die nach einem Regenguss völlig harmlos wirkt, wenige Stunden später – bei strahlendem Sonnenschein – auf einmal Hochwasser führt. Um dies einschätzen zu können, ist maßgeblich die Oberfläche des Einzugsgebiets zu beachten.

Besteht diese hauptsächlich aus Fels, so läuft das Wasser bei Regenfällen schnell in die Schlucht und auch schnell wieder ab. Besteht das Einzugsgebiet dagegen aus Erde, so puffert diese den Wasserzufluss ab.

Sehr trockene und sehr durchnässte Erde kann nur wenig Regen aufnehmen und ihn daher nur in geringem Umfang abpuffern, das Einzugsgebiet wird also in den folgenden Stunden möglicherweise viel Wasser in die Schlucht geben. Ein feuchter, aber nicht durchnässter Boden hat hingegen eine hohe Speicherfähigkeit von Wasser.

Der Zusammenhang zwischen der Feuchtigkeit der Erde im Einzugsgebiet und ihrer Pufferungsfähigkeit (Retentionsfähigkeit) folgt einer umgekehrten U-Funktion. Es ist also nicht nur das aktuelle Wetter und die Wetterprognose in die Beurteilung einzubeziehen, ihr müsst ebenso die Wettervergangenheit im Einzugsgebiet für eure Tourplanung berücksichtigen!

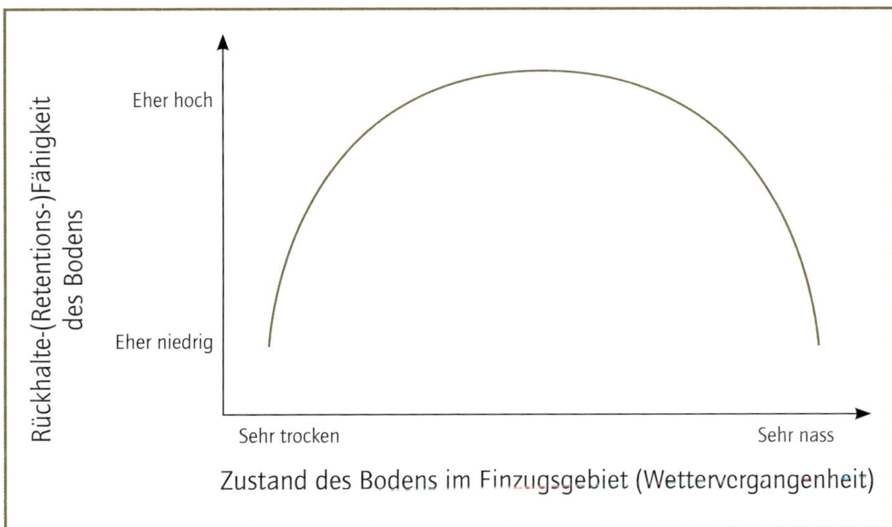

Retentionsfähigkeit eines Einzugsgebiets

Das Einzugsgebiet ist entscheidend, um die Gefahr eines schnellen Wasseranstiegs oder gar einer Flutwelle abschätzen zu können. Je größer das Einzugsgebiet ist, je mehr Zuflüsse der Canyon hat, je nasser oder trockener die Erde im Einzugsgebiet ist und je felsiger und je steiler das Einzugsgebiet ist, desto größer ist die Gefahr eines schnellen Wasseranstiegs.

Dieser Wasseranstieg wird in der Regel durch Starkregen oder Gewitter im Einzugsgebiet ausgelöst. Das Einzugsgebiet kann dabei sehr weit weg vom eigentlichen Canyon sein. Ein Blick nach oben ist kein sicherer Indikator dafür, ob ein Starkregenereignis droht oder nicht. Man muss dafür die Wettersituation im Einzugsgebiet kennen. Diese ist in der Regel wichtiger als die Wettersituation direkt über dem Canyon.

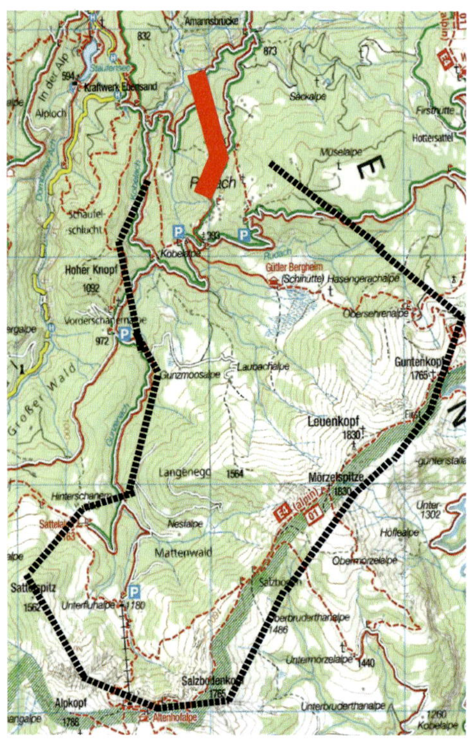

Die nebenstehende Abbildung zeigt das Einzugsgebiet der Kobelache. Der Canyon selbst ist in Rot eingezeichnet. Die schwarze gestrichelte Linie markiert das Einzugsgebiet. Die Länge des Hauptzuflusses beträgt circa acht Kilometer. Das Einzugsgebiet ist vom Canyon aus nicht einsehbar. Der Canyon liegt auf circa 600 Höhenmetern, der höchste Punkt des Einzugsgebiets ist auf 1.570 Metern. Eine Gitternetzlinie entspricht zwei Kilometern.

Leider sind die Einzugsgebiete in den Canyonbeschreibungen in aller Regel nicht verzeichnet. Hier besteht noch ein Nachholbedarf. Daher müsst ihr euch selbst Gedanken über das Einzugsgebiet machen.

Bei der Suche nach dem Einzugsgebiet geht ihr folgendermaßen vor:

Zuerst sucht ihr die eigentliche Schlucht auf einer geeigneten Karte, z. B. einer Wanderkarte. Es müssen auf jeden Fall die Höhenlinien verzeichnet sein. Markiert dort die Position von Zu- und Ausstieg. Danach folgt ihr auf der Karte dem Hauptflusslauf vom Zustieg flussaufwärts und markiert die eingezeichneten Zuflüsse. Dann sucht ihr die dazugehörigen Berge und Höhen.

Zur Beurteilung des Einzugsgebiets sollte man sich folgende Fragen stellen:

- Wie groß ist das Einzugsgebiet?
- Wie viele Zuflüsse gibt es?
- Wie ist das Einzugsgebiet beschaffen (eher Fels oder eher Erde)?

- Wie steil ist das Einzugsgebiet? Dazu kann man die Höhenmeter bestimmen, auf denen der Canyon liegt, sowie die höchste Stelle des Einzugsgebiets. Hinweise geben auch die Höhenlinien auf der Karte.
- Wie lange dauert es, bis das Wasser des Einzugsgebiets im Canyon ankommt? Dies hängt ab von der Ausdehnung des Einzugsgebiets und der Retentionsfähigkeit des Geländes. Es kann sein, dass das Hochwasser erst Stunden später im Canyon ankommt.

Nachfolgend sind die Einzugsgebiete zweier weiterer Canyons abgebildet.

Das nächste abgebildete Einzugsgebiet (Mühlbach) ist deutlich kleiner als das obige. Es geht von circa 1.500 bis circa 800 Metern Meereshöhe, ist also in diesem Punkt mit dem obigen Einzugsgebiet fast identisch. Auch die Beschaffenheit (überwiegend Erde) ist ähnlich. Die Gefahr bei Starkregen ist jedoch aufgrund der geringeren Ausdehnung des Einzugsgebiets deutlich geringer.

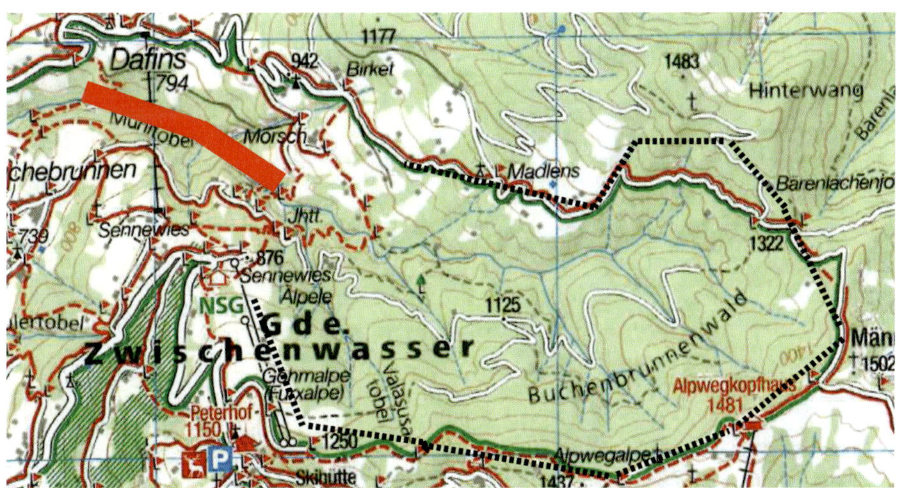

Das Einzugsgebiet des nächsten Beispiels (Frauenbach) beginnt auf circa 2.600 Metern, der Canyon liegt bei circa bis 700 Metern. Von der Ausdehnung her ist es etwas kleiner als das Einzugsgebiet der Kobelache. Durch die Beschaffenheit – hauptsächlich Fels – und die enorme Steilheit des Geländes ist bei diesem jedoch die Gefahr bei einem Starkregenereignis deutlich größer als bei der Kobelache.

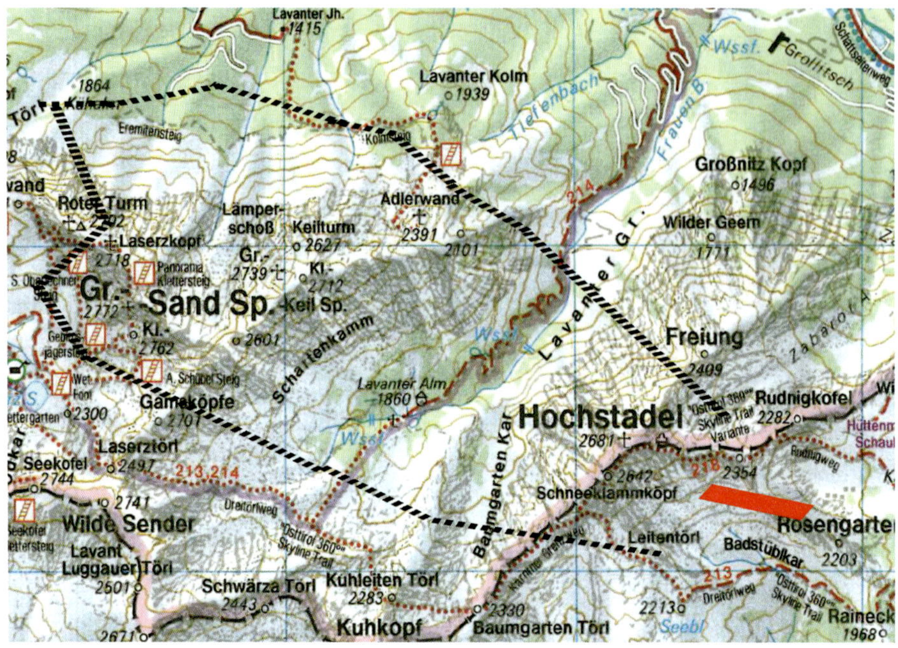

Wie kann man abschätzen, wie lange das Wasser nach einem Gewitter oder nach Starkregen im Einzugsgebiet braucht, bis es im Canyon ankommt? Voraussetzung hierfür ist das Vorhandensein einer kontinuierlichen Pegelaufzeichnung. Dabei schaut man sich den Pegelverlauf bei der Schneeschmelze an. Die nächste Abbildung zeigt einen solchen sinusartigen Verlauf.

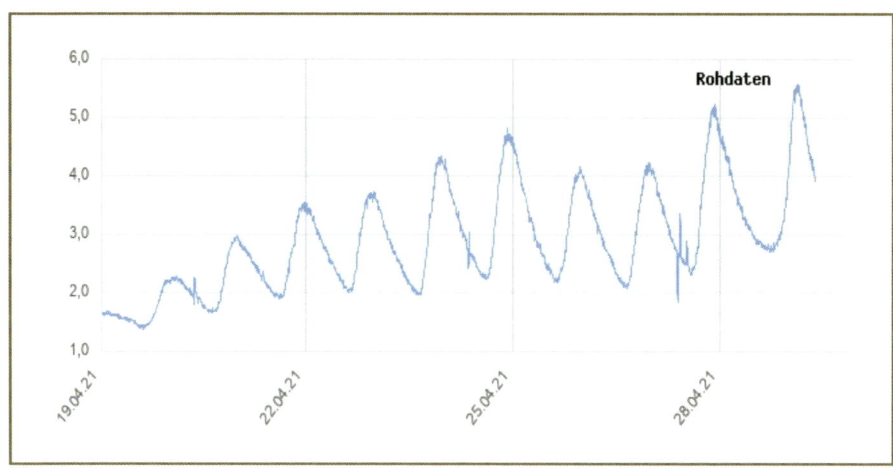

Wenn man nun davon ausgeht, dass die Tageshöchsttemperatur um circa 16.00-17.00 Uhr erreicht ist, kann man die sinusartige Kurve des Pegelverlaufs und die sinusartige Kurve des Temperaturverlaufs übereinanderlegen. Dabei ergibt sich eine Phasenverschiebung. Idealisiert ist diese in der nächsten Abbildung dargestellt.

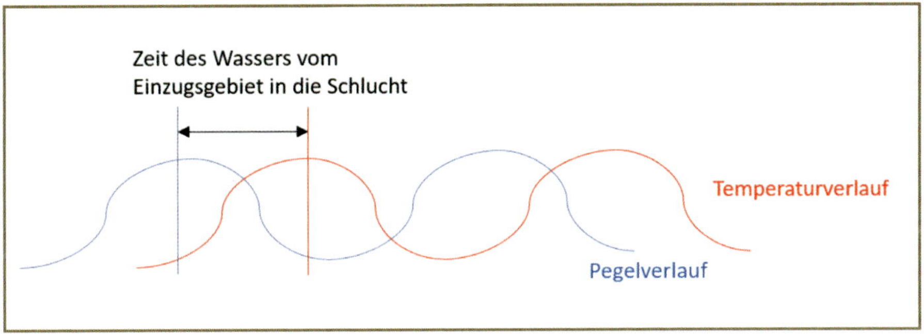

Die nächste Abbildung zeigt einen realen Verlauf. Man sieht, dass die Phasenverschiebung circa 6-7 Stunden beträgt (die Tageshöchsttemperatur ist um circa 17.00 Uhr, der Pegelhöchststand um circa 22.00 Uhr).

Daraus lässt sich grob abschätzen, wie lange das Wasser auch bei einem Gewitter oder bei Starkregen braucht, um vom Einzugsgebiet in den Canyon zu gelangen. Im Zweifelsfall sollte man davon ausgehen, dass das Wasser schneller kommt, damit man auf der sicheren Seite ist.

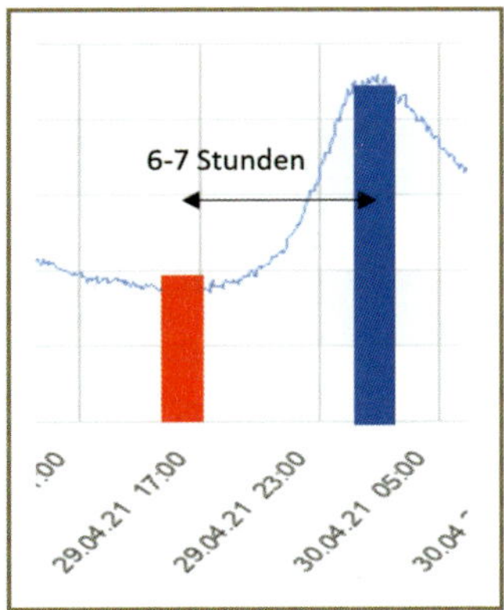

In französischen Führern findet man oftmals die Einschätzung „risque de crue", die dem Risiko für Hochwasser infolge von Gewittern entspricht.

3.4 WETTER- UND WASSERVERHÄLTNISSE

Eine Canyontour sollte nur bei guten und stabilen Wetterverhältnissen unternommen werden. Starker Regen und insbesondere Gewitter verbieten die Durchführung einer Canyoningtour. Bei starkem Regen und bei Gewittern entstehen in Canyons besondere Gefahren:

Der Canyon wird dann aquatischer (er weist also eine höhere Aquatikbewertung auf als in der Beschreibung):

- Es bilden sich vermehrt starke Strömungen und Rückläufe.
- Steine und Äste werden im Wasser mittransportiert.
- Es kann zu starkem Steinschlag kommen.
- Abseilstellen sind unter Umständen nicht mehr erreichbar.
- Enge Passagen können unpassierbar werden.
- Kleine, natürliche „Staumauern", die sich aus Stämmen und Felsen gebildet haben, können „platzen" und schlagartig Geröll freisetzen.
- Es kann sich im Extremfall eine Flutwelle bilden.

Die nachfolgende Abbildung zeigt den Wasserdurchlauf in einem Canyon in der Folge eines Gewitters. Ausgehend vom Normalwasserdurchlauf (circa ein Kubikmeter pro Sekunde), erhöhte sich der Wasserstand um über das 50-Fache. Der stärkste Wasseranstieg (von circa 15 auf circa 55 Kubikmeter pro Sekunde) erfolgte dabei innerhalb von etwa 30 Minuten! Der Anstieg der Kurve zeigt auch sehr deutlich, dass am Anfang das Wasser noch relativ langsam ansteigt.

Falls man sich zu diesem Zeitpunkt im Canyon befindet, hat man noch Zeit, den Canyon zu verlassen oder an eine sichere Stelle zu kommen. Wie lange man in einem Canyon braucht, um an eine hochwassersichere Stelle zu kommen, fließt mit in die Ernsthaftigkeitsbewertung (siehe Kap. 3.1) ein.

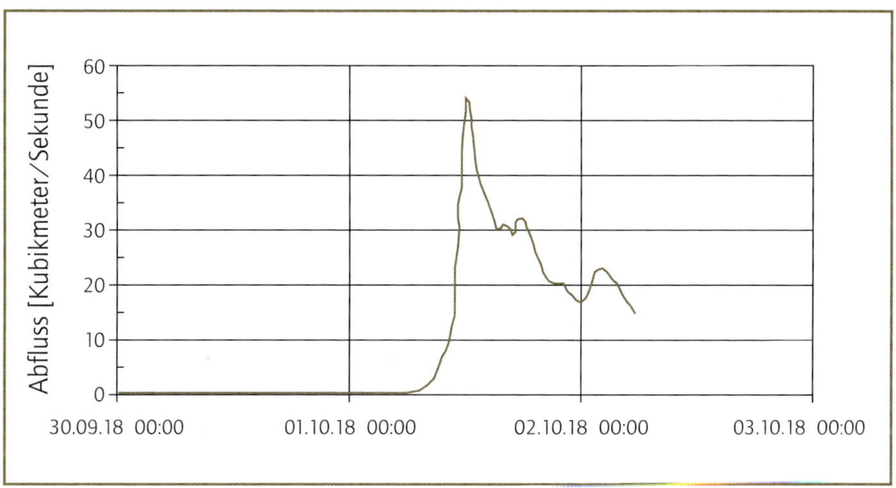

Es gilt die Maxime: Sobald im Canyon braunes Wasser auftaucht, den Canyon verlassen oder sich an eine sichere Stelle begeben. Sollte ein Canyon schon braunes Wasser führen, sollte man natürlich gar nicht erst in den Canyon einsteigen.

Hochwasser

Wir unterscheiden zwei Arten von Hochwasser: Hochwasser, das plötzlich, in der Regel durch ein Gewitter im Einzugsgebiet oder durch das Öffnen einer Schleuse entsteht, und Hochwasser, das eine Schlucht infolge einer längerfristigen Wetteränderung führt.

Die nachfolgende Abbildung zeigt den Pegelverlauf eines Bachs aufgrund einer längerfristigen Wetterverschlechterung. Im Laufe des Hochwassers kam es zu einer Verhundertfachung (!) der Wassermenge im Canyon!

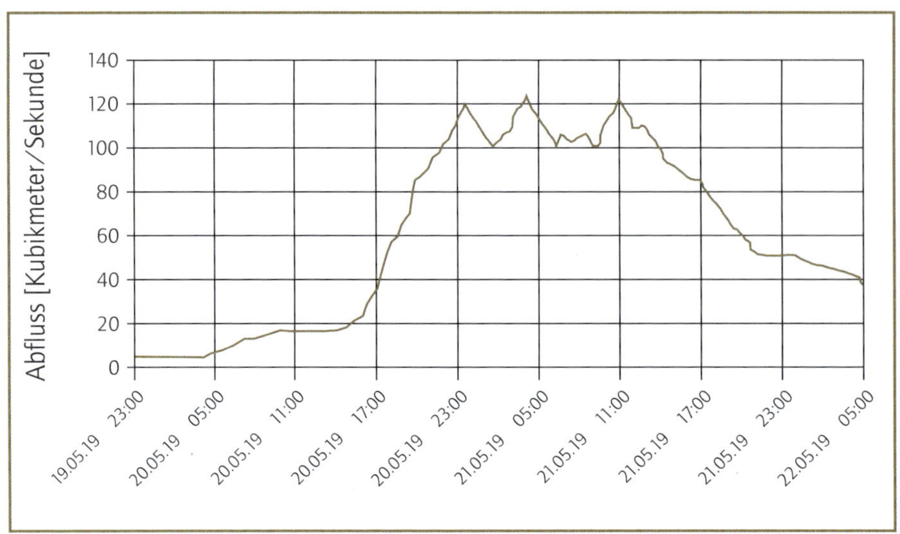

Die folgenden Fotografien zeigen die jeweils gleichen Stellen, einmal bei einem Normalwasserstand von circa einem Kubikmeter/Sekunde und einmal bei einem Durchfluss von circa 100 Kubikmetern/Sekunde.

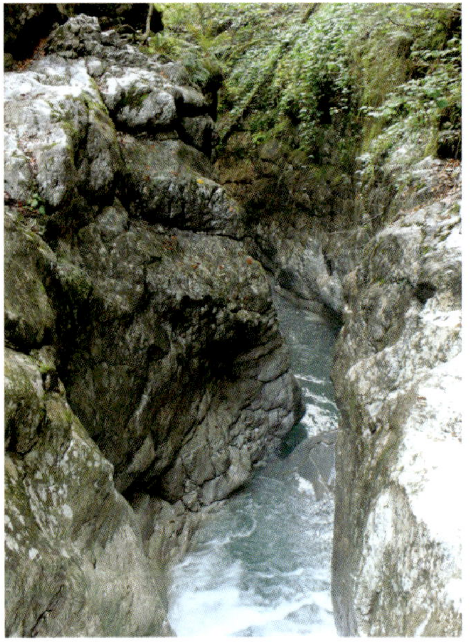

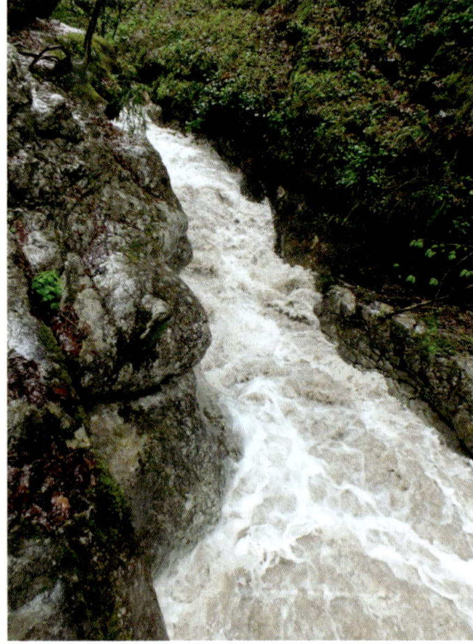

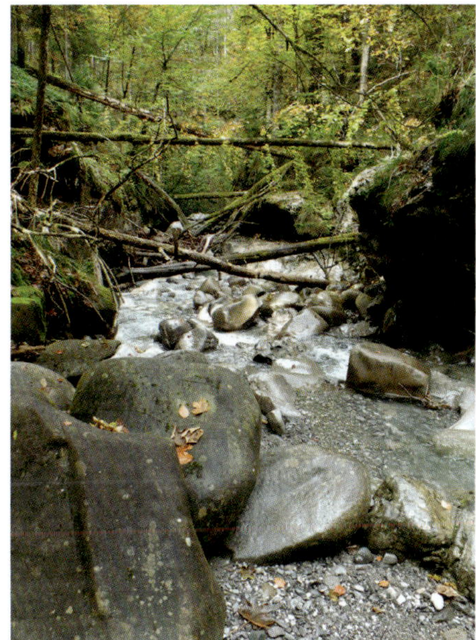
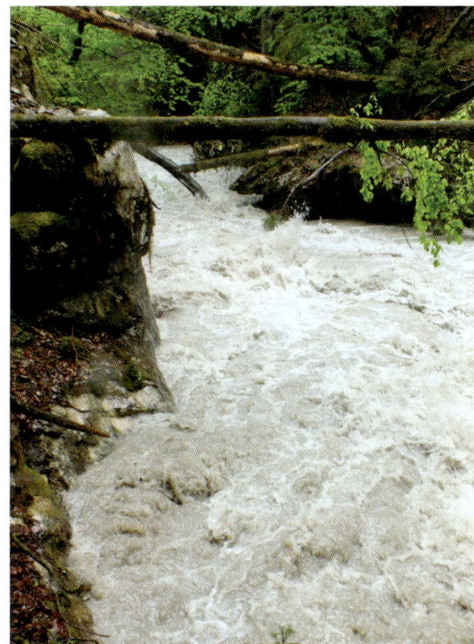

Die gleiche Passage vor und nach einem Starkregen

Starkregen entsteht meist durch den Durchzug einer Kaltfront oder durch ein Gewitter.

Gewitter

Gewitter stellen eine große Gefahr beim Canyoning dar, da sie in aller Regel mit sehr starkem lokalen Regen verbunden sind. In den engen Schluchten kann dadurch bei einem Gewitter der Wasserspiegel sehr schnell ansteigen. Passagen können dadurch unbegehbar werden, der Wasserdruck kann stark ansteigen. Sicherungspunkte können unter Wasser geraten und dadurch nicht mehr nutzbar sein.

Gewitter treten fast ausschließlich in den Sommermonaten zwischen Mai und September auf, die häufigsten Gewitter gibt es im Juli und im August, also dummerweise genau in der Canyoningsaison! Die Häufigkeit von Gewittern schwankt im Tagesverlauf. Am häufigsten kommen Gewitter zwischen 18 und 19 Uhr vor.

Vorhersage von Gewittern

Das prinzipielle Auftreten von Gewittern lässt sich anhand des Wetterberichts ziemlich präzise vorhersagen. Der genaue Ort und der genaue Zeitpunkt ist jedoch schwieriger zu prognostizieren. Wo ein Gewitter genau entsteht, kann man erst 1-2 Stunden vorher prognostizieren. Die Beobachtung des lokalen Wetters im Canyon wird dadurch erschwert, dass in der Schlucht die Sicht auf den Himmel oft sehr eingegrenzt sein kann.

Zudem kann das Gewitter in einem Einzugsbereich der Schlucht entstehen, den man auch vom Schluchteingang aus nicht einsehen kann. Da man sich in der Regel einige Stunden in einer Schlucht befindet, kann sich ein Gewitter entwickeln, ohne dass man es merkt.

Unmittelbar vor einem Gewitter entsteht eine „Gewitterwalze", ein starker, böiger Wind, dieser ist deutlich spürbar.

Wie kann man das Auftreten von Gewittern abschätzen? Dies kann anhand der Großwetterlage und anhand lokaler Indikatoren erfolgen.

Beobachtung der Großwetterlage: Das Kaltfrontgewitter

Im Gegensatz zu einem Wärmegewitter, das eher lokal entsteht, handelt es sich bei einem Kaltfrontgewitter um ein größerflächiges Wetterereignis aufgrund von starken und großräumigen Strömungen. Beim Eintreffen einer Kaltfront schiebt sich dabei kältere Luft unter die lokale warme Luft. An der Grenzfläche dieser beiden Luftmassen kondensiert das Wasser zu Wolken, es erscheint ein riesiges Wolkengebirge, das schwere Gewitter mit sich bringt. Kaltfronten lassen sich wesentlich besser vorhersagen als lokale Gewitter.

Gewitter und Starkregen treten häufig im Zusammenhang mit Kaltfronten auf. Diese Kaltfronten sind im Wetterbericht sehr gut erkennbar. Beim Durchzug von Kaltfronten sollte auf jeden Fall auf Canyoning verzichtet werden.

Achtung: Es gibt das Phänomen, dass bereits im Vorfeld (circa einen Tag) vor dem Durchzug einer Kaltfront eine hohe lokale Gewittergefahr besteht.

Was bedeutet eine Gewitterwahrscheinlichkeit von 30 Prozent, die der Wetterbericht ausgibt? Es bedeutet nicht, dass es an 30 Prozent des Tages gewittert, an den anderen 70 Prozent des Tages nicht. Es bedeutet, dass es in 30 Prozent der Fälle, in denen es eine gleiche Wetterkonstellation gibt, gewittert.

Das Wärmegewitter

Ein wesentlicher Mechanismus des Wettergeschehens ist die Tatsache, dass sich das Aufnahmevermögen der Luft für Feuchtigkeit mit der Temperatur der Luft ändert. Je wärmer die Luft ist, desto mehr Feuchtigkeit kann sie aufnehmen. Dieser Mechanismus beeinflusst maßgeblich die Entstehung eines Gewitters.

Wenn die Sonne die Erde erwärmt, insbesondere, wenn die Erde bzw. die Luft feucht ist, können sich Luftpakete in der Bodennähe erwärmen und nach oben steigen. Während die Luft nach oben steigt, kühlt sie sich ab. Da aber kühlere Luft weniger Feuchtigkeit aufnehmen kann, als warme Luft dies kann, kondensiert das Wasser. Dieses kondensierte Wasser würde normalerweise als Regen zur Erde zurückfallen. In den durch die Hebung der Luftmassen entstehenden Aufwinden können jedoch so große Kräfte vorherrschen, dass die auskondensierten Tröpfchen nicht zur Erde fallen können, sondern mit nach oben gerissen werden.

Dadurch bilden sich größere Tropfen oder Eiskörner, die irgendwann zu schwer für die Aufwinde werden und dann als Platzregen oder Hagel auf die Erde fallen. Durch die Vertikalbewegung der Luftmassen, verbunden mit Eiskristalltrennung, entsteht eine elektrische Ladungstrennung, die sich dann in Form von Blitzen wieder entlädt. Vorboten für Wärmegewitter sind typische Gewitterwolken.

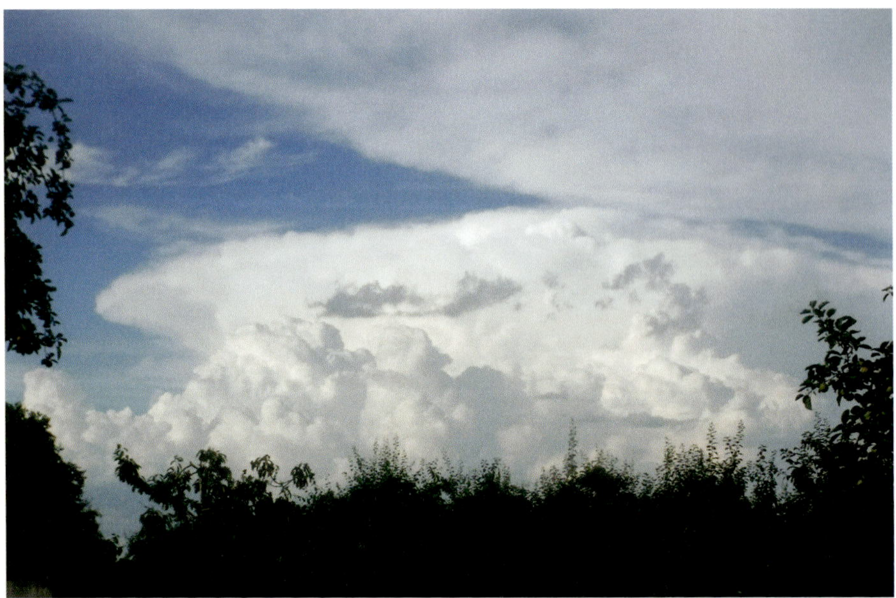

Typische Gewitterwolken

Lokale Indikatoren

Neben der Großwetterlage gibt es auch Indikatoren, die zumindest die Abschätzung der Wahrscheinlichkeit gewisser Wetterverhältnisse ermöglichen.

Lokale Wetterindikatoren für schlechtes Wetter:

- Dunst und Nebel im Tal;
- gute Fernsicht in den Bergen;
- Tau nach klarer Nacht;
- sich auflösender Nebel;
- Abendrot;
- Ostwind;
- steigende Temperaturen;
- sinkende Luftfeuchtigkeit;
- steigender Luftdruck sowie
- schwacher Wind.

Lokale Wetterindikatoren für gutes Wetter:

- Dunst und Nebel in hohen Lagen;
- beständiger Nebel;
- Morgenrot;
- Westwind;
- sinkende Temperaturen;
- steigende Luftfeuchtigkeit;
- sinkender Luftdruck sowie
- starker, böiger Wind.

Flutwellen

Eine besonders gefährliche Form des Anstiegs des Wasserpegels ist die Flutwelle. Eine Flutwelle entsteht, wenn sehr viel Regen in kurzer Zeit fällt oder eine Schleuse geöffnet wird. Auch normaler Regen führt zu einem Anstieg des Wasserpegels in der Schlucht, dieser Anstieg erfolgt jedoch ziemlich kontinuierlich über die Zeit und ist kalkulierbar. Bei einer Flutwelle dagegen kommt es zu einem sehr schnellen Anstieg des Wasserpegels.

Das Wasser fließt normalerweise auf dem Bachgrund und wird in seiner Geschwindigkeit von diesem durch Reibung und Bildung von Verwirbelungen abgebremst. Wenn nun das Wasser so hoch steigt, dass ein Großteil der Strukturen des Bachbetts überspült sind, gleitet das Wasser nur noch auf Wasser. Es hat dann fast keine Reibung mehr. Dadurch erhöht sich die Fließgeschwindigkeit des Wassers. Diese kann bei einer Flutwelle zwischen 100 und 200 Kilometer/Stunde betragen! Das „neue" Wasser überholt das „alte" Wasser, daher steigt der Pegel dann nicht kontinuierlich, sondern sprunghaft an.

Bei einem normalen Anstieg des Wasserspiegels legt sich das nachkommende Wasser auf das „alte" Wasser, das sich schon vor Ort befindet und erhöht damit den Wasserspiegel.

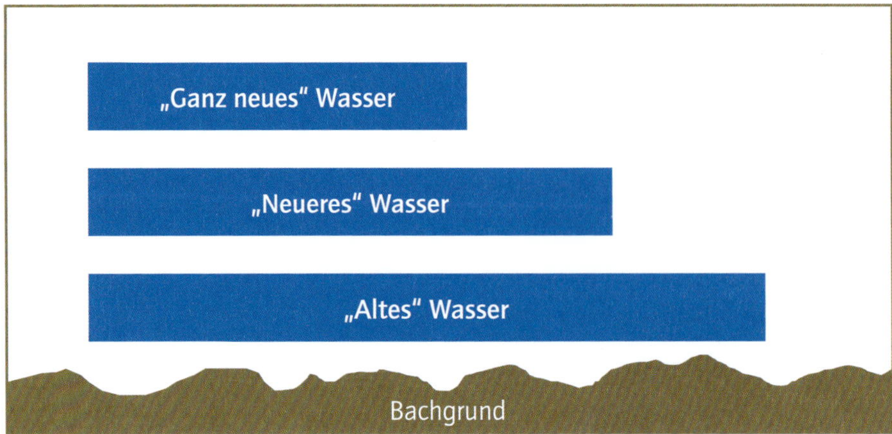

Wasserschichtung bei „normalem" Hochwasser

Bei einer Flutwelle schießt „ganz neues" Wasser, das von hinten kommt, zwischen dem alten und dem neueren Wasser hindurch. Dies wird dadurch möglich, dass die Reibung in der Mitte zwischen dem alten Wasser und dem neueren Wasser sehr gering ist. Das „ganz neue" Wasser überholt dabei das „neuere" Wasser.

Der Pegel steigt dadurch schlagartig und zum Teil ohne Vorwarnung an.

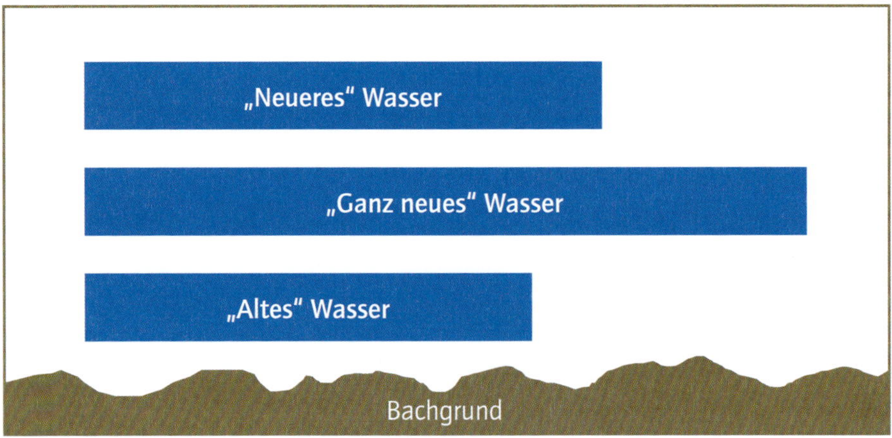

Wasserschichtung bei einer Flutwelle

Konsequenzen für das Canyoning

Es gibt nur wenige Schluchten, die „Schlechtwetterschluchten" sind, die also auch nach oder während starker Regenfälle begangen werden können. Ansonsten gilt: Nach oder während Starkregen dürft ihr in keine Schlucht einsteigen! Eine Begehung ist auch dann tabu, wenn für den Zeitraum der geplanten Begehung starker Regen im Einzugsgebiet angesagt ist. Die aktuelle Regenprognose und die Regenvergangenheit sind gut auf dem Regenradar ersichtlich.

Normale Pegeländerungen

Auch ohne Wetterveränderungen kann sich im Laufe eines Tages der Pegel eines Bachs stark ändern. Dies ist immer dann der Fall, wenn die Wasserführung des Canyons – entweder ganzjährig oder nur jahreszeitbedingt – vom Schmelzwasser abhängig ist.

Ein Canyon hat dann (auch im Verlaufe eines Tages) keinen festen Pegel.

Dann folgt der Pegel in aller Regel im Laufe eines Tages einer Sinuskurve. Die folgende Abbildung zeigt eine solche Rhythmik.

Diese kommt durch die unterschiedlichen Temperaturen, die im gesamten Einzugsgebiet (!) herrschen, zustande. Die wärmste Zeit eines Tages ist nicht, wie oft angenommen, die Mittagszeit. In dieser Zeit ist zwar die Sonneneinstrahlung am größten. Die stärkste Schneeschmelze gibt es hingegen am späteren Nachmittag, wenn sich die Böden und Felsen aufgeheizt haben und Wärmestrahlung abgeben.

In der nachfolgenden Abbildung ist noch ein zweiter wichtiger Aspekt zu erkennen: Der höchste Pegel des Canyons tritt hier regelmäßig gegen Mitternacht auf. Diese Phasenverschiebung kommt dadurch zustande, dass das Schmelzwasser Zeit braucht, um von seinem Ort der Entstehung (dem Einzugsgebiet) in den Canyon zu gelangen.

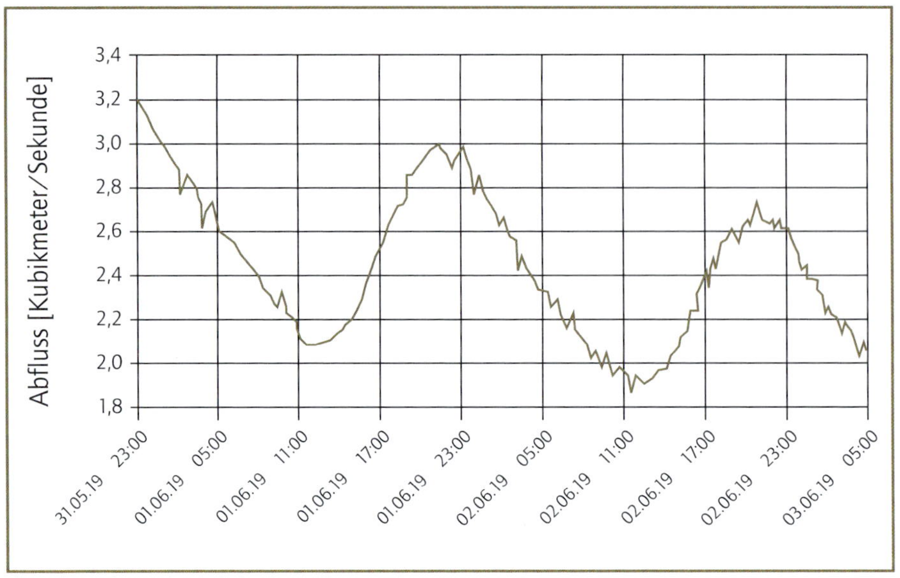

Aus der schwierigen exakten lokalen und zeitlichen Prognostizierbarkeit von Gewittern kann man folgende Regeln für das Canyoning ableiten:

- Den Wetterbericht (für das Einzugsgebiet!) für den Tag der geplanten Begehung prüfen.
- Die Eigenheiten des Einzugsgebiets beachten.

Zusätzlich die Wettervergangenheit prüfen:

- Bei generell gewittrigen Wetterlagen vom Canyoning absehen.
- Sofern eine Gewitterneigung besteht und aus irgendwelchen Gründen trotzdem Canyoning gemacht werden soll:
- Schluchten wählen, die eine sehr geringe „Ernsthaftigkeit" haben, bei denen es gut und schnell erreichbare Notausstiege gibt und in denen man schnell an hochwassergeschützten Stellen ist.
- Da Gewitter eher nachmittags entstehen (die Sonneneinstrahlung erwärmt dann das bodennahe Luftpaket), sollte man möglichst früh in den Canyon gehen. Die Tour sollte vor 14:00 Uhr beendet sein.
- Generell muss genügend Zeitreserve eingeplant werden.

- Wenn braunes Wasser auftaucht: Die Schlucht sofort verlassen oder falls dies nicht möglich ist, die nächste hochwassersichere Stelle aufsuchen.
- Sollte man in einer Schlucht bei Gewitter festsitzen, braucht man das Notfallmaterial, um nicht auszukühlen.

Da man die Entstehungsbedingungen für ein Gewitter nur sehr schlecht abschätzen kann, speziell im Gebirge, ist die einzige sinnvolle Strategie, sich vorab professionelle Informationen einzuholen. Gute Adressen hierfür findet ihr im Anhang dieses Buchs.

3.5 WASSERFASSUNGEN

Das eventuelle Vorhandensein von Wasserfassungen (künstlichen Staustufen) oberhalb des Canyons hat unmittelbare Konsequenzen für die Beurteilung der Begehbarkeit einer Schlucht.

In vielen Bachläufen gibt es oberhalb der eigentlichen Schlucht eine Staumauer mit einem Stausee. Dieser wird von einem Einzugsgebiet gespeist, das kilometerweit vom Canyon entfernt liegen kann. Das Wasser wird um den Canyon herumgeleitet und gelangt in ein Kraftwerk. Daher ist im Canyon normalerweise relativ wenig Wasser. Das sind eigentlich gute Bedingungen, manche Schluchten sind überhaupt nur dadurch begehbar.

Trotzdem kann es zu einem plötzlichen Wasseranstieg kommen und zwar aus folgenden Gründen:

- Der Stausee kann geplant abgelassen werden.
- Es kann (meist nur kurz) „gespült" werden.
- Der Stausee kann aufgrund von starken Regenfällen ungeplant abgelassen werden.
- Aufgrund verringerten Strombedarfs wird das Wasser nicht mehr über die Turbine, sondern in den Canyon geleitet.
- Wegen eines Fehlers im Kraftwerk wird das Wasser völlig unvorhersehbar nicht mehr über die Turbine, sondern durch den Canyon geleitet.

Es ist bei der Tourplanung überlebenswichtig, zu wissen, ob oberhalb der Schlucht eine Wassserfassung ist. In diesem Fall ist ein Anruf beim Kraftwerk vor einer Tour zwingend erforderlich. Die Betreiber sind hier meist sehr aufgeschlossen: Sie wollen ja selbst wissen, ob sich Personen in der Schlucht befinden.

In der Regel kann das Kraftwerk also Auskunft geben, ob mehr Wasser als gewöhnlich im Canyon sein wird. Das gilt freilich nicht für die oben genannten Punkte 3 und 5; ein Restrisiko besteht also auch in Schluchten mit Wasserfassungen. Ob eine oben beschriebene Konstellation besteht, kann man aus dem Canyonführer erfahren, ebenso die Nummer des Kraftwerks.

Von oben genannten Punkten (3) und (5) abgesehen, ist eine Schlucht mit einer Wasserfassung eher positiv, weil die Wassermenge auch bei schlechtem Wetter ziemlich konstant bleibt und damit die Verhältnisse vorhersagbar sind. Bei Starkregen gilt natürlich: Niemals in eine Schlucht einsteigen, auch nicht in eine mit einer Staustufe! Viele Wasserfassungen oberhalb von Canyons finden sich z. B. im Tessin.

3.6 DIE GESTEINSART DES CANYONS

Auch die Gesteinsart in einer Schlucht sollte in die Vorbereitung einer Tour einfließen, hat sie doch maßgeblichen Einfluss auf die erforderliche Ausrüstung. Wir unterscheiden die im Alpenraum gängigen Gesteinsarten in Granit, Kalk, Gneis und Konglomerat.

Granit

Der Begriff Granit stammt vom lateinischen Begriff „Granum" (Korn) ab und beschreibt die Eigenheit des Granits in seiner körnigen Struktur. Der Granit ist in den meisten Fällen nicht ein Material des Erdmantels, sondern ein Tiefengestein, das durch Auskristallisieren von

Gesteinsschmelzen innerhalb der Erdkruste (mindestens zwei Kilometer unter der Erdoberfläche) entstanden ist. Durch tektonische Verschiebungen gelangte dann der Granit an die Erdoberfläche.

Im Alpenraum kommt Granit hauptsächlich in der Schweiz und in Norditalien vor.

Bedeutung für das Canyoning

Granitschluchten sind optisch sehr ansprechend. Da das Granitgestein sehr hart ist und auch oftmals scharfe Kanten bildet, kommt der Seilschonung besondere Bedeutung zu: In keinem anderen Gestein ist ein Seil so schnell durchgescheuert! Sollte es nötig sein, eine Sicherung einzubohren, dauert es ziemlich lange.

Eine einzige Sicherung von Hand zu bohren, dauert im Granit circa 30 Minuten. Die Bohrerabnutzung ist entsprechend hoch, man sollte auf jeden Fall noch einen zusätzlichen Ersatzbohrer mitnehmen. Auf Granit haben Schuhe meist einen sehr guten Halt, auch unter Wasser und in steilem Gelände.

Gneis

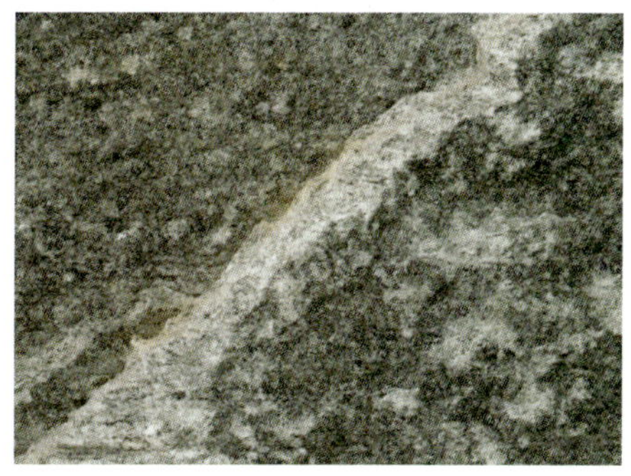

Gneis entsteht dadurch, dass mehrere übereinanderliegende Gesteinsschichten unter hohem Druck und bei hoher Temperatur verformt werden oder unter diesen Bedingungen erst entstehen. Im Gegensatz zum Granit hat Gneis ein „deformiertes" Gefüge, es sieht aus, als wenn es „verbogen" wäre. Die Struktur kann oft als „lagig" oder „gebändert" beschrieben werden, manchmal tritt auch eine Textur in Form von „Augen" (runden und ovalen Einlagerungen) auf. Wie auch das Granitgestein kommt Gneis nur durch Erdbewegungen an die Oberfläche oder wenn das darüberliegende Material erodiert.

Im Alpenraum kommt Gneis hauptsächlich in der Schweiz und in Italien vor. Die Gesteinsformationen sind oft wunderschön und geben der Schlucht etwas Malerisches.

Bedeutung für das Canyoning

Gneis hat technisch sehr ähnliche Daten wie Granit, daher hat Gneis für das Canyoning auch die gleiche Bedeutung wie Granit. Allerdings wird Gneis schneller rutschig – eine gute Sohle ist hier also besonders wichtig!

Kalk

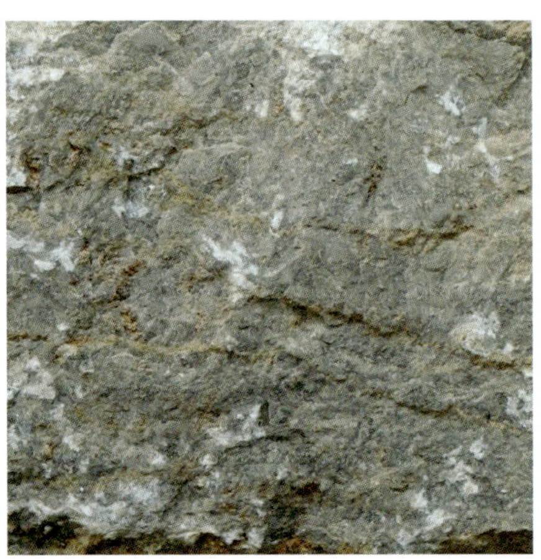

Im Gegensatz zu Granit und Gneis ist Kalk kein Gestein aus dem Erdkern, sondern besteht aus Ablagerungen ehemaliger Meere. Die Ablagerungen bestehen dabei entweder aus den Überresten von Lebewesen (in der Regel Mikroorganismen oder gesteinsbildende Korallen) oder der Kalk (der im Wasser vorhanden ist) wird durch chemische Prozesse aus dem Wasser ausgefällt.

Bedeutung für das Canyoning

Sicherungen sind im Kalk deutlich schneller anzubringen als im Granit oder Gneis, das Setzen einer Sicherung von Hand dauert circa 15 Minuten. Die Seile werden nicht so sehr durch scharfe Kanten belastet, wie dies im Granit und im Gneis der Fall ist. Das soll aber nicht zu „unsauberer" Seiltechnik führen! Touren im Kalk sind aber hinsichtlich der Seiltechnik für Einsteiger gut geeignet, da das Seil hier viel „verzeiht". Kalkgestein neigt zu starker Algenbildung, ist also häufig rutschig.

Konglomerat

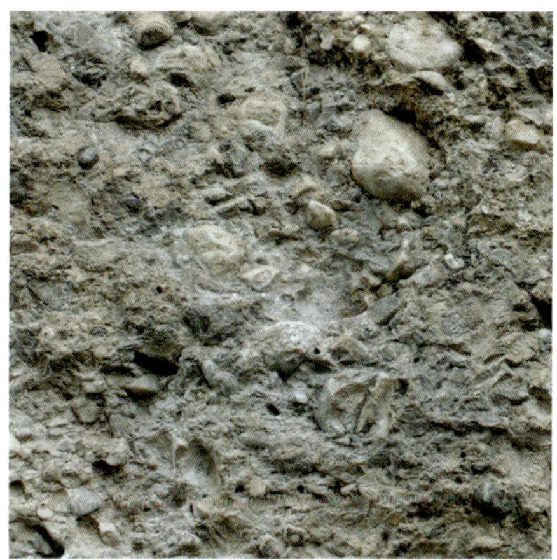

Der Begriff Konglomerat kommt vom lateinischen „conglomerare" und bedeutet „zusammenballen". Konglomeratgestein besteht zu mindestens 50 Prozent aus runden Komponenten (Kies und Geröll). Konglomerat bildet sich in der Regel aus Ablagerungen von Flüssen. Die einzelnen Körner können dabei aus sehr unterschiedlichen Gesteinsarten bestehen.

Konglomeratschluchten findet man eher selten. Eine bekannte Konglomeratschlucht ist z. B. das Räbloch in der Schweiz. Im nördlichen Alpenvorland wird das Konglomerat auch „Nagelfluh" genannt.

Bedeutung für das Canyoning

Aufgrund der Tatsache, dass Konglomerat nicht homogen ist, sondern sich aus vielen kleinen Komponenten zusammensetzt, die mehr oder weniger stark verbunden sind, ist es sehr schwer, eine Sicherung zu setzen. Man findet in der Regel keine zusammenhängende Platte der Größe 40 x 40 Zentimeter. Daher muss man oft mehrere Sicherungen setzen und diese dann miteinander verbinden.

Auch ist das Gehen auf Konglomerat unangenehmer: Der Schuh findet nicht die gleiche Haftung und keinen glatten Untergrund. Daher: Besondere Vorsicht, im Konglomerat besteht erhöhte Sturz- und Umknickgefahr.

3.7 SICHERUNGEN

Ganz wesentlich für das sichere Begehen eines Canyons sind die in ihm verbauten Sicherungen. Für optimale Sicherungen, die wir aber eigentlich nur in kommerziell begangenen Schluchten vorfinden, gelten folgende Kriterien:

- Alle Abseilstellen bestehen aus zwei Ankern (geklebt oder Expansionsanker).
- Die Anker sind mit einer Kette verbunden.
- Zum Anbringen des Seils gibt es einen metallenen Ring oder ein Schraubglied.
- Das ganze verwendete Material besteht aus rostfreiem Stahl.
- Es werden keine selbst gefertigten Teile verwendet.
- Wenn die Abseilstelle schwer zu erreichen ist oder der Weg dorthin rutschig ist, ist das Errichten eines Seilgeländers (siehe Kap. 6.7) vorbereitet.
- Die Sicherung zum Aufbau eines Seilgeländers unterscheidet sich deutlich erkennbar von einer Abseilstelle.
- An jeder Sprungstelle ist auch eine Abseilstelle eingerichtet (mit der man das Becken erkunden kann, siehe Kap. 4.2).
- Stellen, an denen abgeklettert werden muss, sind mit einer Sicherung ausgestattet, sofern die Abkletterstelle höher als fünf Meter oder schwieriger als der Grad III ist.
- Die Abseilstellen sind in absteigender Zahl nummeriert.

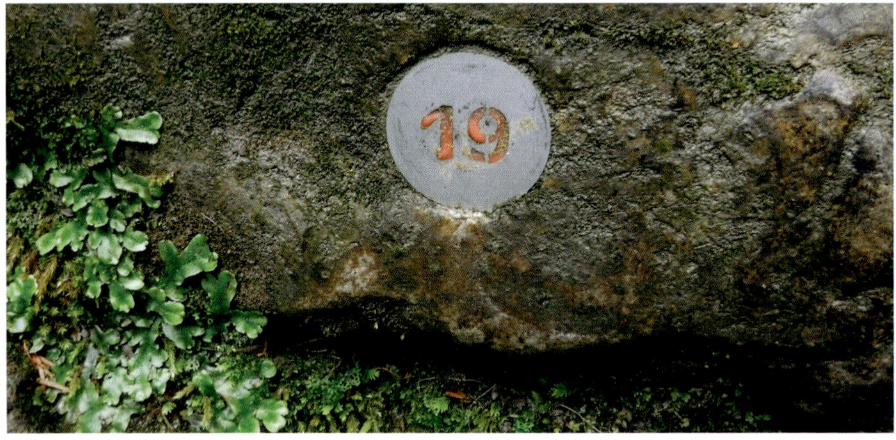

Nummerierte Abseilstelle

Wie kommen die Sicherungen in die Schlucht?

Prinzipiell kann jeder, der das möchte, Sicherungen in einem Canyon anbringen. Von dieser Möglichkeit wird auch reichlich Gebrauch gemacht. Es ist fast unmöglich, die Qualität einer Sicherung zu beurteilen (außer, sie ist so schlecht gemacht, dass dies sofort offensichtlich ist). Man kann nie wissen, über welche Kompetenz derjenige verfügt, der die Sicherung angebracht hat und daher kann man auch die Qualität der Sicherungen nie ganz sicher beurteilen.

Es gibt jedoch einige Ersatzkriterien für die Brauchbarkeit von Sicherungen:

Vor der Benutzung einer Sicherung muss diese optisch (Korrosion, Beschädigung, . . .) und mechanisch (bewegliche Anker, lockere Muttern, . . .) geprüft werden (siehe Kap. 6.5).

Sofern Canyons kommerziell begangen werden, kann man mit ziemlicher Sicherheit davon ausgehen, dass diese auch über gute Sicherungen verfügen.

Wenn man in Italien in einen Canyon einsteigt, in dem man an der ersten Sicherung eine Metallplatte mit der Aufschrift „ProCanyon" findet, kann man sicher sein, dass der Canyon sehr gut gesichert ist.

Prinzipiell muss man vorgefundenen Sicherungen gegenüber immer skeptisch sein. Daher ist es zwingend notwendig, in der Lage zu sein, notfalls auch eigene Sicherungen setzen zu können und entsprechende Ausrüstung mitzuführen. Dies ist sowieso notwendig, da es sein kann, dass auch gut gesetzte Sicherungen durch Veränderungen im Canyon plötzlich nicht mehr erreichbar sind.

Das Setzen von Sicherungen wird im Buch *Canyoningtechnik Advanced* der Deutschen Canyoning Schule beschrieben.

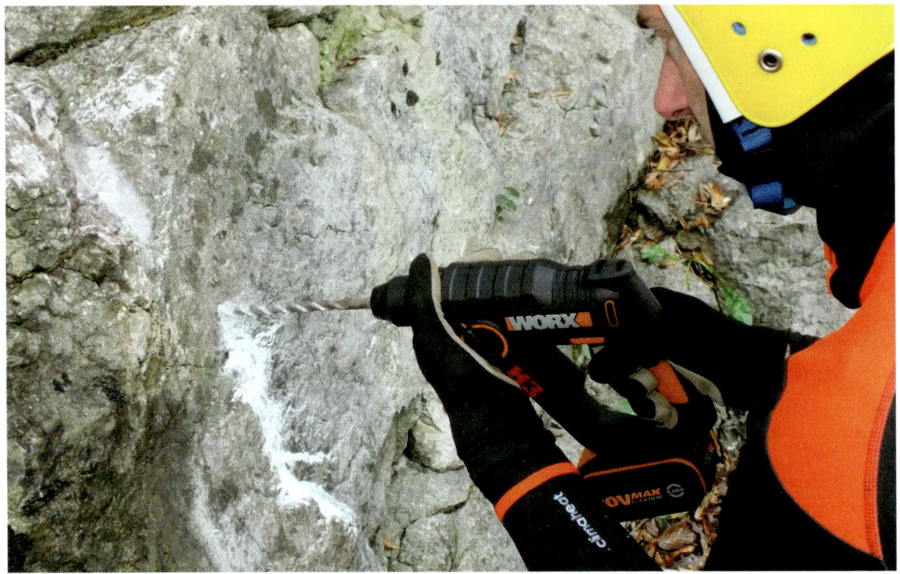

Setzen von Sicherungen

3.8 DIE GRUPPENGRÖSSE

Canyoning ist ein Teamsport. Eine Schlucht kann nur in der Gruppe begangen werden – habt ihr ein tolles Team beisammen, sind fantastische Gruppenerlebnisse garantiert! Entsprechend wichtig ist natürlich die Zusammensetzung der Gruppe – sowohl hinsichtlich der Gruppengröße als auch bezüglich der Qualifikation der Gruppenmitglieder.

Es gibt keine Faustregel für die maximale Größe einer Gruppe, sehr wohl jedoch für deren Untergrenze, die bei vier Personen liegen sollte. Dies ergibt sich aus den Notwendigkeiten im Falle eines Unfalls: Eine verletzte Person darf selbstverständlich nie alleine gelassen werden.

Wenn jedoch an der Unfallstelle keine Handyverbindung besteht, müssen mindestens zwei Personen den Canyon so weit durchgehen, bis sie an eine Stelle mit Handyverbindung kommen. Entsprechend gilt die Zahl vier für diejenigen Tourteilnehmer, die sich auch selbstständig in einem Canyon bewegen können. Will man Kinder oder Einsteiger mitnehmen, sollte die Gruppengröße entsprechend höher sein.

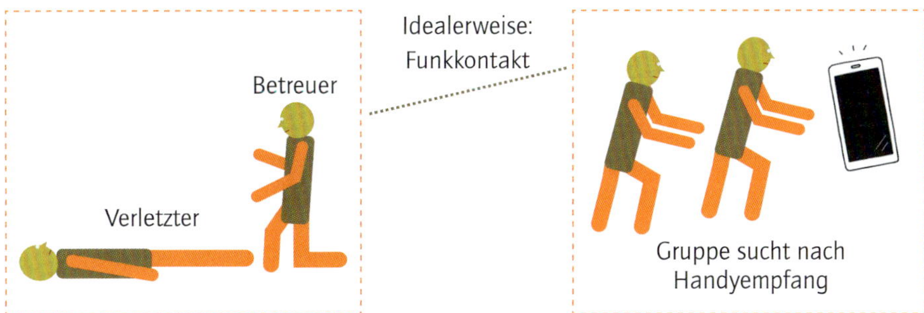

Aufteilen einer Vierergruppe im Falle eines Unfalls

Eine feste Obergrenze für die Gruppengröße gibt es hingegen nicht. Ob eine besonders große Gruppe eher förderlich oder hinderlich ist, hängt davon ab, wie viele der Gruppenmitglieder sich selbstständig im Canyon bewegen können, ob diese Abseilstellen einrichten können und ob sie das notwendige Material dabeihaben.

Ist dies nur bei wenigen Gruppenmitgliedern der Fall, so ist eine größere Gruppe eher hinderlich. Trifft dies jedoch auf die Mehrzahl der Gruppenmitglieder zu, kann auch eine Tour mit 10 und mehr Teilnehmern großen Spaß machen, da im Verlauf der Schlucht mehrere Schlüsselstellen zeitgleich eingerichtet werden können und so keine Wartezeiten entstehen.

Wenn immer möglich, solltet ihr eine zuverlässige Kontaktperson darüber informieren, dass ihr eine Canyontour macht, welche Schlucht ihr begehen wollt und wer alles dabei sein wird. Diese Kontaktperson wird umgehend angerufen, wenn ihr den Canyon wohlbehalten wieder verlassen habt. Im Vorfeld solltet ihr eine Uhrzeit verabreden, ab der die Kontaktperson Alarm auslöst, wenn ihr euch nicht zurückgemeldet habt. Wichtig dabei ist, dass man die Zeit bis zu einer eventuellen Alarmierung großzügig berechnet, da oftmals „normale" Verzögerungen (oder schlicht fehlender Handyempfang) auftreten, die sonst zu einem Fehlalarm führen könnten.

Aus den beschriebenen Risiken (Veränderung des Canyons, Unklarheit, wer die Schwierigkeitsbewertung erstellt hat, nicht exakt vorhersehbares Wetter etc.) ergibt sich, dass ihr beim Canyoning immer Reserven braucht. Diese spiegeln sich auch im Sicherheitssystem (siehe Kap. 9) wider.

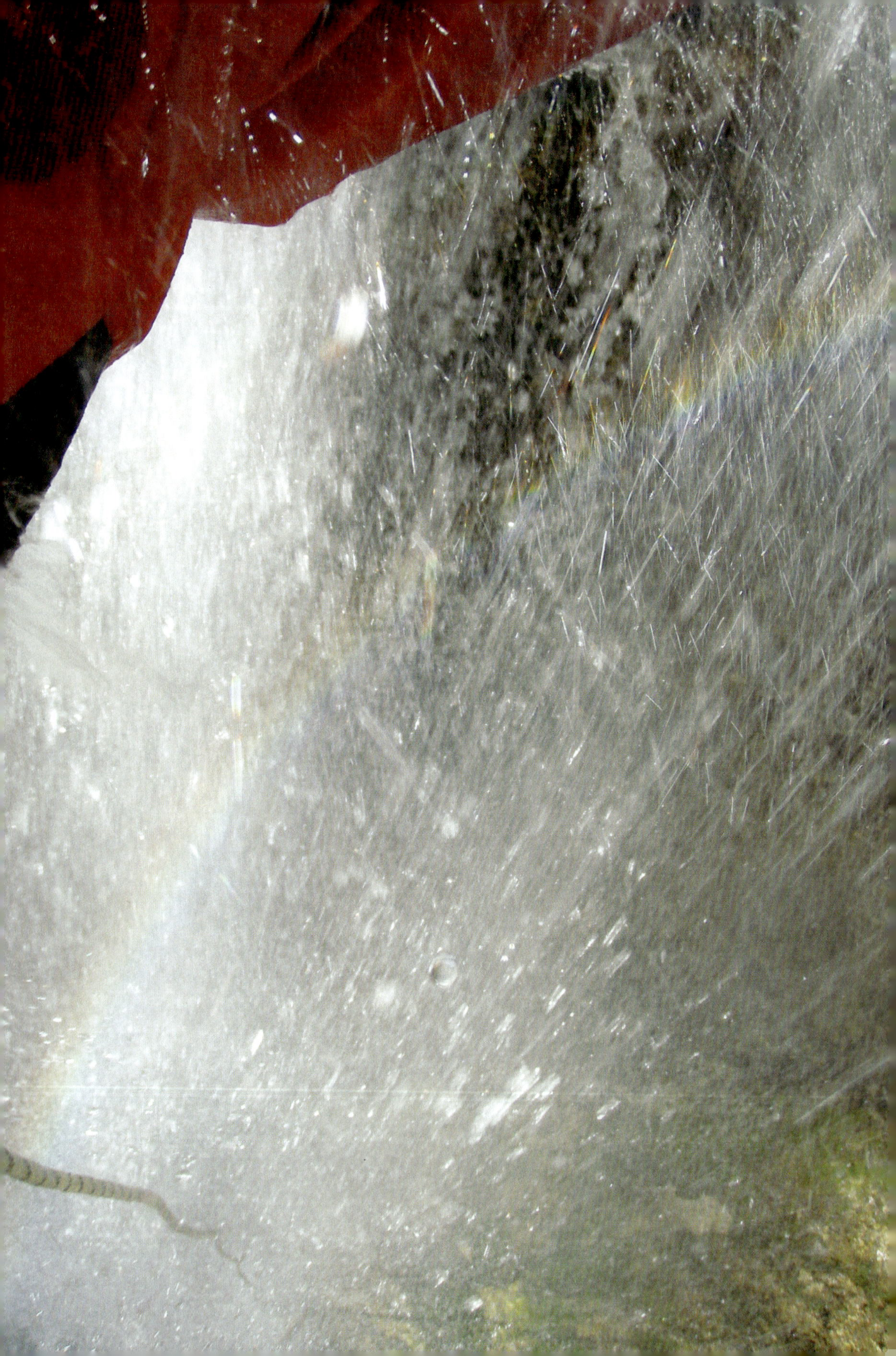

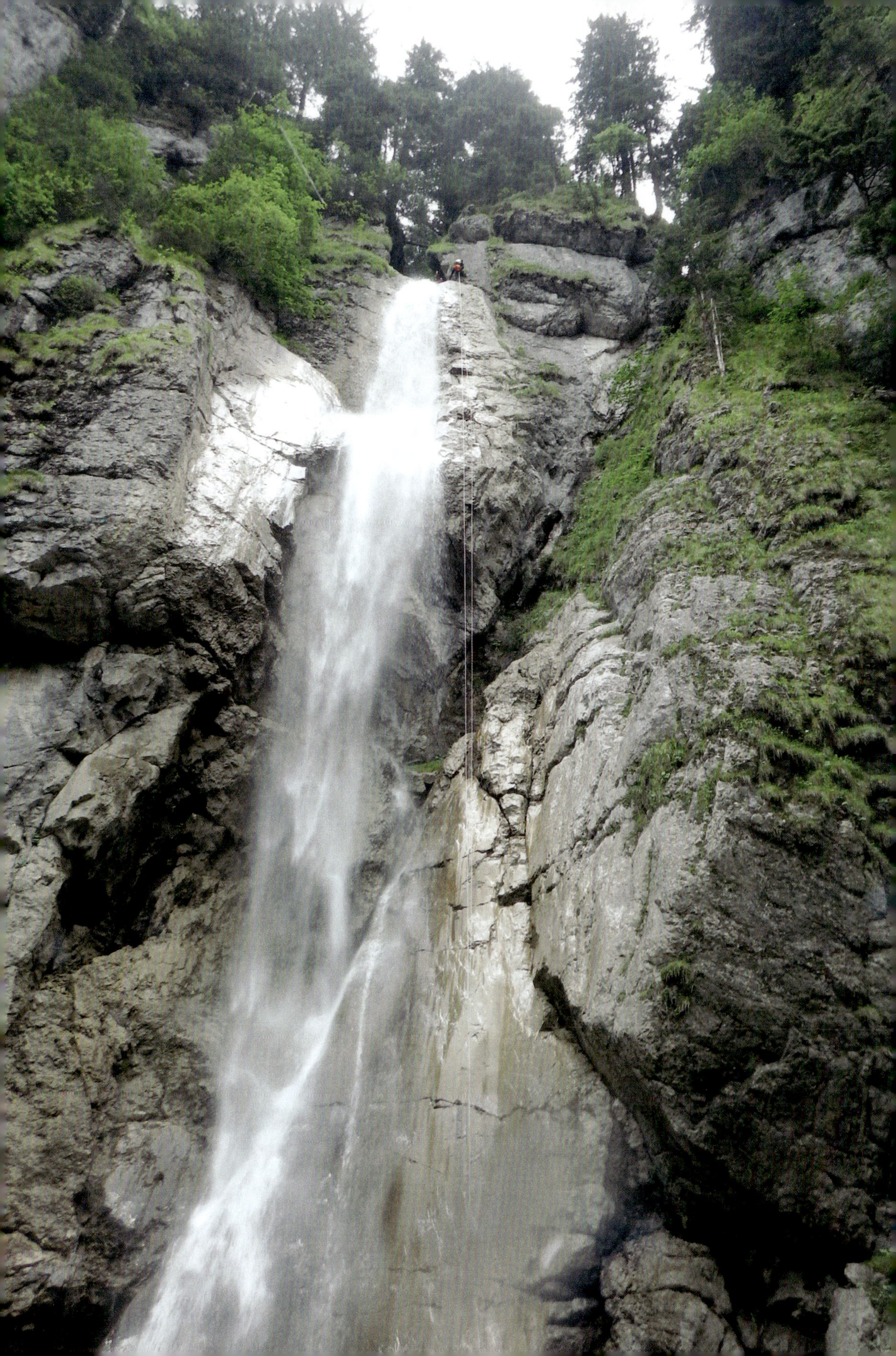

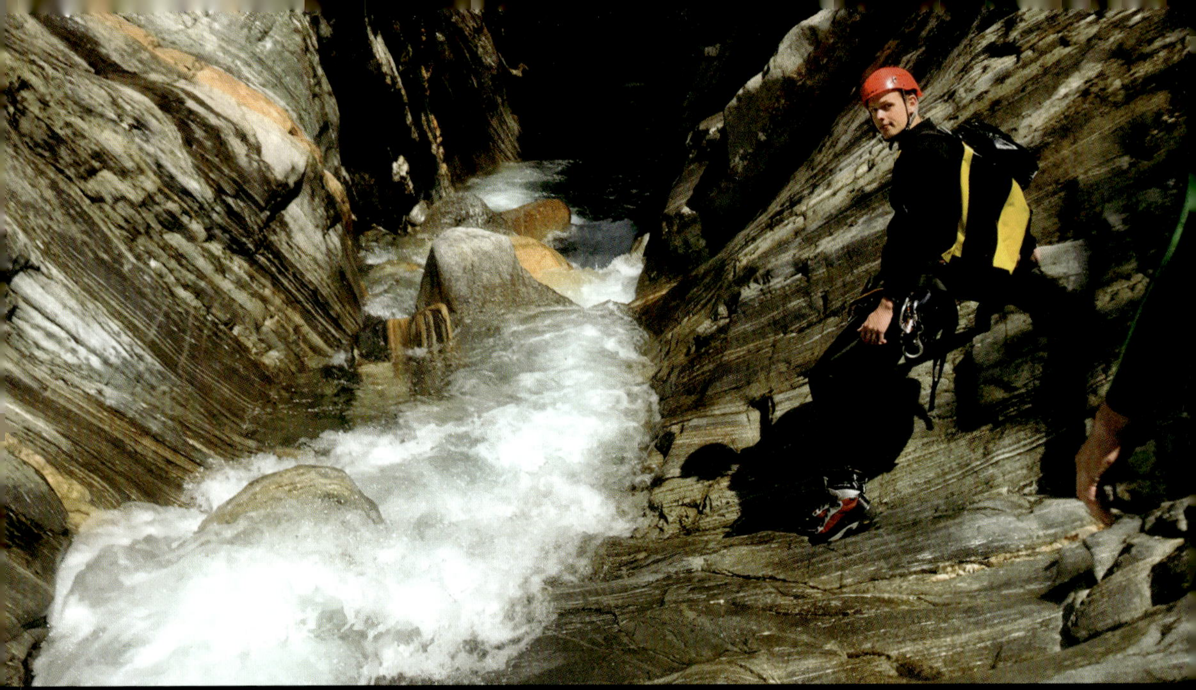

4 BEWEGUNG IM CANYON

Im Canyon gibt es verschiedene Bewegungsarten: Gehen und Abklettern, Springen, Rutschen, Schwimmen und Abseilen. Bei allen Bewegungsarten ist natürlich auch dem Naturschutz Rechnung zu tragen.

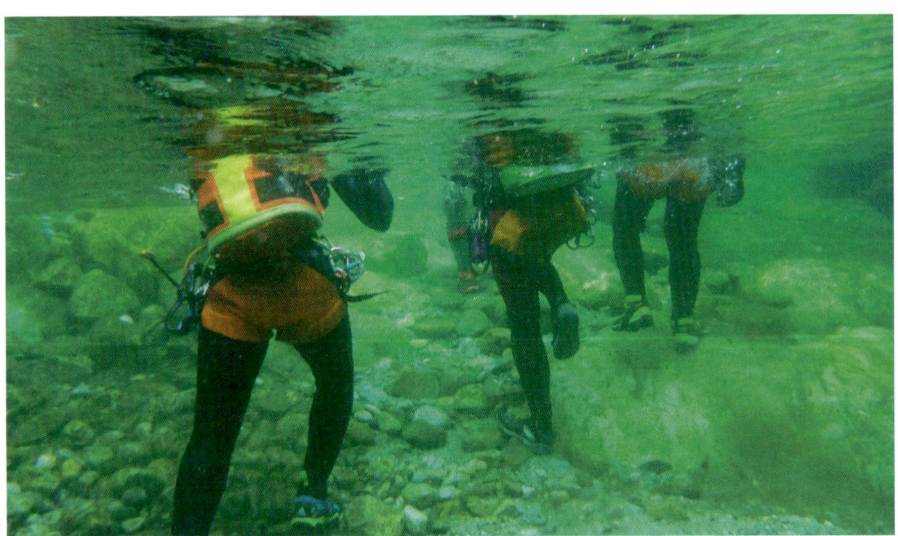

4.1 GEHEN UND ABKLETTERN

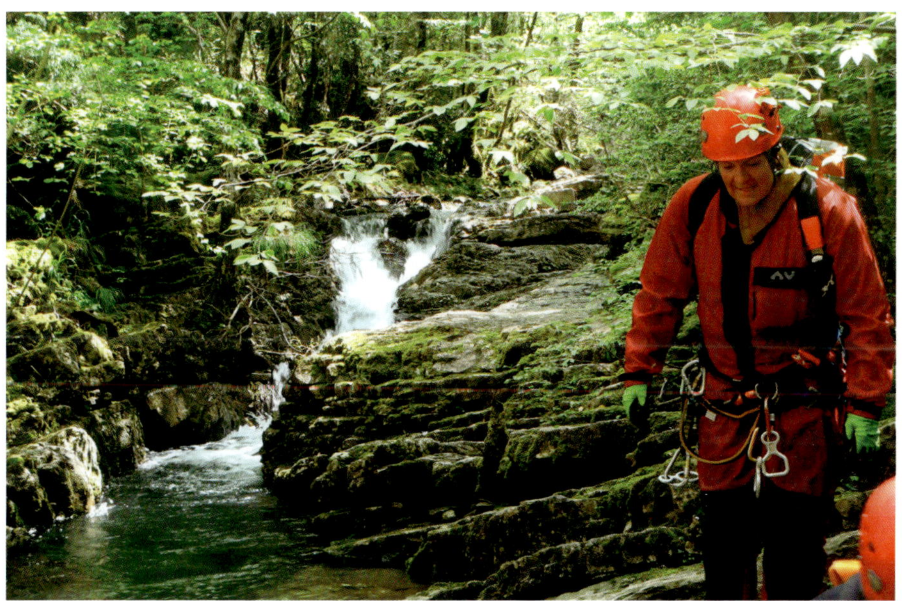

Über weite Strecken bewegt man sich im Canyon gehend vorwärts – Grund genug also, sich mit dieser natürlichsten Fortbewegungsart ein bisschen ausführlicher zu befassen. Denn: ganz so einfach ist auch das in einer Schlucht nicht. Beim Gehen treten sogar die meisten Verletzungen beim Canyoning auf (auch wenn diese meistens nicht so schwerwiegend sind).

Das liegt zum einen daran, dass gehend die längsten Strecken zurückgelegt werden, und zwar auf schwierigem Untergrund, zum anderen aber auch daran, dass wir uns beim Gehen eher unkonzentriert verhalten, während wir den Schlüsselstellen – beim Springen, Abseilen oder Rutschen – unsere ganze Aufmerksamkeit widmen.

Um Unfälle zu vermeiden, muss man sich im Canyon sehr bewusst bewegen. Wenn ihr konzentriert geht, ist eure Muskulatur bereits vorgespannt und das Verletzungsrisiko wird verringert. Zum „Gehen" gehört hier natürlich auch das Waten im Bachbett – dies kann knöchelhoch oder auch brusthoch sein –, das Springen von Fels zu Fels, das Entlanghangeln an rutschigen Passagen: Das Gehen im Canyon ist also im Wortsinn kein „Spaziergang".

Das Bachbett besteht in der Regel aus losen Steinen, ist also sehr uneben und instabil, häufig auch voller Algen und rutschig. Oftmals kann man nicht bis zum Boden sehen und muss sich auf den Tastsinn der Füße verlassen. Für Kinder ist eine solche „Bachwanderung" oft der ideale Einstieg in den Canyoningsport – wenn dann noch ein paar sichere Sprünge und Rutschen dazukommen, ist der Tag perfekt.

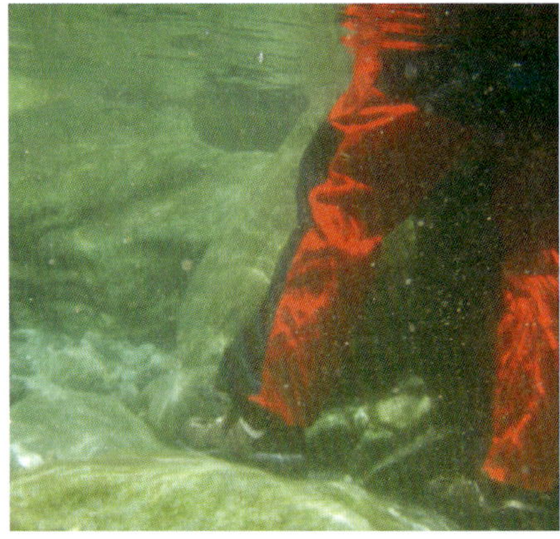

Abgleiten und Ausrutschen gehört daher zum „Alltag" in einer Schlucht. Dabei ist häufig nicht der Sturz selbst das Problem (durch den Neoprenanzug ist man leidlich geschützt), sondern der instinktive Versuch, den Sturz über die Hände abzufangen. Wir berechnen instinktiv den Moment, an dem unsere Hände den Boden berühren – diese Erfahrung haben wir aber nur auf ebenen Untergründen gemacht: Die Finger treffen „unvorbereitet" – auf hervorstehende Felsen.

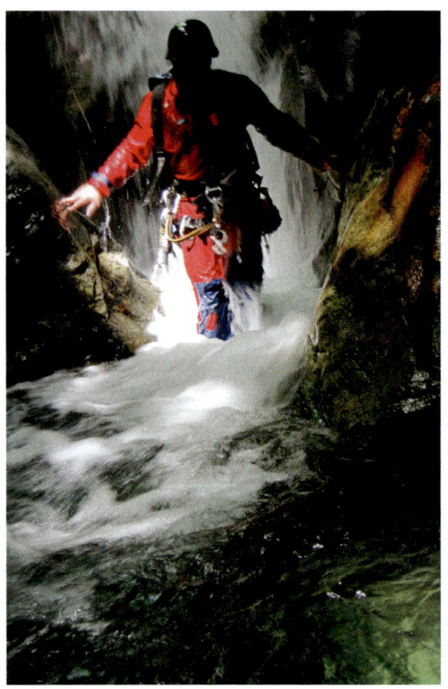

Um zu vermeiden, dass man aus- oder abrutscht, sind Schuhe mit einer guten Reibung das Wichtigste. Wann immer möglich, sollte man sich mit Armen und Händen beim Gehen abstützen, um das Gleichgewicht gut halten zu können. Zudem ist es immer hilfreich, den Körperschwerpunkt nach unten zu bringen und sich eher früher als später hinzusetzen und sich im „Vierfüßlergang" zu bewegen.

Generell gilt: Wann immer möglich, sich beim Gehen abstützen.

Um die Gefahr des Ausrutschens zu verringern, bringt man in unebenem Gelände den Körperschwerpunkt möglichst weit nach unten.

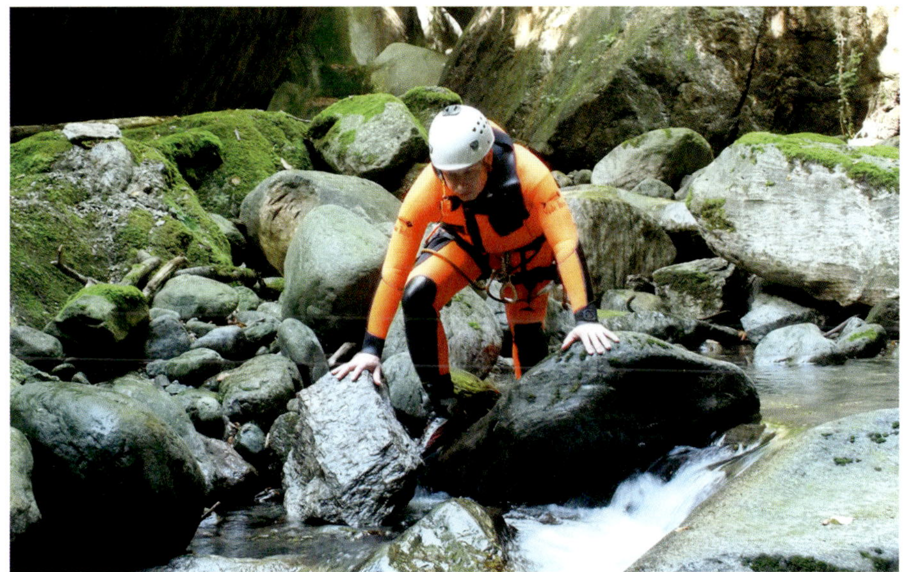

Vor allem bei höheren Stufen gilt: Sich hinsetzen und im Vierfüßlergang abklettern!

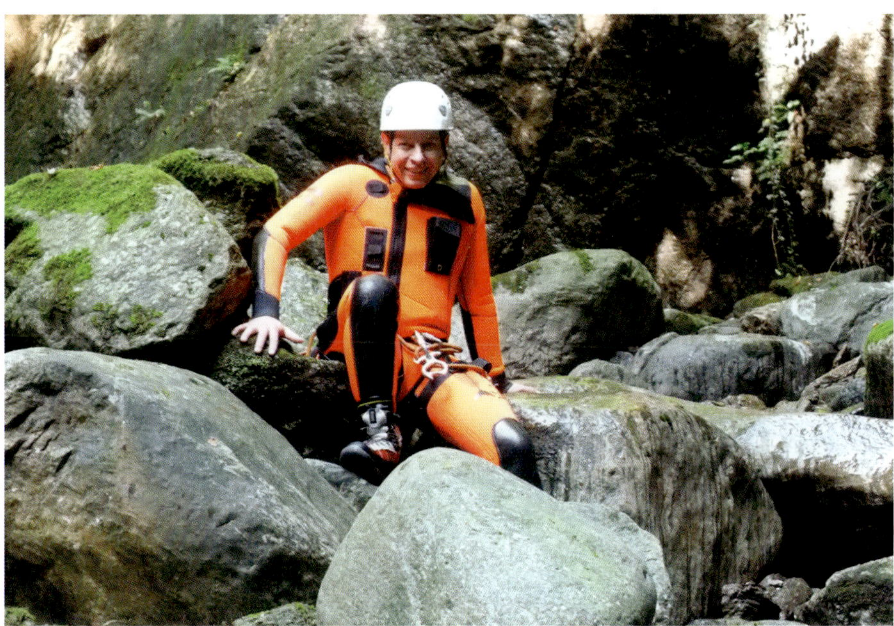

Das Aufsetzen des Fußes

Auch in einem festen Schuh haben unsere Füße einen erstaunlich guten Tastsinn, auf den wir uns allerdings bewusst konzentrieren müssen; allzu normal ist uns das Gehen. Wir verfallen sofort in eine Gangart, bei der unser Gehirn einen ebenen Boden voraussetzt. Im Bachbett ist es wichtig, den Fuß zuerst tastend und zunächst ohne viel Körpergewicht nur mit dem Fußballen aufzusetzen (wie beim Schleichen). Ihr spürt sofort, ob der Untergrund fest und eben ist – erst dann bringt ihr das ganze Gewicht auf den Fuß.

Neben dem Ausrutschen ist das seitliche Abknicken die häufigste Ursache für Verletzungen.

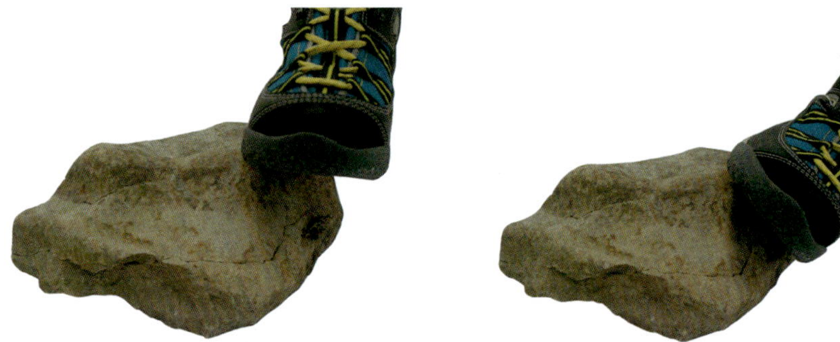

Seitliches Abknicken

Gefährlich wird es auch, wenn man mit der Fußspitze auf einen Stein tritt, beim Belasten des Fußes jedoch mit der Ferse „ins Leere" tritt. Dabei kann die Achillessehne überdehnt werden oder im schlimmsten Fall sogar reißen.

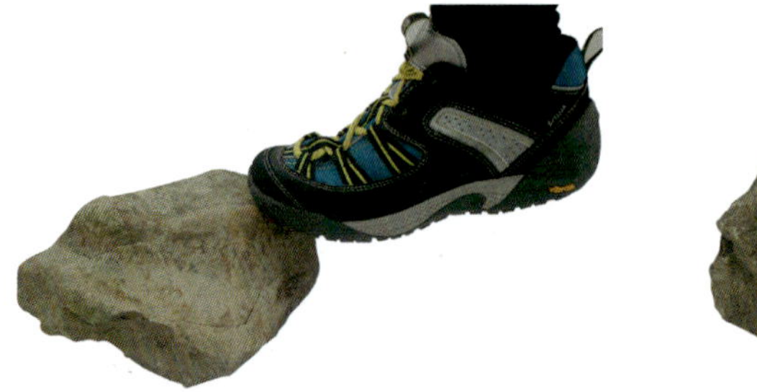

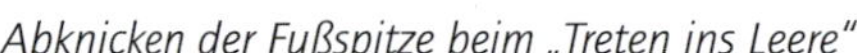

Abknicken der Fußspitze beim „Treten ins Leere"

Zusammenfassung Gehen im Canyon:

- ✓ Bewusst gehen.
- ✓ Den Fuß zuerst tastend aufsetzen, ihn erst dann mit Druck belasten.
- ✓ Hände und Arme benutzen, wann immer möglich.
- ✓ Den Körperschwerpunkt nach unten bringen.
- ✓ Im Zweifelsfall: Sich hinsetzen und sich im Vierfüßlergang vorwärts tasten.

Unterstützung beim Klettern

Wann immer möglich, ist es sinnvoll, andere Tourenteilnehmer beim Klettern zu unterstützen.

Beim Aufwärtsklettern geschieht dies in der Regel durch das Reichen der Hand.

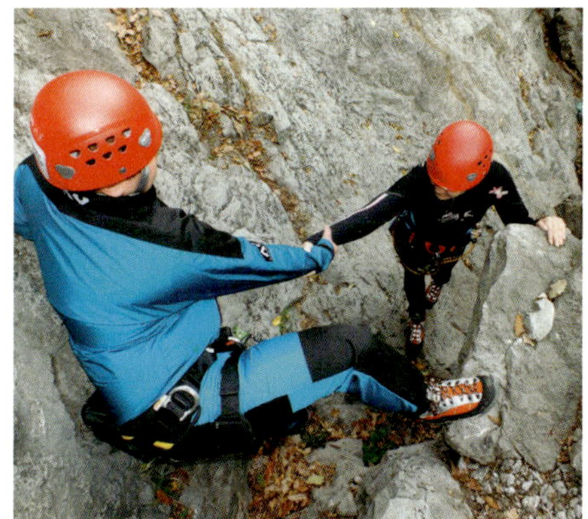

Dabei ist der normale Griff, mit dem man jemandem eine Hand reicht, nicht sehr geeignet.

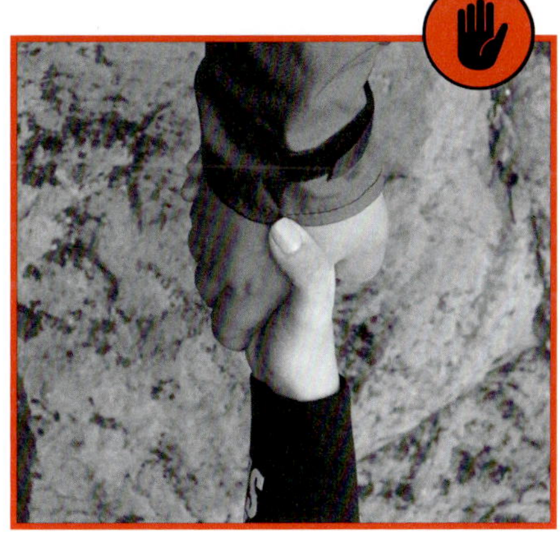

Man hat durch die Form der Hände eher wenig Kontakt, was sich beim Canyoning noch stärker auswirkt, da die Hände oftmals nass sind und die Reibung dadurch verringert wird.

Effizienter sind als Hilfe beim Aufwärtsklettern die nachfolgenden beiden Griffe:

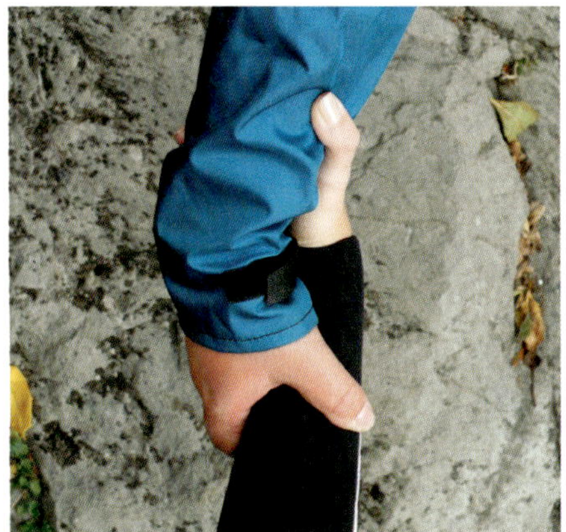

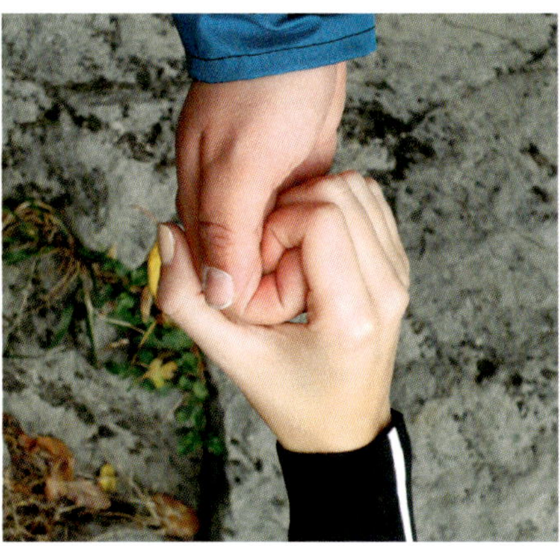

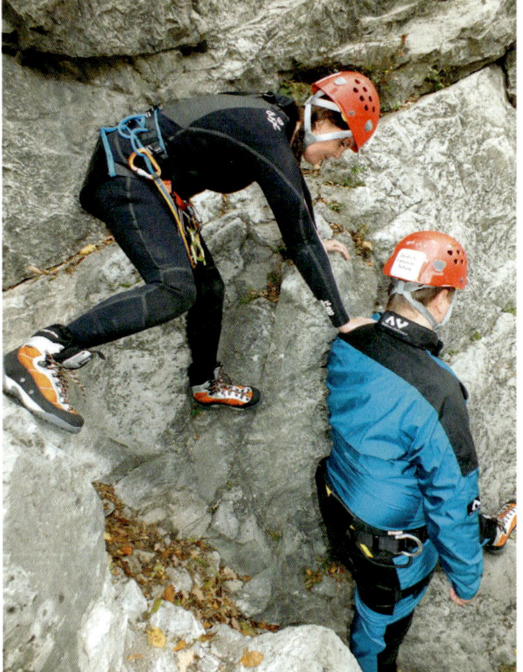

Beim Abwärtsklettern ist es sehr hilfreich, wenn sich die Person, die eine andere unterstützt, einfach hinstellt und dadurch der anderen Person die Möglichkeit gibt, sich abzustützen.

Zur Benutzung von Fixseilen beim Auf- und Abklettern

Als Fixseil bezeichnet man ein Seilstück, das fest in einer Tour verbaut ist, das ihr also schon vorfindet.

Manchen Fixseilen sieht man es an, dass sie stark beschädigt sind.

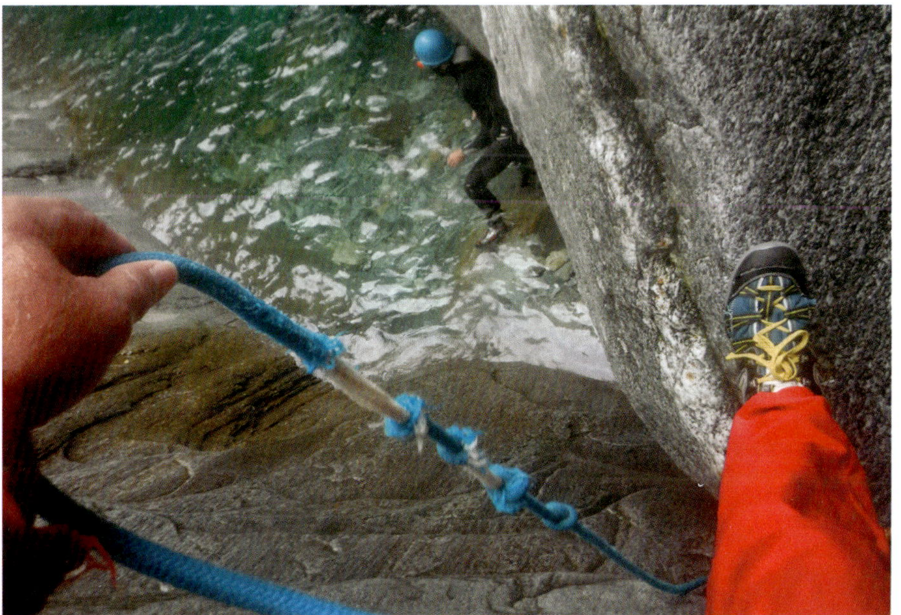

Dieses Fixseil ist unmittelbar nach dieser Aufnahme gerissen.

Fixseilen ist prinzipiell zu misstrauen. Wenn nur der geringste Zweifel am Zustand eines Fixseils besteht, muss dieses ausgewechselt werden. Im Abstieg ist das einfach, indem man ein mitgebrachtes „Opferseil" anbringt. Beim Aufstieg ist das Anbringen eines neuen Fixseils mit einem „Reacher" etc. (siehe Onlinematerialien) möglich.

An dieser Stelle sei noch einmal darauf hingewiesen, dass das freie Aufwärtsklettern mithilfe von halbstatischen Seilen lebensgefährlich ist (siehe Onlinematerialien).

Gehen in der Strömung

Beim Gehen in einer Strömung kommt zu den oben genannten Punkten noch der Wasserdruck hinzu, der euch auch bei geringen Strömungsgeschwindigkeiten destabilisiert – oder schlicht von den Beinen reißt. Wir unterscheiden daher, ob wir im Bach mit der Strömung laufen oder quer dazu.

Wenn wir mit der Strömung laufen, werden wir versuchen, uns so früh wie möglich treiben zu lassen (wenn die Strömung nicht zu stark dafür ist). Dafür legen wir uns mit den Beinen voraus auf den Rücken und winkeln die Knie leicht an, damit sie flexibel auf eine mögliche Kollision mit einem Felsen reagieren können.

Schwieriger ist es, wenn wir einen Bachlauf mit starker Strömung queren müssen. Hierzu ist es wichtig, zu wissen, dass sich die Strömungsgeschwindigkeiten in verschiedenen Wasserschichten sowie mit der Tiefe des Wassers ändern.

Das Wasser hat am Bachbett sehr viel Reibung, dadurch verringert sich dort die Strömungsgeschwindigkeit. An der Oberfläche trifft das Wasser auf den Luftwiderstand, auf Wirbel, Strudel etc., was ebenfalls die Fließgeschwindigkeit des Wassers verringert. In der vertikalen Mitte dagegen kann das Wasser frei fließen, daher ist dort die Strömungsgeschwindigkeit am höchsten. Das bedeutet, dass man die Strömungsgeschwindigkeit des Wassers an einer fließenden Stelle in der Regel deutlich unterschätzt!

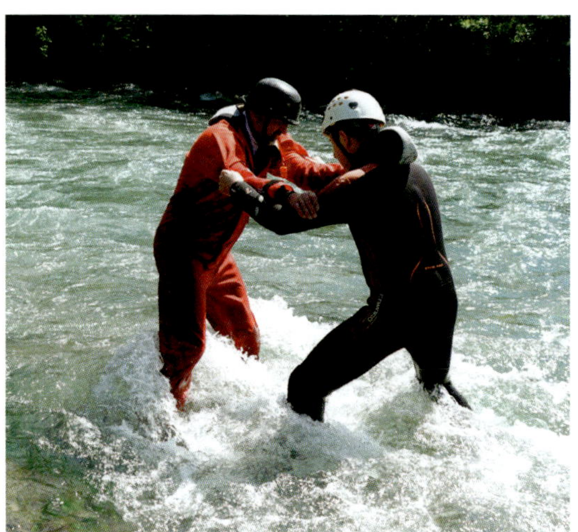

Um eine Strömung, die maximal circa knietief ist, sicher queren zu können, wenden wir am besten folgende Technik an:

Immer zwei Personen queren die Strömung gemeinsam. Eine Person steht dabei in Flussrichtung, die andere mit dem Rücken zur Flussrichtung.

Sie halten sich dazu an den Armen und an den Schultern fest. Beide suchen sich zunächst einen festen Standplatz. Dann bewegt sich eine Person ein Stück weit in die Strömung, so weit, bis sie wieder einen festen Stand hat. Sie hält sich bei dieser Bewegung in die Strömung hinein an der zweiten Person fest. Nun bewegt sich die zweite Person so weit in die Strömung hinein, bis sie wieder einen festen Stand hat. Sie hält sich dabei an der ersten Person fest usw.

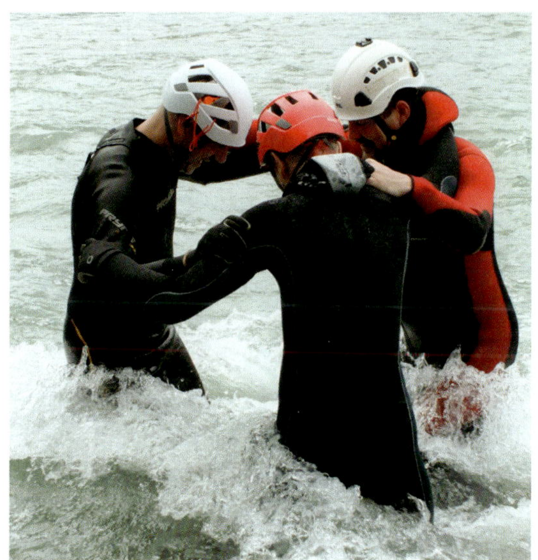

Die gleiche Technik kann man auch mit drei Personen verwenden. Dann bleiben zwei Personen stehen, die dritte bewegt sich.

Zusammenfassung Gehen in der Strömung:

- ✓ Die Kraft der Strömung wird in der Regel unterschätzt.
- ✓ Die doppelte Strömungsgeschwindigkeit bedeutet die vierfache Wasserkraft.
- ✓ Die Strömungsgeschwindigkeit an der Oberfläche ist geringer als die in tieferen Strömungsschichten.
- ✓ Beim Gehen in der Strömung entlang des Wasserlaufs: Möglichst früh flach liegend schwimmen, Füße voraus, die Knie sind leicht angewinkelt, der Blick ist nach vorne gerichtet.
- ✓ Beim Queren eines Strömungsgewässers: Zu zweit oder zu dritt arbeiten.

Strömungen an einem Seil queren

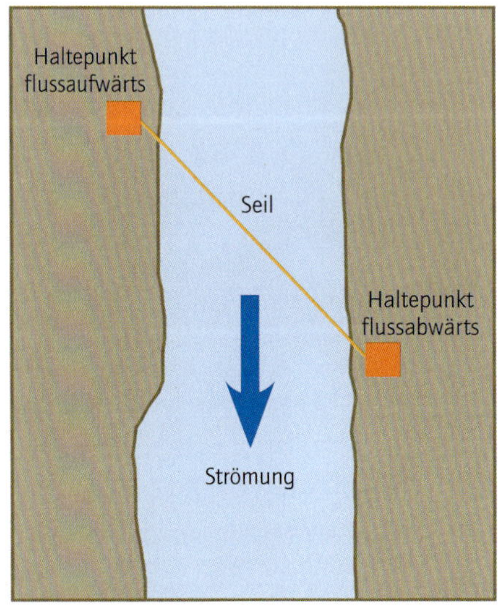

Wenn die Strömung zu stark bzw. das Wasser zu tief ist, um die obige Technik anzuwenden, kann man unter Umständen auch ein Seil (ähnlich einer Seilbahn) spannen, um eine Strömung zu queren. Dabei ist jedoch darauf zu achten, dass der Fixpunkt auf der Ankunftsseite deutlich flussabwärts liegt. An der zu querenden Stelle sollen sich keine Hindernisse (z. B. Bäume) im Fluss befinden.

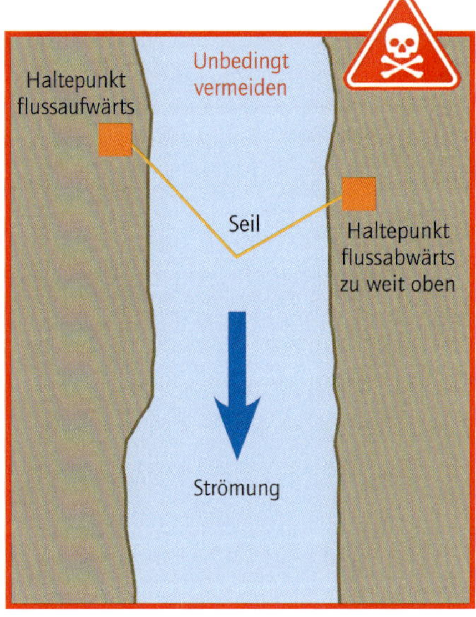

Auf keinen Fall darf sich ein „V" bilden, das die querende Person blockieren würde.

Eine Querung sollte unbedingt vermieden werden, wenn sich unterhalb der Querungsstelle ein Hindernis (z. B. ein verklemmter Baum) befindet.

Natürlich dürfen an den Fixpunkten keine festen Verbindungen, sondern nur lösbare Verbindungen installiert werden. Die Personen, die die Strömung am Seil queren, dürfen sich auf keinen Fall fix (z. B. mit ihrer Selbstsicherung) mit dem Seil verbinden. Es gilt der Grundsatz: keine feste Verbindung in strömendem Wasser. Sollte die querende Person den Halt verlieren, ist es besser, zu schwimmen (auch wenn man das eigentlich vermeiden möchte), als am Seil fixiert zu sein.

Wenn möglich, schwimmt die erste Person ohne Seil auf die andere Seite. Danach erst wird ihr das Seil zugeworfen. Optimal hierfür ist ein Wurfsack. Ist dies nicht möglich, oder ist kein Wurfsack vorhanden, muss die erste Person mit dem Seilende in der Hand (und nicht am Körper fixiert!) an das andere Ufer schwimmen.

Die anderen Personen queren mit einem in das Seil eingehängten Karabiner, an dem sie sich festhalten.

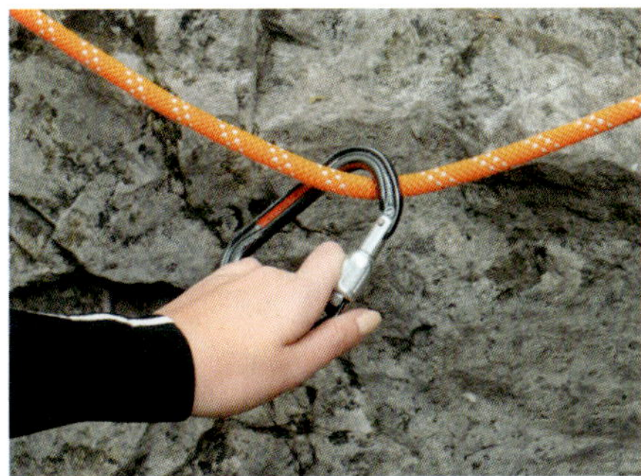

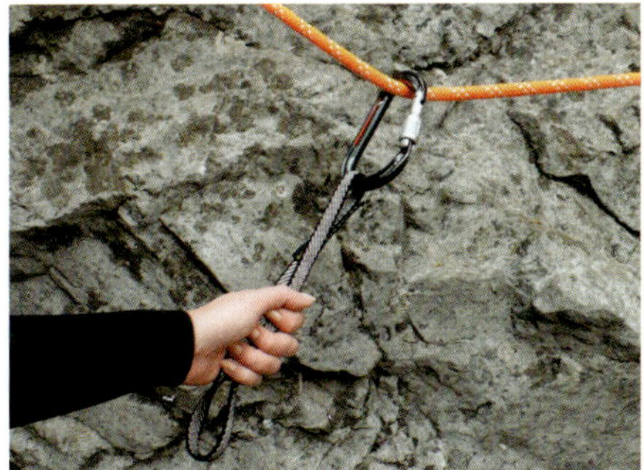

Karabiner mit Schlinge am Seil

Die Schlinge darf keinesfalls um das Handgelenk gelegt werden.

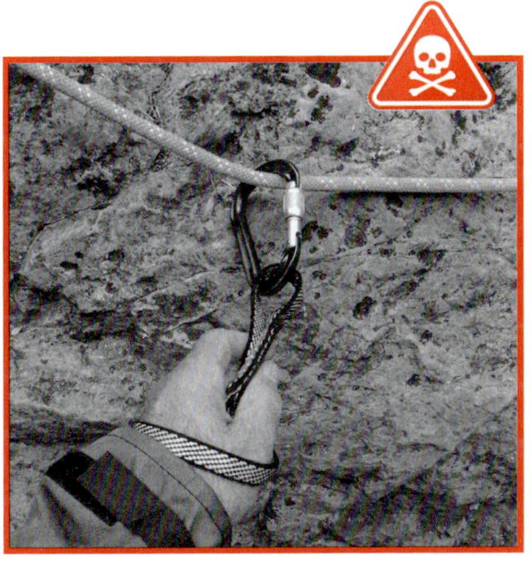

Die letzte Person wird an dem Seil von den anderen Personen auf die andere Flussseite gezogen.

Zur Sicherheit sollte sich eine Person mit einem Wurfsack unterhalb der geplanten Ankunftsstelle positionieren, damit sie eine Person, die während der Querung den Kontakt zum Seil verliert, aus dem Wasser retten kann.

Immer dann, wenn in strömendem Wasser gearbeitet wird, sind die Seile niemals fix installiert, sondern – wenn überhaupt – nur lösbar befestigt. Zudem braucht jede der beteiligten Personen ein griffbereites Kappgerät.

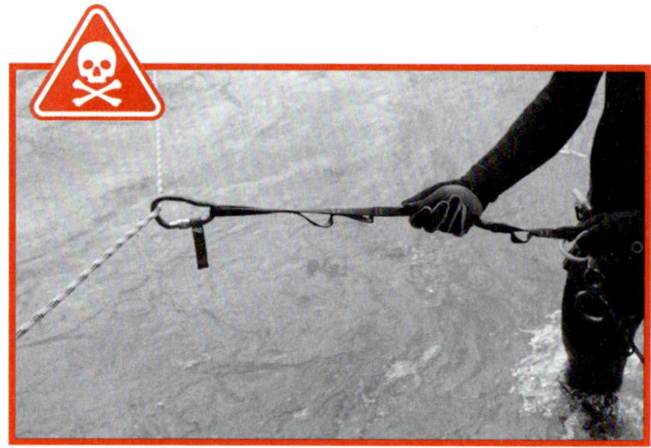

Wenn man sich an einem fixierten Seil in der Strömung befindet, wird man unweigerlich von der Strömung unter Wasser gezogen!

4.2 SPRINGEN

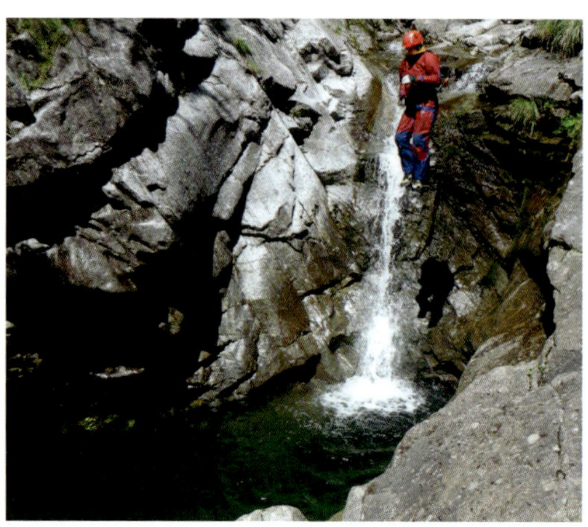

Für viele ist es die Paradedisziplin beim Canyoning: das Springen in tiefe, kristallklare Gumpen. Und in der Tat sind es wunderbare Erlebnisse, die einem noch lange in Erinnerung bleiben. Ganz gleich, ob aus zwei oder aus 12 Metern Höhe: Beim Springen gilt es einiges zu beachten, damit der Spaß ungetrübt ist.

Als allerwichtigste Regel gilt: Das Ankunftsbecken ist ZWINGEND vor einem Sprung oder vor dem Rutschen zu prüfen!

Eine Hauptursache für schwere Unfälle im Canyon ist das Rutschen oder Springen in vorab nicht geprüfte Becken! Circa 45 Prozent der Unfälle im Canyon passieren beim Springen (siehe Kap. 8). Der Sprung in ein nicht dafür geeignetes Becken darf getrost als der „Klassiker" der Unfälle im Canyon bezeichnet werden.

Niemals (wirklich niemals) in ein Becken springen oder rutschen, das nicht vorab geprüft wurde. Das gilt auch dann, wenn man die Stelle von früheren Begegnungen kennt (siehe Kap. 3.2).

Der Führer bei einer geführten Tour geht anders vor. Er prüft in aller Regel bei einer Tour das Ankunftsbecken nicht, da er die Tour sehr oft, zum Teil täglich oder mehrfach täglich geht. Auch tauscht er sich mit anderen Canyoningführern über die Verhältnisse in den Schluchten täglich aus. Das beobachtete Verhalten des Canyonführers taugt daher in diesem Falle nicht als Vorbild.

Am Anfang der Saison, nach einem Hochwasser oder in einem ihm fremden Canyon, prüft der Canyonführer dagegen selbstverständlich jedes Ankunftsbecken.

Wie kann man ein Becken prüfen?

Ein Becken wird auf Tiefe sowie auf mögliche Gegenstände geprüft, die unter der Wasseroberfläche liegen. Dazu muss die erste Person das Becken erreichen, ohne selbst hineinzuspringen oder zu rutschen. Dafür gibt es mehrere Möglichkeiten: Wenn es eine Abseilstelle gibt, seilt sich die Person direkt ins Wasser ab.

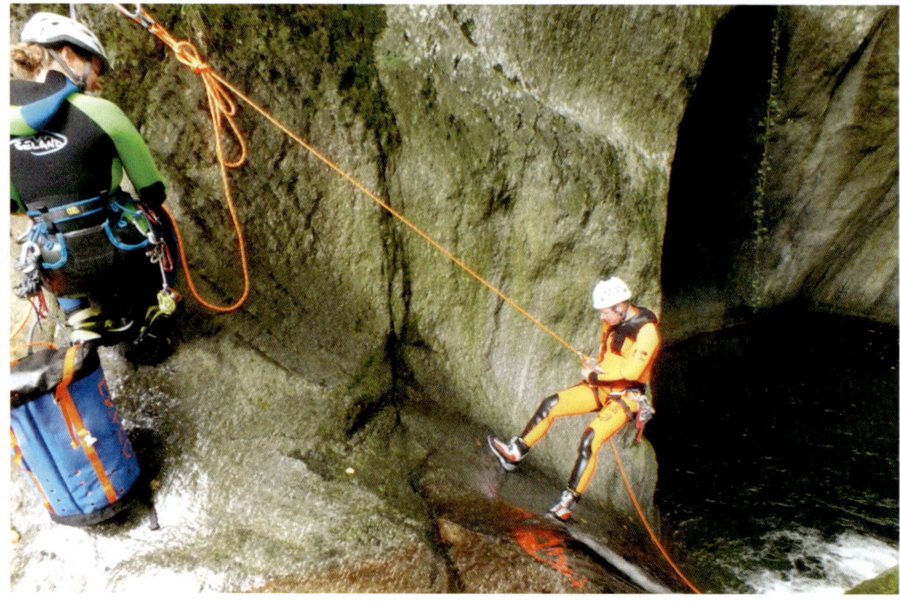

Die erste Person seilt selbstständig ab, um das Becken zu prüfen

Sollte keine Abseilstelle vorhanden sein, kann man versuchen, eine behelfsmäßige Abseilstelle (z. B. an einem Baum) einzurichten.

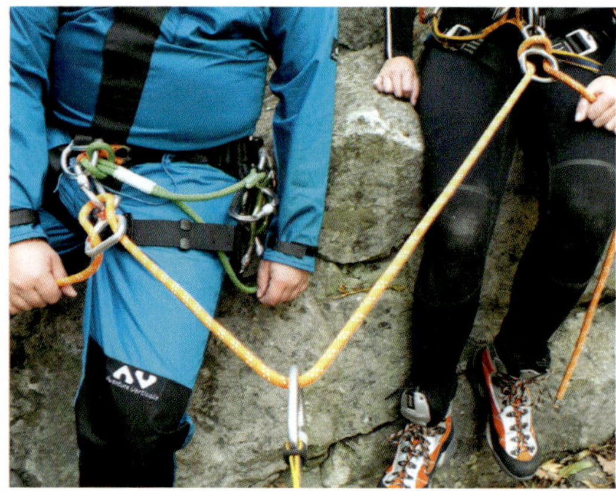

Sicherung der abseilenden ersten Person durch zwei weitere Personen

Sollte auch dies nicht möglich sein, kann man eine Person über Körpersicherung ablassen.

Dazu braucht man zwei Personen, die sich bestmöglich rutschsicher hinter dem Rand des Beckens/der Rutsche platzieren. Wenn möglich, verkeilen sie sich dabei oder stemmen sich mit den Füßen gegen Felsen.

Diese zwei Personen lassen dann eine dritte Person an einem Seil in das Becken ab. Eine Person (im Bild die rechte Person) am Beckenrand legt das Seilende lösbar so an ihrem Achter am Gurt ein, dass noch circa ein Meter Seil übersteht. Die zweite Person am Beckenrand (im Bild die linke Person) legt ebenfalls das Seil in ihren Achter am Gurt ein. In das Seilstück zwischen den beiden Personen am Beckenrand hängt sich die Person, die abgelassen werden soll, mit ihrer Selbstsicherung ein.

Die zweite Person am Beckenrand lässt nun die Person ab, bis sie auf der Höhe der Wasseroberfläche angelangt ist. Die erste Person am Beckenrand öffnet nun die Blockierung ihres Achters und die Person, die das Becken erkunden soll, plumpst in das Becken. Das Seil wird dann von der zweiten sich am Beckenrand befindlichen Person sofort aus dem Becken gezogen, da sich sonst gegebenenfalls das Seil in strömendem Wasser befinden würde.

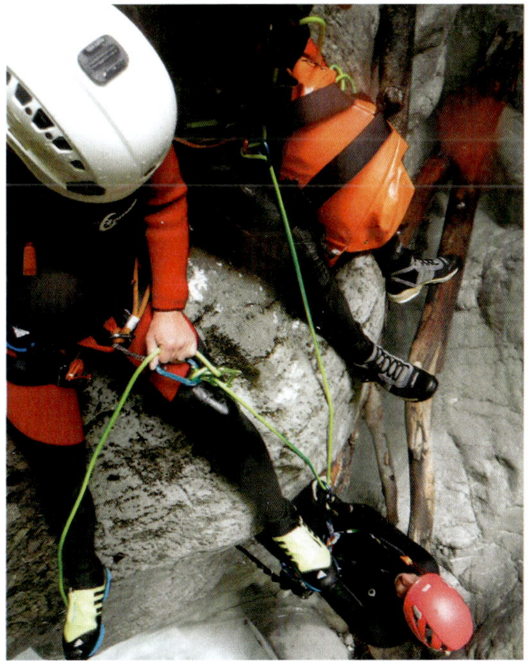

Bei dieser Technik ist darauf zu achten, dass der Winkel des Seils möglichst gering ist. Je größer der Winkel ist, desto mehr Gewicht muss jede der beiden Personen halten.

Die nachfolgende Tabelle zeigt die zu haltenden Kräfte in Abhängigkeit vom Winkel der Seile:

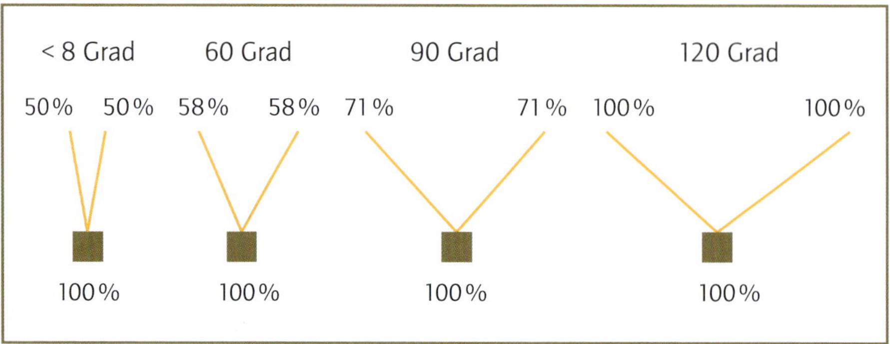

Sobald die erste Person das Becken erreicht hat, gibt es mehrere Möglichkeiten, um festzustellen, wie tief dieses ist. Zunächst kann man (wie bei einem „Kerzensprung") versuchen, vertikal im Becken abzutauchen und dabei prüfen, ob man mit den Füßen den Boden des Beckens erreicht. Ist dies der Fall, ist bereits Vorsicht geboten.

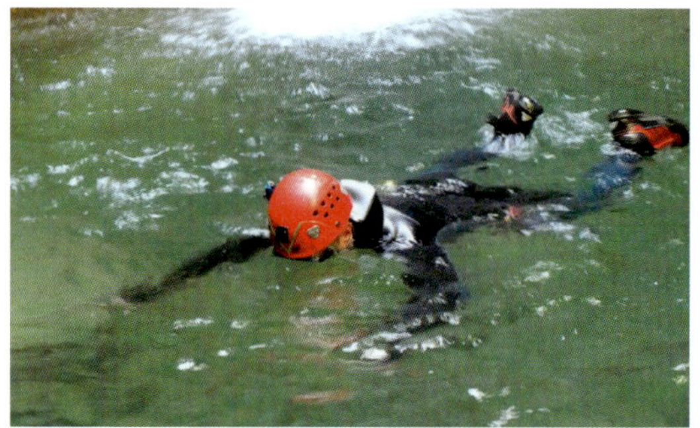

Man kann das Becken auch mithilfe einer Taucherbrille untersuchen und „austauchen". Das ergibt ein sehr eindeutiges Bild der Form des Beckens.

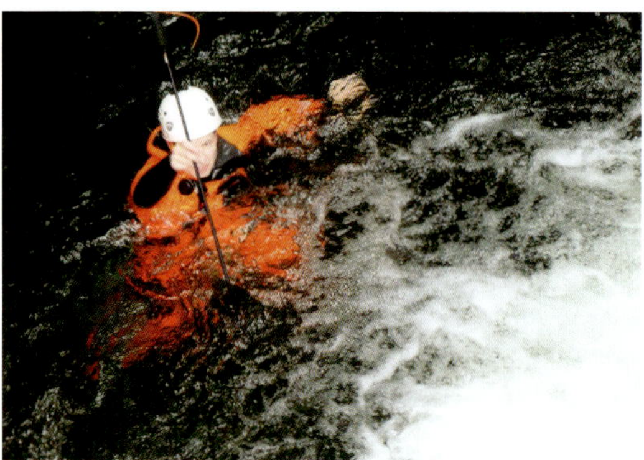

Eine weitere Methode besteht darin, eine Lawinensonde zu verwenden und das Becken damit zu sondieren.

Zur Beurteilung der Rutsch- bzw. Springbarkeit eines Beckens gibt es drei Kriterien:

1. Wie ist die absolute Tiefe des Beckens?
2. Gibt es in dem prinzipiell spring- bzw. rutschbaren Becken Hindernisse (Felsen, Felsvorsprünge etc.)?
3. Wie ist der Boden des Beckens beschaffen (kompakter Fels oder Kies)?

Wie tief muss ein Becken sein?

Man kann nicht allgemeinverbindlich sagen, wie tief ein Becken sein muss, damit man problemlos hineinspringen kann. Natürlich ist es umso besser, je tiefer es ist. Die notwendige Tiefe steigt dabei jedoch nicht linear mit der Sprunghöhe, da die meiste Energie beim Aufschlag auf das Wasser absorbiert wird.

Nach circa einer halben Sekunde im Wasser ist die Geschwindigkeit nahezu gleich, unabhängig davon, von welcher Höhe man springt.

Einen Ansatzpunkt zur Beurteilung der notwendigen Wassertiefe liefert die Norm für die Erstellung von Schwimmbädern. Diese gibt folgende Tiefen vor:

- Bei einem Sprung aus drei Metern: 3,5 Meter Tiefe
- Bei einem Sprung aus fünf Metern: vier Meter Tiefe
- Bei einem Sprung aus zehn Metern: 4,5-5 Meter Tiefe

Diese Werte kann man für das Canyoning um circa ein Drittel reduzieren. Beim Canyoning hat man durch die Ausrüstung einen größeren Eintauchwiderstand und durch den Neoprenanzug einen größeren Auftrieb. Daher reichen in einer Schlucht auch geringere Wassertiefen aus. Mit der geeigneten Technik kann man auch in deutlich flachere Gumpen springen. Die oben genannten Wassertiefen lassen sich nicht mehr mit einer Sonde oder durch Austauchen messen.

Wie geht man mit Hindernissen im Becken um?

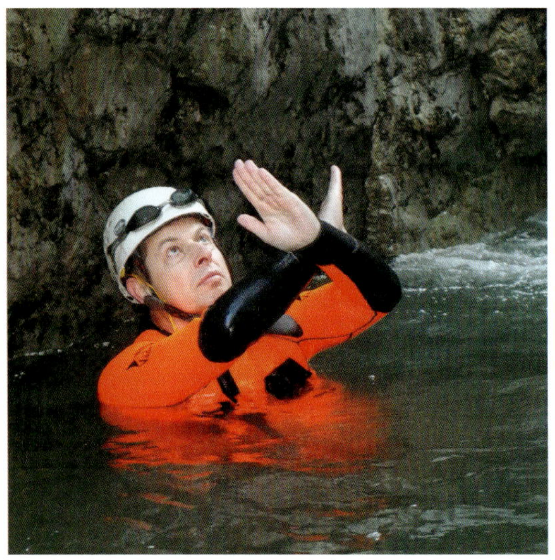

Sollte sich in einem prinzipiell spring- oder rutschbaren Becken ein Hindernis, z. B. ein Fels oder ein in das Becken hineinragender Ausläufer, am Beckenrand befinden, so zeigt die Person, die das Becken erkundet hat, dieses Hindernis an. Am besten stellt sie sich, wenn dies geht, auf das Hindernis und zeigt durch gekreuzte Arme an: Hier nicht springen!

Die Beschaffenheit des Beckenbodens

Ist der Beckenboden mit Kies bedeckt, so ist ein möglicher Aufprall am Beckenboden weniger folgenreich, als wenn der Beckenboden aus reinem Fels besteht. Da man aber in der Regel bei der Erkundung des Beckens nicht feststellen kann, wie tief der Kies dort ist, sollte dieser „Bonus" bei der Bewertung des Sprungs oder der Rutsche nur gering ausfallen.

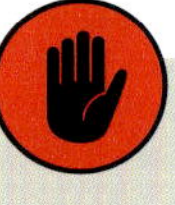

Bei Unsicherheiten bezüglich der Rutsch- oder Springbarkeit eines Beckens gilt: das Rutschen oder Springen vermeiden.

Auch wenn ein Becken an sich „clean" ist, kann man sich bei einem unsauber ausgeführten Sprung leicht verletzen! Dies wird schon anhand einiger Zahlen deutlich: Bei einem Sprung aus einem Meter Höhe beträgt die Aufprallgeschwindigkeit circa 16 Kilometer pro Stunde, bei einem Sprung aus 10 Metern Höhe beträgt diese schon

50 Kilometer pro Stunde. Ab einer Höhe von circa sieben Metern kann man sich auch verletzen, wenn das Becken frei ist, man aber mit der falschen Haltung eintaucht.

Die richtige Sprungtechnik

Ein Sprung sollte immer kontrolliert, niemals hektisch ausgeführt werden. Oft ist die Absprungstelle rutschig, ein Ausrutschen während des Absprungs kann zu bösem Aufprallen auf Felsen führen. Außerdem wird vor jedem Sprung der Gurt auf loses Material kontrolliert (beim Aufprall auf dem Wasser verliert man gerne Karabiner, aber auch Actionkameras und Handys) und es wird das vorne in der Abseilöse fixierte Abseilgerät mit einem Karabiner zur Seite gebunden. Gerne gerät der Abseilachter beim Aufprall auf das Wasser zwischen die Beine, der dadurch ausgelöste Schlag auf die Genitalien hat schon manche Tour ruiniert.

Ein Kopfsprung verbietet sich beim Canyoning von selbst. Vielmehr wird folgende Sprunghaltung empfohlen: Der Körper ist möglichst aufrecht und fällt genau in der Falllinie. Die Arme sind an die Beine angelegt, oder vor dem Körper gekreuzt. Beim Aufschlag würden diese sonst unkontrolliert und abrupt umhergeschleudert. Im ganzen Körper ist Spannung.

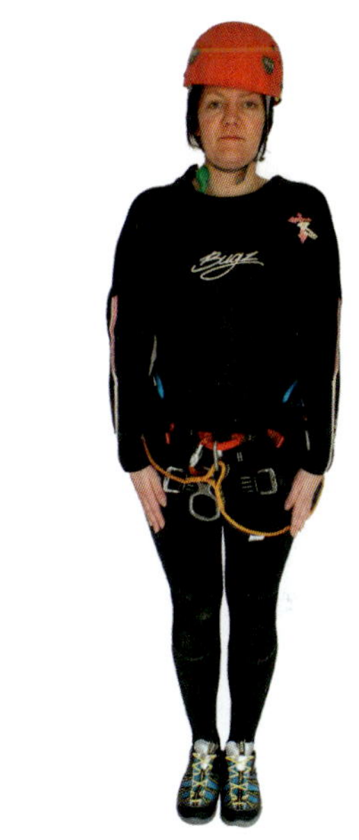

Sprunghaltung

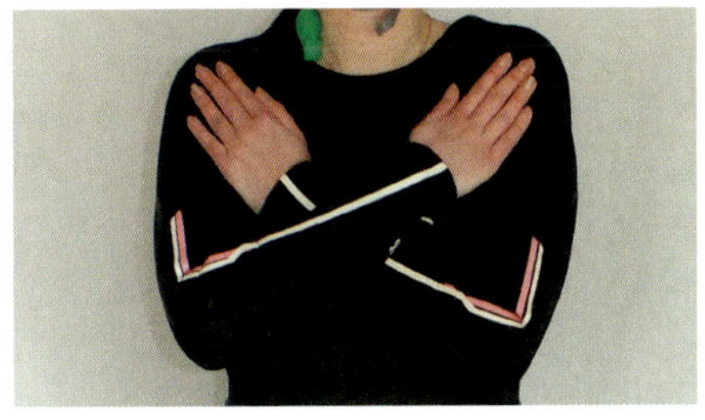

Alternative Armhaltung

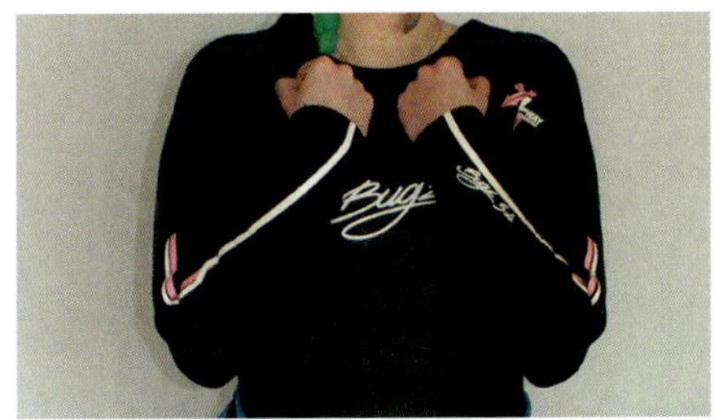

Alternative Armhaltung

Wohin springt man am besten?

Wenn die Beschaffenheit des Gumpens es zulässt, springt man kurz vor das Weißwasser. Im Weißwasser bilden sich oft Strudel, die das Auftauchen/Herausschwimmen erschweren. Außerdem ist weißes Wasser mit Luft durchsetzt. Die Dichte des Wassers wird dadurch geringer, durch den (durchaus gewünschten) weicheren Aufprall erhöht sich die Eintauchtiefe.

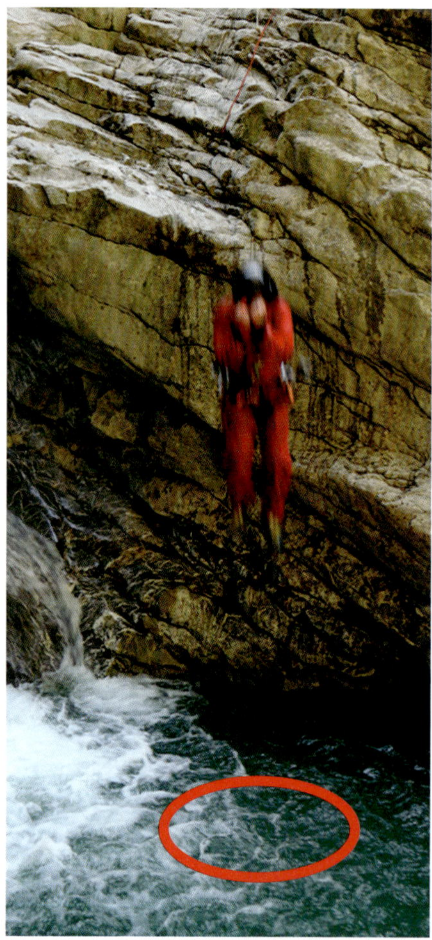

Die ideale Eintrittsstelle ins Wasser ist unmittelbar vor dem Weißwasser.

Eine größere Eintauchtiefe erhöht die Verletzungsgefahr, falls sich Hindernisse im Ankunftsbecken befinden und die Wahrscheinlichkeit einer Bodenberührung wird höher. Zudem steigt mit zunehmender Eintauchtiefe der Druck auf das Trommelfell. Ab einer Eintauchtiefe von circa drei Metern kann es dabei zu Verletzungen des Trommelfells kommen.

Daher empfiehlt es sich, in das Wasser zu springen, das nicht mit Luft durchsetzt ist.

Ist ein Sprung aus großer Höhe (> 10 Meter) zu bewältigen, so kann es hilfreich sein, unmittelbar vor dem Absprung eine Handvoll Kies auf die Stelle zu werfen, wo man voraussichtlich ins Wasser eintaucht. Dadurch wird die Oberfläche des Wassers ebenfalls aufgebrochen und der Aufprall nicht so hart, die Eintauchtiefe erhöht sich aber nicht so signifikant.

Wohin mit dem Rucksack?

Der Rucksack wird beim Springen in aller Regel, insbesondere bei höheren Sprüngen, abgenommen. Er würde die Beweglichkeit beim Sprung einschränken und das Gleichgewicht verschieben. Zudem würde er beim Aufschlag auf dem Wasser nach oben gerissen.

Der Rucksack wird in das Becken geworfen, oder er wird mit einem Seil abgelassen. Wenn der Rucksack in das Becken geworfen wird, ist darauf zu achten, dass dies erst dann geschieht, wenn sich schon jemand in dem Becken befindet, der den Rucksack dort herausholen kann. Sonst besteht die Gefahr, dass der Rucksack unkontrolliert weggeschwemmt wird.

Schwimmwesten sind beim Springen nicht geeignet. Bei Sprüngen kann die Schwimmweste (insbesondere natürlich dann, wenn sie nicht exakt sitzt und angepasst ist) beim Aufschlag auf das Wasser schlagartig nach oben in das Gesicht gedrückt werden. Sofern man nicht senkrecht in das Wasser eintaucht, kann die Schwimmweste ein zusätzliches Abknicken des Oberkörpers beim Eintauchen bewirken, das der Wirbelsäule einen Schlag versetzen und diese beschädigen kann.

Springen in flaches Wasser

Manchmal kommt es vor, dass ein Sprung in flaches Wasser unvermeidbar ist. In diesem Fall und wenn nicht abschätzbar ist, ob sich im Wasser Hindernisse befinden, ein Sprung aber nicht zu vermeiden ist, braucht man eine spezielle Sprunghaltung.

Diese kommt z. B. auch dann zur Anwendung, wenn man einer Person, die im strömenden Wasser schwimmt, rasch zu Hilfe kommen möchte.

Die Sprunghaltung beim Springen in flaches Wasser

Das Grundprinzip bei diesem „Notfallsprung" besteht darin, mit einer möglichst großen Fläche des Körpers auf dem Wasser aufzuschlagen, um so wenig wie möglich ins Wasser einzutauchen. Gleichzeitig müssen die empfindlichen Körperteile geschützt werden.

Der Aufschlag auf dem Wasser erfolgt zuerst mit dem Bauch. Im Idealfall schlägt dieser auf voller Länge parallel zum Wasser auf. Der Druck des Aufschlags wird dabei auf eine möglichst große Fläche verteilt. Die Beine und die Knie sind an-

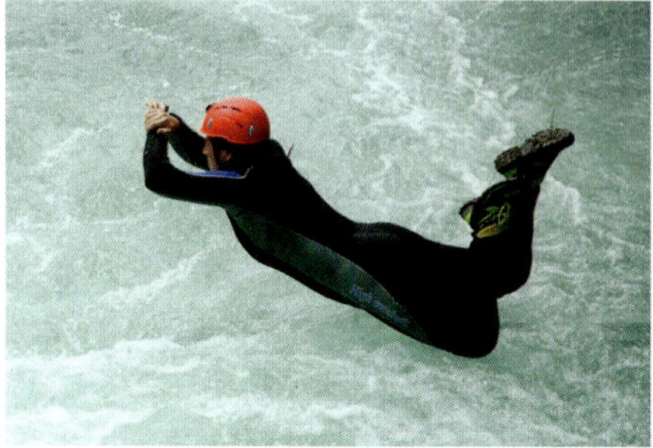

gehoben, damit sie nirgendwo anschlagen können. Die Arme sind ebenfalls angehoben, damit sie nirgendwo angeschlagen werden und sie sind vor dem Gesicht gekreuzt, damit sie den Kopf schützen können. Der Kopf ist auf eine Seite gedreht und ebenfalls angehoben.

Warnung: Diesen Sprung kann man nicht aus großer Höhe durchführen!

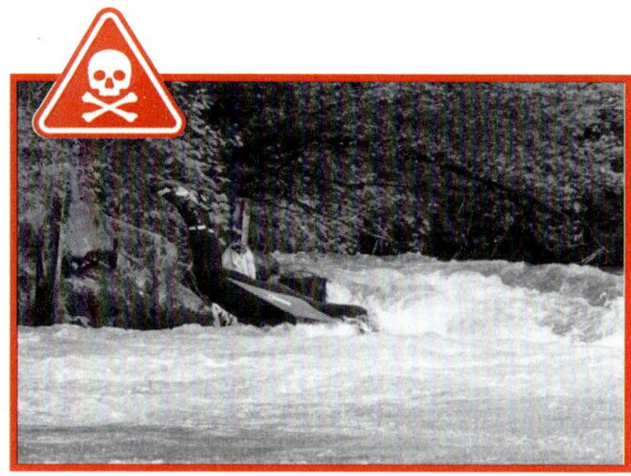

Negativbeispiele:

Auf keinen Fall darf ein Kopfsprung erfolgen. Der Körper würde zu weit eintauchen und die gesamte Energie müsste mit dem Kopf abgefangen werden.

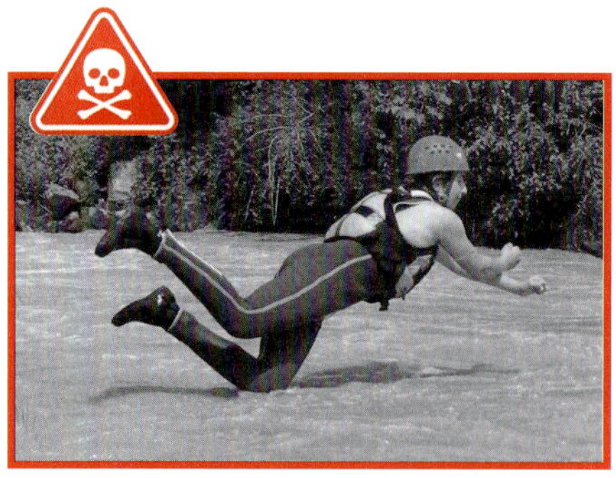

Bei einer solchen Sprunghaltung wäre das Knie maximal gefährdet, wenn man auf ein Hindernis unter Wasser treffen würde.

4.3 RUTSCHEN

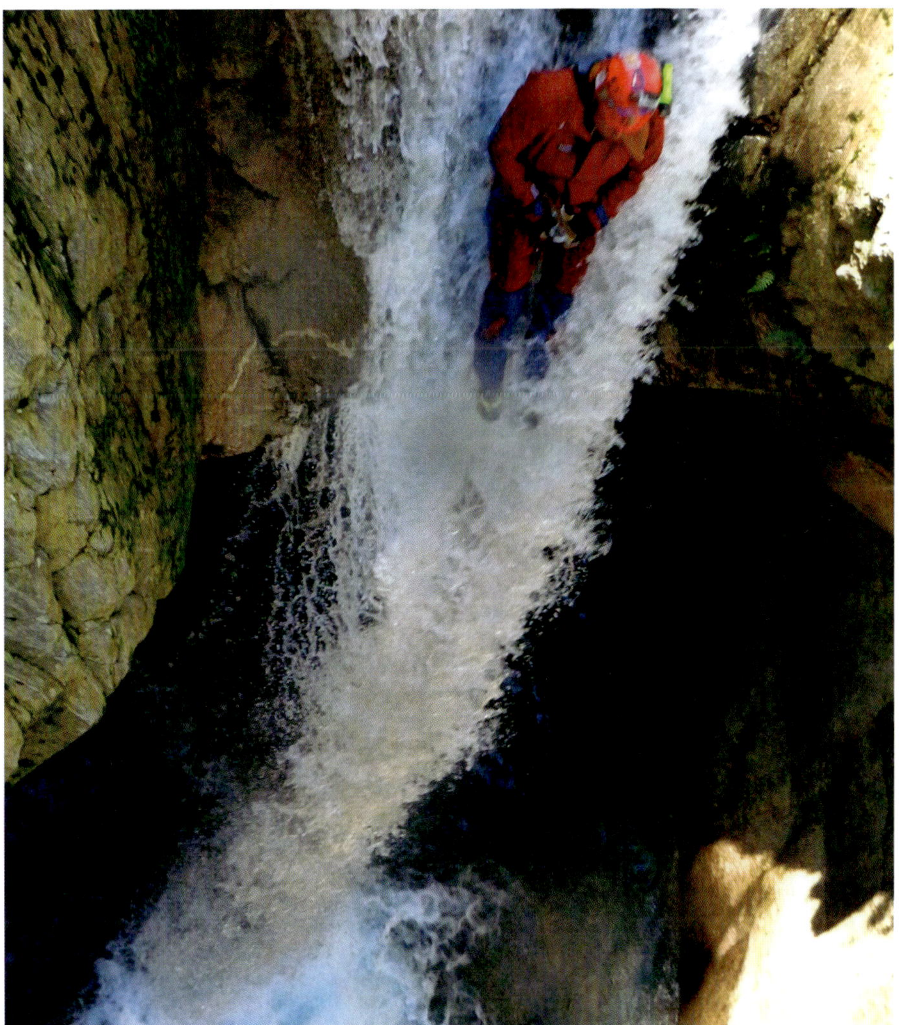

Wen juckt es nicht, eine schön ausgewaschene Steinrinne in ein tiefes Wasserbecken hinunterzurutschen? Hier ist Spaß und Adrenalin garantiert. Wenn ihr beim Rutschen die gleichen Grundsätze wie beim Springen sowie die richtige Technik beachtet, sollte nichts schiefgehen.

Zunächst einmal: Ihr müsst auch beim Rutschen unbedingt prüfen, ob das Becken zum Rutschen geeignet ist. Dies erfolgt mit den gleichen Methoden, die in Kap. 4.2

beschrieben sind. Bitte bedenkt: Bei Weitem nicht jede Rutsche landet „sanft" im ruhigen Wasser: Viele Rutschen enden mehrere Meter über dem Gumpen, der Rest der Fahrt erfolgt dann im freien Fall – den ihr aber viel schwerer kontrollieren könnt als bei einem Sprung. Unterschätzt also Rutschen in einem Canyon niemals!

> Analog zum Springen (vgl. Kap. 4.2) gilt: Die Führer geführter Touren haben die Ankunftsbecken in der Regel bereits vor der Tour ausgetestet.

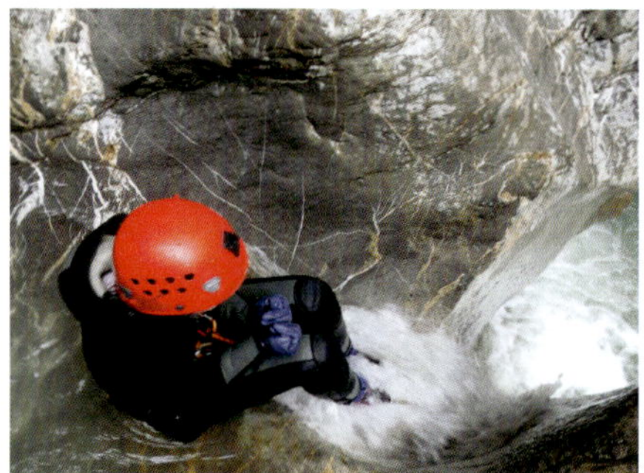

Beim Rutschen kommt dem Schutz der Beine und der Arme, speziell der Ellbogen, besondere Bedeutung zu. Schon ein leichtes Touchieren des Felsens, auch mit geringer Geschwindigkeit, ist schmerzhaft.

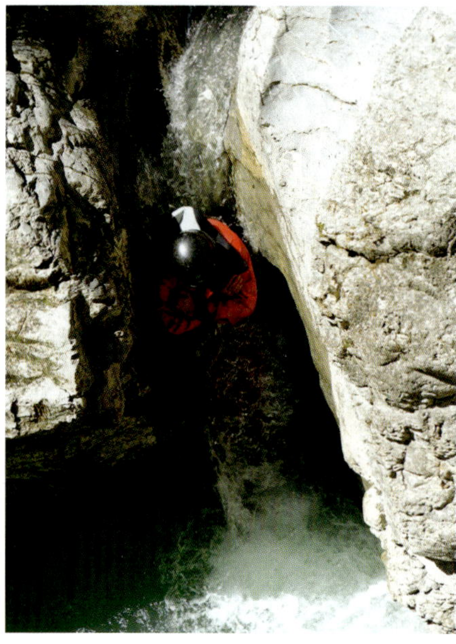

Häufig verengen sich Rutschen nach unten. Achtet deshalb immer auf eine gute Rutschhaltung (Ellbogen am Körper), auch wenn die Rutsche im Einstieg breit und „komfortabel" wirkt.

Körperhaltungen beim Rutschen

Es gibt verschiedene geeignete Rutschhaltungen. Allen ist dabei gemeinsam, dass die Ellbogen nicht vom Körper abstehen und dass die Beine angewinkelt sind. Hätte man beim Rutschen die Beine durchgedrückt, so würde ein Stoß auf die Beine dazu führen, dass die Belastung voll auf die Knochen und den Rumpf wirkt. Durch das Anwinkeln der Beine wirken diese bei einem Stoß als Stoßdämpfer. Analog zum Springen ist es zudem wichtig, beim Rutschen Körperspannung zu halten.

Folgende Körperhaltungen haben sich beim Rutschen bewährt:

Variante 1

Die Beine und die Füße sind angewinkelt, die Knie sind gegeneinandergedrückt, die Arme sind vor dem Körper gekreuzt. Der Kopf ist angehoben, im ganzen Körper ist Spannung.

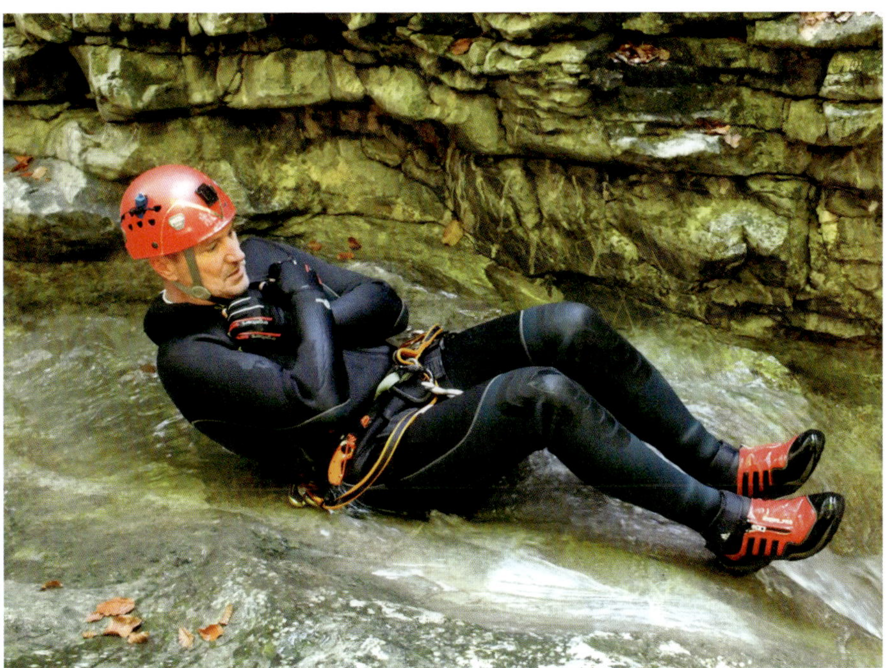

Variante 2

Ergänzend zur Körperhaltung aus Variante 1 werden die Beine auf Höhe der Unterschenkel gekreuzt, die Knie bleiben dabei aneinandergedrückt.

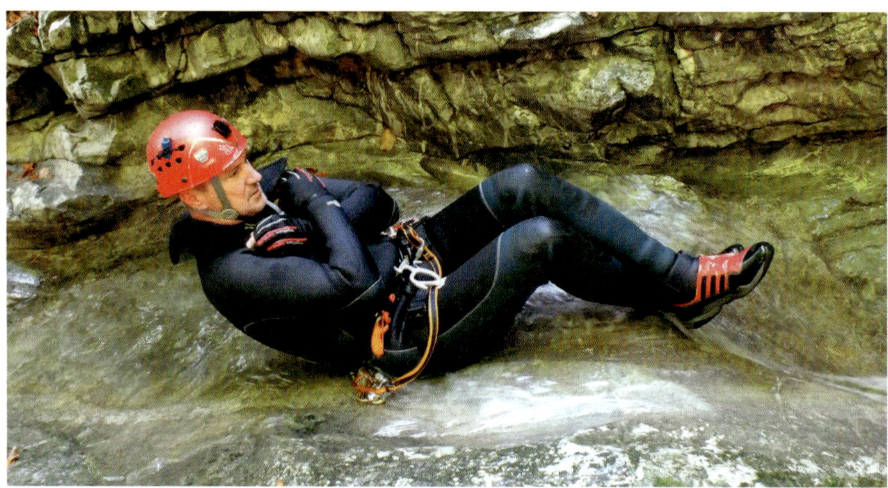

Variante 3

Die Beine sind parallel, die Knie gegeneinandergedrückt, die Beine und die Füße sind angewinkelt, die Arme sind nach oben ausgestreckt. Der Kopf ist angehoben, im ganzen Körper ist Spannung.

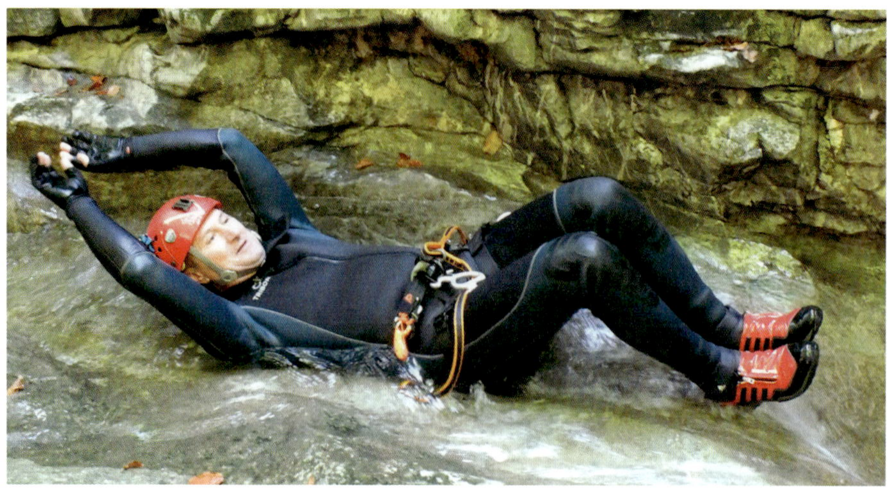

Variante 4

Die Beine und die Füße sind angewinkelt, die Arme sind überkreuz vor dem Körper. Der Kopf ist angehoben, im ganzen Körper ist Spannung.

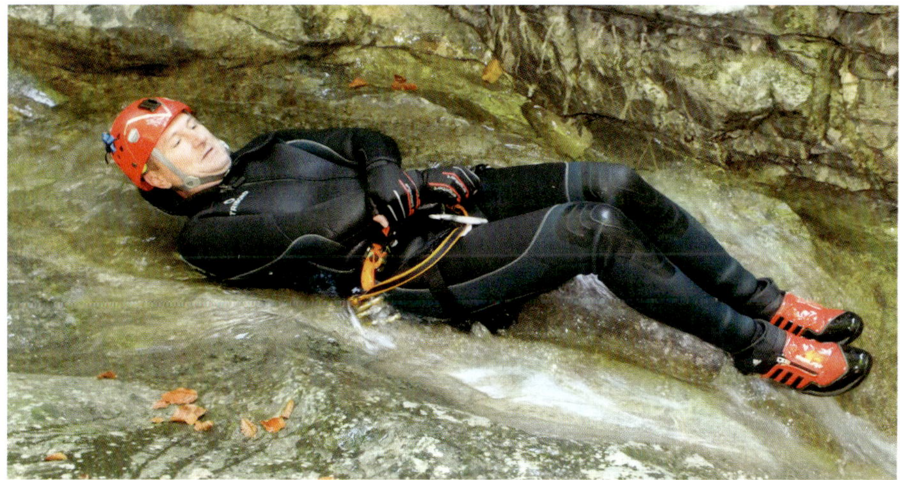

Es spielt keine Rolle, für welche Variante ihr euch entscheidet: Der Körper muss beim Rutschen möglichst kompakt sein, das Abstehen von Extremitäten ist unbedingt zu vermeiden.

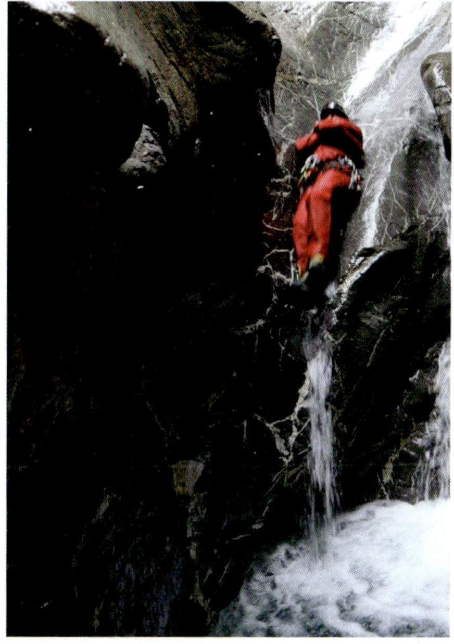

Teilweise am Seil abrutschen

Manchmal möchte oder kann man eine Rutsche nicht auf der ganzen Länge rutschen. Dies kann der Fall sein, weil sonst die Geschwindigkeit beim Aufschlag zu hoch sein könnte, weil die Rutsche nicht optimal geformt ist oder weil ihr es euch nicht zutraut, sie auf der ganzen Länge zu rutschen.

In diesen Fällen baut ihr ein Seil lösbar an der Abseilstelle ein und längt es bis zu der Stelle ab, ab der man rutschen möchte. Man bindet sich dann in den Achter ein, seilt sich bis zum Ende des Seils ab und lässt das Seil dann los. Auch um in rutschigem Gelände sicher bis an eine günstige Rutschposition zu kommen, ist ein Seil oft hilfreich.

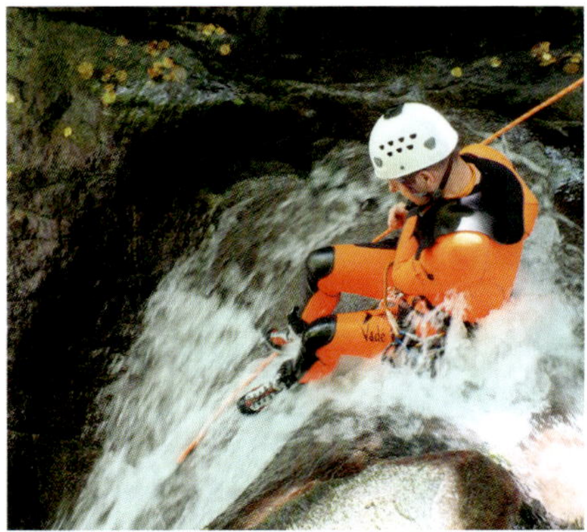

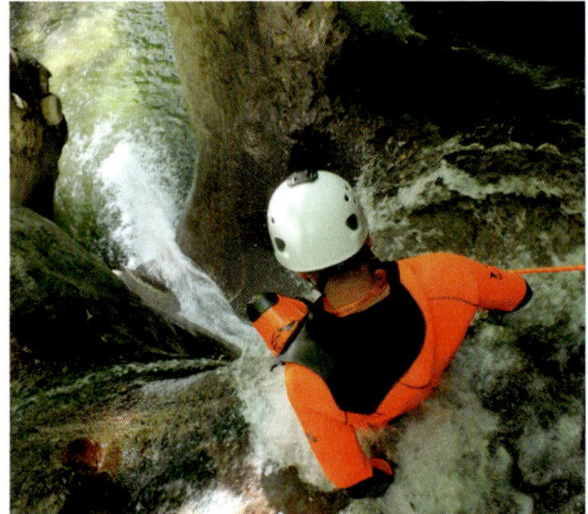

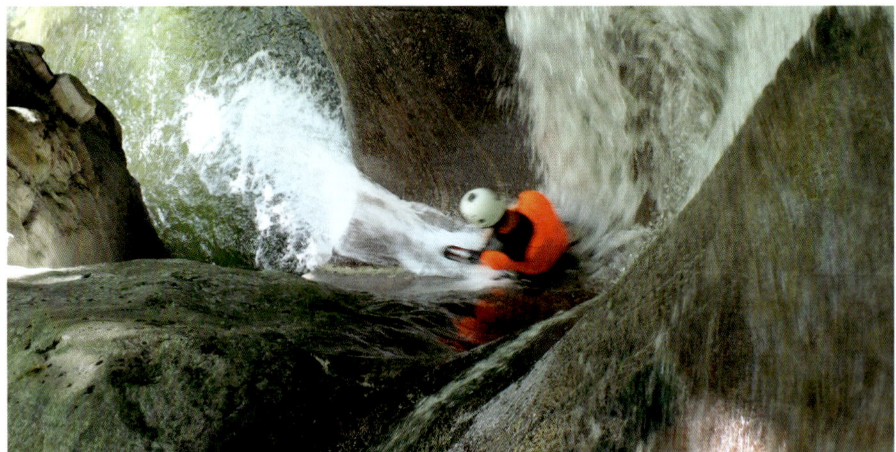

Wichtig dabei ist es, dass ihr das Seil erst ganz kurz vor dem Ende des Seils loslasst. Lasst ihr das Seil zu früh los, so rutscht ihr unkontrolliert (durch die Reibung des Seils im Abseilachter), bis sich das Seil schließlich löst. In jedem Fall kann es passieren, dass euch der Seilrest ins Gesicht schlägt. Also aufpassen! Am besten, ihr dreht den Kopf zur Seite, wenn ihr das Seil loslasst.

Handling des Rucksacks beim Rutschen

Der Rucksack wird beim Rutschen stets abgenommen. Mit dem Rucksack auf dem Rücken ist kein liegendes Rutschen möglich, man müsste quasi sitzend rutschen wie auf einer Kinderrutsche. In engen Rutschpassagen besteht darüber hinaus die Gefahr des Hängenbleibens.

Der Rucksack wird daher in der Rutschrinne abgelassen. Dies solltet ihr allerdings immer erst dann tun, wenn bereits eine Person im unteren Becken angekommen ist, um den Rucksack einzusammeln. Es besteht sonst die Gefahr, dass der Rucksack unkontrolliert weggeschwemmt wird.

Schwimmwesten verhindern beim Rutschen ebenfalls, dass ihr eine optimale Rutschposition einnehmt. Ob man eine Schwimmweste vor einer Rutschstrecke ablegt, bleibt daher der Beurteilung der jeweiligen Situation vorbehalten. Im Zweifelsfall – wenn es sich um eine sehr aquatische Schlucht handelt, bei der das Tragen einer Schwimmweste angeraten ist oder ihr aus Sicherheitsgründen oder aus einem persönlichen Sicherheitsempfinden eine Schwimmweste tragt, solltet ihr sie auch zum Rutschen tragen bzw. bei kniffligen Passagen lieber vom Rutschen Abstand nehmen und stattdessen abseilen.

Beim Rutschen mit Schwimmweste ist allerdings zu beachten, dass man durch den stärkeren Auftrieb im Rücklauf einer Rutsche leichter „hängen bleibt".

Auftretende Energie beim Rutschen und Springen

Beim Rutschen und beim Springen erreicht euer Körper Geschwindigkeiten, für die unsere Wahrnehmung nicht gemacht ist. Unsere Wahrnehmung funktioniert gut bei Geschwindigkeiten bis circa 20 Kilometer/Stunde, das entspricht circa 5-6 Metern pro Sekunde. Diese Geschwindigkeit entspricht unserer körperlichen Erfahrungswelt, da wir uns ohne Hilfsmittel mit dieser Geschwindigkeit bewegen können.

Beim Springen und Rutschen können jedoch wesentlich höhere Geschwindigkeiten auftreten. Schon allein diese Tatsache macht die Beurteilung von Rutschen und Sprüngen schwierig. Noch schwieriger wird es, wenn man die Folgen eines Aufpralls abzuschätzen versucht. Diese hängen von der Energie ab, die entsteht, wenn die eigene (Körper-)Masse mit einer bestimmten Geschwindigkeit auf das Wasser oder auf einen Felsen aufprallt.

Diese sogenannte *kinetische Energie* berechnet sich nach der Formel $E = 0,5\ m \times v^2$.

Dabei ist m die (Körper-)Masse und v die Geschwindigkeit. Aus der Formel ergibt sich, dass sich bei doppelter Geschwindigkeit die Energie nicht verdoppelt, sondern vervierfacht, bei einer Verdreifachung der Geschwindigkeit ist die Aufprallenergie verneunfacht.

Wir haben Schwierigkeiten, uns solche exponentiellen Zusammenhänge vorzustellen. Unser Denken ist eher linear („doppelte Geschwindigkeit = doppelte Energie") und unterschätzt daher regelmäßig die auftretenden Energien. Das gilt nicht nur im Canyon, sondern ebenso bei einem Auffahrunfall!

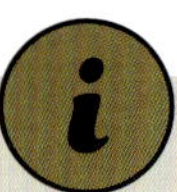

Ganz analog zum Springen gilt auch beim Rutschen:

- Im Zweifelsfall immer auf die Rutsche verzichten.
- „Wenn ein Zweifel besteht, ob eine Rutsche geht, gibt es keinen Zweifel daran, die Rutsche nicht zu rutschen."
- Weiterhin gilt beim Rutschen immer: Körperspannung halten und Extremitäten an den Körper nehmen.

4.4 SCHWIMMEN

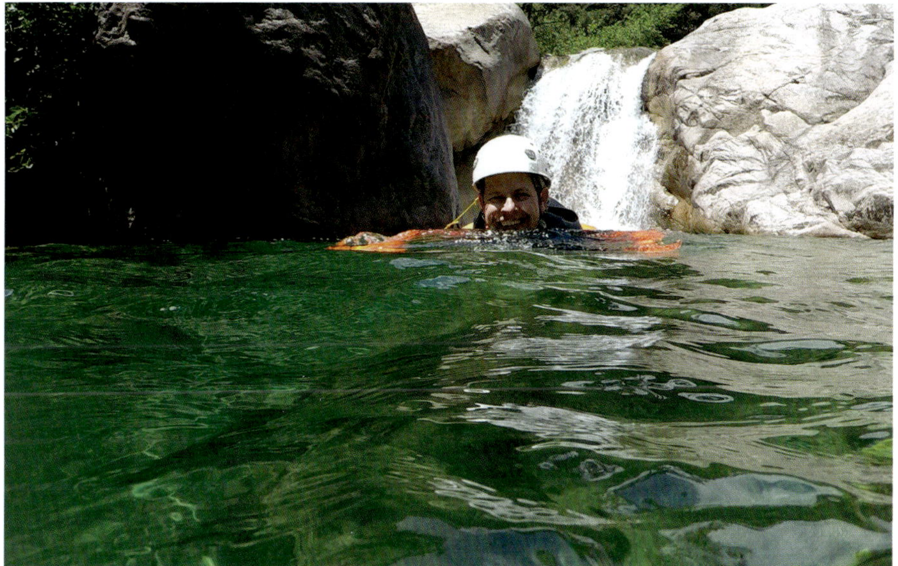

Schwimmpassagen in einem Canyon sind immer etwas Besonderes. Sei es, dass ihr euch im warmen Wasser minutenlang durch bizarre Felsformationen in der Sierra de Guara treiben lasst, sei es, dass ihr einen eiskalten Gumpen durchschwimmen müsst oder eine Passage in strömendem Wasser zu überwinden habt: Aquatische Canyons sind nur etwas für Schwimmer, dann aber stets ein besonderer Leckerbissen!

Nachfolgend wollen wir euch die Besonderheiten beim Schwimmen im Canyon beschreiben. Dabei unterscheiden wir zwischen dem Schwimmen in ruhigem Wasser und dem (gefährlicheren) Schwimmen in strömendem Wasser.

Schwimmen in ruhigem Wasser

Das Schwimmen in ruhigem Wasser ist sehr einfach. Der Neoprenanzug sorgt dabei für so viel Auftrieb, dass man keine Schwimmbewegungen braucht, um an der Wasseroberfläche zu bleiben. Die Schwimmbewegungen dienen lediglich dazu, sich vorwärts zu bewegen. Ob diese Schwimmbewegungen in Kraulen, Brustschwimmen oder „Paddeln" bestehen, spielt letztendlich keine Rolle.

Gewöhnungsbedürftig ist jedoch auch dieses Schwimmen, da man durch den Neoprenanzug in der Beweglichkeit etwas eingeschränkt ist. Zudem ist der Auftrieb des Neoprenanzugs anfänglich etwas ungewohnt.

Auch kann der Rucksack auf dem Rücken beim Schwimmen hinderlich sein. Wenn der Rucksack so gepackt ist, dass er sinken würde (z. B. wenn ihr keine schwimmfähigen Seile verwendet oder eine Bohrmaschine etc. mitführt), muss er auf dem Rücken verbleiben. Andernfalls kann der Rucksack abgenommen werden und ihr könnt ihn als zusätzliche Schwimm- und Auftriebshilfe (ähnlich einer Schwimmnudel) einsetzen.

Insbesondere bei Rucksäcken, die ein separates Bodenfach haben, wird häufig in dieses Bodenfach eine wasserdichte Tonne gepackt. Diese sehr praktische Art, einen Canyoningrucksack zu packen, erweist sich beim Schwimmen als Nachteil: Nun schwimmt nämlich der untere Teil des Rucksacks am stärksten auf und der ganze Rucksack drückt oben gegen euren Helm, sodass der Kopf unter Wasser gedrückt wird bzw. ihr Kraft aufwenden müsst, gegen den Auftrieb des Rucksacks mit dem Nacken anzukämpfen.

In diesem Fall gilt auch für kürzere Schwimmpassagen: Lieber den Rucksack abnehmen und als Schwimmhilfe verwenden oder neben euch hertreiben lassen!

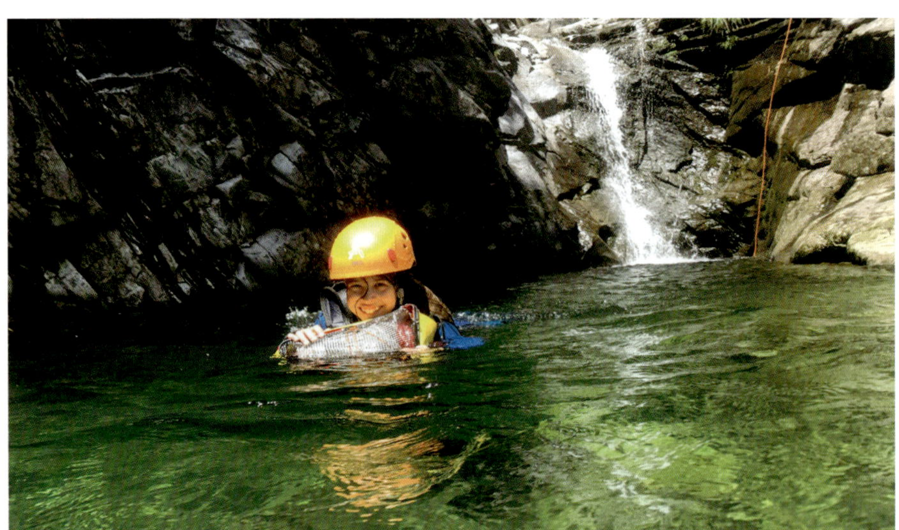

Bei längeren Schwimmpassagen kann euch schnell kalt werden. Sofern ein Canyon (z. B. die Strubklamm) längere Schwimmpassagen enthält, solltet ihr einen dickeren Neoprenanzug wählen (oder zusätzlich zum normalen Neoprenanzug einen Neoprenshorty unterziehen), eine Kapuze benutzen und gegebenenfalls Handschuhe mitnehmen.

Auf jeden Fall solltet ihr schon bei der Planung der Tour das Auftreten von Unterkühlungen einkalkulieren und das Notfallmaterial danach zusammenstellen. Die Unterkühlungsproblematik betrifft dabei besonders Kinder und Frauen (siehe Kap. 7.1).

Die Länge der Schwimmpassagen fließt in die Schwierigkeitsbewertung unter dem Punkt „a" (Aquatik) ein.

Schwimmen in strömendem Wasser

Im Gegensatz zum Schwimmen in ruhigem Wasser stellt das Schwimmen in der Strömung deutlich höhere Anforderungen an die Schwimmtechnik. Gleichzeitig müsst ihr die Strömungsverhältnisse beurteilen können, bevor ihr euch in das Wasser wagt.

Die Kraft von strömendem Wasser wird allgemein unterschätzt. Man kann das nur bedingt theoretisch erklären, ihr müsst das buchstäblich „am eigenen Körper" erfahren. Diese Erfahrung erfolgt am besten unter kontrollierten Bedingungen in einem entsprechenden Kurs oder zumindest durch langsames Herantasten an entsprechende Wasserverhältnisse in Begleitung von jemandem, der die entsprechenden Rettungstechniken beherrscht. „Versuch und Irrtum" könnten hier schwerwiegende Folgen haben.

- Wadentiefes Wasser, das mit zehn Kilometer/Stunde fließt, beginnt, die Füße wegzureißen.
- Hüfthohes Wasser, das mit drei Kilometer/Stunde fließt, beginnt, den Körper wegzureißen.
- Hüfthohes Wasser, das mit sechs Kilometer/Stunde fließt, reißt praktisch jede Person um.

Ihr könnt die Strömungsgeschwindigkeit folgendermaßen abschätzen:

Geschwindigkeit bei gemütlichem Gehen	4,5 Kilometer/Stunde
Jogginggeschwindigkeit	9 Kilometer/Stunde
Schnelles Rennen	13 Kilometer/Stunde

Um die Strömungsgeschwindigkeit einzuschätzen, bleibt uns zunächst nur der Blick auf die Wasseroberfläche. Hilfreich kann z. B. ein Blatt oder ein kleines Stöckchen sein, das ihr ins Wasser werft, um zu sehen, wie schnell es weggetrieben wird.

Bei der Beurteilung der Strömungsgeschwindigkeit unterschätzt man die Geschwindigkeit, wenn man die Strömungsgeschwindigkeit an der Wasseroberfläche als Maßstab nimmt. Am Grund des Bachlaufs fließt das Wasser vergleichsweise langsam, da es durch die Unebenheiten am Boden gebremst wird. Doch auch an der Oberfläche wird das Wasser abgebremst, von der Luftreibung, den Verwirbelungen etc.

In der mittleren Wasserschicht ist die Strömung am größten, da dort das Wasser ungebremst fließen kann. Sobald sich der Körper in der Strömung befindet, ist er also häufig einer höheren Geschwindigkeit ausgesetzt, als es der erste Blick auf die Wasseroberfläche vermuten lässt.

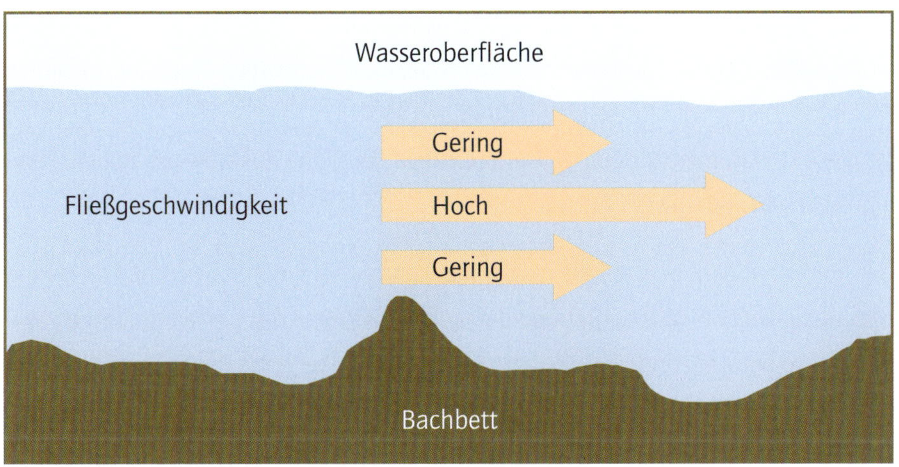

Die nächste Tabelle zeigt die Kraft auf den Fuß, wenn man den Fuß in die Strömung hält:

Wassergeschwindigkeit	Kraft auf den Fuß
4,5 Kilometer/Stunde	8 Kilogramm
9 Kilometer/Stunde	30 Kilogramm
13 Kilometer/Stunde	70 Kilogramm

Die Schwimmhaltung in strömendem Wasser

Wenn es gilt, schwimmend aus einem Wasserstrudel/Weißwasser herauszukommen (z. B. am Ende einer Abseilstelle an einem Wasserfall), es also nur um wenige Meter geht, die es möglichst zügig zu überwinden gilt, so wendet ihr die Schwimmtechnik an, in der ihr am kräftigsten und schnellsten aus der Gefahrenzone kommt. Das wird in der Regel Brust- oder Kraulschwimmen sein.

Ganz anders im „Wildwasser", also in einem schnell strömenden Bach: Dort schwimmt man nicht mit den klassischen Schwimmtechniken. Bei Brust oder Kraul wäre der Kopf vorne (was bei Felsen im Wasser und entsprechender Strömung sehr gefährlich ist) und zudem ziemlich oft unter Wasser, unter Umständen würde er sogar vom Rucksack noch weiter unter Wasser gedrückt.

In strömendem Wasser schwimmt ihr daher auf dem Rücken und so, dass die Füße flussabwärts zeigen. Die Knie sind dabei leicht angewinkelt. Stoßt ihr an einem Felsen an, dienen die Beine als Stoßdämpfer. Bei durchgestreckten Knien könnten sie diese Funktion nicht erfüllen. Dadurch, dass die Beine flussabwärts zeigen, kann man sich an Hindernissen gut abstoßen.

Der Kopf ist angehoben, sodass man sehen kann, wohin man schwimmt. Die Hände sind seitlich neben dem Körper und dienen der Korrektur der Schwimmrichtung und dem Abstoßen von Hindernissen. In strömendem Wasser muss man sich in der Regel nicht aktiv vorwärtsbewegen, das übernimmt die Strömung.

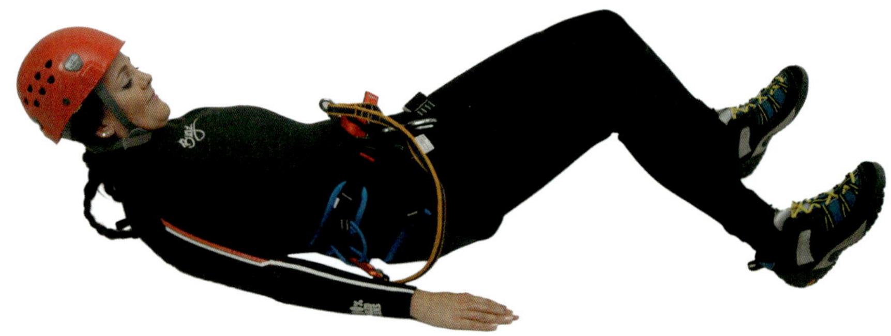

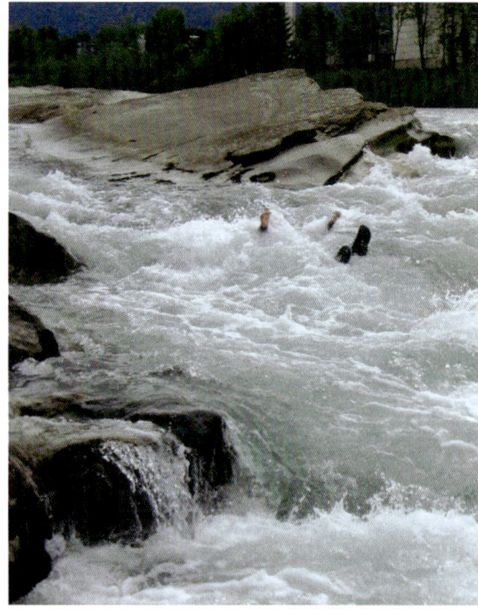

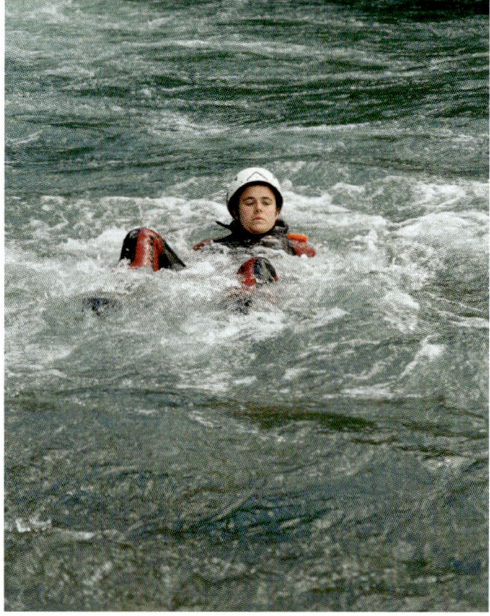

Doch keine Regel ohne Ausnahme: Wenn sich ein Baum oder großer Ast in der Strömung befindet (meist quer über dem Fluss), müsst ihr die Schwimmhaltung in eine Haltung ändern, wie ihr sie auch beim Brustschwimmen einnehmt. Denn anders als bei Felsen, die ja stets auf dem Grund des Bachs liegen, fließt das Wasser meist unter den Baumstämmen hindurch.

Es gilt, unbedingt zu vermeiden, unter einen solchen Baumstamm gezogen zu werden! Dazu braucht ihr die Arme, um euch über den Stamm wuchten zu können. Der Kopf weist dann in Strömungsrichtung, die Arme sind nach vorne gestreckt.

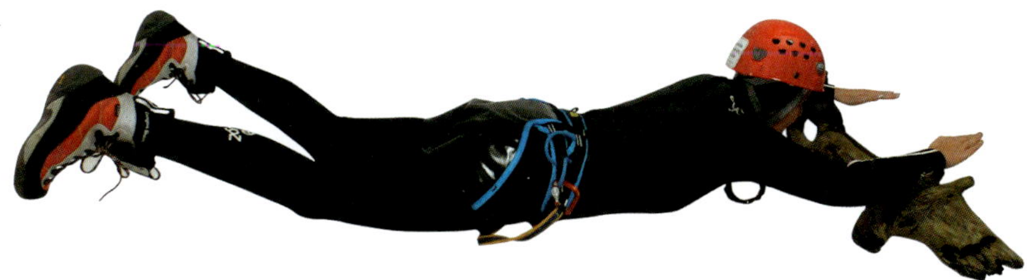

Es muss verhindert werden, dass man am Baumhindernis zusammenklappt. Sich nach einer Verklemmung an einem Baum rückwärts gegen die Strömung befreien zu wollen, ist aufgrund der hohen Angriffsfläche des Wassers meist unmöglich.

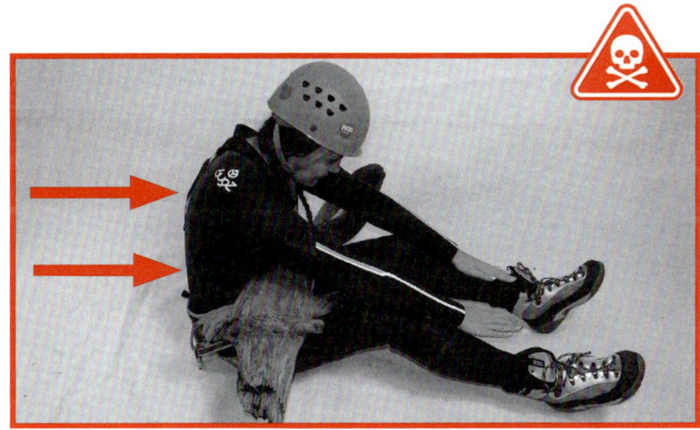

Beim Schwimmen in der Strömung dürfen nie die Füße „hängen gelassen" werden, da sie sich verklemmen könnten. Haltet im strömenden Wasser die Füße also immer an der Wasseroberfläche und steht erst dann auf den Füßen, wenn ihr sicher das Ufer erreichen könnt.

Strömungsformen und ihre Bedeutung für das Canyoning

Es gibt in einem Canyon nahezu keinen geradlinigen Strömungsverlauf. Jeder Bach mäandert in mehr oder weniger starken Kurven, die die Natur in Jahrmillionen in den Fels geschliffen hat. Durch die kurvige Form des Bachs bilden sich zusammen mit im Wasser liegenden Felsen verschiedene Strömungsformen aus, die man einschätzen können muss. Generell kann es in einem strömenden Gewässer zu folgenden Strömungsarten kommen, die für die Begehung von Canyons von Bedeutung sein können.

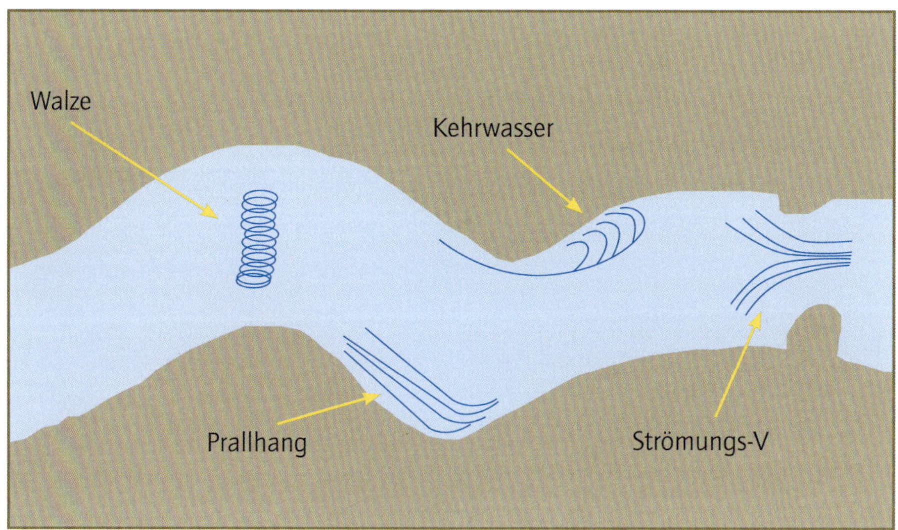

Strömungsformen (Draufsicht)

Walzen

Walzen entstehen immer dann, wenn Wasser über eine Kante mit einer entsprechenden Breite fließt und nach unten stürzt. Das Wasser „wickelt sich" am Felsgrund auf und strömt dann gegen (!) die Flussrichtung nach oben. Auf diese Weise bildet sich eine vertikale, kreisförmige Strömung aus.

Die Strömung kann auch in einer eher kleinen Walze sehr stark sein. Wenn man wenig Erfahrung mit Wildwasser hat, unterschätzt man oft die Kraft der Walze. Eine etwas größere und entsprechend gebaute Walze kann z. B. sehr leicht einen Kajakfahrer samt Boot flussaufwärts schleudern.

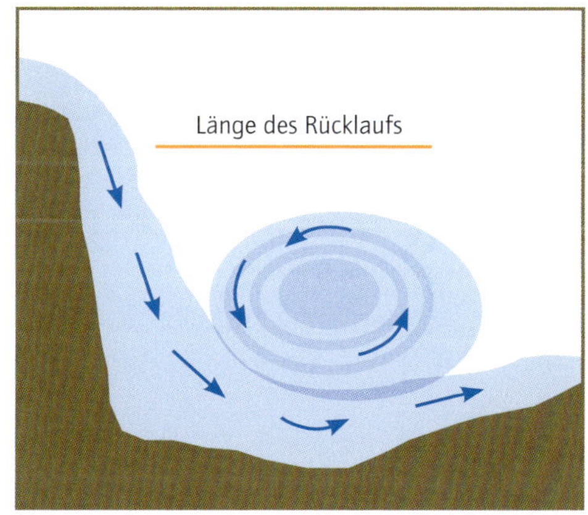

Natürliche Walze

Als Faustregel zur Beurteilung einer Walze gilt: Eine Walze ist umso gefährlicher, je länger der Rücklauf ist. Aus einer Walze, die den Rücklauf einer Körperlänge hat, gibt es praktisch kein Entkommen. Eine solche Stelle müsst ihr unbedingt umgehen!

Was aber passiert, wenn ihr in eine Walze geratet?

Hat die Walze eine größere Dimension, sodass sich ein großer Teil des Körpers in der Walze befindet, werdet ihr zunächst flussabwärts gezogen, danach nach oben gespült und wieder flussabwärts nach unten gedrückt und so weiter. Da das Wasser ja auch in einer Walze prinzipiell bergab fließt, wird man in der Regel irgendwann aus einer natürlichen Walze gespült, sofern es einem gelingt, auf den Grund der Walze zu tauchen und somit in die ablaufende Strömung zu kommen. Die Zeit bis dahin kann einem jedoch extrem lang erscheinen, wenn man sich in der Walze befindet.

Eine größere Gefahr stellen dagegen Walzen dar, bei denen der Abfluss blockiert ist. In größeren Flüssen findet man dies oft bei Wehren mit Tosbecken, die allerdings immer künstlich angelegt sind. In Canyons wird man solche Walzen immer dann finden, wenn der Abfluss auf eine natürliche Weise blockiert ist, sei es, dass sich vor der Walze ein Felsriegel befindet oder sich ein Felsbrocken verklemmt hat, der den Ablauf blockiert. Solche Walzen sind höchst gefährlich, aus ihnen gibt es fast kein Entkommen, da die ganze Kraft des Wassers in die Walze gepackt ist.

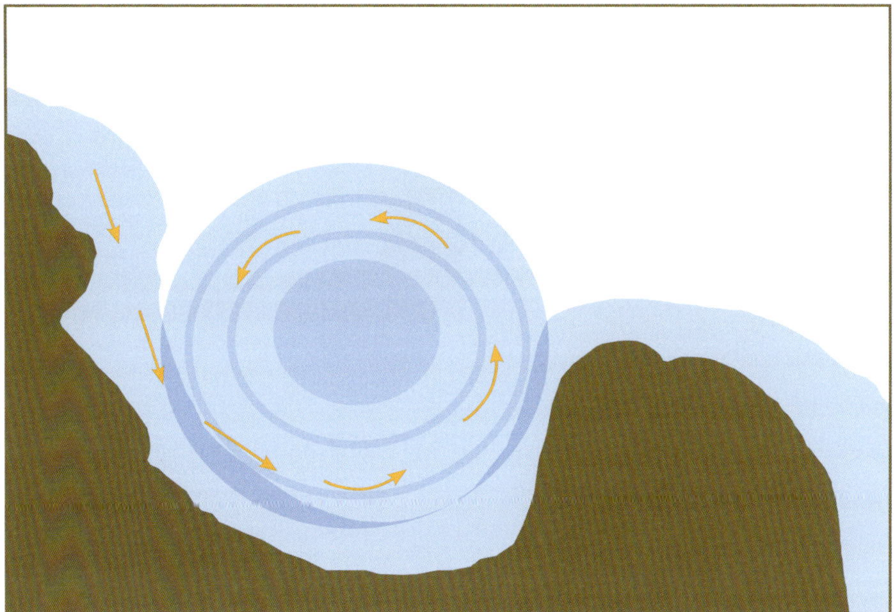

Walze mit Tosbecken (kommt oft bei Wehren vor, gibt es aber auch von Natur aus).

Eine solche, höchst gefährliche Stelle, an der es schon einen tödlichen Unfall gab, befindet sich z. B. in der Kobelache (Vorarlberg). Der Abfluss wird dabei durch einen natürlichen Felsriegel blockiert. Besonders gefährlich an dieser Stelle ist deren Einschätzung auch für Personen, die die Schlucht schon mehrfach begangen haben: Die Stelle ist sowohl bei geringem Wasserdurchfluss als auch bei hohem Wasserstand problemlos zu durchschwimmen – nur bei einem mittleren Wasserstand bildet sich eine tödliche Walze aus und man muss die Stelle unbedingt umgehen.

Gefährliche Walze mit natürlichem Tosbecken. Die beiden Personen im Bild stehen auf dem Felsriegel, der das Tosbecken verursacht.

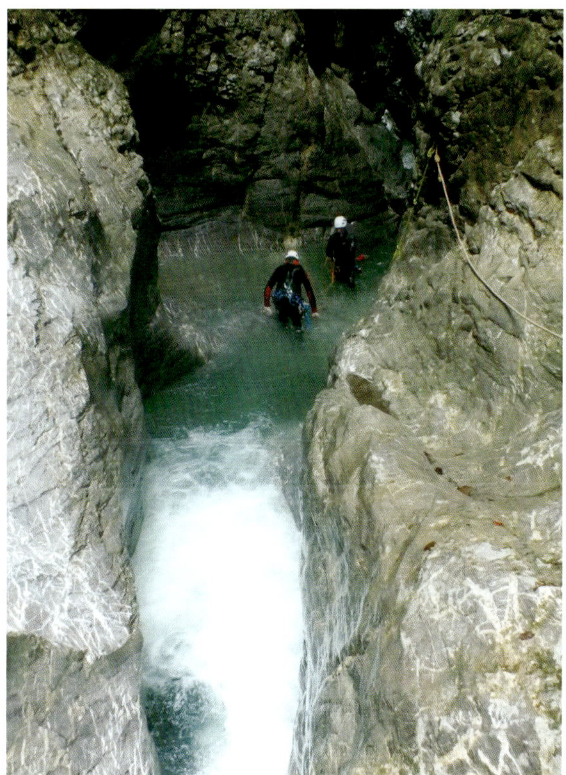

Es ist schwierig bis unmöglich, eine Walze von außen richtig einzuschätzen. Daher gilt die Regel:

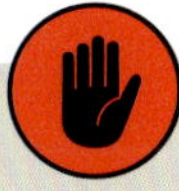

Wann immer möglich, sollten Walzen weiträumig umgangen werden.

Wenn ihr während des Schwimmens von einer Walze überrascht werdet, so gilt: Im Bereich der Sohle einer natürlichen Walze gibt es immer eine stabile Strömung flussabwärts. Wenn ihr auf eine Walze zuschwimmt, solltet ihr nicht versuchen, gegen das Versinken anzukämpfen. Besser ist es, den Schwung auszunutzen und in der Unterströmung durchzutauchen.

Absichern turbulenter Stellen

Turbulente Stellen, die man nicht kennt und die vielleicht eine Walze beinhalten könnten, kann man testen, indem man sie zunächst umgeht und dann die zweite Person durch ein Seil gesichert die Stelle durchschwimmt. So kann sie notfalls von der ersten Person aus der Gefahrenzone gezogen werden.

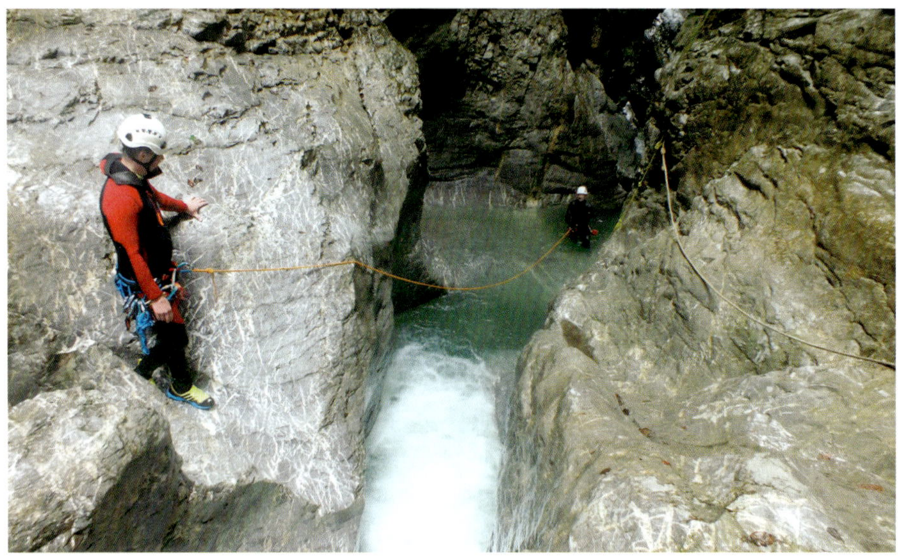

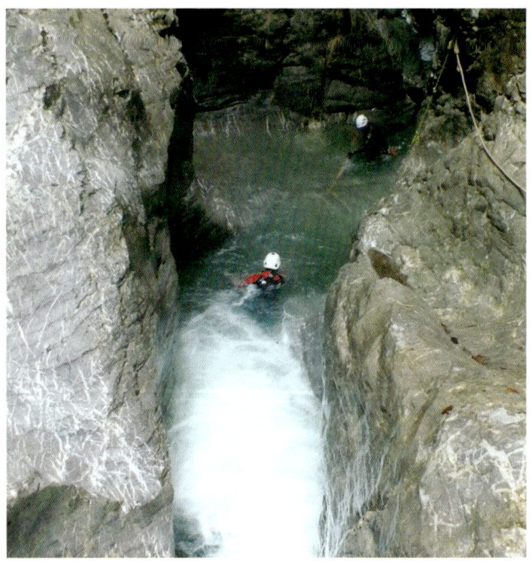

Man verstößt dabei gegen die Grundregel: „Kein Seil in strömendem Wasser!" Daher ist es wichtig, dass das Seil immer gespannt ist und sich die Person, die sich in dem turbulenten Wasser befindet, nicht im Seil verheddern kann.

Kehrwasser

Hinter einem Hindernis (meist einem Fels, der im Wasser liegt) bildet sich ein Sog gegen die Strömungsrichtung flussaufwärts. Das Wasser fließt auf einem begrenzten Raum bergauf – wir sprechen dann von einem Kehrwasser, da das Wasser die Fließrichtung umkehrt. Je größer das Hindernis und je größer die Fließgeschwindigkeit ist, desto stärker ist diese Strömung flussaufwärts ausgeprägt.

Am Rande des Kehrwassers ist die Strömung sehr stark ausgeprägt. Die Strömung flussaufwärts ist dabei nicht so stark wie die Strömung flussabwärts; häufig sind Kehrwasserstellen daher sehr gut geeignet, um eine kurze Pause einzulegen, zu verschnaufen oder den weiteren Verlauf des Bachs in Augenschein zu nehmen – oder auch aus dem Fluss auszusteigen.

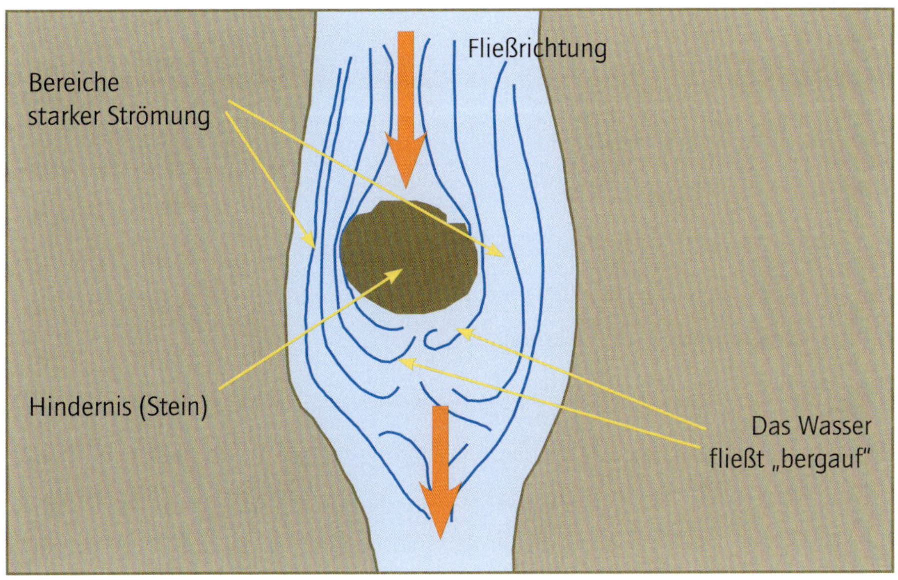

Strömungen in einem Kehrwasser

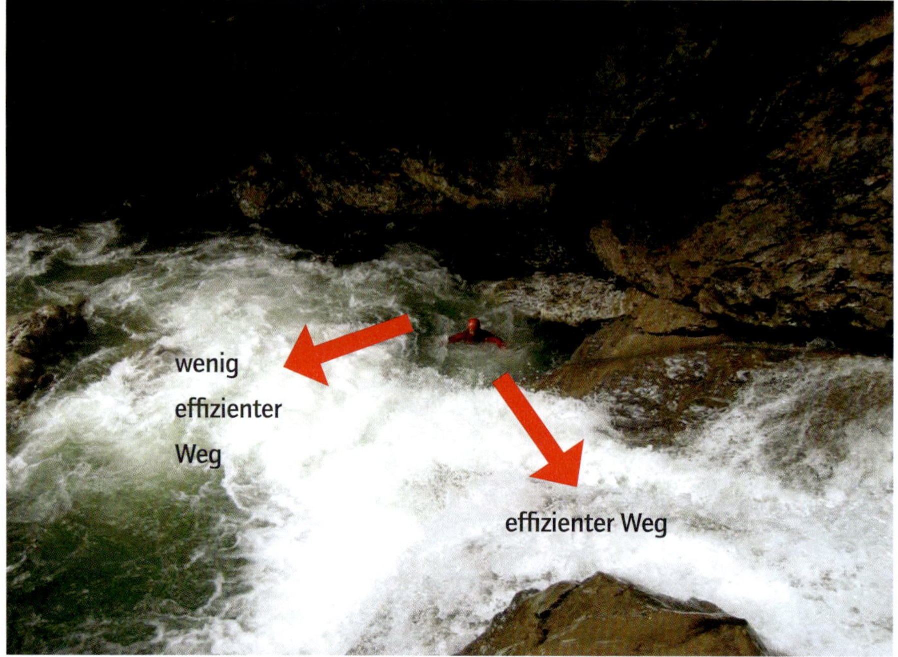

Müsst ihr einen Fluss queren, so sind Stellen mit Kehrwasser ebenfalls häufig gut geeignet, da ihr nicht die starke Strömung über die gesamte Flussbreite habt.

Umgekehrt gilt: In starken Kehrwässern könnt ihr regelrecht gefangen sein, da ihr von der sehr schnellen Strömung am Rande des Kehrwassers gehindert werden könnt, aus dem Kehrwasser zu schwimmen.

Geratet ihr in ein solches starkes Kehrwasser, so ist es wichtig, zu wissen, wie ihr effizient wieder herausschwimmen könnt. Es ist nur vermeintlich leichter, das Kehrwasser flussabwärts zu verlassen, das gelingt jedoch tatsächlich nur sehr schwer. Ein Kehrwasser sollte immer stromaufwärts, also mit der Strömung des Kehrwassers, aber gegen die Strömung des Bachlaufs, verlassen werden.

Prallwand

Läuft die Strömung in der Außenkurve des Flusslaufs auf einen harten Untergrund, so bildet sich eine Prallwand. Die nachfolgende Abbildung zeigt den Querschnitt eines Flussabschnitts mit einer Prallwand.

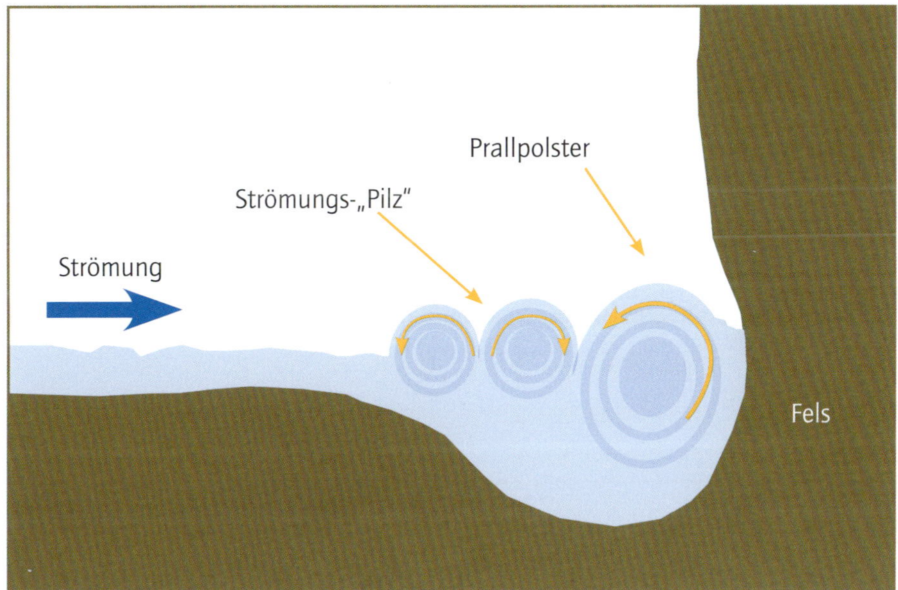

Strömungen an einer Prallwand (Querschnitt)

Ein Teil der auf die Außenkurve auflaufenden Strömung wird nach oben gedrückt und erzeugt ein „Prallpolster", das desto stärker ausgeprägt ist, je stärker die Strömung ist. Dieses Prallpolster ist in der Regel gut sichtbar. Ein Teil des auf die Außenkurve auflaufenden Wassers wird zunächst nach unten gedrückt und dann in Form eines „Pilzes" wieder nach oben gedrückt. Ein Pilz „quillt" förmlich aus dem Wasser. In einem Pilz ist die Strömung völlig undefiniert und chaotisch. Ein gezieltes Schwimmen darin ist kaum möglich. Der Pilz befindet sich unmittelbar vor dem Prallpolster.

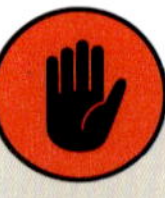

Von Prallwänden solltet ihr euch auf Schwimmstrecken generell fernhalten.

Bewegt euch, wenn es die Verhältnisse zulassen, immer eher auf der Innenkurve eines Bachlaufs, um Prallwänden aus dem Weg zu gehen.

Geratet ihr trotzdem einmal in eine Prallwand, so dürft ihr euch nicht durch die völlig undefinierten Strömungen im Pilz und im Prallpolster überraschen lassen. Vielmehr gilt es, den Aufprall der Füße an die Wand bewusst zu erwarten (eine Kombination aus Körperspannung und gleichzeitig angewinkelten Knien) und darauf zu hoffen, von der Strömung von der Prallwand weggetragen zu werden.

Unterspülung

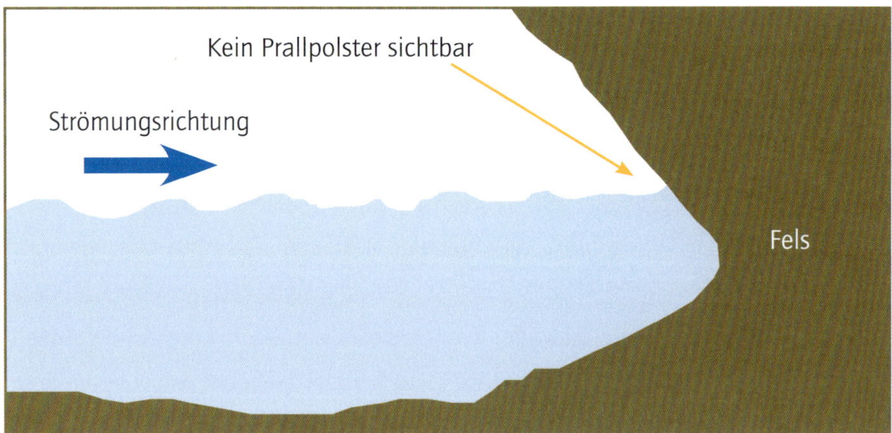

Bei einer Unterspülung fehlt das Prallpolster (Querschnitt).

Unterspülungen sind neben dem sogenannten *Siphon* (siehe unten) die gefährlichsten Strömungsformen im Wildwasser und beim Canyoning. Die Strömung läuft bei einer Unterspülung unter einen schräg stehenden Fels. Besonders gefährlich ist dabei wiederum die Tatsache, dass eine Unterspülung, von außen betrachtet, meist gar nicht so schlimm aussieht, jedoch sobald man in der vertikalen Mitte der Strömung ist, schnell gewaltig werden kann. Man überschätzt dabei oft die Möglichkeit, an einer Unterspülung vorbeizuschwimmen.

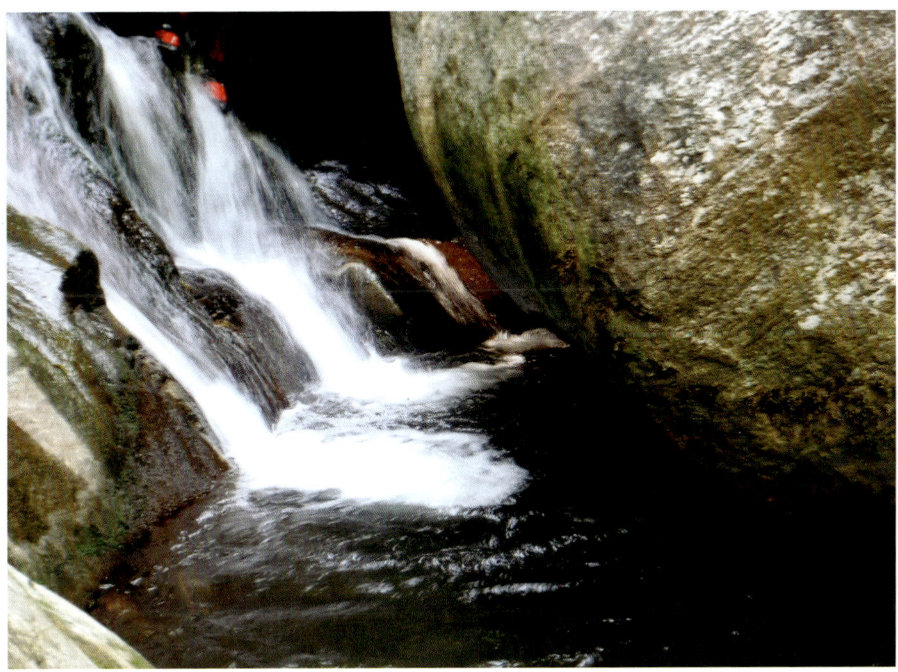

Diese Stelle bildet bei viel Wasser eine Unterspülung aus.

Entsprechend solltet ihr ein Auge für das Erkennen von Unterspülungen entwickeln. Und von allen Formationen im Wasser gilt hier vor allem: Versucht, es nach Kräften zu vermeiden, in die Nähe einer Unterspülung zu kommen! Vielmehr solltet ihr diese möglichst weiträumig umgehen.

Hat eine Prallwand kein Prallpolster, ist sie auf jeden Fall lebensgefährlich, denn dann handelt es sich um eine Unterspülung, die den Schwimmer unter die Wand drückt. Von Unterspülungen kann man nicht weit genug entfernt sein!

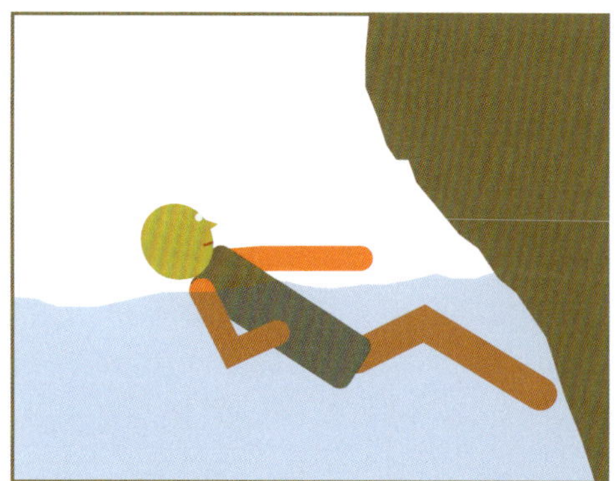

Körperhaltung, wenn man an eine Unterspülung gerät.

Kommt ihr in die Nähe einer Unterspülung, so solltet ihr versuchen, die Stelle mit einem Wurfsack abzusichern. Geratet ihr trotz aller Vorsichtsmaßnahmen als Schwimmer dennoch in eine Unterspülung, so solltet ihr folgende Position einnehmen:

Strömungs-V

Fließt die Strömung zwischen zwei Hindernissen hindurch, bildet sich ein sogenanntes *Strömungs-V*, dessen Spitze flussabwärts weist. Das Wasser wird durch die Hindernisse zusammengedrückt und bildet dabei Wellen aus. Daher ist ein Strömungs-V oft gut sichtbar.

In der Regel ist das Wasser im Bereich von Strömungs-Vs am tiefsten, was eine Verklemmung verhindert. Strömungs-Vs sind wie Wegweiser beim Schwimmen in verblocktem Wasser. Man sollte sich beim Schwimmen, wenn möglich, in den Strömungs-Vs halten, dort ist es am sichersten.

Siphons

Einen Siphon kennt jeder aus dem Haushalt. Dort wird er dazu benutzt, um zu verhindern, dass Gerüche aus der Abwasserleitung in die Wohnung gelangen, das Wasser fließt dafür durch einen tieferliegenden Teil des Rohres und macht das Rohr damit dicht.

Ähnliche Konstellationen gibt es auch in der Schlucht – nur dass bei einem Siphon im Canyon in der Regel das Wasser nicht stillsteht, sondern unter einem Hindernis durchfließt. Und genau das macht einen Siphon so gefährlich.

Die Fließgeschwindigkeit des Wassers nimmt zu, je näher ihr euch an einem Siphon befindet. Siphons in einem Canyon sind nicht immer leicht zu erkennen.

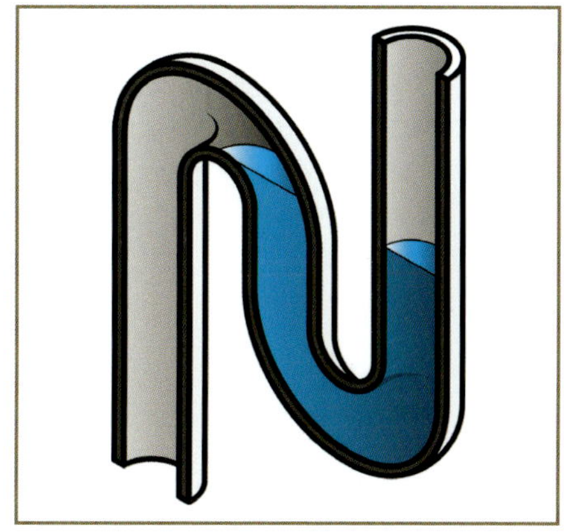

Abwassersiphon

Wenn der gesamte Bachlauf unter einem Fels verschwindet, so ist es freilich offensichtlich, dass ihr vor einem Siphon steht.

Doch häufig ist nur ein Teil des Bachlaufs von einer entsprechenden Unterspülung betroffen. Dann sieht das geschulte Auge, dass das sichtbare fließende Wasser weniger geworden ist, als das Volumen des Bachs bislang hergab – ein Teil des Wassers muss also „unterirdisch" weiterfließen. Das Wasser vor einem Siphon ist meist flach, die Strömung stark.

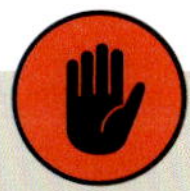

Bei Siphons gilt: weiträumig umgehen.

Versucht niemals, durch einen euch nicht bekannten Siphon durchzutauchen! Der Felsdurchlass kann sich außerhalb des Sichtfelds verengen, auch können sich Holzstücke oder Ähnliches in einem Siphon verkeilt haben, die ein Durchtauchen unmöglich machen.

Ein Siphon im Canyon ist sicherlich die gefährlichste Strömungsform. Lernt daher, das Wasser zu lesen! Ein Siphon bildet sich immer dann, wenn die Strömung unter einem Hindernis unterhalb der Wasseroberfläche strömt. Diese Situation kann durch natürliche Felsformen oder durch Felsstürze entstehen. Da sich der Querschnitt verringert, fließt das Wasser in der Nähe des Siphons sehr schnell. Wenn ihr euch einem Siphon zu sehr genähert habt, werdet ihr daher in ihn hineingezogen.

Aus einem Siphon gibt es in der Regel keine Rettung.

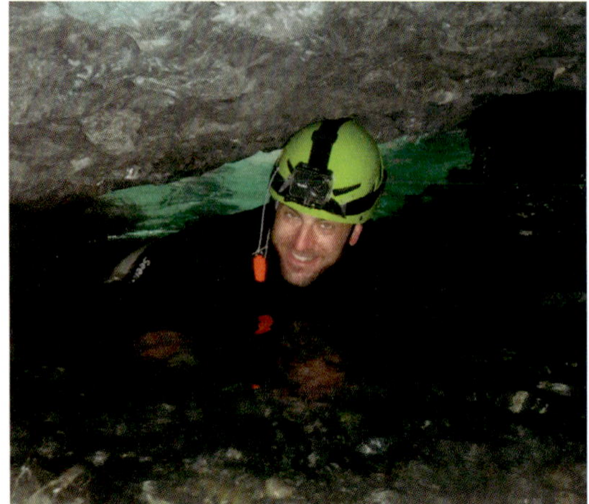

Siphons sind in der Regel im Topo eingezeichnet, aber man sollte sich natürlich nicht darauf verlassen, dass alle Siphons auch beschrieben sind, da sich der Canyon ständig verändern kann.

Diese Stelle bildet bei mehr Wasser einen Siphon aus.

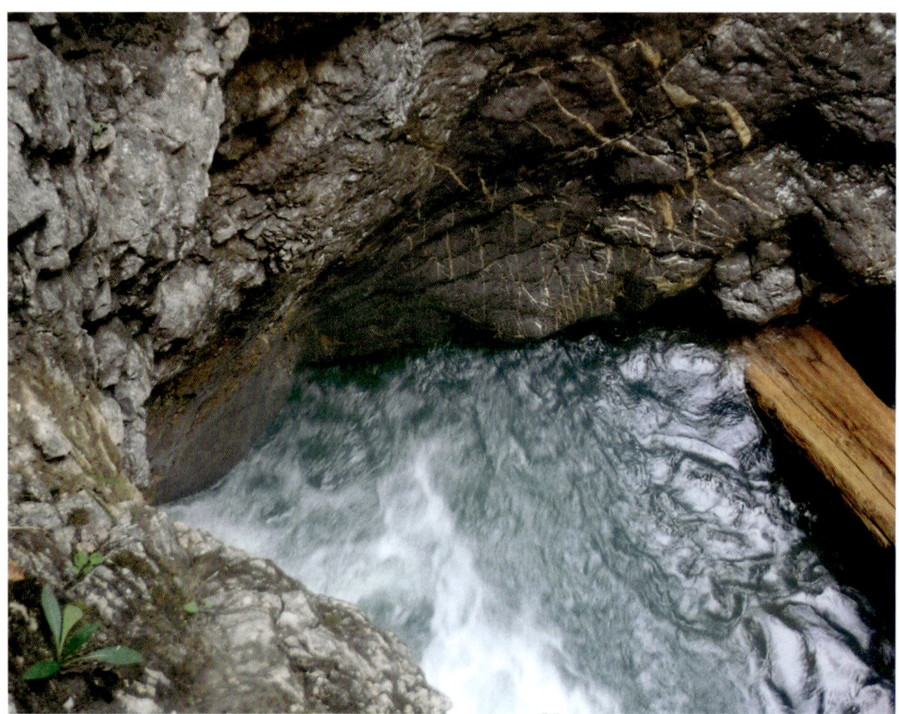

Ein mit Wasser gefüllter Siphon

Innen- und Außenkurve einer Strömung

Das Wasser muss in der Außenkurve einen größeren Weg zurücklegen als in der Innenkurve, das geht nur, wenn es mit einer größeren Geschwindigkeit fließt, als es dies in der Innenkurve tut. Daraus resultiert:

- In der Außenkurve hat das Wasser die größte Strömungsgeschwindigkeit und auch die größte Wasserkraft. Dadurch ist auch in der Außenkurve in der Regel die größte Wassertiefe.
- Die größeren Turbulenzen sind in der Außenkurve zu erwarten.
- Es ist daher in der Regel besser, sich eher in der Innenkurve zu bewegen.

Bäume in der Strömung

Eine weitere Gefahrenquelle in strömendem Wasser stellen umgestürzte Bäume dar. Wenn ihr euch in einem Baumstamm verheddert habt, reicht eine relativ schwache Strömung aus, um euch weiter unter den Baum zu drücken. Daher gilt der Grundsatz: Bäume, die in der Strömung liegen, möglichst weiträumig umgehen.

Rettung aus strömendem Wasser

Es gibt eigentlich nur ein Standardrettungsgerät in strömendem Wasser: den Wurfsack. Der Wurfsack ist ein Rettungsgerät, das aus dem Wildwasserkajaksport kommt. Es stellt dort das wichtigste, meist sogar das einzige Rettungsgerät dar und kann auch beim Canyoning wertvolle Dienste leisten.

Der Wurfsack ist nichts anderes als ein leichtes Seil, das in einen Sack gestopft wird. Während das lose Ende des Seils in der Hand gehalten wird, wird der geöffnete Sack geworfen. Während des Flugs spult sich das Seil aus dem Sack. Mithilfe des Wurfsacks könnt ihr also eine schwimmende Person aus dem Wasser fischen. Warum kann man dazu nicht einfach ein normales Seil werfen?

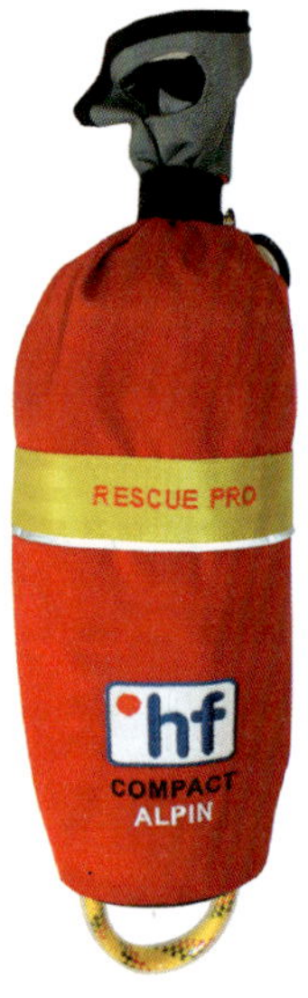

Ein Wurfsack besitzt gegenüber einem einfachen Seil eine deutlich bessere Flugeigenschaft und kann dadurch wesentlich präziser geworfen werden. Schließlich werft ihr kein loses Seil, sondern einen kompakten Körper. Durch diese Konstruktion befindet sich der Schwerpunkt immer an dem Seilende, das zum Schwimmer zeigt.

Beim „Laden" des Wurfsacks ist zu beachten, dass man keine Schlaufen bildet, sondern das Seil einfach in den Sack hineinstopft.

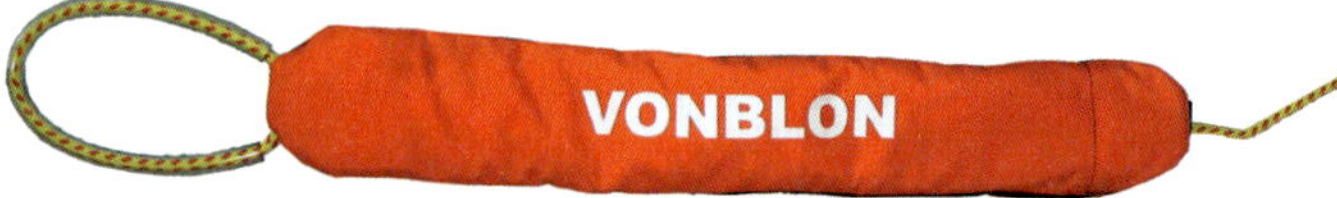

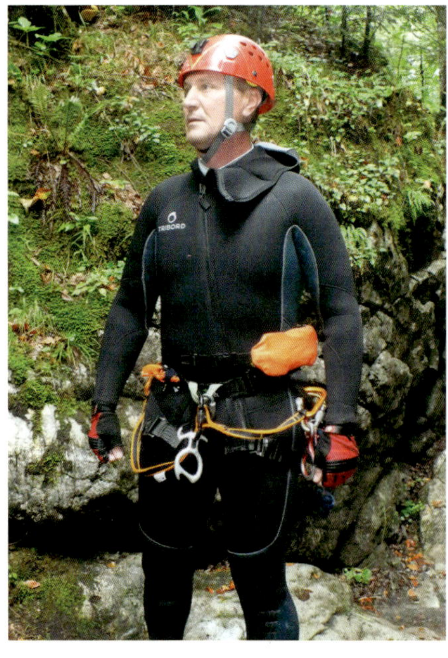

Den Wurfsack trägt man normalerweise nicht am Körper; vielmehr ist er ein Notfallgerät, das ihr im Rucksack mit euch führt und rechtzeitig vor einer gefährlichen Stelle auspackt und zur Hand nehmt. Von der Firma Vonblon gibt es einen Wurfsack, der am Körper getragen werden kann und dadurch sofort, auch in überraschend auftretenden Situationen, einsetzbar ist.

Bei einem Wurf mit dem Wurfsack im Notfall gilt: Ihr habt genau einen Versuch! Danach muss das Seil des Wurfsacks zunächst wieder eingeholt und geworfen werden, wobei ihr wertvolle Zeit verliert. Bevor ihr den Wurfsack werft, müsst ihr daher die Aufmerksamkeit der zu rettenden Person haben, denn sie muss den Wurfsack greifen, bevor er im Wasser abtreibt. Die zu rettende Person ist in aller Regel mit sich selbst und der kritischen Situation im Wasser beschäftigt und konzentriert sich nicht auf die Retter.

Ihr erreicht die Aufmerksamkeit der zu rettenden Person am besten, indem ihr laut schreit oder (besser noch) die Pfeife benutzt. Erst wenn ihr mit der zu rettenden Person Blickkontakt habt, könnt ihr den Wurfsack werfen. Einen Wurfsack zu werfen, ohne Blickkontakt mit der zu rettenden Person zu haben, ist völlig unsinnig.

Um jemanden mit einem Wurfsack aus einer Strömung zu retten, geht ihr in folgenden Schritten vor:

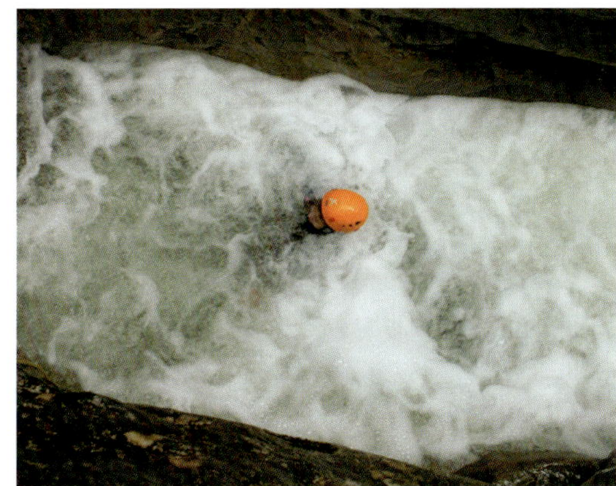

Zuerst nehmt ihr ein circa zwei Meter langes Seil aus dem Wurfsack und haltet das lose Ende des Seils fest in einer Hand. Dann führt ihr den Wurfsack über die Schulter.

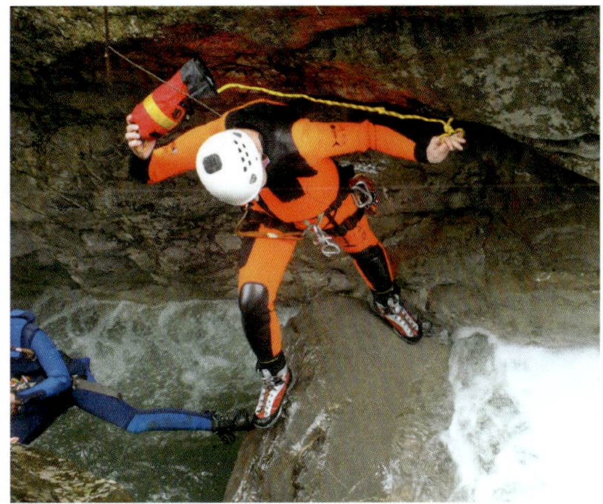

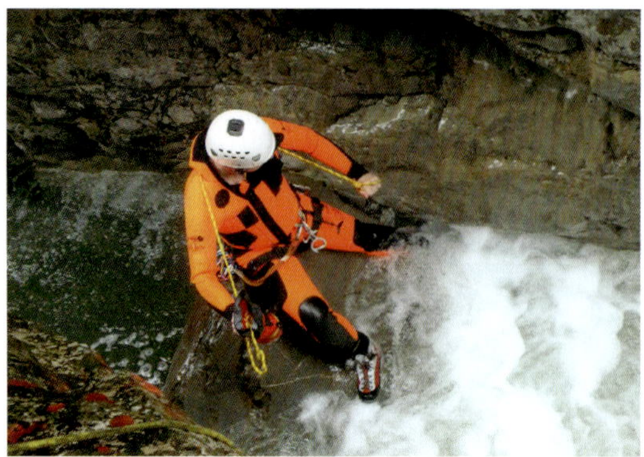

Nun sucht ihr eine möglichst stabile Position.

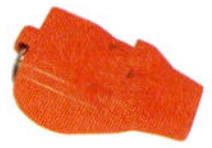

Bevor ihr nun den Wurfsack werft, braucht ihr die Aufmerksamkeit und den Blickkontakt mit der zu rettenden Person. Dies erreicht ihr am besten durch lautes Pfeifen.

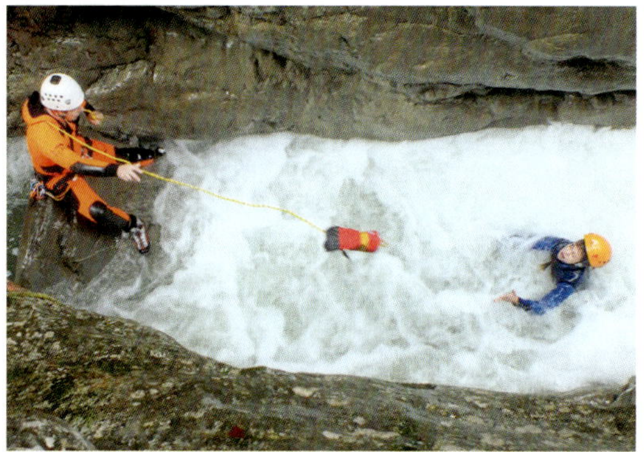

Habt ihr Blickkontakt mit der schwimmenden Person, wirft man ihr den Wurfsack zu. Werft im Zweifelsfall immer lieber ein Stück zu weit als zu kurz, sodass die Chance groß ist, dass die Person, wenn nicht den Sack, so doch das Seil greift.

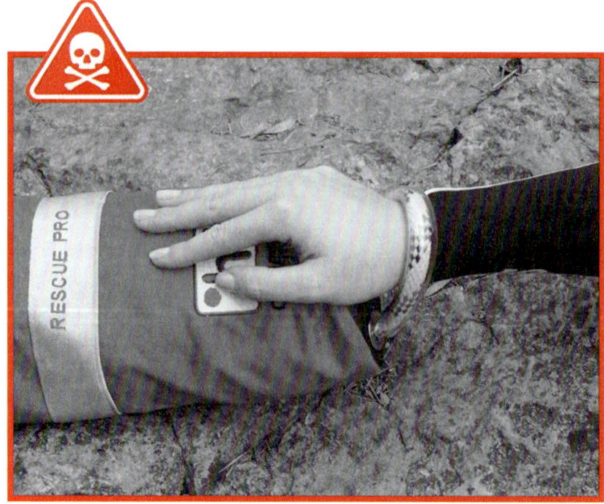

Die schwimmende Person greift sich den Wurfsack. Dabei ist zu beachten, dass sie die Hand nicht in die Schlaufe legt. Dies kann zu einer Verletzung des Handgelenks führen. Zudem kann das Seil unter Umständen nicht mehr schnell losgelassen werden.

Gleiches gilt für das Wickeln des Seils um das Handgelenk.

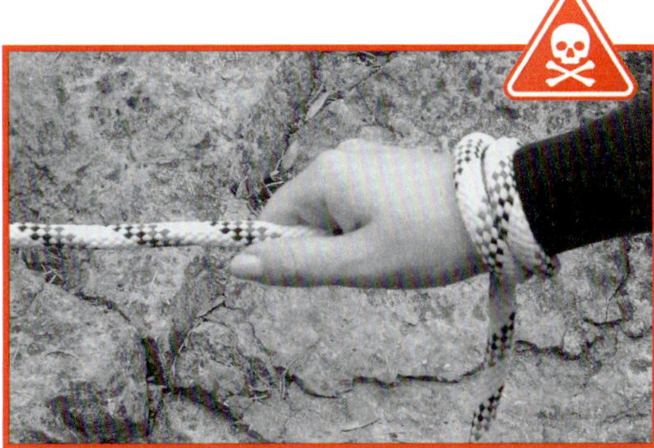

Am besten greift man die Leine einfach mit der Hand.

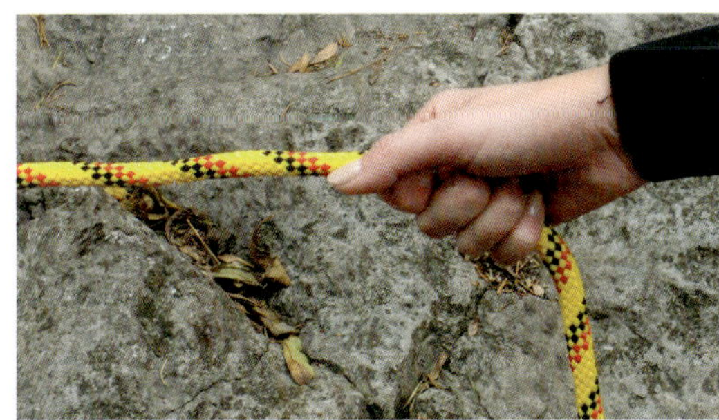

Man kann auch in die Schlaufe des Wurfsacks greifen.

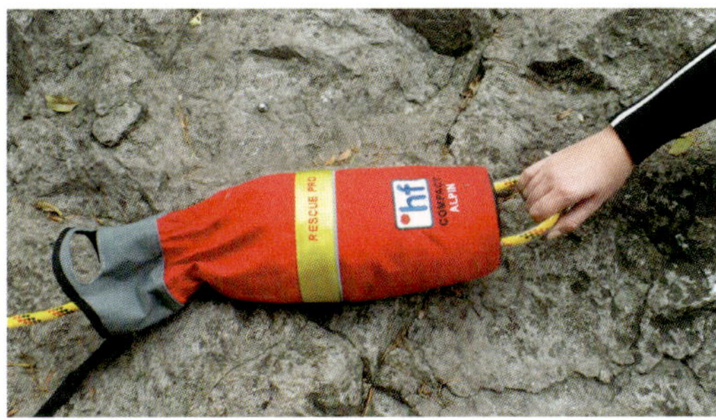

Oder man ergreift die Hülle des Wurfsacks.

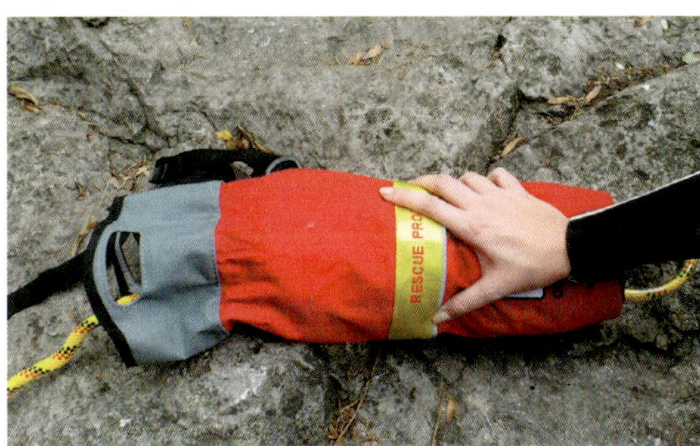

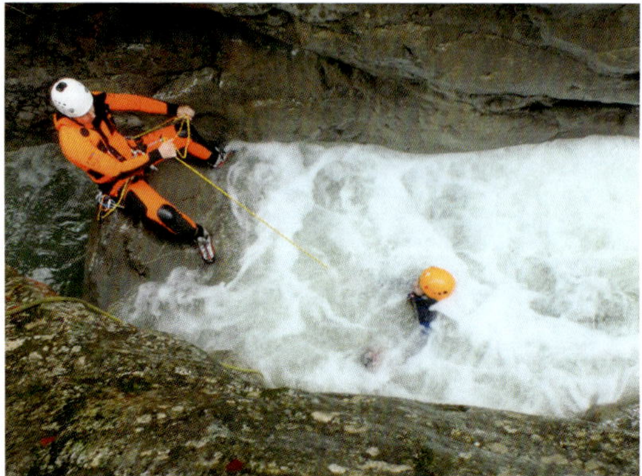

Nun könnt ihr die schwimmende Person zu euch heranziehen.

Wenn der erste Wurf mit dem Wurfsack nicht erfolgreich war, kann man einen zweiten Wurf versuchen. Dazu stopft man das Seil nicht in den Sack (das dauert zu lange), sondern füllt den Sack mit Wasser und wirft das Seil aus. Auf keinen Fall darf der Wurfsack mit Steinen gefüllt werden, da dies zu Verletzungen führen könnte.

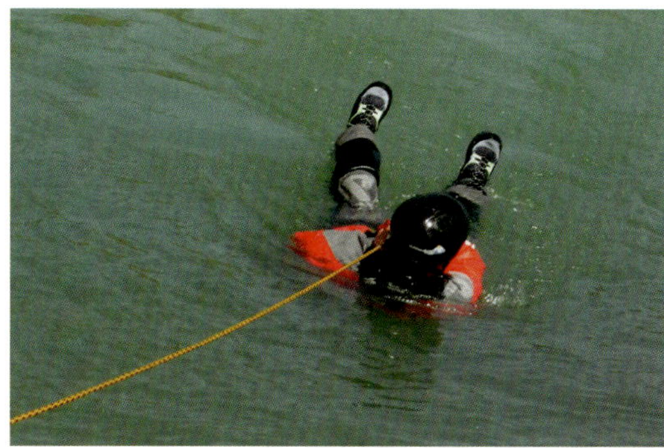

Wenn man mithilfe eines Wurfsacks aus dem Wasser gezogen wird, legt man die Leine am besten über eine Schulter und dreht den Kopf in die andere Richtung. Dadurch stellt man sicher, dass man gut atmen kann.

Immer dann, wenn in strömendem Wasser gearbeitet wird, sind die Seile niemals fix installiert, sondern – wenn überhaupt – nur lösbar befestigt. Zudem braucht jede der beteiligten Personen ein griffbereites Kappgerät.

Angeseilter Schwimmer

Eine andere Möglichkeit, um jemanden aus strömendem Wasser zu retten, ist die Methode des angeseilten Schwimmers. Dazu wird ein Seil am Gurt eines Schwimmers fixiert.

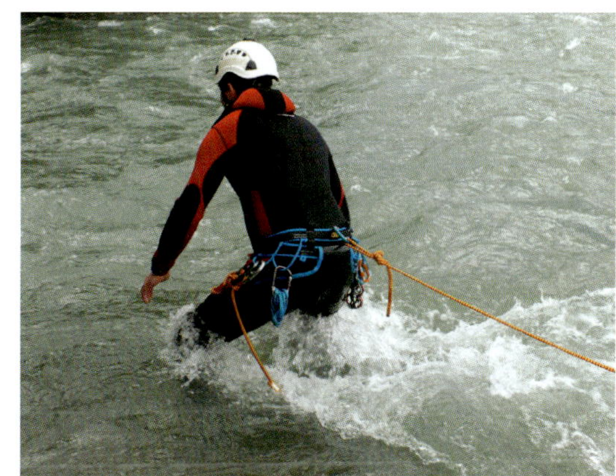

Eine zweite Person hält den Schwimmer dann an diesem Seil fest. Für die zweite Person ist es wichtig, dass sie einen sehr guten Standplatz hat. Idealerweise befindet sich noch eine dritte Person an diesem Standplatz, die der zweiten Person zusätzliche Stabilität geben kann.

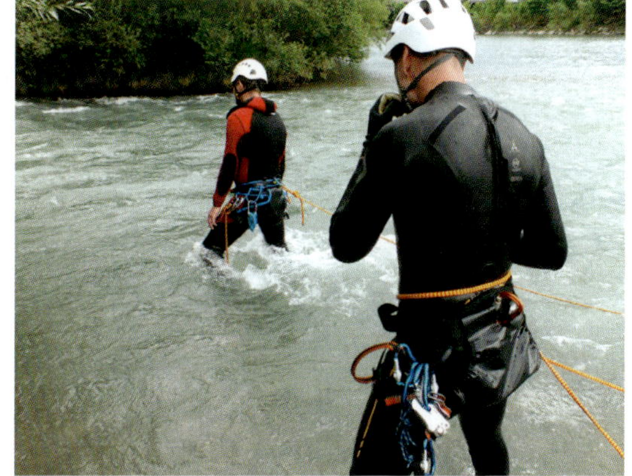

Der Schwimmer springt in die Strömung und hält die zu rettende Person fest. Während er springt, darf das Seil nicht gespannt sein. Es muss dem Schwimmer Bewegungsfreiheit gewähren, darf aber nicht so locker sein, dass sich der Schwimmer darin verheddern kann.

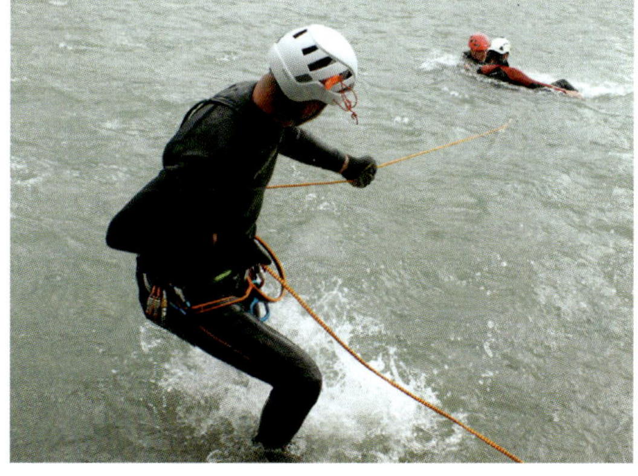

Sobald der Schwimmer die zu rettende Person erfasst hat, wird das Seil straff gezogen und die zweite Person macht sich darauf gefasst, dass ein starker Ruck erfolgt, wenn die beiden schwimmenden Personen am gespannten Seil hängen.

Danach wird das Seil eingezogen und dadurch die beiden schwimmenden Personen aus der Strömung gezogen.

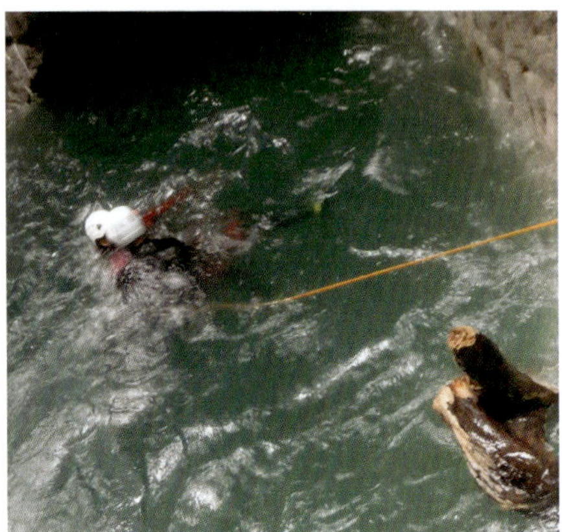

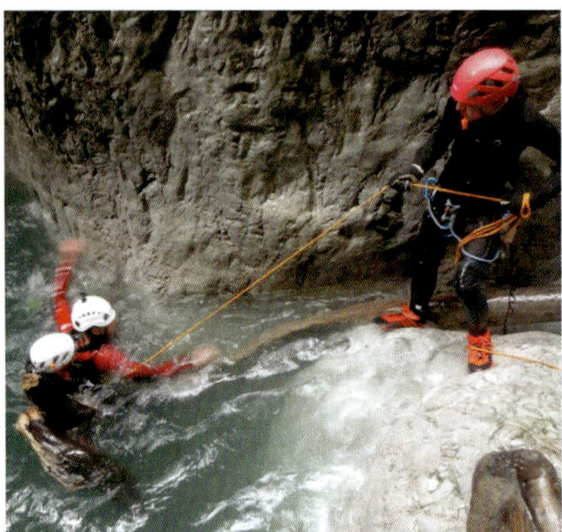

Das Tragen von Schwimmwesten beim Canyoning

Gelegentlich werden in besonders wasserreichen Schluchten mit langen Schwimmstrecken oder mit starker Strömung Schwimmwesten getragen. Das Tragen von Schwimmwesten im Canyon hat Vor- und Nachteile:

Vorteile von Schwimmwesten im Canyon

- Sie unterstützen den Auftrieb, halten den Körper auch im Wildwasser an der Wasseroberfläche und erleichtern das Schwimmen.
- Sie sind insbesondere bei Kindern (siehe Kap. 7) ein probates Hilfsmittel, um zusätzliche Sicherheit zu gewährleisten.
- Sie schützen bei Felskontakt/Stürzen vor Prellungen.
- Sie sorgen für ein schnelleres Auftauchen nach Sprüngen und vermitteln subjektiv Sicherheit.

Dem stehen beim Canyoning aber auch Nachteile gegenüber

- Schwimmwesten schränken die Beweglichkeit ein. Das Tragen eines Rucksacks bei Verwendung einer Schwimmweste ist beinahe unmöglich.
- Die Schwimmweste behindert beim Abseilen.
- In einem starken Rücklauf (z. B. am Ende einer Rutsche) oder in einer Walze hat eine Schwimmweste einen kontraproduktiven Effekt. Sie hält die Person eher im Rücklauf fest und verhindert das effiziente Durchtauchen oder Durchschwimmen des Rücklaufs. Die Empfehlung, in diesem Fall die Schwimmweste im Rücklauf auszuziehen, ist zwar prinzipiell richtig, wird aber im Ernstfall nur sehr schwer zu realisieren sein. In diesem Fall wird der Vorteil der Schwimmweste, der größere Auftrieb, zu einem gravierenden Nachteil.
- Die Schwimmweste behindert ein effektives Schwimmen mit kräftigen Schwimmbewegungen.
- Die Nachteile von Schwimmwesten beim Rutschen und Springen wurden in den entsprechenden Abschnitten bereits beschrieben.

Mit einer Schwimmweste dürfen auf keinen Fall fehlende Schwimmfähigkeiten kompensiert werden: Nichtschwimmer haben in einem wasserführenden Canyon nichts verloren.

Nach unserer Einschätzung überwiegen meistens die Nachteile. Wenn der Canyon rein aquatisch ist und längere Schwimmpassagen in strömendem Wasser, jedoch keine Sprünge, Rutschen und Walzen beinhaltet, kann eine Schwimmweste sinnvoll sein. Auch gibt es die Möglichkeit, Schwimmwesten im Rucksack mitzuführen (dort dienen sie als Auftriebskörper für den Rucksack) und sie nur dann anzuziehen, wenn entsprechende Passagen vor einem liegen.

Der Rucksack beim Schwimmen

Beim Schwimmen in ruhigem Wasser ist der Rucksack zwar nicht gefährlich, er behindert jedoch dadurch, dass er den Kopf nach unten drücken kann, das Schwimmen. Zudem schränkt der Rucksack die Beweglichkeit der Arme bei der Schwimmbewegung ein. Daher ist es in aller Regel besser, den Rucksack neben sich herzuschieben.

In strömendem Wasser kann der Rucksack zur Gefahr werden. Er kann sich verklemmen, er behindert die Schwimmbewegungen und er verändert die Lage des Körpers im Wasser. Ein aufgesetzter Rucksack (gegebenenfalls noch dazu ohne Notabwurf) in strömendem Wasser kann tödlich sein.

Um die Rucksäcke in strömendem Wasser zu transportieren, schwimmt die erste Person (natürlich ohne Rucksack) die entsprechende Passage entlang. Die anderen Personen lassen dann ihre Rucksäcke die Passage durchschwimmen, die erste Person fängt diese dann auf.

4.5 ABSEILEN

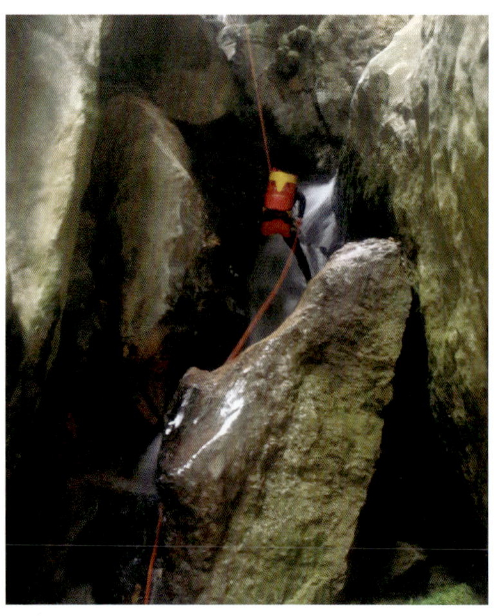

Das Abseilen im Wasserfall ist mit Sicherheit einer der spektakulärsten Momente einer Canyoningtour und verkörpert neben den Sprüngen den Inbegriff des Canyoningsports. Das Abseilen ist jedoch nicht nur die vielleicht spektakulärste Aktion beim Canyoning, sie ist auch die anspruchsvollste. Das Wichtigste daher gleich vorweg: Wann immer es möglich ist, seilt nicht IM Wasserfall ab, sondern möglichst DANEBEN!

Aber beim Abseilen im Canyon gibt es sehr viel mehr zu beachten. Im folgenden Abschnitt stellen wir euch die gängigen Abseilgeräte vor, beschreiben verschiedene Abseiltechniken und gehen insbesondere auch auf das Vorbereiten des Abseilens ein. Ihr werdet sehen: Die Abseiltechnik vom Klettern kann nicht eins zu eins auf das Canyoning übertragen werden.

Daher unsere Bitte: Auch wenn ihr erfahrene Kletterer seid und mit dem Abseilen vertraut – lest euch das nachfolgende Kapitel gründlich durch und beherzigt die Hinweise. Dann aber sind euch unvergessliche Momente gewiss!

Abseilgeräte

In den letzten Jahren wurde eine Menge neuer Abseilgeräte auf den Markt gebracht.

Exotische Formen mit zusätzlichen Nasen, abstehende Metallformen und Haken bieten Möglichkeiten für komplexere Seilführungen. Dadurch soll die Reibung besser dosierbar sein und ein einfacheres Blockieren möglich sein.

Diese Geräte können aber auch Nachteile haben:

- Es kommt zu einer erhöhten Krangelwirkung.
- Sie sind nicht selbsterklärend.
- Sie enthalten potenzielle Fehlerquellen durch falsches Einlegen des Seils.
- Sie können sich leicht mit anderen Ausrüstungsbestandteilen verhaken.
- Beim Schwimmen und beim Abklettern können sie sich leicht verhaken.

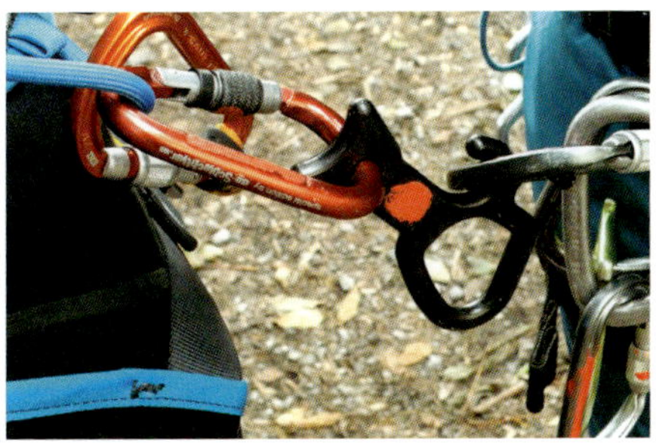

Die Haken an vielen speziellen Canyoning-Abseilgeräten bleiben gerne in der Ausrüstung hängen.

Die Dosierung der Abseilgeschwindigkeit stellt gar kein so großes Problem dar. Man kann dies auch mit einem normalen Achter realisieren.

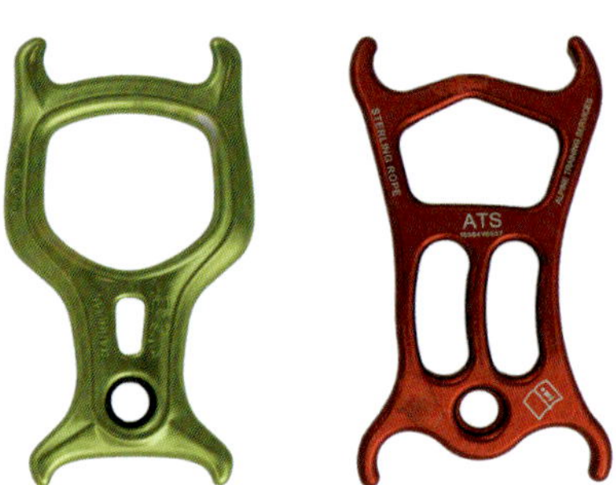

Verschiedene Firmen bieten spezielle Weiterentwicklungen des klassischen Abseilachters speziell für das Canyoning an. Hierbei handelt es sich im Prinzip um ganz normale Abseilachter. Durch die sehr moderaten „Hörner" erleichtern sie die Blockierung des Seils, ohne dabei zu ausgeprägte Haken zu besitzen.

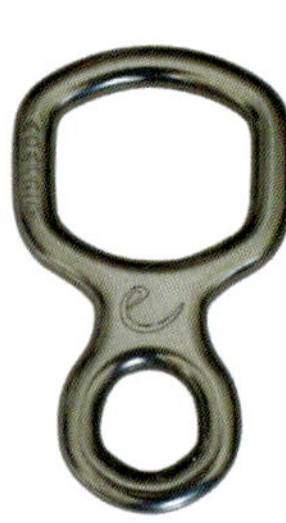

Nachfolgend wird die Anwendung des normalen (eckigen) Achters beschrieben, da dieser sehr weit verbreitet ist, sehr günstig in der Anschaffung ist und bei entsprechender Anwendung völlig genügt.

Runde Abseilachter werden beim Canyoning nicht verwendet, die Begründung dafür findet sich weiter unten im Text.

Das Prinzip der Abseilgeräte

In allen Abseilgeräten wird das Seil mehrfach in relativ kleinen Radien umgelenkt. Die dadurch entstehende Reibung bremst das Durchrutschen des Seils durch das Abseilgerät. Diese Reibung erzeugt Wärme.

Wenn man eine längere Strecke im Trockenen abseilt, wird der Abseilachter so heiß, dass man sich leicht daran verbrennen kann. Die Reibung führt dazu, dass der Abseilachter eine Bremswirkung von circa 2-2,5 Kilonewton hat. Diese erreicht er jedoch nur dann, wenn die Stränge in den Achter hinein und aus dem Achter heraus in die entgegengesetzte Richtung laufen.

Laufen beide Seilstränge dagegen aus dem Achter in die gleiche Richtung heraus, so liegt die Bremskraft des Abseilachters nur noch bei 1,3-1,5 Kilonewton. Zum Vergleich: Der HMS-Knoten hat eine Bremskraft von circa 2,7 Kilonewton.

Bremskraft und Seilverlauf bei der „Alpinmethode"

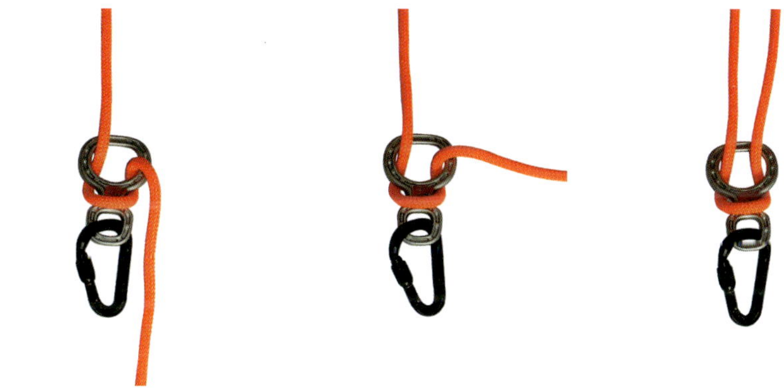

Hohe Bremskraft *Geringe Bremskraft* *Sehr geringe Bremskraft*

Bei der sogenannten *Canyoningmethode* verhält es sich genau gleich, nur dass bei dieser Methode die Seilreibung insgesamt geringer ist. Da diese Methode weniger Umlenkungen enthält als die Alpinmethode.

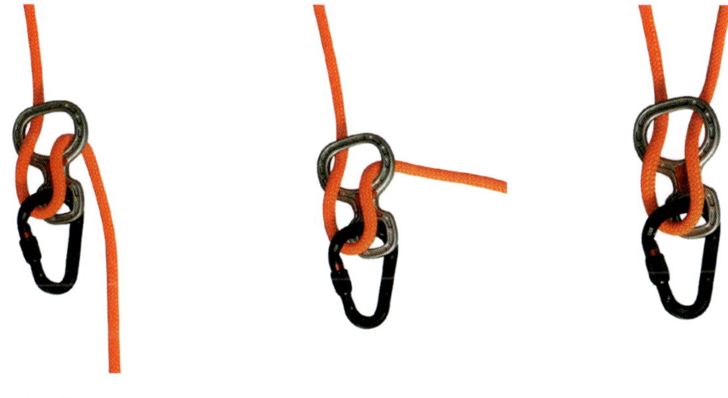

Hohe Bremskraft *Geringe Bremskraft* *Sehr geringe Bremskraft*

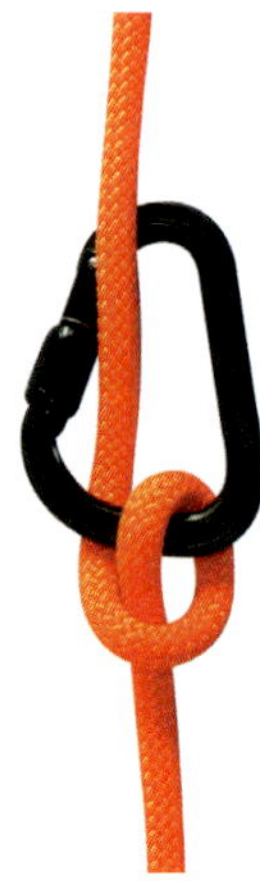

Die größte Bremswirkung hat der Halbmastwurfknoten. Die hohe Bremskraft kommt daher, dass die Radien, mit denen das Seil umgelenkt wird, kleiner sind, als dies bei einem Abseilachter der Fall ist.

Abseilen am Einfachseil

Die Alpin- und die Canyoningmethode

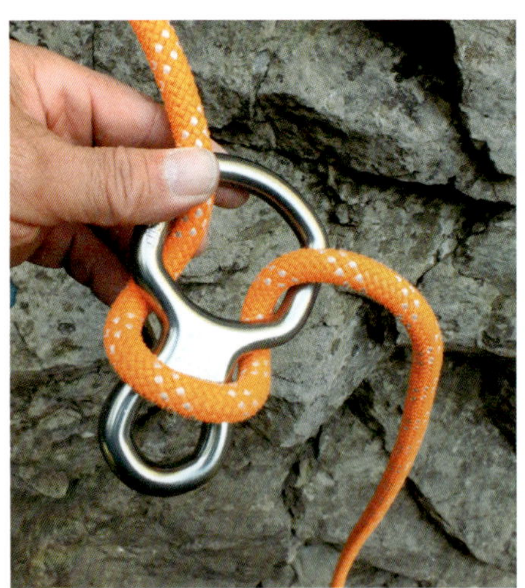

Alpinmethode

Beim Klettern wendet man grundsätzlich den Abseilachter in der sogenannten *Alpinmethode* an. Diese Methode kann auch im Canyoning eingesetzt werden, diese ist allerdings schwieriger im Handling. Wir empfehlen daher die nachfolgend beschriebene spezifische Canyoningmethode.

Beim Canyoning ist auch die sogenannte *Canyoningmethode* zu verwenden. Hierbei wird das Seil nicht um die kleine Öse des Achters herumgeführt, sondern durch den Karabiner, der den Achter am Gurt fixiert. Der wichtigste Vorteil dieser Methode besteht darin, dass der Achter zu keinem Zeitpunkt aus dem Karabiner entfernt werden muss. Im Gegensatz zur Alpinmethode hat das Seil bei der Canyoningmethode weniger Umlenkungen im Abseilachter und erzeugt daher auch weniger Reibung und damit auch weniger Bremswirkung. Da nasse Seile jedoch eine größere Bremswirkung als trockene Seile haben, ist die Canyoningmethode oft ausreichend, um genug Bremswirkung zu erzeugen.

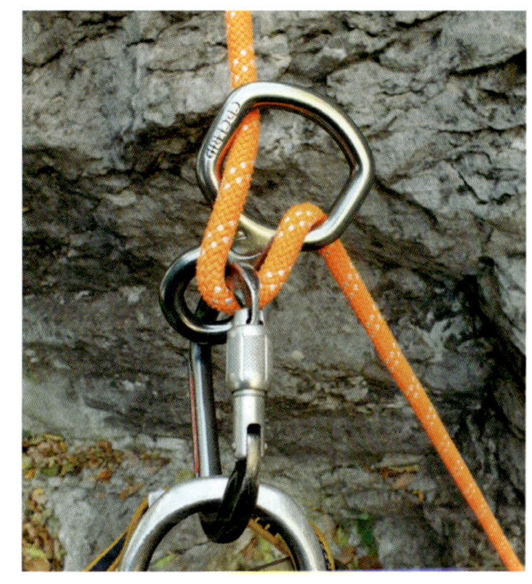

Canyoningmethode

Seile sind vor dem Abseilen mit der Canyoningmethode unbedingt nass zu machen. Als Nebeneffekt wird der Abseilachter auch bei der ersten Abseilstelle nicht so heiß wie bei der Verwendung trockener Seile.

Man kann also mit der Wahl der Abseilmethode (Alpin- oder Canyoningmethode) die Abseilgeschwindigkeit beeinflussen.

Sofern man mit der Canyoningmethode noch etwas mehr Reibung erzeugen und somit die Abseilgeschwindigkeit reduzieren möchte, kann man die sogenannte *Vertakomethode* anwenden.

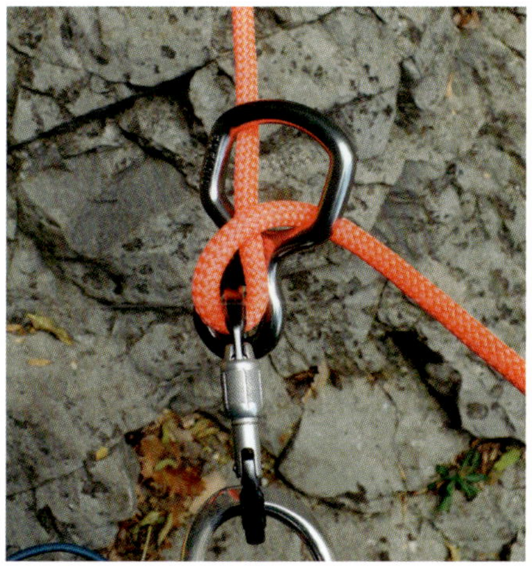

Vertako

Durch die Wahl der Abseilmethode legt man schon vor dem Beginn des Abseilens die Abseilgeschwindigkeit fest. Wenn man sich nicht sicher ist, ob man während des Abseilens die Abseilgeschwindigkeit verringern möchte, kann man das Bremsseil zusätzlich durch einen Karabiner laufen lassen, der an der Beinschlaufe des Gurts befestigt ist. Will man dann die Geschwindigkeit des Abseilens verringern, so kann man das tun, indem man das Seil NACH OBEN zieht.

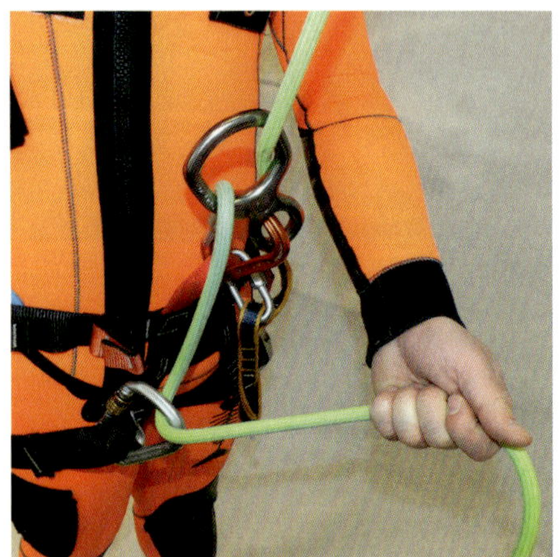

Position beim Abseilen

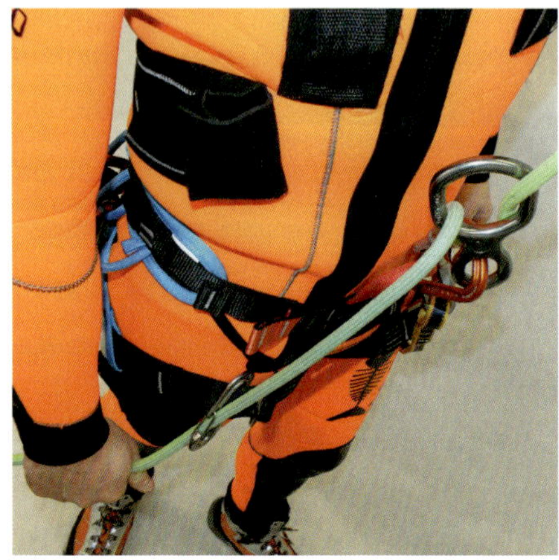

Position beim Bremsen

Es gibt auch einen speziellen Karabiner zum Einhängen in der Beinschlaufe, dessen Form konisch ist und dadurch die Bremswirkung noch erhöht.

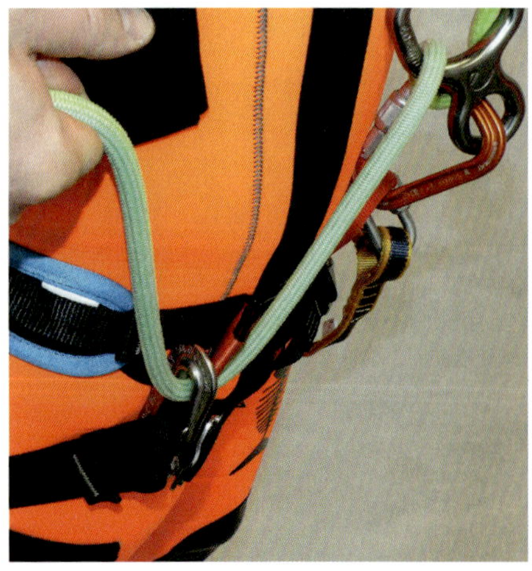

Position beim Abseilen

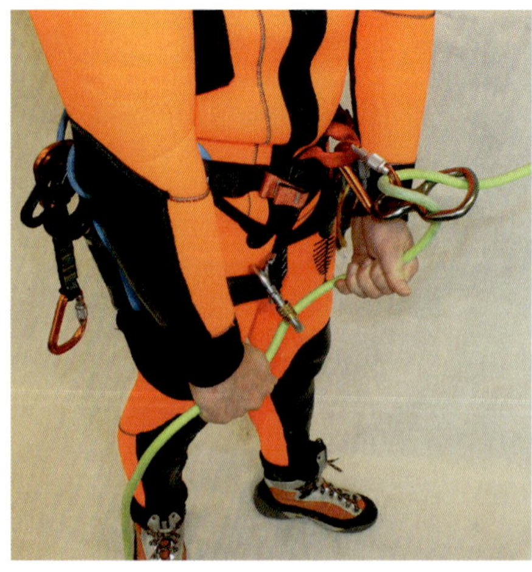

Position beim Bremsen

Man kann im Prinzip auch mithilfe eines HMS-Knotens abseilen. Als Standardmethode, um sich aktiv abzuseilen, eignet sich der HMS jedoch nicht. Der Seilverlauf ist nicht optimal und die Verwendung des HMS führt zu hohem Seilkrangeln. Man kann den HMS als aktive Abseilmethode jedoch als Backup-Methode verwenden, z. B. dann, wenn man das eigentliche Abseilgerät verloren hat.

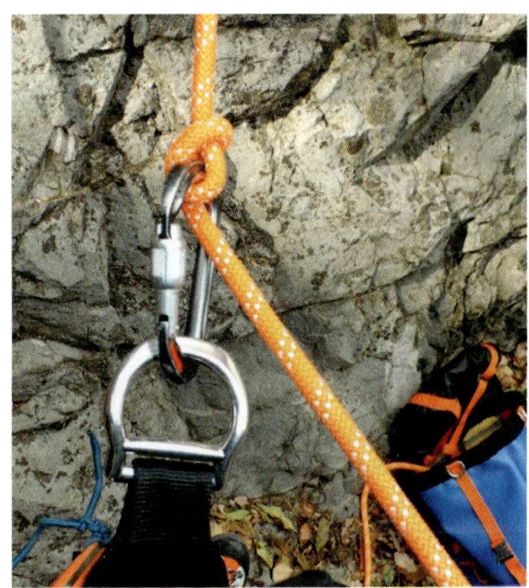

Aktives und passives Abseilen

Unter passivem Abseilen versteht man, dass jemand von einer anderen Person abgeseilt wird. Der Abseilprozess wird dann von oben kontrolliert, indem die Person am Abseilpunkt ihr Abseilgerät bedient. Beim aktiven Abseilen dagegen kontrolliert die sich abseilende Person den Abseilprozess selbst, indem sie ihr eigenes Abseilgerät bedient.

Die Einrichtung einer Abseilstrecke (siehe Kap. 6.5) erfolgt prinzipiell so, dass die erste Person passiv abgelassen wird. Dadurch hat sie beide Hände frei, um die Abseilstelle zu erkunden. Falls sie wieder nach oben gezogen werden muss, braucht sie sich nicht extra zu blockieren. Nachdem die Abseilstrecke prinzipiell eingerichtet ist, muss man entscheiden, wie sich die weiteren Gruppenmitglieder abseilen: aktiv oder passiv.

Das zentrale Kriterium dabei ist die Frage, wie sicher sich die einzelnen Gruppenmitglieder beim Abseilen sind. Unsichere und ungeübte Gruppenmitglieder sollten eher passiv abgeseilt werden.

Passives Abseilen

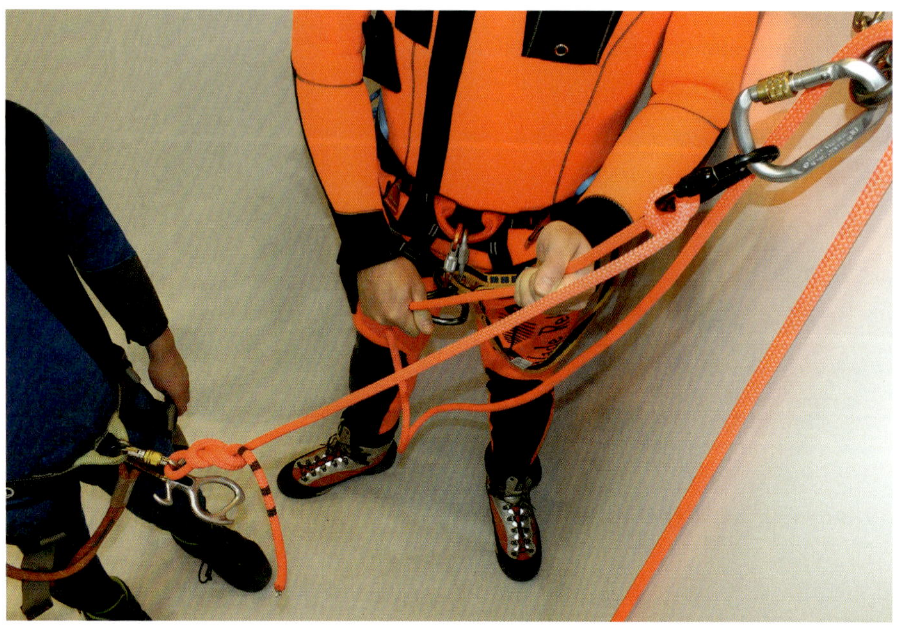

Jemanden passiv über einen HMS-Knoten abseilen (die abzuseilende Person ist mit einem Achterknoten am Gurt fixiert).

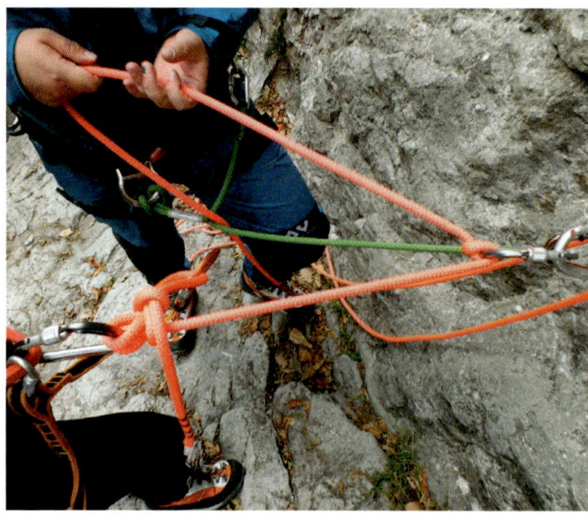

Passives Abseilen über einen HMS in der Praxis. Die abzuseilende Person (links unten im Bild) ist mit einem „abgeschleiften HMS" am Gurt fixiert.

Beim passiven Abseilen gibt es zwei Methoden: über den HMS-Knoten oder über den Abseilachter.

Passives Ablassen mittels Halbmastwurfknoten

Das Seil wird durch die Öse des Ankerpunkts geführt. In die Öse des Ankerpunkts wird zusätzlich der Zentralkarabiner eingehängt (siehe Kap. 6.2), in diesen ein weiterer, normaler Karabiner. In diesen Karabiner wird dann ein Halbmastwurfknoten eingelegt und es wird ein Schlappseil gebildet.

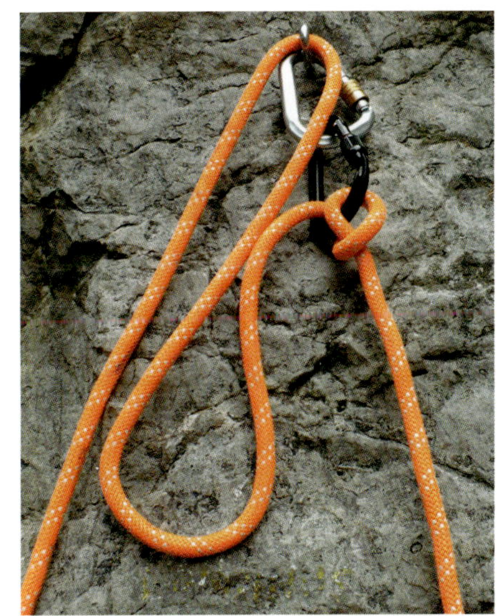

Sofern man mehrere Personen passiv ablassen möchte, kann man auch das Seil direkt in den Karabiner einlegen und nicht erst durch die Öse des Sicherungspunkts ziehen. Dies erleichtert das Seilhandling. Die letzte Person muss dann natürlich das Seil durch die Öse des Ankerpunkts ziehen. Das ist jedoch (fast) kein zusätzlicher Arbeitsgang, da das Seil sowieso nach jeder Person, die passiv abgeseilt wurde, wieder nach oben gezogen werden muss.

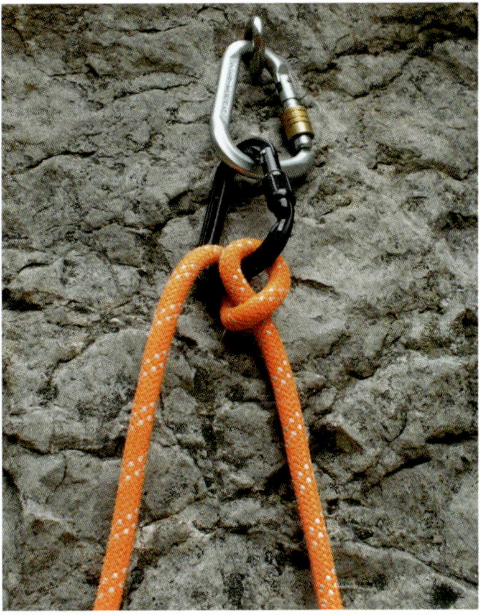

Passives Ablassen mittels Abseilachter

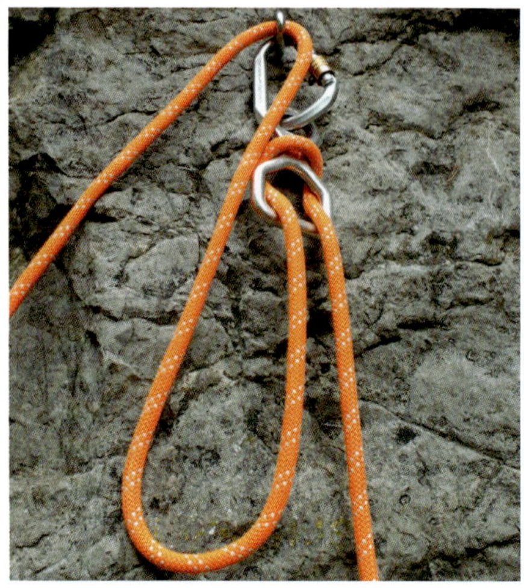

Das Seil wird durch die Öse des Ankerpunkts geführt. In die Öse wird zusätzlich ein Karabiner eingehängt, in diesen dann der Abseilachter. Das Seil wird dann (Alpin- oder mit der Canyoningmethode) in den Karabiner eingehängt und es wird ein Schlappseil gebildet.

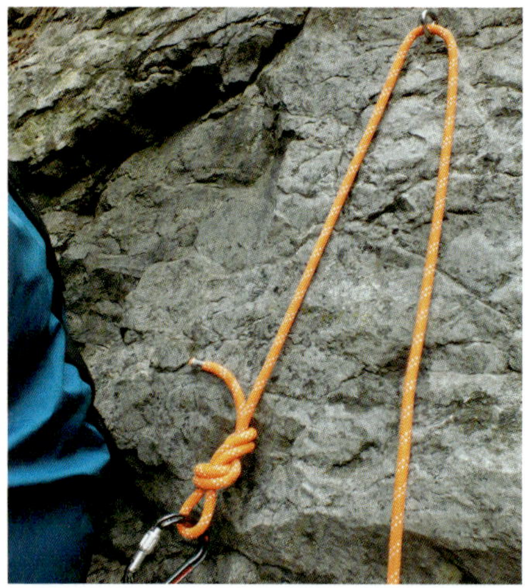

Die Methode mit dem Abseilachter ist der Methode mit dem HMS-Knoten vorzuziehen, da der HMS-Knoten eine sehr hohe Krangelwirkung hat (der Seilkern verdreht sich dabei stark gegen den Seilmantel).

Die Person, die passiv abgelassen wird, kann mit einem Achterknoten in das Seil eingebunden werden, sofern keine Wassergefahr besteht.

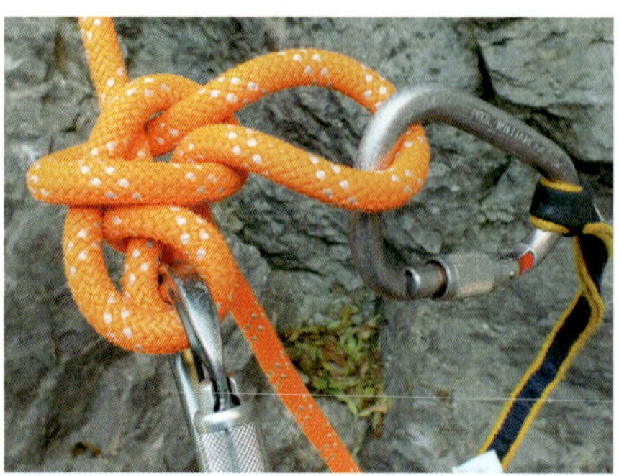

Wenn Wassergefahr besteht, erfolgt das Einbinden der abzulassenden Person über einen abgeschleiften und gesicherten Halbmastwurfknoten (vgl. Kap. 6).

Aktives Abseilen

Beim aktiven Abseilen steuert die Person, die sich abseilt, den Abseilvorgang selbst.

Das Seil ist dabei in der Öse des Ankerpunkts lösbar fixiert (siehe Kap. 6.4).

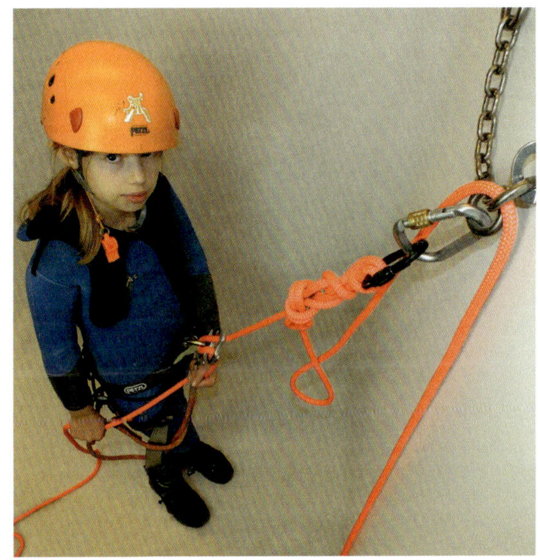

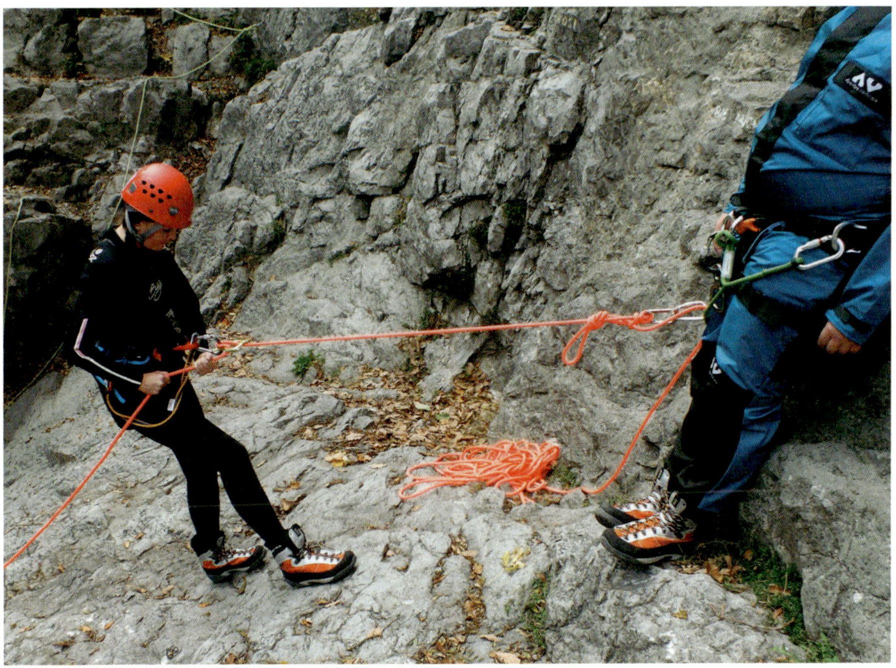

Aktives oder passives Abseilen?

Beide Methoden haben Vor- und Nachteile:

Vorteile des passiven Abseilens

- Volle Kontrolle durch die obere Person ist möglich.
- Permanente Sicherung des Abseilenden ist gewährleistet.
- Die Auflagefläche des Seils wird ständig verschoben (verringerte Kantenbelastung).
- Dies ist die beste Lösung für Anfänger.

Nachteile des passiven Abseilens

- Es ist schwierig, die Bewegung genau so zu steuern, wie sich die abzuseilende Person komfortabel bewegen kann. Insbesondere dann, wenn die abzuseilende Person sich über eine Kante bewegt.
- Bei Strömung problematisch, da sich die abzuseilende Person sicher ausbinden können muss.
- Bleibt die abzuseilende Person an einem Vorsprung während des Abseilens stehen, so kann sich Schlappseil bilden. Wenn die abseilende Person das nicht bemerkt, kommt es zu einem zwar sicheren, aber ruckartigen Fall.

Vorteile des aktiven Abseilens

- Die Geschwindigkeit kann selbst gesteuert werden.
- Für erfahrene Canyonauten ist dies die „normale", weil selbstbestimmte Form des Abseilens.

Nachteile des aktiven Abseilens

- Entsprechende Übung ist erforderlich.
- Die sich abseilende Person hat die Hände nicht frei.
- Die sich abseilende Person muss sich notfalls selbst blockieren können.

Aktiv-passives Abseilen

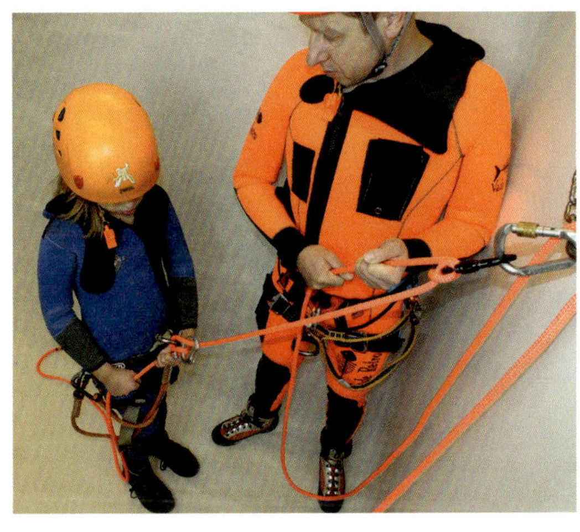

Man kann auch beide Methoden kombinieren und aktiv-passiv abseilen.

Diese Technik dient insbesondere dem Seilschutz in scharfkantigem Gelände. Während die abseilende Person aktiv abseilt, gibt die oben stehende Person langsam etwas Seil nach (circa 50 Zentimeter pro Abseilvorgang), um die Auflagestelle des Seils am Fels permanent zu verschieben.

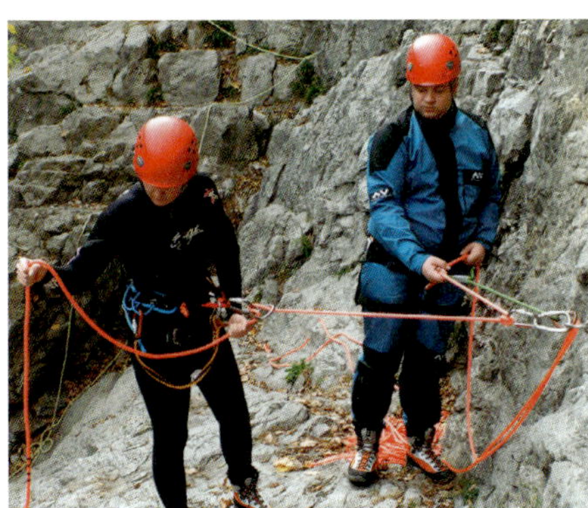

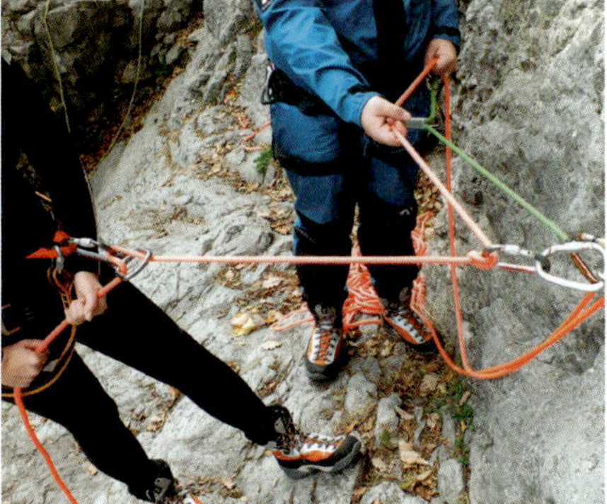

Aktives Abseilen mit Sicherung

Um das sichere Abseilen zu erlernen, kann man auch die Person, die sich abseilt, zusätzlich mit einem Sicherungsseil sichern. Dadurch ist sichergestellt, dass die Person immer noch gesichert ist, falls sie die Kontrolle verlieren sollte. Bei dieser Methode ist darauf zu achten, dass das Sicherungsseil (in der Abbildung das grüne Seil) im Normalfall locker durchhängt und nur im Notfall auf Spannung kommt.

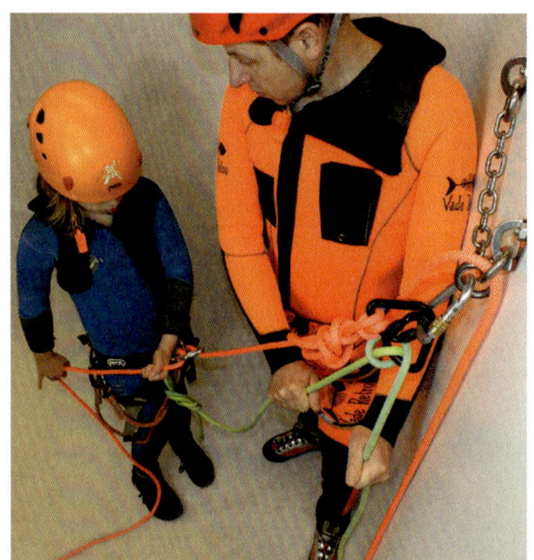

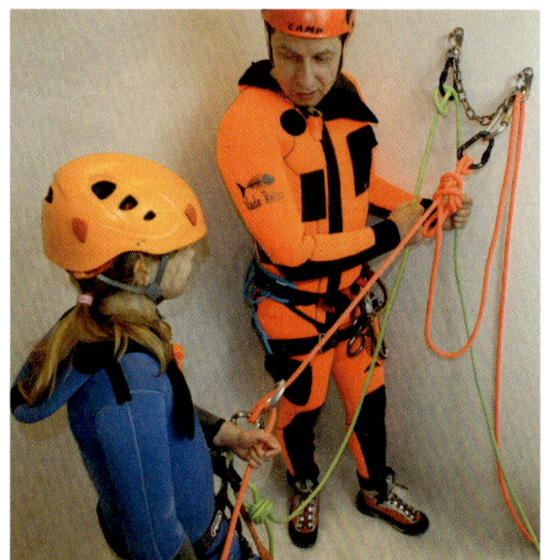

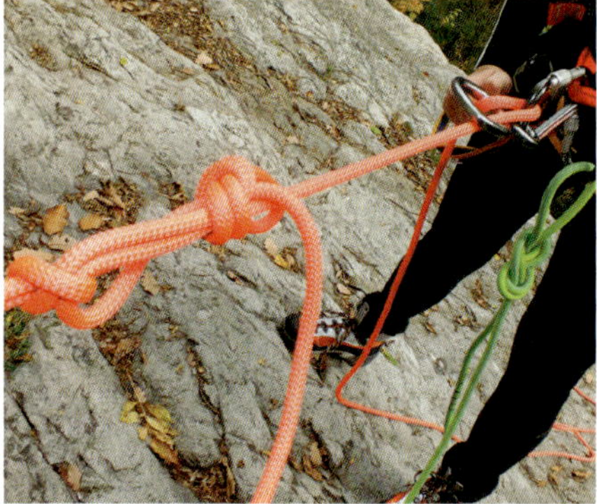

„Toprope"-Abseilen der letzten Person

Das Toprope-Abseilen ist eigentlich keine spezielle Art des Abseilens. Sie zeichnet sich gegenüber anderen Formen des Abseilens dadurch aus, dass das Seil zwar durch die Öse des Ankerpunkts umgelenkt wird, die Fixierung des Seils jedoch von unten von einer Person, die bereits abgeseilt hat, erfolgt.

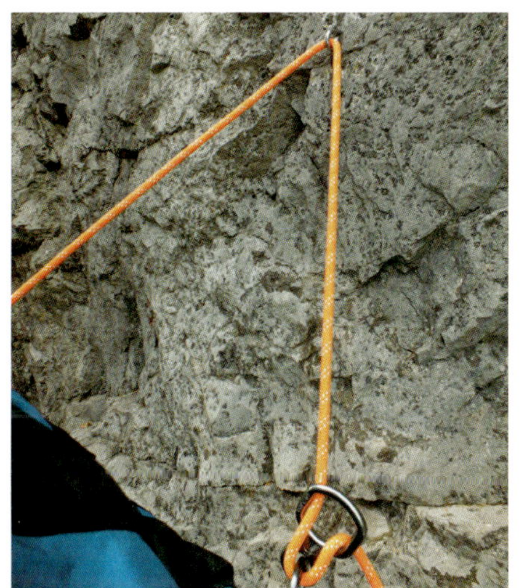

In der Regel sichert diese Person die sich abseilende Person durch Körpersicherung. Hierbei ist ein sehr guter Standplatz und volle Konzentration zwingende Voraussetzung, denn die abseilende Person hängt ausschließlich (!) in der Sicherung der sichernden Person – der eigentliche Abseilpunkt fungiert nur noch als Seilumlenkung.

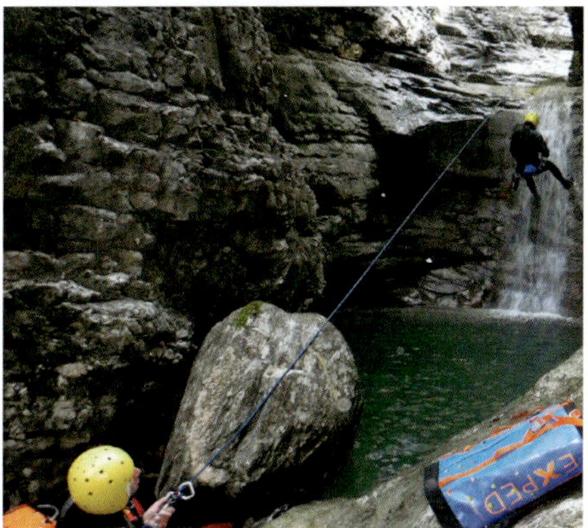

Die Person, die sich abseilt, kann sich dabei aktiv oder passiv abseilen. In der Regel erfolgt das Toprope-Abseilen bei der letzten Person, die sich abseilt. Auf diese Weise genießt auch sie die Sicherheit, sich an einem lösbaren System abzuseilen (siehe Kap. 6.4 und 6.5).

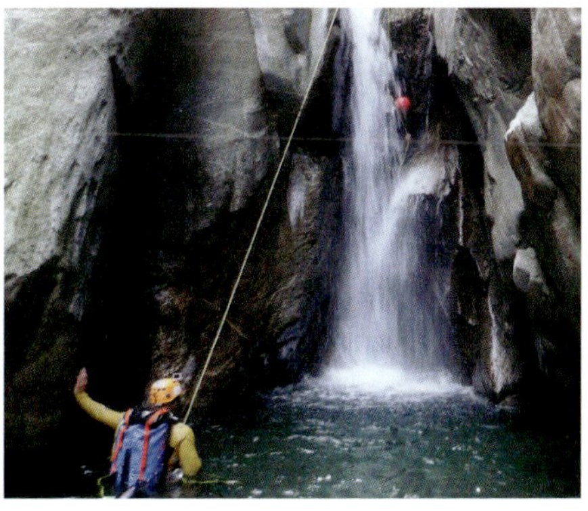

Vorbereitung des Abseilens

Bei der nachfolgenden Beschreibung des Abseilens gehen wir davon aus, dass sich ein abgelängtes Seil bereits eingebaut an der Abseilstelle befindet. Wie dieses installiert wird, ist in Kap. 6.5 beschrieben.

Partnercheck

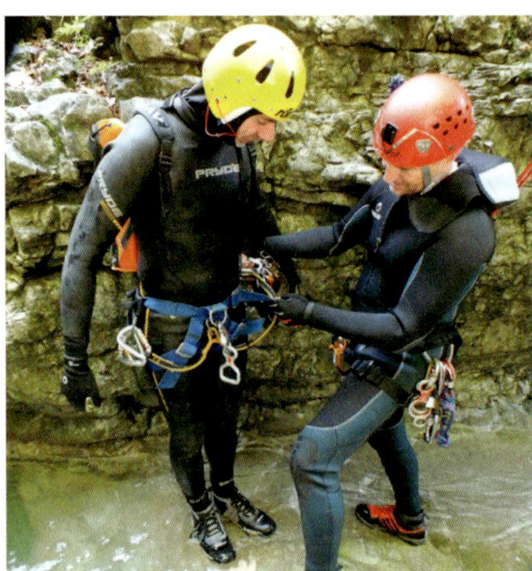

Spätestens an der ersten Abseilstelle prüfen sich die jeweiligen Mitglieder der Gruppe noch einmal gegenseitig, ob der Gurt richtig angelegt ist.

Beim Partnercheck wird auch geprüft, ob die Haare des Partners so lang sind, dass sie gegebenenfalls in den Abseilachter geraten können. Dies ist schmerzhaft und – was noch schlimmer ist – es führt zu einer Blockade des Abseilgeräts. In einem Wasserstrahl kann dies tödliche Folgen haben. Die Haare bindet man am besten zusammen.

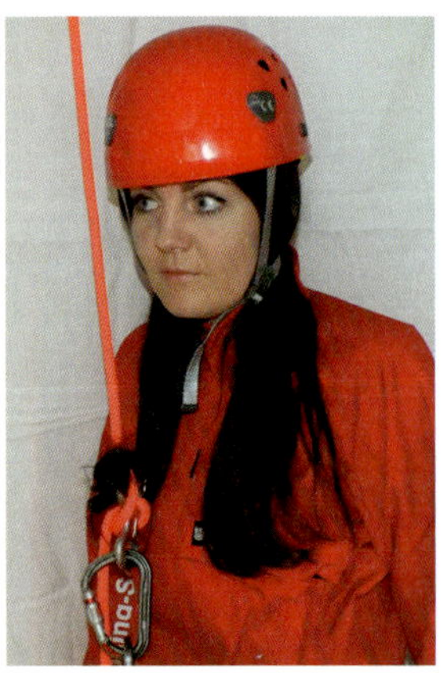

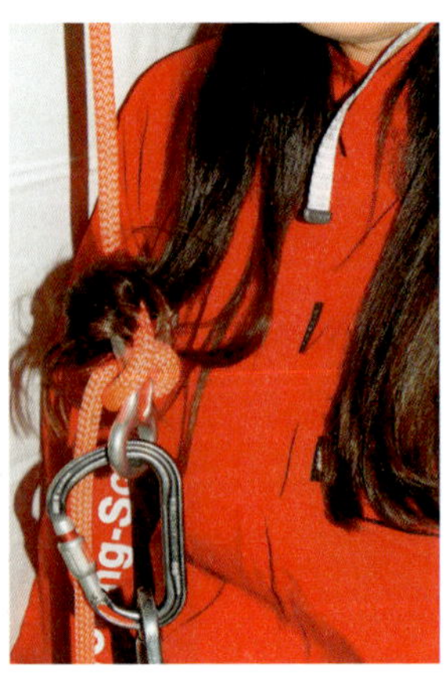

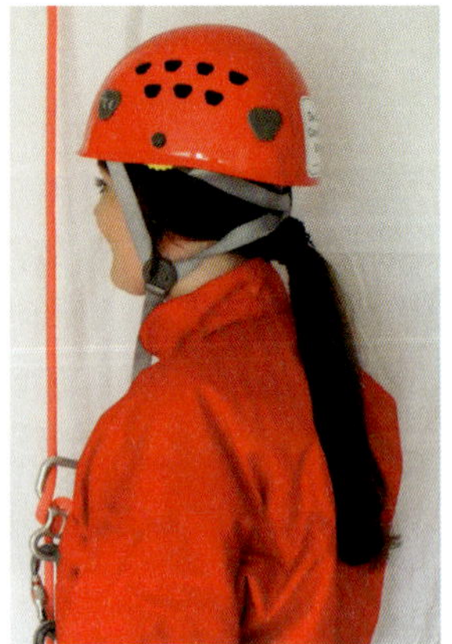

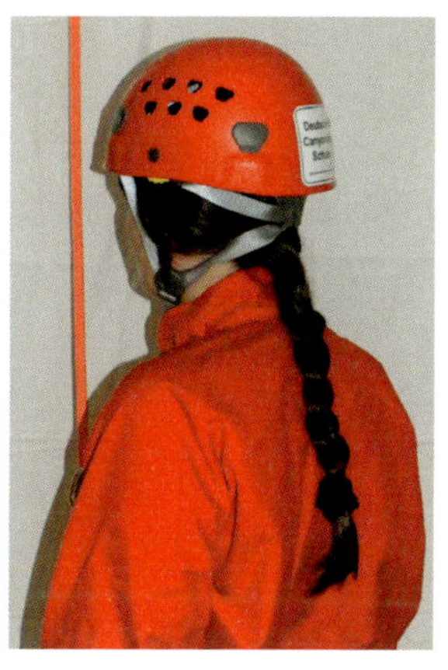

Oder man flechtet sie zu einem Zopf.

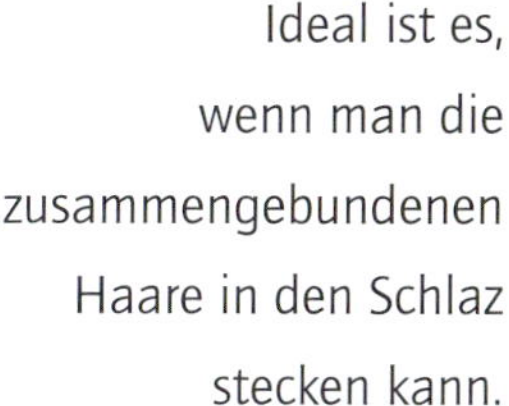

Ideal ist es, wenn man die zusammengebundenen Haare in den Schlaz stecken kann.

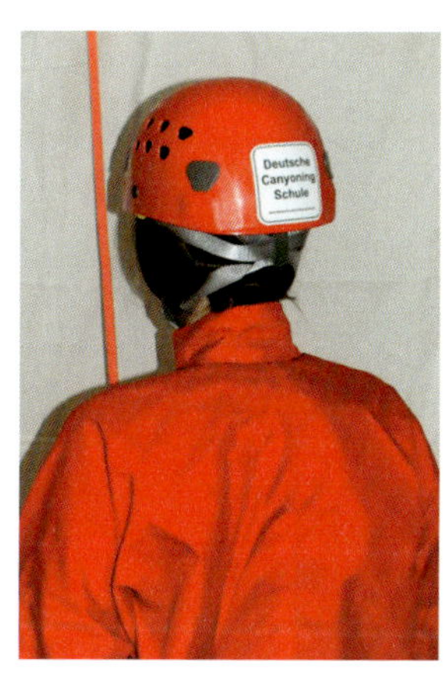

Sicheres Einlegen des Abseilachters bei der Alpinmethode

Die nachfolgenden Abbildungen sind aus der Sichtweise eines Rechtshänders gemacht. Das Seil befindet sich dabei rechts vom Körper. Für Linkshänder ist die Seilposition spiegelbildlich.

Wenn man den Abseilachter mit der Alpinmethode einlegen will, muss man den Abseilachter aus dem Karabiner nehmen (bei der Canyoningmethode ist dies nicht notwendig). Dabei kann man den Abseilachter auch verlieren. Mit der nachfolgend vorgestellten Methode kann dies verhindert werden.

Der Abseilachter wird dazu mit der großen Öse in den Karabiner am Gurt eingehängt (er kann auch schon standardmäßig in dieser Weise befestigt werden).

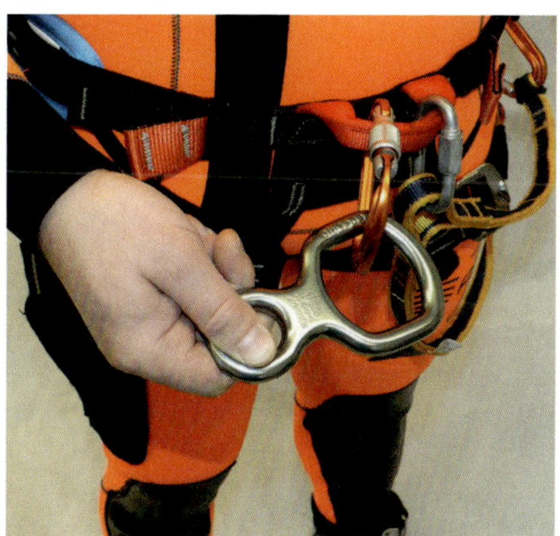

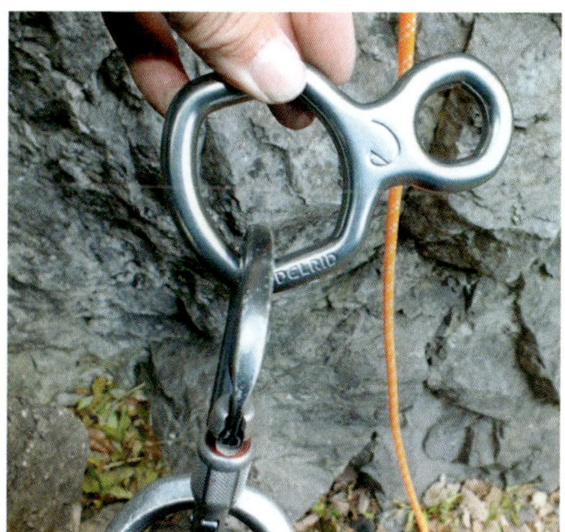

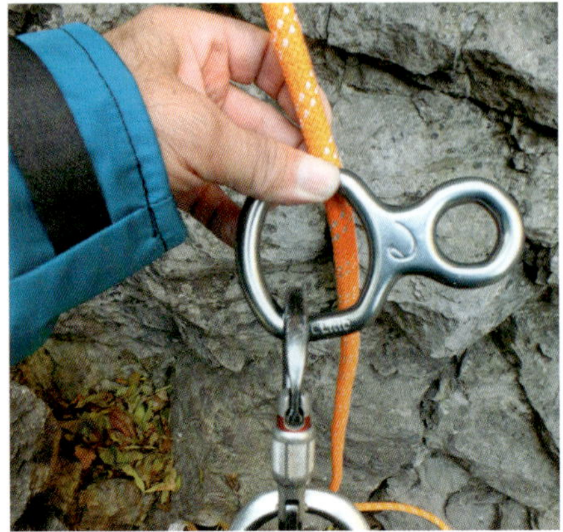

Nun wird das Seil um die kleine Öse des Abseilachters gelegt.

Dazu wird es zunächst von hinten in die große Öse des Abseilachters geführt.

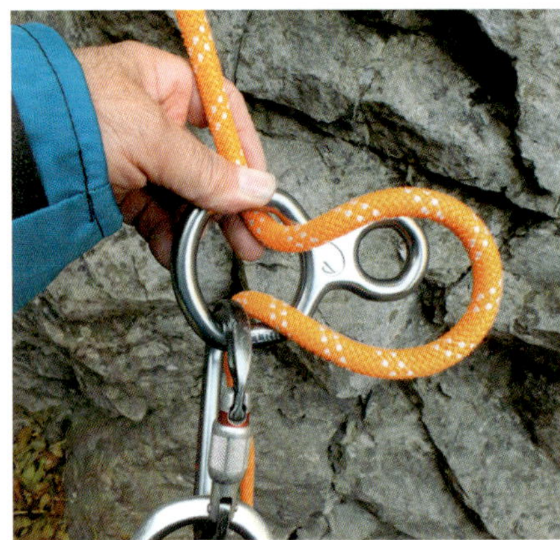

Dann wird eine Schlaufe gebildet.

Diese Schlaufe wird dann um die kleine Öse des Abseilachters gelegt.

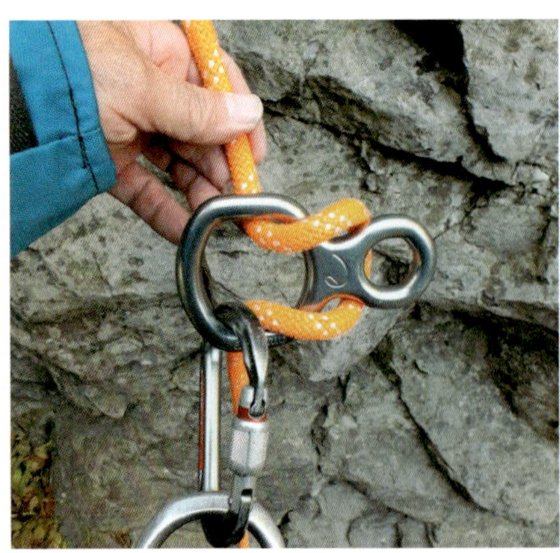

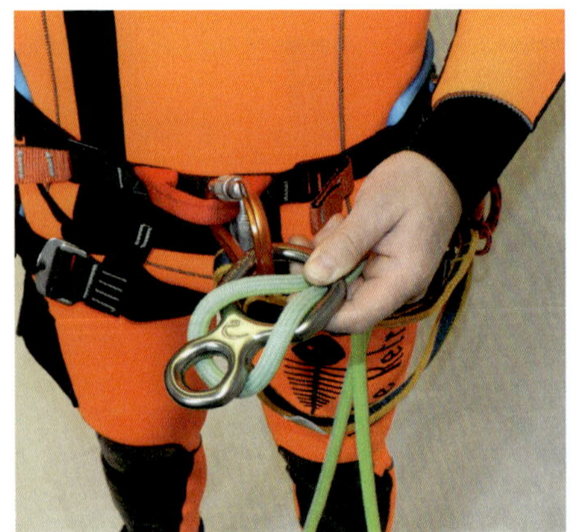

Der Abseilachter wird mit der kleinen Öse in den Karabiner am Gurt eingehängt. Wichtig dabei ist, dass der Seilsteg um die kleine Öse zum Gesicht der abseilenden Person zeigt.

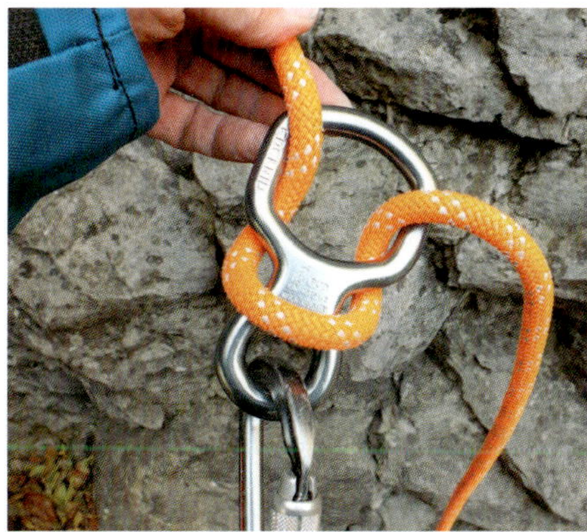

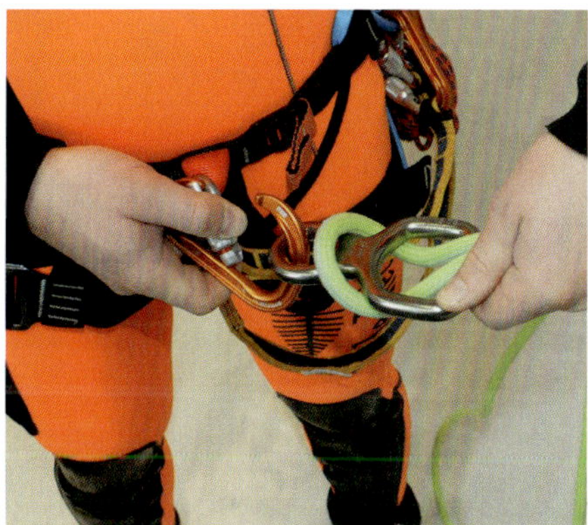

Warum ist diese Position des Seilstegs so wichtig? Wenn sich der Seilsteg unten befindet und man über eine Kante abseilt, kann es dazu führen, dass der Seilsteg an der Kante über die große Öse geschoben wird und sich ein sogenannter *Ankerstich* bildet. Dieser Ankerstich führt dazu, dass man sich selbst blockiert. In einem Wasserstrahl kann eine solche Blockierung tödlich sein. Die Gefahr einer Ankerstichbildung wird durch den Einsatz der „Canyoningmethode" beim Abseilen vermieden. Hier kann das Seil niemals umschlagen.

Bildung eines Ankerstichs an einer Kante

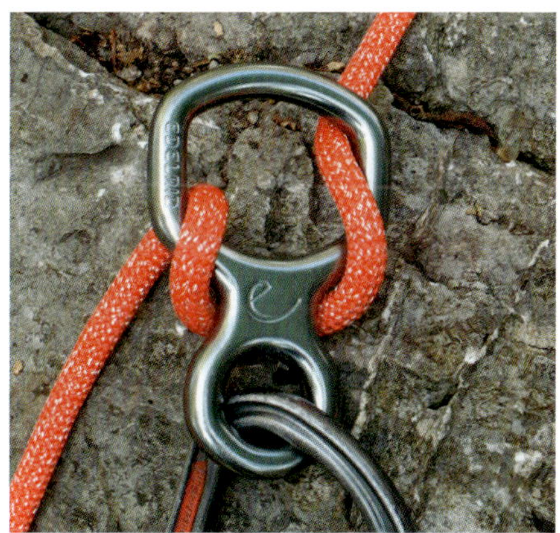

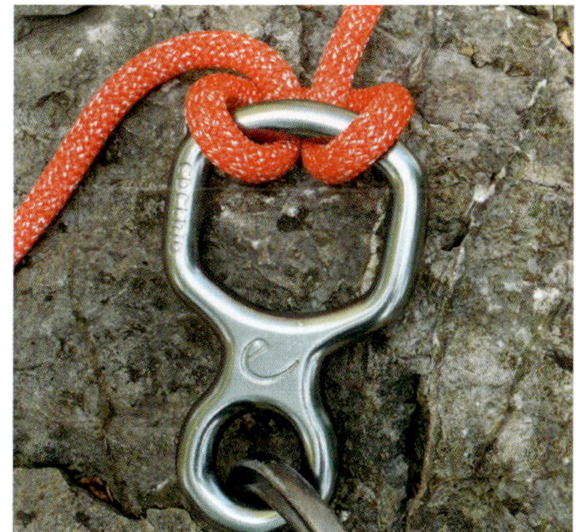

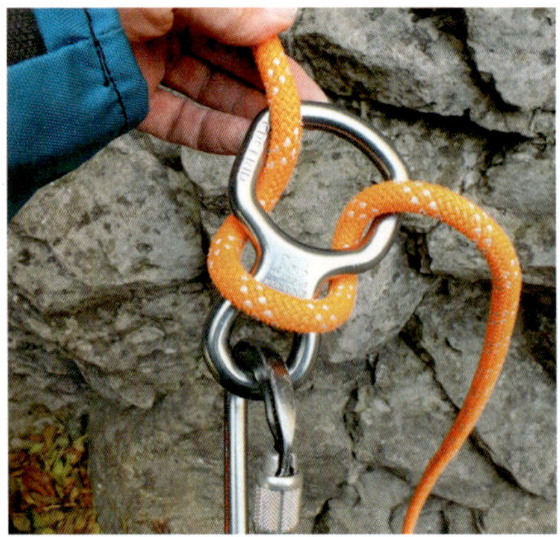

Zeigt der Seilsteg dagegen nach oben, so kann sich kein Ankerstich bilden. Der Abseilachter gleitet unbehelligt über die Kante.

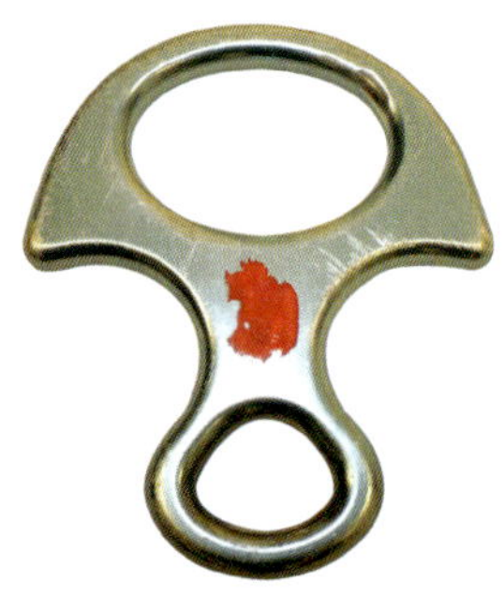

Auch Abseilachter mit „Ohren" schützen vor der Ankerstichbildung.

Sicheres Einhängen in das Seil

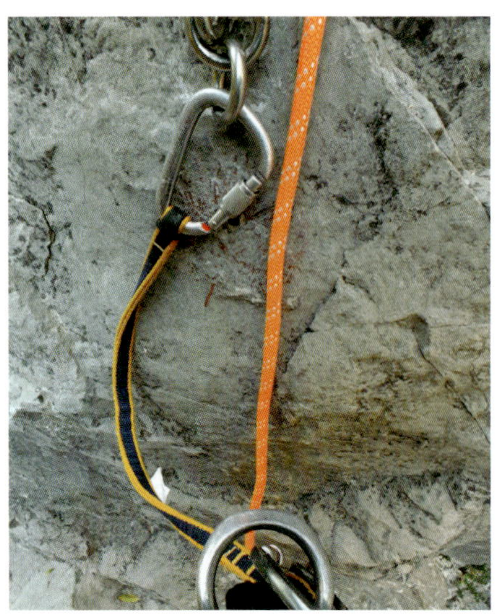

Wenn man sichergehen will, dass der Abseilachter richtig eingelegt ist und dies auch unter sicheren Bedingungen noch einmal überprüfen möchte, kann man folgendermaßen vorgehen: Zuerst hängt man (falls dies nicht sowieso schon geschehen ist) die lange Selbstsicherung am Abseilpunkt ein.

Danach wird die kurze Selbstsicherung in die lange Selbstsicherung eingehängt.

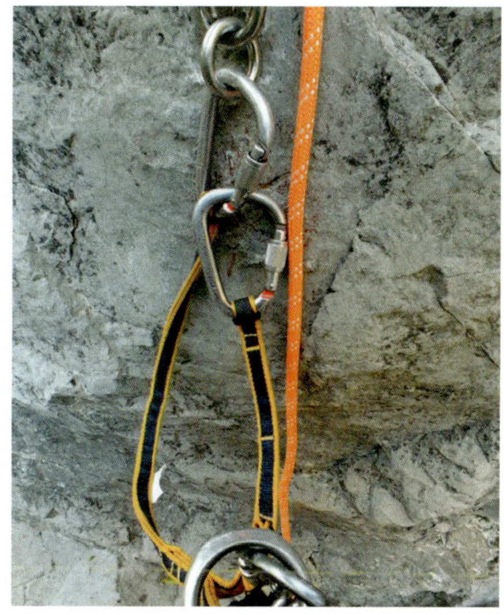

Nun wird der Anseilachter in das Seil eingelegt, man geht mit dem Bremsseil auf Zug.

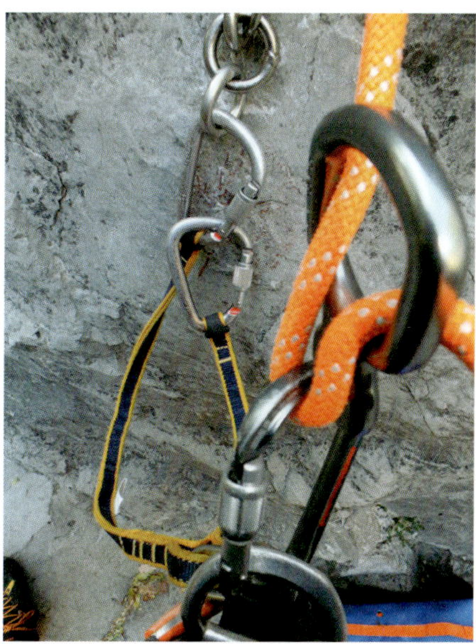

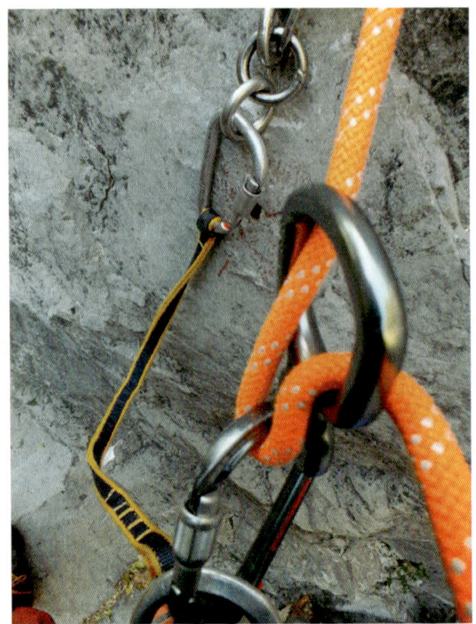

Die kurze Selbstsicherung wird ausgehängt. Man kann daraufhin testen, ob das Seil richtig in den Abseilachter eingelegt ist und dass dieser bremst. Sofern dies nicht der Fall sein sollte, ist man immer noch mit der langen Selbstsicherung gesichert und man kann unter Umständen den Abseilachter neu einlegen.

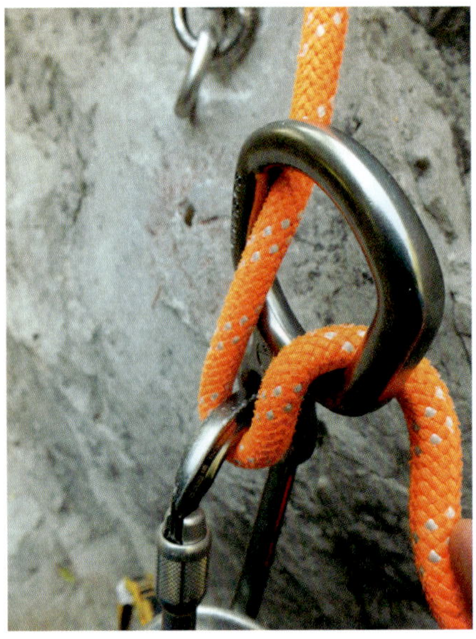

Wenn der Abseilachter getestet ist und richtig funktioniert, kann man die lange Sicherung aushängen und sich dann abseilen.

Das eigentliche Abseilen

Beim eigentlichen Abseilen sind folgende Punkte von Bedeutung: die Position des Seils, die Position der Hände, die Position der Füße und die Beachtung der Falllinie.

Position des Seils

Das Seil befindet sich beim Abseilen bei Rechtshändern rechts vom Körper, bei Linkshändern links vom Körper.

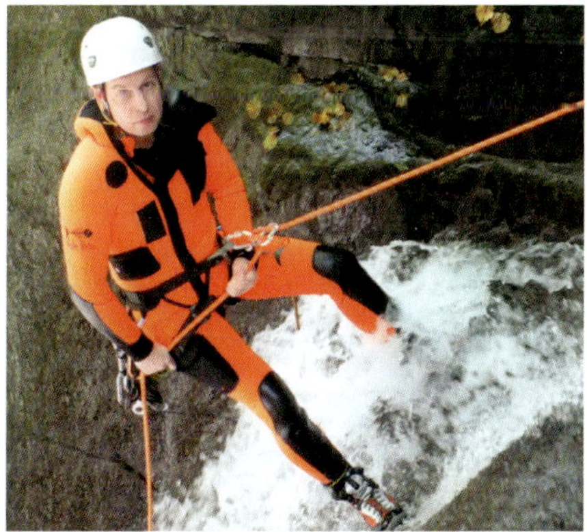

Seilposition bei Rechtshändern

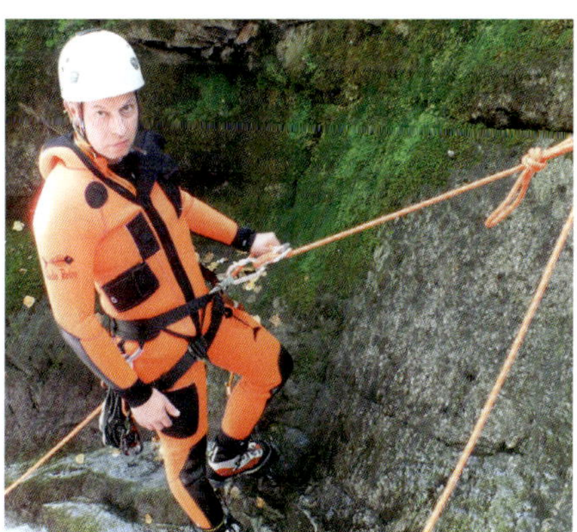

Seilposition bei Linkshändern

Position der Hände

Beide Hände befinden sich beim Abseilen UNTERHALB des Abseilgeräts. Eine Hand öffnet sich jeweils, die andere gibt dann Seil nach. So wird sichergestellt, dass immer eine Hand fix am Seil ist.

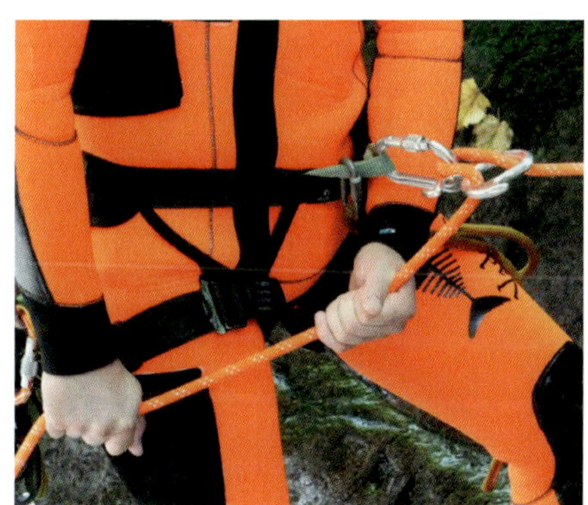

Oftmals sieht man folgende Position der Hände beim Abseilen:

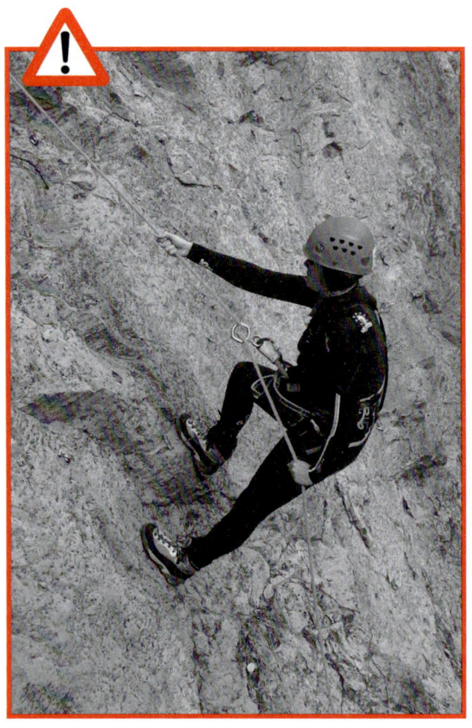

Die Position der oberen Hand ist dabei komplett unfunktionell, sie könnte das Seil auch loslassen. Würde bei dieser Position die untere Hand das Seil loslassen (durch einen Steinschlag, durch eine Verletzung der Hand, durch Unachtsamkeit, ...), würde keine Bremswirkung mehr bestehen.

Gelegentlich wird argumentiert, man bräuchte die Hand oberhalb des Abseilgeräts dazu, dass man sich stabilisiert. Dieses Argument greift jedoch nicht. Wenn man sich in der Falllinie befindet, ist das Seil völlig stabil. Befindet man sich nicht in der Falllinie, so sollte man sich schnellstens in die Falllinie begeben.

Die Position der Füße

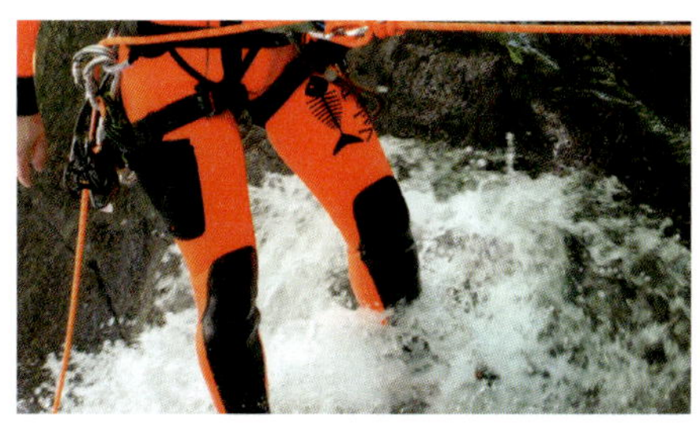

Beide Füße befinden sich in circa schulterbreitem Abstand. Die Fußsohlen liegen auf dem Fels auf, damit man optimalen Kontakt zum Fels hat.

In dieser Position geht man nun rückwärts, in circa 90 Grad zum Fels, bergab. Je glitschiger der Fels dabei ist, desto senkrechter müssen die Füße zum Fels stehen.

Das Abseilen erfolgt langsam und gleichmäßig. Beim „Durchrutschenlassen" (bekannt aus Actionfilmen) wird die benötigte Bremskraft mindestens verdoppelt. Beim Durchrutschenlassen treten zudem starke Belastungen an möglichen Kanten auf, auf denen das Seil aufliegt. Das Seil kann dadurch beschädigt werden.

Man folgt beim Abseilen immer der Falllinie (mit Ausnahme des Umlenkers, siehe Kap 6.6). Die Falllinie ist die direkte Linie vom Abseilpunkt, der Schwerkraft folgend, bis zur Erde (theoretisch bis zum Erdmittelpunkt). Man bewegt sich in der Falllinie rückwärts nach unten und blickt in die Richtung der Falllinie, um sich ein Bild von den nächsten Metern der Abseilstrecke machen zu können.

Versucht man, außerhalb der Falllinie abzuseilen, so ist dies anfänglich in der Regel noch möglich. Nach einiger Wegstrecke wird sich das Seil jedoch automatisch in die Falllinie einpendeln. Dies führt dann zu unkontrollierten Seilbewegungen. Zudem scheuert das Seil bei seiner Bewegung zurück in die Falllinie am Fels, was zu Beschädigungen führen kann (siehe Kap. 6.6).

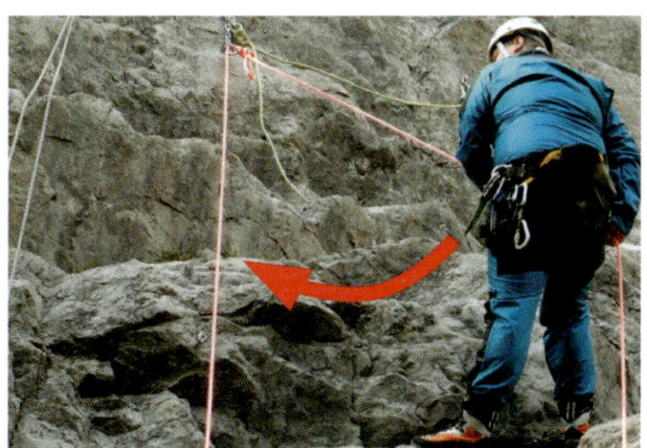

In der nebenstehenden Abbildung befindet sich das linke rote Seil in der Falllinie. Die Person seilt außerhalb der Falllinie ab. Dies wird dazu führen, dass sie in Richtung der Falllinie pendeln wird.

Sicherung von unten

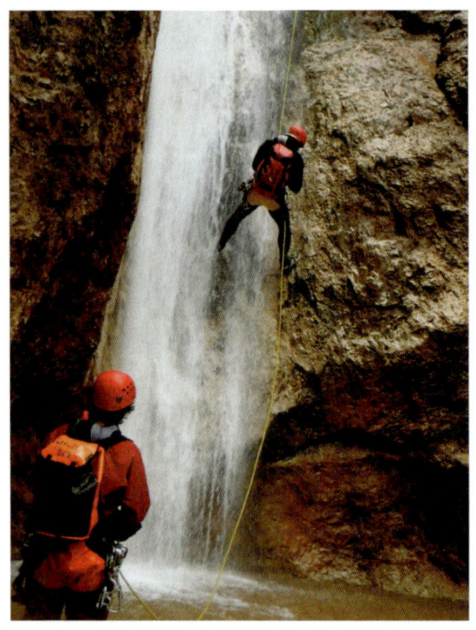

Wenn jemand noch nicht sehr geübt im Abseilen ist, kann man die Person passiv abseilen, man kann sie jedoch auch von unten sichern. Dazu stellt sich ein Helfer an das Ende der Abseilstelle (das geht natürlich nicht, wenn diese im tiefen Wasser endet) und zieht im Bedarfsfall am Seil.

Um die Bremswirkung im Abseilachter zu erhalten, spielt es keine Rolle, ob man das Bremsseil direkt unterhalb des Abseilachters nach unten zieht oder ob dies einige Meter weiter unten geschieht. Man muss, wenn man von unten sichert, nur noch die (bei halbstatischen Seilen sowieso geringe) Seildehnung ausgleichen.

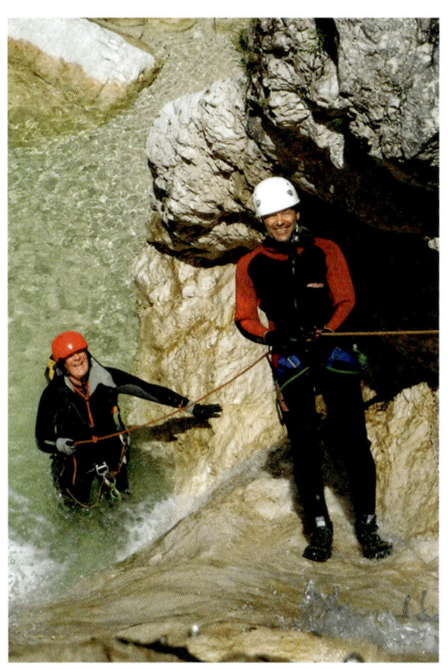

Die sichernde Person lässt das Seil im Normalfall sehr locker, das Seil ist dann ein Schlappseil, da sie ja sonst die sich abseilende Person bremsen würde. Nur im Notfall, wenn die sich abseilende Person die Kontrolle verlieren würde, zieht die sichernde Person am Seil.

Die Person, die sich abseilt, kann bei Zug von unten auch komplett das Seil loslassen, die sichernde Person kann sie dann auch quasi passiv von unten ablassen.

Zusätzliche Sicherung der aktiv abseilenden Person durch die unten stehende Person

Unterschiede zum Abseilen beim Klettern

Einige Unfälle beim Canyoning kamen dadurch zustande, dass die betroffenen Personen Abseiltechniken angewendet haben, die aus dem Klettern kamen, dort auch sehr sinnvoll sind, jedoch beim Canyoning zum Sicherheitsrisiko werden. Daher werden diese Unterschiede nachfolgend beschrieben.

Beim Klettern geht es darum, ein Durchrutschen am Seil zu verhindern. Die Maxime heißt: „Im Zweifelsfall eher am Seil blockiert sein, als durchzurutschen!" Beim Canyoning ist es anders. Wenn man in einem Wasserfall blockiert ist, ist dies lebensgefährlich. Daher heißt die Maxime beim Canyoning: „Alles vermeiden, was zu einer Blockade in strömendem Wasser führen könnte!"

Um die Maxime des Kletterns: „Im Zweifelsfall eher am Seil blockiert sein, als durchzurutschen", zu realisieren, benutzt man einen Kurzprusik unter dem Abseilachter und macht am Seilende einen Knoten in das Seil.

Der Prusik wird normalerweise in geöffnetem Zustand das Seil entlanggeschoben. Sollte man aus Versehen die Hand vom Seil nehmen, zieht sich dann der Prusik zu und man ist blockiert und kann nicht durchrutschen.

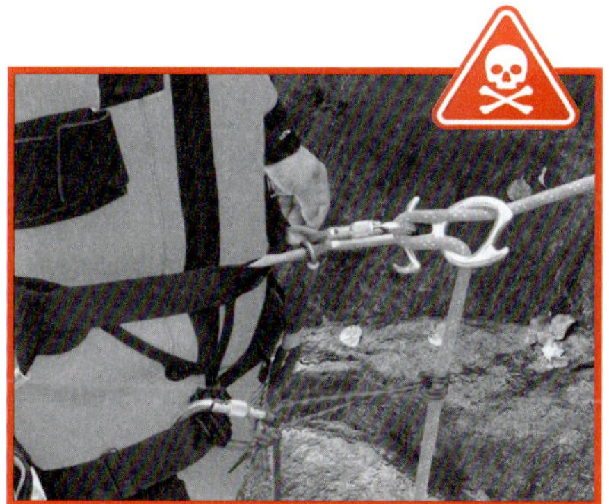

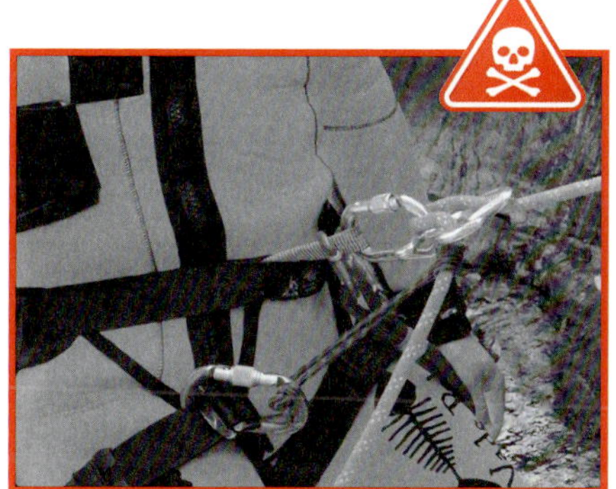

Beim Canyoning kann diese Sicherungsmethode tödlich sein, da sich die Reepschnur des Prusiks im Wasser sehr fest zuzieht und sich dann nicht mehr oder nur sehr schwer öffnen lässt. Das Öffnen eines festgezogenen Prusiks in einem Wasserstrahl ist nahezu unmöglich.

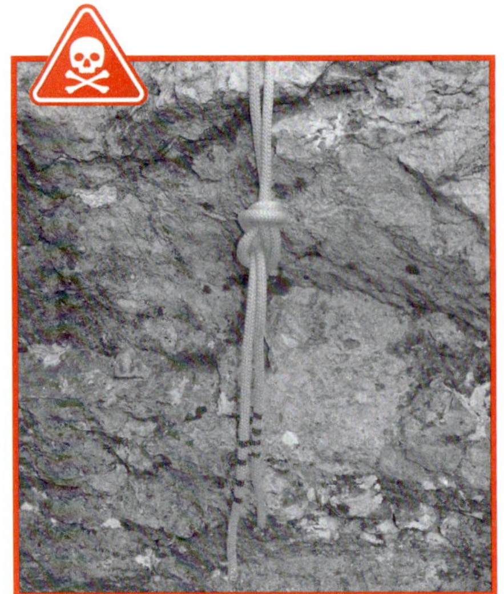

Beim Abseilen im Kletterbereich wird oft am Seilende ein Knoten gemacht. Dadurch wird verhindert, dass man am Ende des Seils versehentlich durchrutschen könnte. Der Knoten am Ende des Seils würde beim Canyoning dazu führen, dass man in einem Wasserstrahl blockiert wäre, dies ist jedoch mit allen Mitteln zu verhindern. Daher wird das Seil nicht am Ende zusammengeknotet.

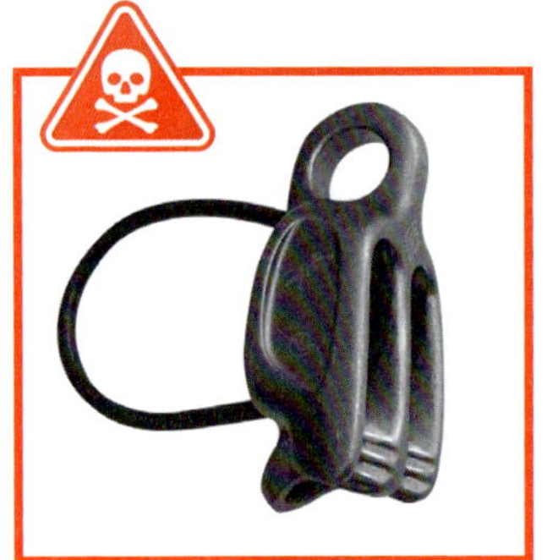

Beim Klettern wird oft ein „Tube" als Abseilgerät verwendet. Dieses ist für das Canyoning nicht geeignet, da ein nasses Seil im Tube zu viel Reibung erzeugt.

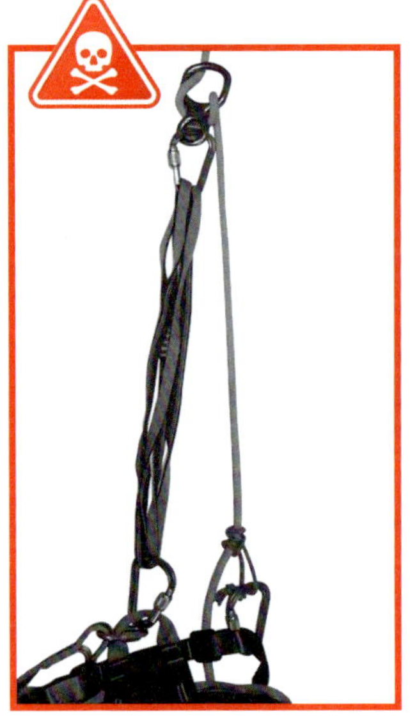

Um ein Festziehen des Prusiks oder gar ein Hineinziehen des Prusiks in das Abseilgerät zu verhindern, wird beim Abseilen beim Klettern oftmals die sogenannte *Schweizer Methode* verwendet. Hierbei wird das Abseilgerät nicht direkt in die Schlaufe am Gurt eingehängt, sondern in die Schlaufe am Gurt eine Bandschlinge eingelegt und das Abseilgerät an deren Ende befestigt. Diese Methode stellt sicher, dass der Prusik immer weit genug vom Abseilgerät entfernt ist und die Funktionsweise des Abseilgeräts nicht behindern kann. Die „Schweizer Methode" ist ein weiteres Beispiel für die Nichtübertragbarkeit von Klettertechniken auf das Canyoning. Würde man die „Schweizer Methode" beim Canyoning anwenden, wäre ein absichtliches Blockieren des Achters nicht möglich (der Achter ist zu weit weg).

Abseilen mit dem Rucksack?

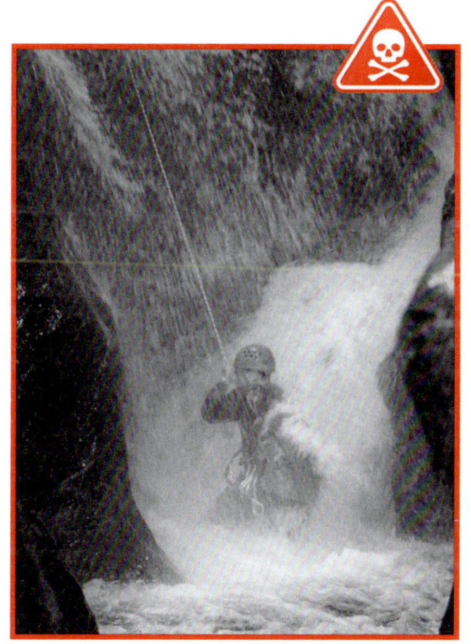

Was passiert mit dem Rucksack beim Abseilen? Beim Abseilen an einer trockenen Abseilstelle kann man getrost mit dem Rucksack abseilen. Sobald die Abseilstelle jedoch Wasser führt, seilt man generell nicht mit Rucksack ab. Diese Regel gilt umso mehr, je stärker der Wasserdruck ist. Der Rucksack bildet eine ideale Angriffsfläche für das herabstürzende Wasser. Dies führt zu einem erheblichen Druck auf den Schultern und kann die Bewegungsfreiheit empfindlich einschränken.

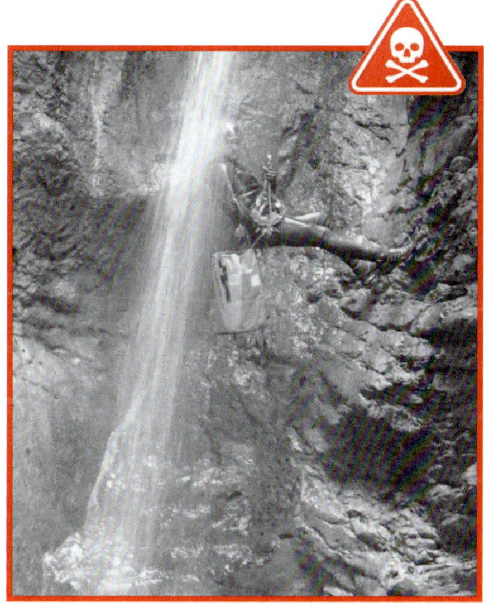

Noch kritischer ist es, wenn man beim Abseilen in einem Wasserstrahl das Seil aus dem Rucksack entnimmt.

An trockenen Abseilstellen ist es durchaus üblich, das Seil während des Abseilvorgangs aus dem Rucksack laufen zu lassen. Dabei bleibt der Rucksack entweder auf dem Rücken oder er wird am Gurt befestigt. Im Wasserstrahl darf diese Technik nicht angewendet werden.

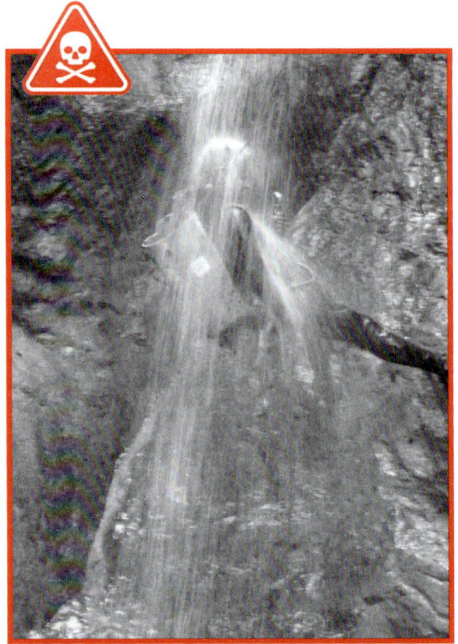

Denn dies führt zu einer sehr hohen Angriffsfläche für den Wasserstrahl, es kann auch zu einer Blockade im Wasserstrahl kommen, was unbedingt zu vermeiden ist.

Zudem wird man dann im Ankunftsbecken durch die Position des Rucksacks beim Ausschwimmen aus dem Becken behindert. Man verstößt zusätzlich noch gegen die Regel: „Kein loses Seil im Wasser!"

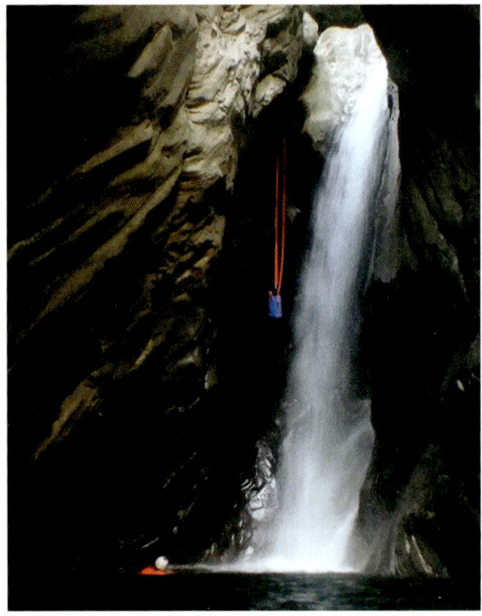

Wie bringt man stattdessen den Rucksack nach unten, wenn man im Wasserstrahl abseilt?

Falls es die Gegebenheiten erlauben, kann man die Rucksäcke einfach nach unten werfen. Dies setzt jedoch voraus, dass die Rucksäcke mitsamt Inhalt auch schwimmfähig sind und sich kein zerbrechlicher Inhalt in den Rucksäcken befindet. Man kann den Rucksack auch ganz oder teilweise am Seil ablassen.

Eine weitere, sehr sichere Möglichkeit ist das Ablassen der Rucksäcke am Toprope-Seil. Bei Anwendung der Standardprozedur wird routinemäßig eine Toprope-Verbindung zu den unten sich befindenden Personen erstellt. An diesem Seil kann man dann die Rucksäcke ablassen.

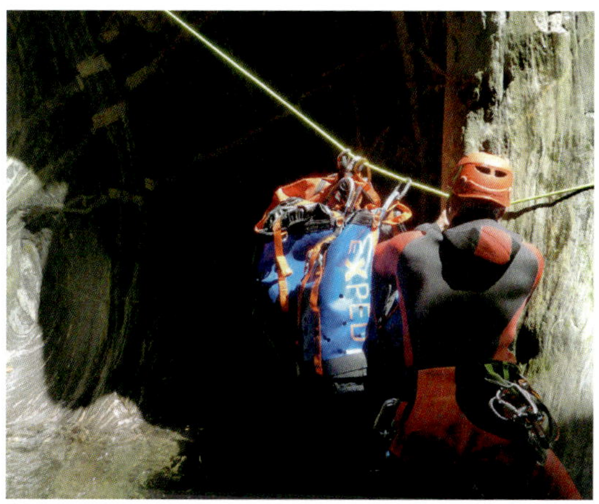

Abseilen am Doppelseil

An trockenen Abseilstellen kann auch am Doppelseil abgeseilt werden, da das Seil dann aufgrund der fehlenden Wassergefahr nicht über dem Wasser abgelängt werden muss. Wird ein einziges Seil als Doppelseil verwendet, so wird es einfach durch die Öse des Ankerpunkts geführt. Es muss dann nicht fixiert werden. Auch hier kann man wieder die Alpin- oder die Canyoningmethode anwenden.

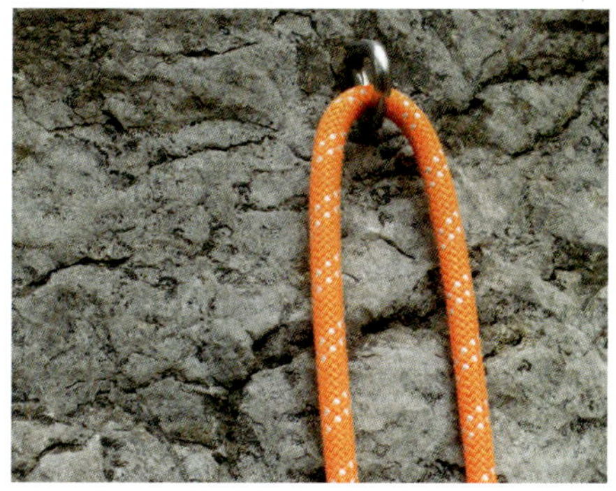

Alpinmethode am Doppelseil

Es ist auch hier darauf zu achten, dass der Seilsteg nach oben zeigt. Da man mit dem Doppelseil schon deutlich mehr Reibung im Abseilachter hat, als dies am Einfachseil der Fall ist, wird man die Alpinmethode mit dem Doppelseil nur in seltenen Fällen anwenden, da diese eine noch größere Reibung erzeugt.

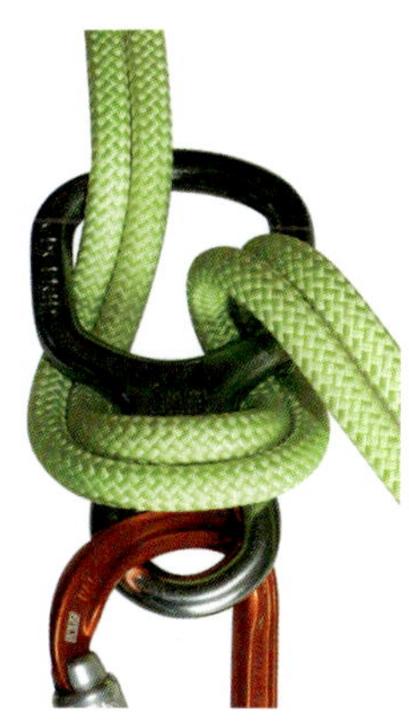

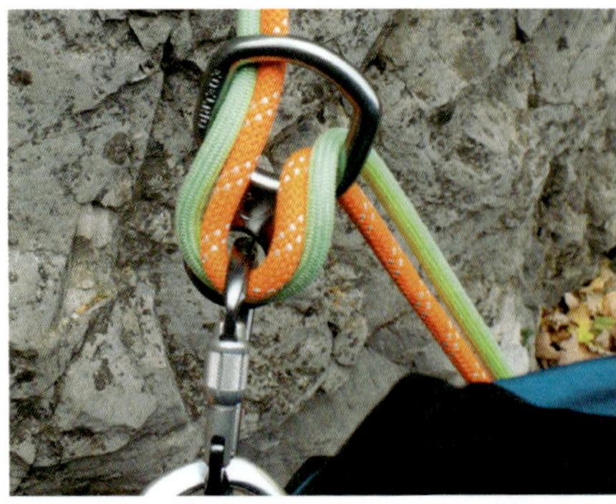

Canyoningmethode am Doppelseil

In der Regel wird man am Doppelseil mit der Canyoningmethode abseilen.

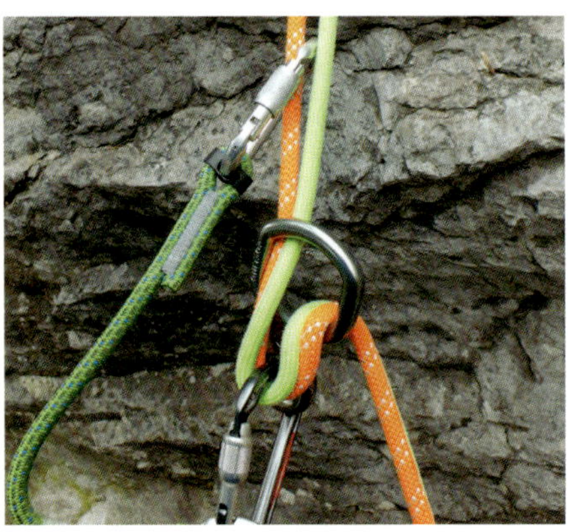

Wenn man am Doppelseil abseilt, kann es sein, dass sich die beiden Seilstränge übereinanderlegen und den Seilverlauf unübersichtlich machen. Zudem erschweren übereinanderliegende Seilstränge das Abziehen des Seils oder machen dies sogar unmöglich. Daher ist es hilfreich, zwischen die Seilstränge eine Selbstsicherung einzuhängen. Diese sorgt dann für einen saubereren Verlauf der Seilstränge. Außerdem kann sie als Markierung dafür dienen, an welchem Seil man ziehen muss, wenn man zwei Seile verwendet.

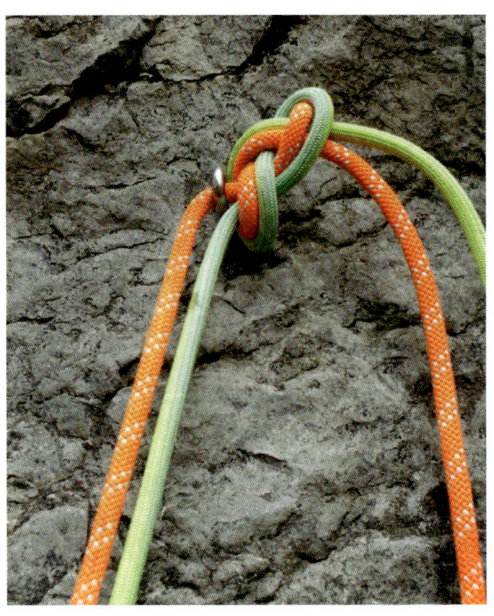

Kommt ihr an eine trockene Abseilstelle, die höher ist als die Hälfte eures längsten Seils, so müsst ihr zwei Seile verbinden, von denen jedes mindestens bis auf den Boden der Abseilstelle reichen muss. Dafür werden zwei Seile zusammengeknotet. Bei gleichem oder annähernd gleichem Seildurchmesser erfolgt dies mit einem Achterknoten. Bei unterschiedlichen Seildurchmessern verwendet man einen doppelten Spierenstich (siehe Kap. 6.1).

Beim Abziehen ist natürlich darauf zu achten, dass man am richtigen Seil zieht. Wenn man am falschen Seil zieht, zieht man den Knoten in die Öse des Abseilpunkts. Das kann dazu führen, dass sich der Knoten in der Öse verkeilt und sich das Seil auch dann nicht mehr abziehen lässt, wenn man am richtigen Seil zieht.

Daher empfiehlt es sich, wie oben beschrieben, eine Selbstsicherung in das Seil einzuhängen, an dem man die Seile später abziehen wird.

Das Seil verschieben beim Abseilen am Doppelseil

Wenn das Doppelseil im Verlauf der Abseilstelle auf dem Fels oder auf Kanten aufliegt, ist es günstig, es zu verschieben, damit sich die Auflagefläche des Seils ändert. Die einfachste, jedoch ineffizienteste Methode besteht darin, dass man das Seil nach jeder Person, die abgeseilt hat, etwas verschiebt. Während des Abseilens bleibt das Seil dann jedoch an einer Stelle.

Um das Doppelseil auch während des Abseilens verschieben zu können, gibt es zwei Methoden: die Langprusikmethode und die Verwendung eines Halbmastwurfknotens.

Langprusikmethode

Bei dieser Methode legt die oben am Abseilpunkt stehende Person den Langprusik über das Doppelseil und bindet ihn am Abseilpunkt mit einem Halbmastwurfknoten in einen Karabiner ein. Das Doppelseil wird ein Stück hochgezogen, dann lässt man den Prusik greifen. Durch das langsame Nachlassen mit dem Langprusik über den Halbmastwurfknoten kann man nun die Auflagefläche des Seils verschieben, während die andere Person abseilt.

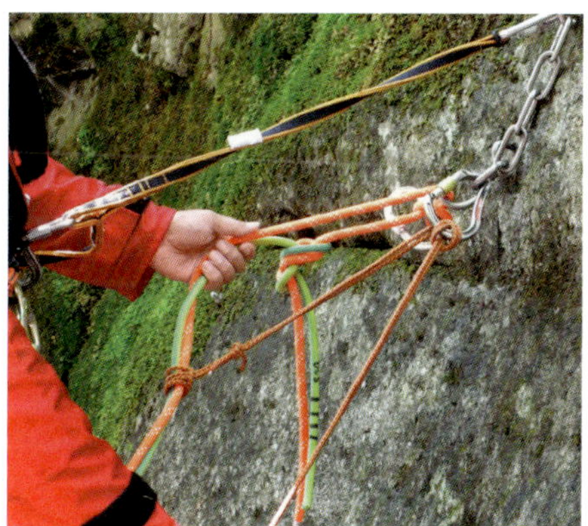

Nach jeder Person, die sich abgeseilt hat, zieht man das Seil wieder hoch und verschiebt den Prusik so, dass man wieder Schlappseil hat, das man erneut nachlassen kann.

Man kann die Auflagefläche des Doppelseils auch dadurch verschiebbar machen, wenn man das Doppelseil mit einem Halbmastwurfknoten in einen Karabiner legt und das Seil dann über diesen Halbmastwurfknoten nachlässt. Dafür empfiehlt sich ein Karabiner mit einer besonders großen Öffnung, da das Seilhandling bei dieser Methode ziemlich schwierig ist.

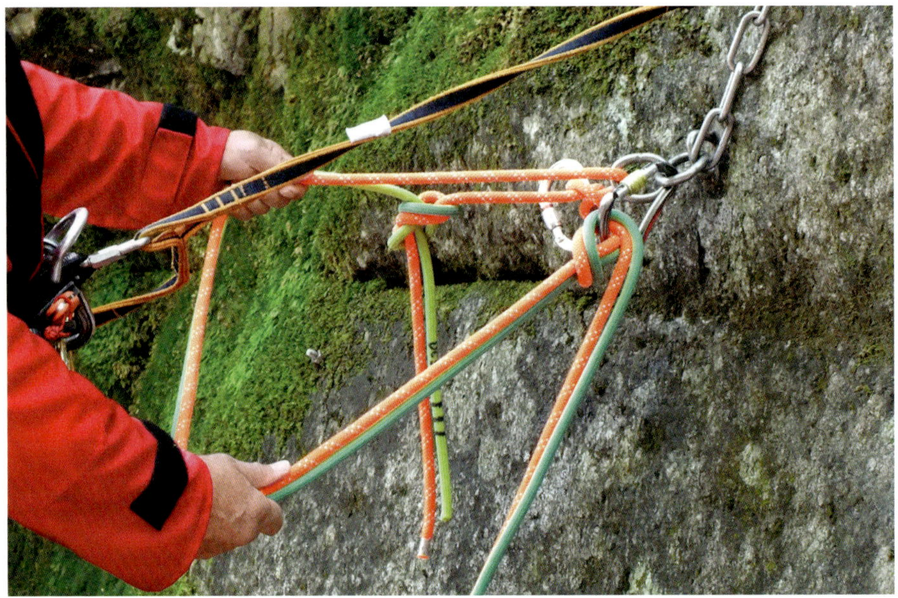

An Abseilstellen, die trocken sind und keine Wassergefahr besteht, kann man auch am Doppelseil abseilen. Sobald jedoch Wassergefahr besteht, ist diese Methode definitiv nicht geeignet. Ein Doppelseil ist nicht ablängbar, daher würde sich immer Restseil im Becken befinden. Dieses wäre sehr gefährlich, da man sich in ihm verheddern könnte.

4.6 NATURSCHUTZ BEI DER BEGEHUNG VON CANYONS

Kaum irgendwo können wir Natur so unmittelbar und ursprünglich erleben wie in einer Schlucht – fernab von Straßen, Wanderwegen, Zivilisationslärm und -müll. Entsprechend groß ist unsere Verantwortung, alles dafür zu tun, dass diese Orte, an die sich nur wenige Menschen verirren, ihren Zauber behalten. Es ist die Pflicht eines jeden verantwortungsvollen Canyonauten, das ökologische Gleichgewicht möglichst wenig zu stören und sich als Gast in der Wunderwelt der Schluchten zu bewegen.

Die gute Nachricht ist: Canyoning zählt zu den Sportarten, die am wenigsten in die Natur eingreifen. Und wenn wir uns an einige wesentliche Regeln halten, haben wir alle im Einklang mit der Natur nachhaltig Freude an unserem Sport.

Bewertung der ökologischen Auswirkungen

Bei der Beurteilung der ökologischen Auswirkungen des Canyonings müssen wir prinzipiell zwischen zwei Arten von Schluchten unterscheiden: solche, in denen es geschiebeführende Hochwasser gibt (das ist mit Abstand die Mehrzahl) und solche, in denen es diese nicht gibt.

Schluchten, in denen geschiebeführende Hochwasser vorkommen, werden von den Hochwassern in regelmäßigen Abständen „durchgespült" und zwar mit einer Macht, gegen die jede Begehung durch Menschen vernachlässigbar ist. In den Bachläufen entwickelt sich daher wenig bis keine empfindliche Fauna; häufig sind die Bäche ohne Fischbestand – hier ist Canyoning aus Naturschutzgesichtspunkten unbedenklich bzw. nicht invasiver als eine Wanderung im Wald.

Anders verhält es sich bei Schluchten, in denen solche Hochwasser nicht vorkommen und bei Schluchten, die Fischbestände haben. In Schluchten, in denen keine geschiebeführenden Hochwasser vorkommen, ist durch Canyoning eine Schädigung der Vegetation, besonders der Moose, sowie eine Schädigung der Kleintierfauna zu erwarten.

Schluchten mit Fischbeständen, insbesondere der gefährdeten Arten Koppe und Bachforelle, dürfen zur Laichzeit dieser Fische nicht begangen werden. Die Laichzeit ist für die Koppe von Januar bis Mai und für die Bachforelle von Oktober bis März.

Verhaltensregeln bei der Begehung von Schluchten

Um die Natur bei der Begehung von Schluchten möglichst wenig zu beeinträchtigen, sollten folgende Verhaltensregeln eingehalten werden:

- Schluchten mit stark ausgeprägtem Moosbewuchs im Gewässer und an Wasserfällen sollen generell nicht begangen werden.
- Eventuell vorhandene Sperrzeiten bestimmter Schluchten zur Brut- und Laichzeit von Vögeln oder Fischen sind zu respektieren.
- Mit Pflanzen und Tieren sollte möglichst schonend umgegangen werden.
- Unnötiger Lärm ist zu vermeiden.
- Bei Zu- und Ausstiegsstellen sollen, so weit möglich, vorhandene Fahr- und Wanderwege benutzt werden.
- So weit möglich, sollte das Gewässer nicht verlassen werden, da die Uferbereiche in der Regel trittempfindlicher sind.
- Beim Gehen sollten möglichst wenige Steine bewegt werden.
- An Rutschstellen sollten alle Teilnehmer die gleiche „Route" benutzen.
- Beim Abseilen hinter Wasserfällen sollte auf eventuell vorhandene Wasseramselnester (etwa handballgroße Mooskugeln) geachtet werden.
- Nester von Wasseramseln an Schluchtwänden sind im Frühsommer (bis circa Mitte Juli) möglichst zu meiden. Die Umgebung dieser Nester sollte möglichst schnell verlassen werden.
- Bei Umgehungen außerhalb von Wasserflächen sollten alle Gruppenmitglieder grundsätzlich die gleiche Route benutzen. Dies gilt auch für Abseilstellen.

Darüber hinaus sind sicher folgende Verhaltensregeln sinnvoll, die eigentlich selbstverständlich sein sollten:

- Landwirtschaftliche Zufahrtswege nicht blockieren.
- Rücksicht auf die Einheimischen nehmen.
- Abfälle und Essensreste wieder mit aus dem Canyon nehmen.
- Keine unnötigen Sicherungen anbringen.
- Privatgelände umgehen oder die Erlaubnis zum Durchqueren beim Besitzer einholen.
- Die Notdurft nicht im Canyon verrichten.
- Kein Feuer machen.
- Keine Blumen und Pilze pflücken.

Fauna

Ein Canyon stellt durch seine Abgeschiedenheit und schwere Zugänglichkeit oft ein Rückzugsgebiet für Tiere dar. In Canyons finden sich hauptsächlich Insekten, Vögel, Fische, Amphibien und gelegentlich auch Schlangen.

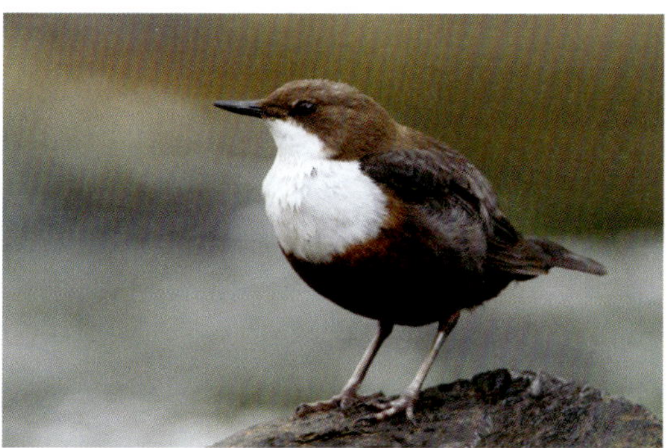

Wasseramsel

Eine Schlange wird immer flüchten, wenn sich Menschen nähern, die Gefahr, die von Schlangen ausgeht, wird (zumindest in Mitteleuropa) sehr oft überbewertet.

Von den Schlangenarten stellt wohl nur die Aspisviper eine mögliche Gefahr dar. Es dürfte jedoch die absolute Ausnahme sein, wenn man sie auch nur zu Gesicht bekommt.

Eine wesentlich größere Gefahr geht von Zecken aus. Viele Canyongebiete liegen in zeckengefährdeten Gebieten. Besonders beim Zustieg zum Canyon, bei dem man oft noch keinen Neoprenanzug trägt, streift man häufig an Pflanzen vorbei, auf denen sich Zecken befinden können.

Um der Gefahr durch Zeckenbiss vorzubeugen, kann eine Impfung helfen, die natürlich auch ihre Risiken hat. Die Sinnhaftigkeit einer Impfung sollte daher mit dem Arzt diskutiert werden. Ein Zeckenspray leistet gute Dienste zur Prävention. Letztendlich kommt man aber nicht darum herum, am Einstieg zu prüfen, ob sich eine Zecke festgesetzt hat. Diese kann dann effizient mit einer Zeckenkarte, die sich in der Notfallausrüstung befindet, entfernt werden.

Flora

In Canyons finden sich die unterschiedlichsten Pflanzen, besonders natürlich im Zustieg, aber auch in der eigentlichen Schlucht, sofern sie nicht nur aus blankem Fels besteht. Auf die Schonung des Moosbewuchses wurde oben schon hingewiesen. Besonders in Wüstengebieten stellt die Vegetation in den Canyons oftmals einen beeindruckenden Kontrast zur Kargheit der sonstigen Landschaft dar.

Zustieg und Ausstieg

Bewegen wir uns im steinigen Bachlauf, so ist unser Fußabdruck im wahrsten Sinne des Wortes kaum zu vermerken – und es sind ja auch gerade die felsigen, geschiebeführenden Schluchten mit ihren glatt geschliffenen Felsen, die unsere Sportart so attraktiv machen. Kein Canyonaut wird freiwillig in eine zugemooste oder veralgte Schlucht gehen, wenn alternativ eine Felsenschlucht lockt.

Nicht zuletzt dieser Umstand ist es, der dem Canyoning eine vergleichsweise geringe ökologische Belastung attestiert. Doch auch in die schönste, felsigste Schlucht müssen wir zunächst einmal hineinkommen – und am Ende auch wieder hinaus. Und in aller Regel gibt es keine wirklichen Wege, die in eine Schlucht führen.

Trampelpfade durch den Wald, wilde Abseilstellen von Bäumen, Lagerplätze mit Müll und vieles mehr säumen deshalb häufig die Zu- und Ausstiege aus den Schuchten. Ihr ahnt es schon: Den schlimmeren ökologischen Schaden richten wir nicht in der Schlucht selbst an, sondern durch Unachtsamkeit und mangelnden Respekt der Natur gegenüber bei den Zu- und Ausstiegen.

Hier liegt es in der Verantwortung von jedem Einzelnen von uns, durch rücksichtsvolles und umsichtiges Wandern, Klettern und Abseilen keinen Schaden in der Natur anzurichten und zur Akzeptanz unseres Sports beizutragen.

Und selbstverständlich gilt: Wann immer wir Müll in einer Schlucht finden, sollte es nicht zu viel verlangt sein, diesen in unserem Rucksack mit ins Tal zu nehmen!

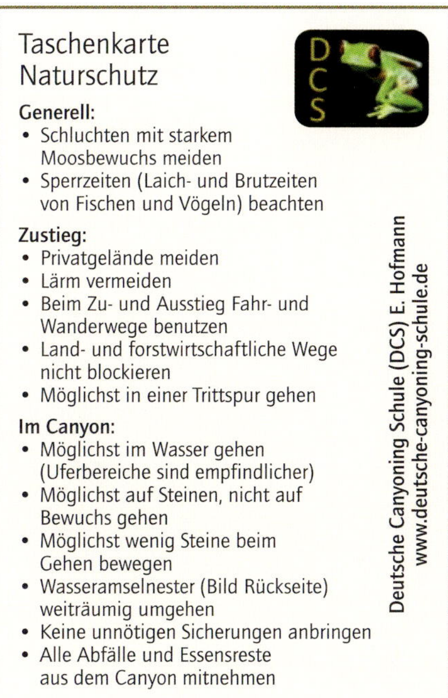

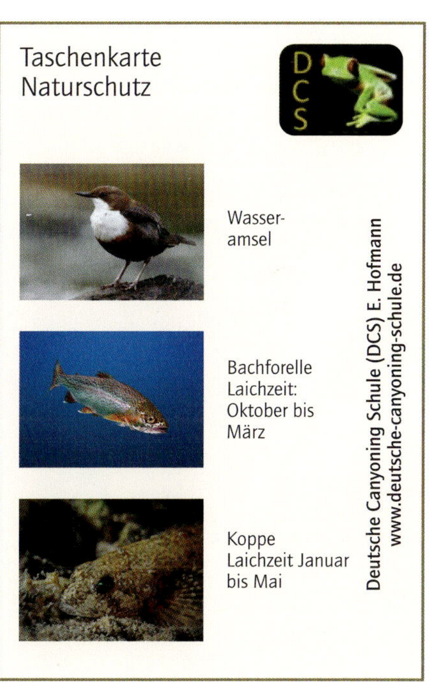

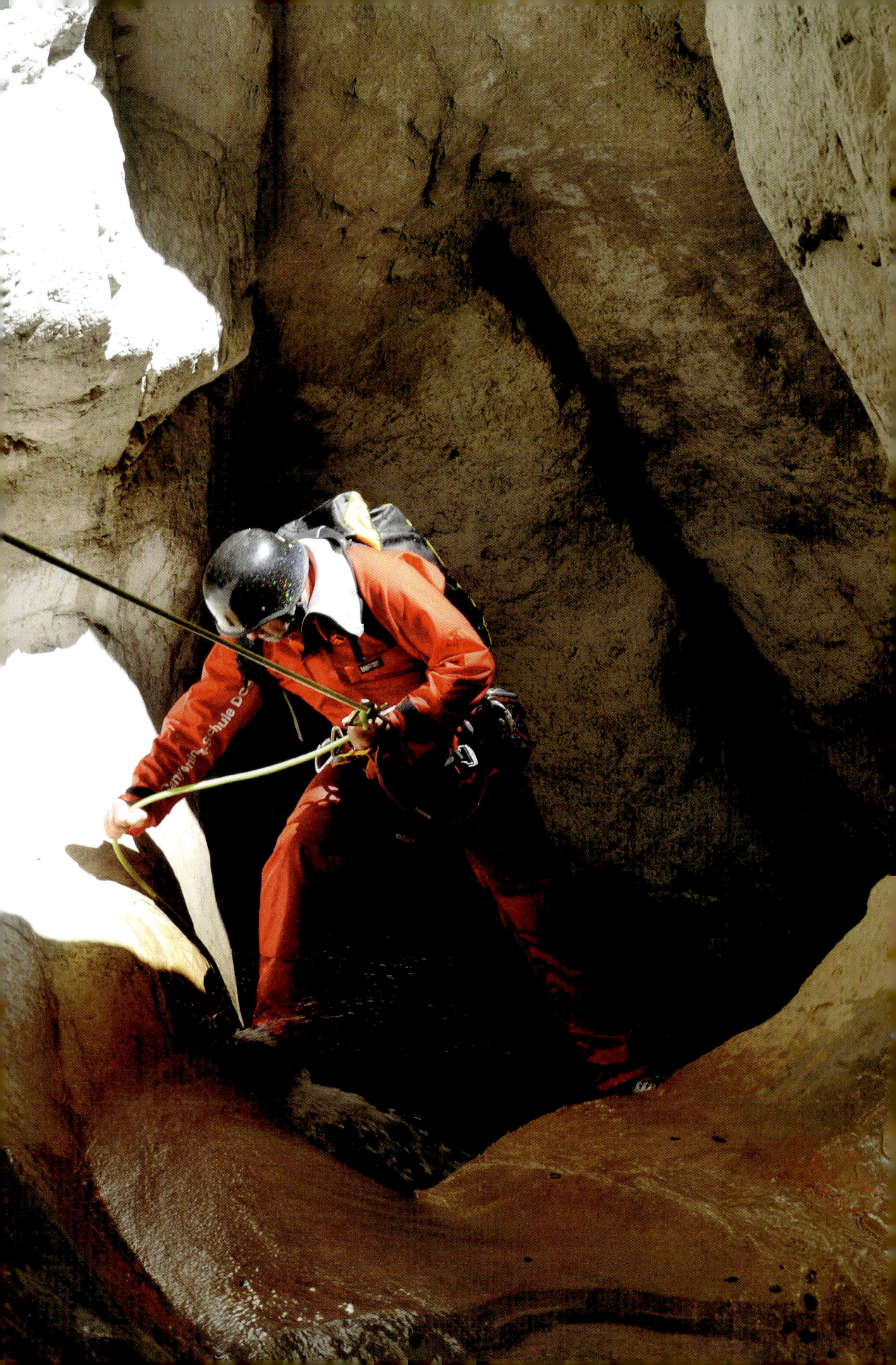

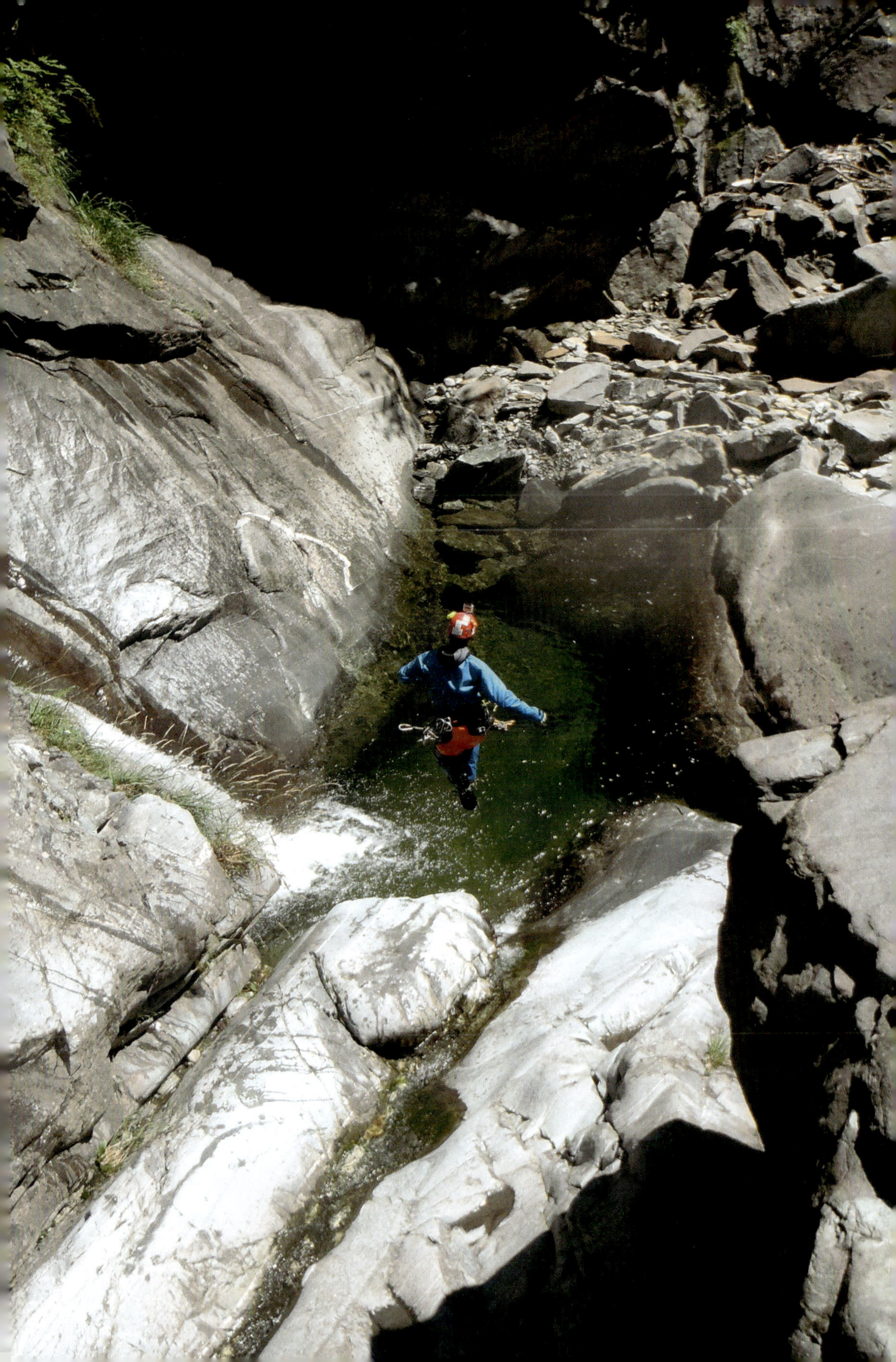

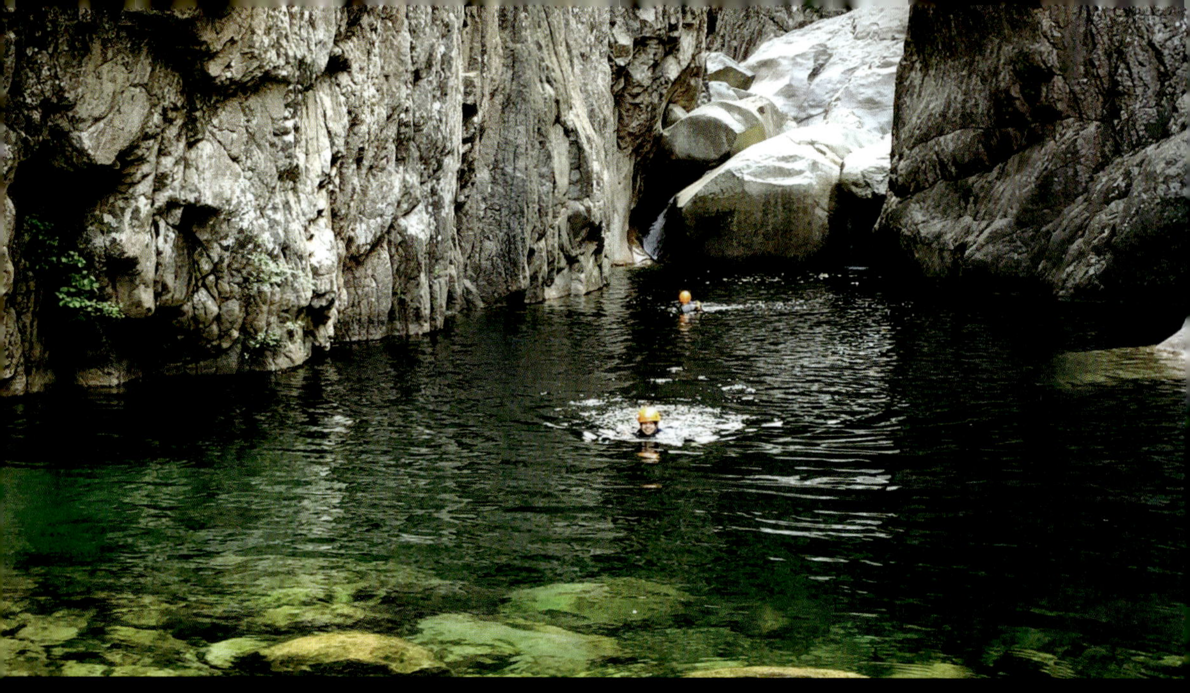

5 KOMMUNIKATION IM CANYON

Wer einmal versucht hat, einen tosenden Wasserfall zu überschreien, merkt schnell: Im Canyon ist eine normale verbale Kommunikation in der Regel schwierig oder sogar unmöglich. Durch das Gelände bedingt, zieht sich eine Gruppe schnell auseinander. Zusätzlich verhindert der Lärm des fließenden Wassers auch schon auf relativ kurze Distanz eine verbale Kommunikation, daher muss man zu nonverbalen, visuellen Hilfsmitteln greifen.

Eine reibungslose, eindeutige Kommunikation mit klaren Regeln ist Voraussetzung für eine erfolgreiche Canyoningtour, insbesondere für die korrekte Ausführung der Seiltechniken, die im nächsten Kapitel beschrieben sind.

Generell gilt, dass im Canyon nur positive Zeichen („Hierhin springen") und keine „Nicht-Zeichen" („Hierhin nicht springen") gegeben werden. Ein Nicht-Zeichen wird oft falsch interpretiert. Stattdessen dient ein positives Zeichen (z. B. „Hier ist ein Stein") dazu, klar zu kommunizieren. Die Zeichen sind vor jeder Tour im Briefing (siehe Kap. 9) durchzusprechen, insbesondere dann, wenn die Tourmitglieder international zusammengesetzt sind oder sich noch nicht gut kennen.

Die nachfolgenden Zeichen werden in aller Regel ausreichen, um die relevante Kommunikation sicherzustellen. Anstelle der eingeschränkten oder unmöglichen verbalen Kommunikation im Canyon treten visuelle Signale, Pfeifsignale und technische Hilfsmittel.

5.1 VISUELLE ZEICHEN

Es gibt eine Reihe visueller Signale, die sich im Canyoning eingebürgert haben.

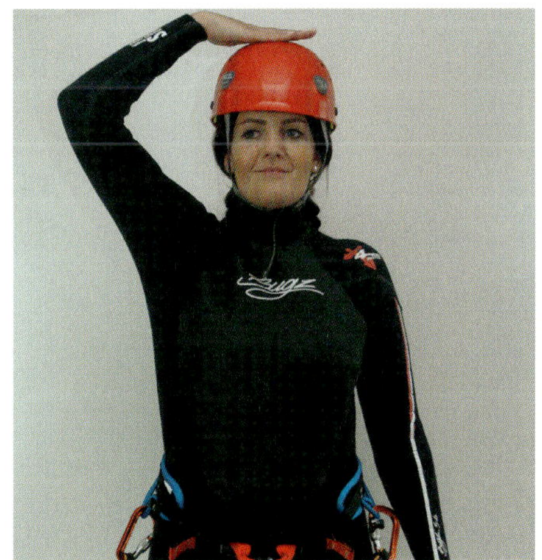

Zeichen: „Okay" oder: „Es geht."

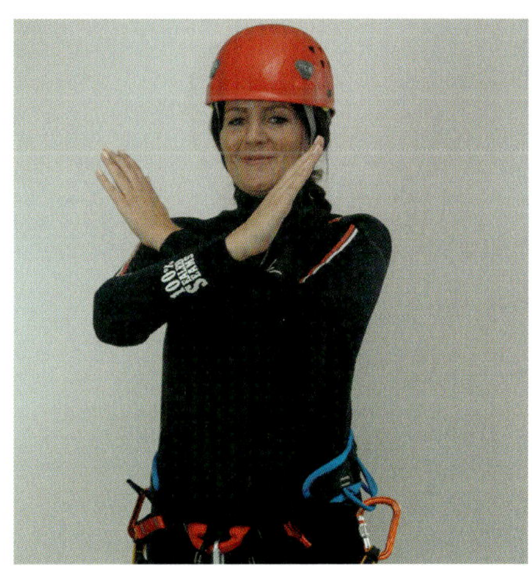

„Stopp" oder: „Es geht nicht."

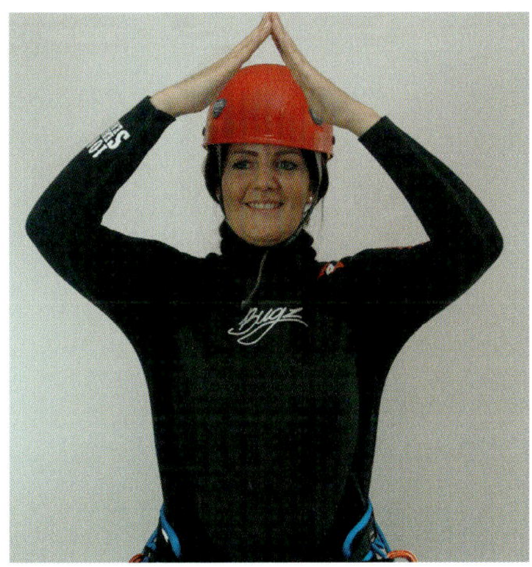

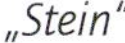

„Stein"

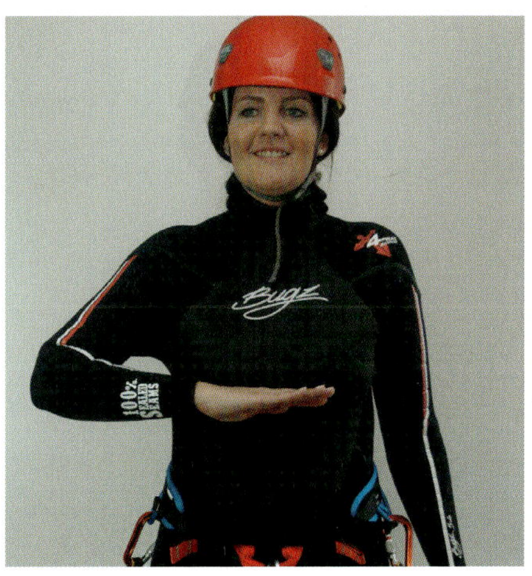

„So tief ist das Wasser."

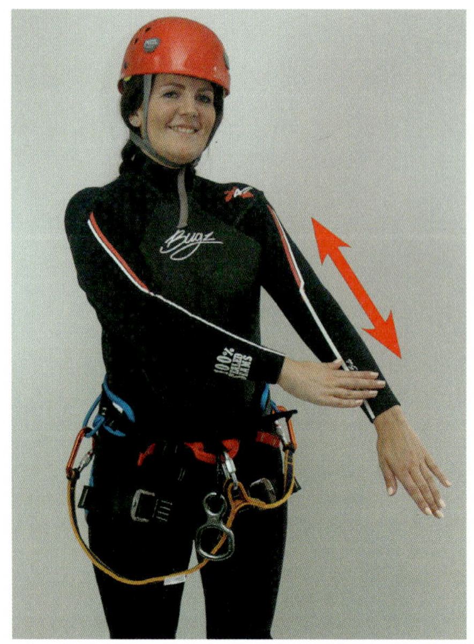

„Vorsichtig, rutschig!"

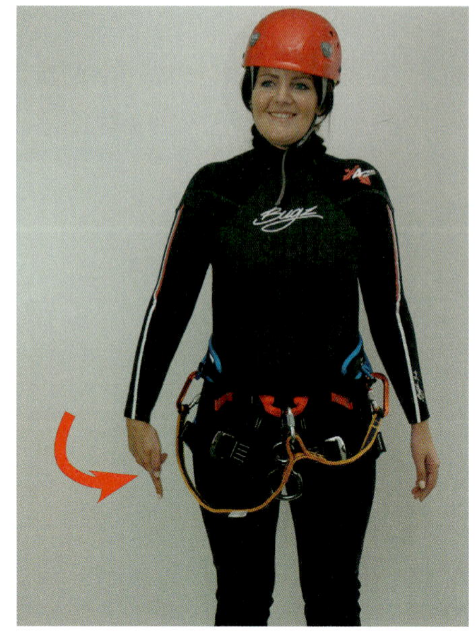

„Seil ausgeben!"

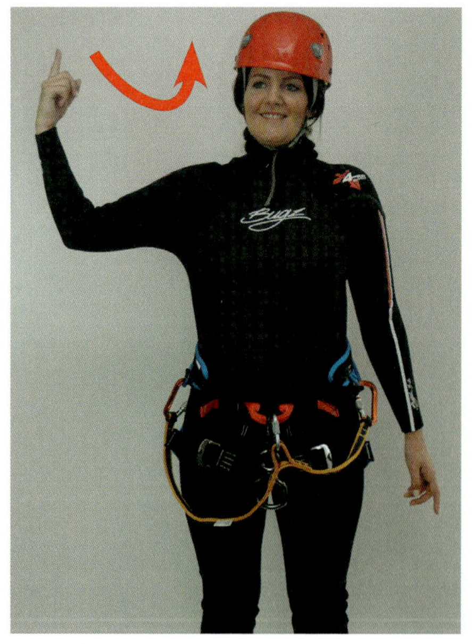

„Seil einziehen!"

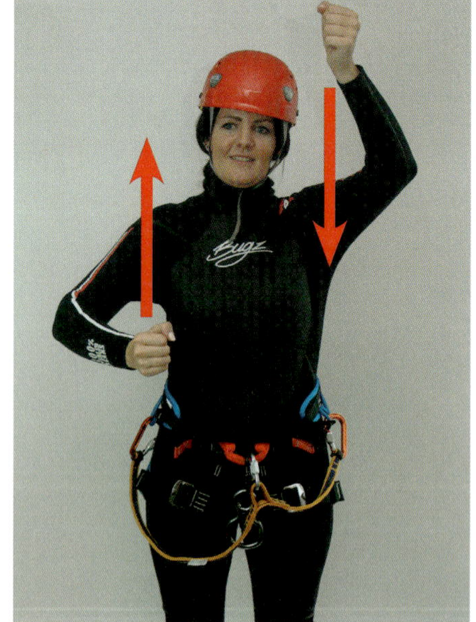

„Seil verschieben!"

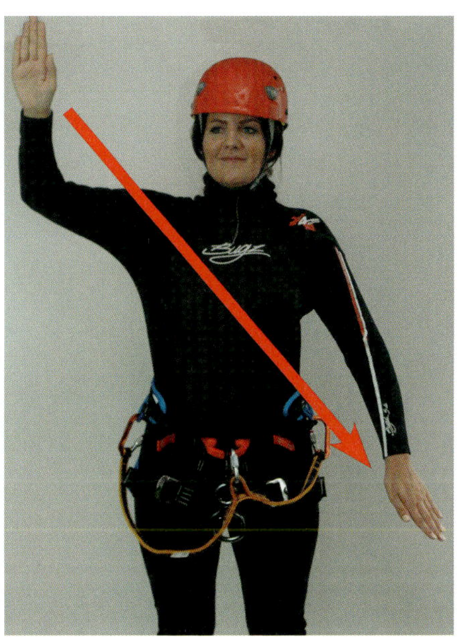

„Seilbahn aufbauen!"

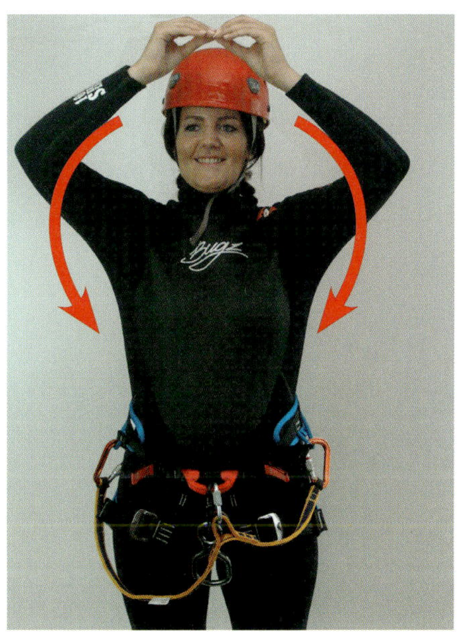

„Geschlossenen Kreis aufbauen!" (Startposition)

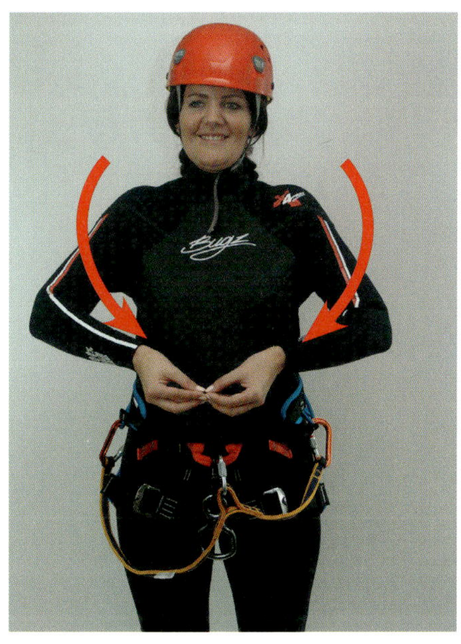

„Geschlossenen Kreis aufbauen!" (Endposition)

5.2 PFEIFSIGNALE

Im Canyon passiert es sehr schnell, dass die Sichtverbindung verloren geht, obwohl die Distanz der einzelnen Gruppenmitglieder zueinander gering ist, z. B. beim Abseilen an einem Überhang. Lautes Rufen ist dann in der Regel nicht hilfreich. Die einzig vernünftige Kommunikationsform ist die Signalpfeife, die zur Standardausrüstung jedes Gruppenmitglieds gehören sollte.

Dazu müssen selbstverständlich alle Gruppenmitglieder die relevanten Signale kennen. Mittels Signalpfeife ist die Kommunikation natürlich nur in stark eingeschränkter Form möglich. Es reichen jedoch auch relativ wenige Signale, um alles zu kommunizieren, was notwendig ist.

Normale Trillerpfeifen funktionieren bei Kontakt mit Wasser nicht! Für die Anwendung im Wasser sind insbesondere die Pfeifen „Tornado“ und „Fox 40“ geeignet. Diese benötigen nicht die sonst bei Trillerpfeifen üblichen Kugeln und sind sehr laut.

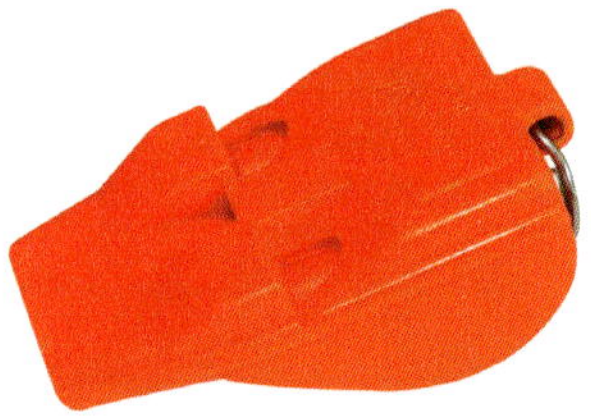

Pfeife „Tornado“

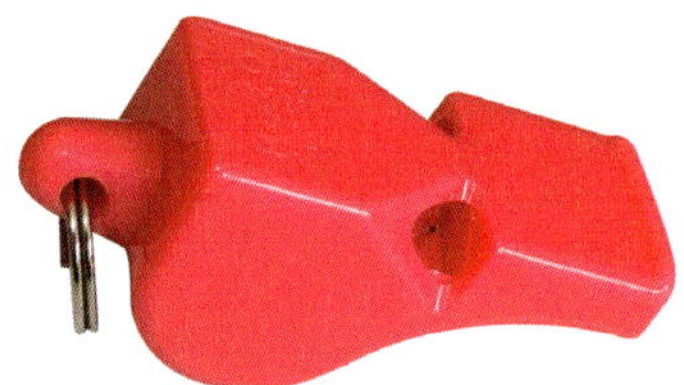

Pfeife „Fox 40“

Die Pfeifsignale

Als Pfeifsignale haben sich folgende Signale eingebürgert, zu denen es auch Eselsbrücken (anhand der Anzahl der Silben der übermittelten Botschaft) gibt:

Einmal Pfeifen	„ST**O**PP"
Zweimal Pfeifen	„S**EI**L FR**EI**"
Dreimal Pfeifen	„(MEHR) S**EI**L G**E**B**E**N" oder „N**A**CHL**A**SS**E**N"
Viermal Pfeifen	„(SEIL) Z**U**R**Ü**CKZ**IE**H**E**N"
Kontinuierliches Pfeifen	„ICH BRAUCHE HILFE"

Es gibt keine internationale Normierung der Pfeifsignale, daher müsst ihr diese unbedingt vor Beginn einer Tour absprechen, vor allem, wenn ihr mit Gruppenmitgliedern aus anderen Nationen in Canyons geht.

In Italien sind z. B. folgende Pfeifsignale gebräuchlich, die sich von den Signalen in Deutschland unterscheiden, weil die Silbenanzahl der Schlüsselworte eine andere ist.

Italienische Pfeifsignale:

Einmal Pfeifen	„STOPP"
Zweimal Pfeifen	„COR – DA" (mehr Seil geben)
Dreimal Pfeifen	„LI – BE – RA" (Seil frei)
Viermal Pfeifen	„RE – KU – PE – RA" (Seil zurückziehen)

Man muss bei den Pfeifsignalen Folgendes beachten:

Die einzelnen Pfeiftöne müssen lang genug sein, um wahrgenommen werden zu können. Sie sollten circa eine Sekunde lang sein (Das ist länger, als du denkst!).

Die Pfeiftöne dürfen nicht zu kurz aufeinander folgen, da sonst der Empfänger keine Chance hat, sie exakt wahrzunehmen. Zwischen den einzelnen Pfeiftönen muss circa eine Sekunde Pause sein.

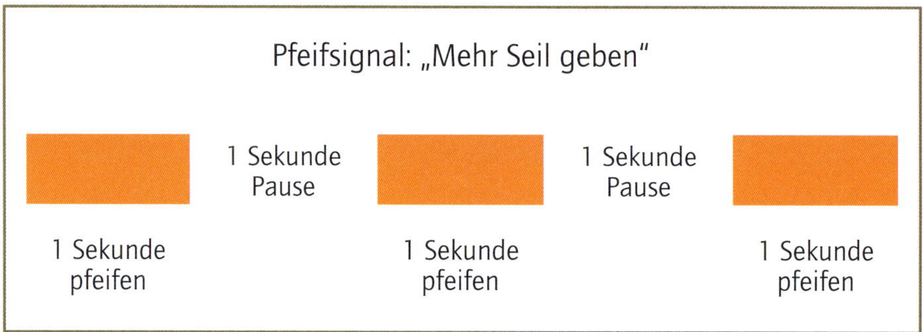

Struktur eines Pfeifsignals

5.3 TECHNISCHE HILFSMITTEL

Die Reichweite einer Signalpfeife ist begrenzt. Daher braucht man zur Kommunikation andere technische Hilfsmittel, um auch auf eine größere Distanz ohne Sichtkontakt in Verbindung bleiben zu können.

Dies kommt z. B. regelmäßig bei hohen Abseilern vor. Schon nach wenigen Metern an einem überhängenden Wasserfall mit entsprechendem Rauschen hört man eine Signalpfeife nicht mehr. Ohne technische Hilfsmittel hat man dann keine Möglichkeit mehr, in Verbindung mit dem Abseilenden zu treten.

Derzeit sind zwei technische Hilfsmittel zur Kommunikation denkbar, Funkgeräte und Signalraketen (Letztere natürlich nur, wenn gar keine andere Möglichkeit der Kommunikation bleibt).

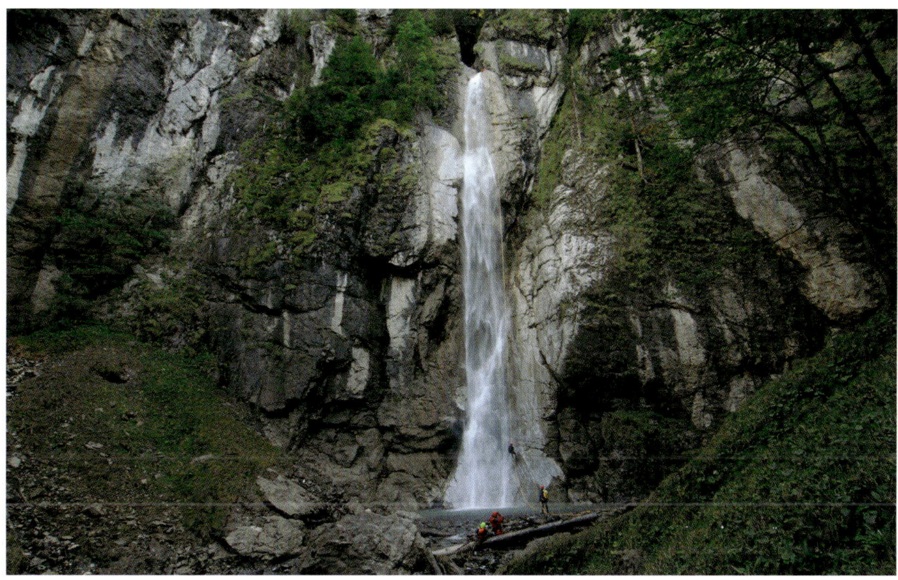

Funkgeräte

Es gibt in der Zwischenzeit viele gute und wasserdichte Funkgeräte auf dem Markt. Die Funkleistung ist bei ihnen meist deutlich größer als diejenige, die für einen Wasserfall gebraucht wird. Man hat beim Funken im Canyon jedoch ein ganz anderes Problem als das der Reichweite: Sowohl beim Sender als auch beim Empfänger sind die Störgeräusche durch das Rauschen des Wassers deutlich größer als das Sprachsignal, Sprache ist daher in der Regel kaum zu verstehen.

Um die Funkgeräte trotzdem nutzen zu können, muss man zu einem Verfahren greifen, das aus dem militärischen Bereich kommt und immer dann angewandt wird, wenn man eine schlechte Funkverbindung hat.

Man benutzt das Funkgerät dabei nicht zur Übermittlung verbaler Informationen, sondern nur als Signalgeber. Man macht sich dabei die Tatsache zunutze, dass das Funkgerät ein Signal erzeugt, wenn man die Sprechtaste drückt. Dieses Signal ist in der Regel für den Empfänger gut wahrnehmbar. Diesen Impuls kann man dann als Signal ähnlich einem Pfeifen benutzen. Somit ist zumindest eine rudimentäre, aber durchaus ausreichende Kommunikation möglich. Die Signale sind dabei dieselben wie die Pfeifsignale. Für ihren Einsatz gelten natürlich auch die oben dargestellten Regeln.

Da Batterien in der Kälte sehr schnell an Leistung verlieren, sollte man bei der Benutzung von Funkgeräten immer Ersatzbatterien dabeihaben. Man nimmt die Funkgeräte am besten in einer wasserdichten Box mit, in der sich (zumindest beim Eiscanyoning im Winter, siehe Kap. 7) ein aktiviertes Wärmepad befindet.

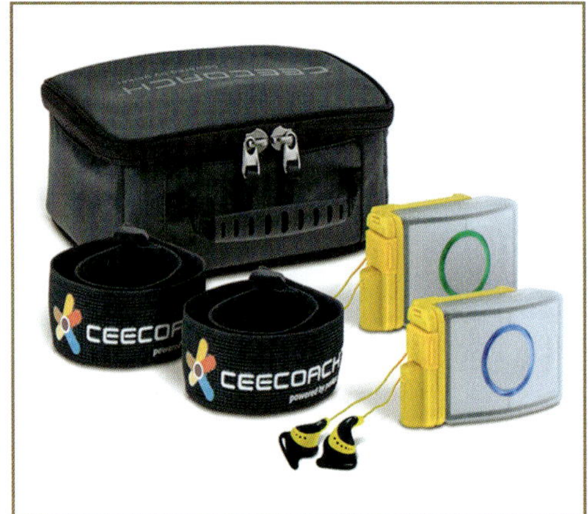

Ceecoach-Funkgerät

Ein spezielles Funkgerät wird von der Firma Ceecoach angeboten. Bei diesem Funkgerät wird selektiv die Rauschfrequenz des Wassers herausgefiltert. Damit ist im Gegensatz zu anderen Funkgeräten eine echte Sprachübermittlung an Wasserfällen möglich, sodass ihr nicht mehr auf die rudimentäre Kommunikation mittels der Einschaltimpulse angewiesen seid.

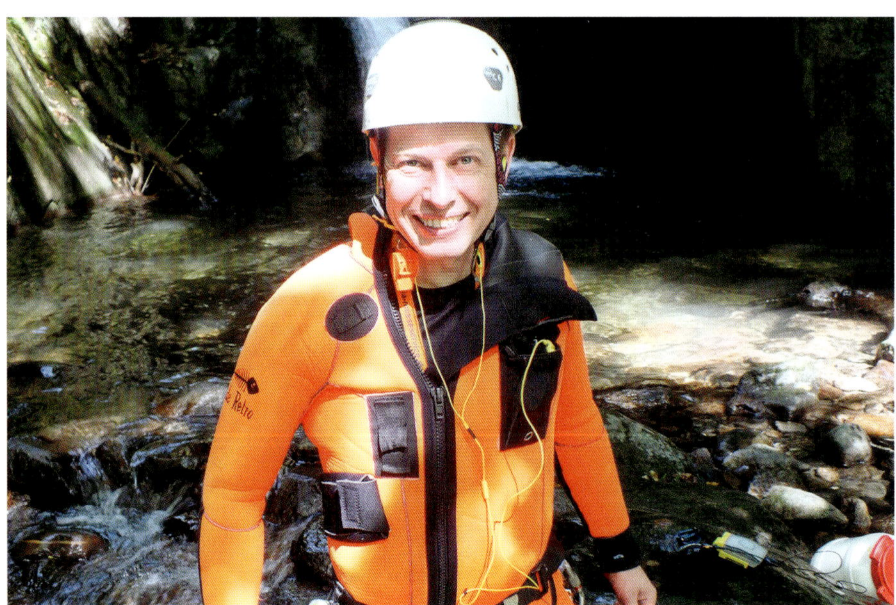

Funkgeräte haben auch bei einem Unfall eine wichtige Funktion. Sofern keine Handyverbindung besteht, muss eine Gruppe losgehen und an eine Stelle gehen, an der man dann den Notruf mittels Handy absetzen kann. Die Funkgeräte können dabei eingesetzt werden, um die beiden Gruppen miteinander zu verbinden. Es ist für den Verletzten sehr beruhigend, zu wissen, dass ein Notruf abgesetzt werden konnte (vgl. auch Abb. auf S. 67).

Raketen

Wenn man über keine Funkgeräte verfügt und in unbekannte Schluchten vordringt, ist es zumindest notwendig, Gefahr signalisieren zu können. Dies kann mit einer abschussbereiten Signalrakete geschehen, die die erste Person, die an einem Wasserfall ohne Sichtkontakt abseilt, bei sich trägt. Sollte sie in Schwierigkeiten geraten, kann sie zumindest dies mit dem Abschuss der Rakete mitteilen. Ein solches Vorgehen muss aber dem absoluten Notfall vorbehalten bleiben!

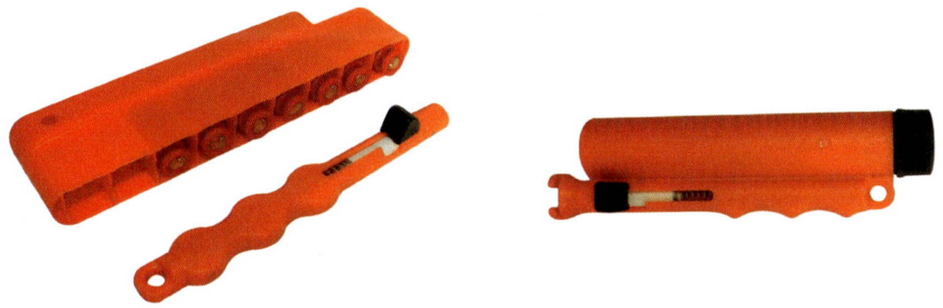

Notsignalraketen

Signalraketen dürfen ohne das Vorliegen einer Notsituation nicht oder nur nach Erlaubnis der zuständigen Behörden abgeschossen werden. Man kann mit ihnen sonst unbeabsichtigt eine unter Umständen teure Rettungsaktion auslösen.

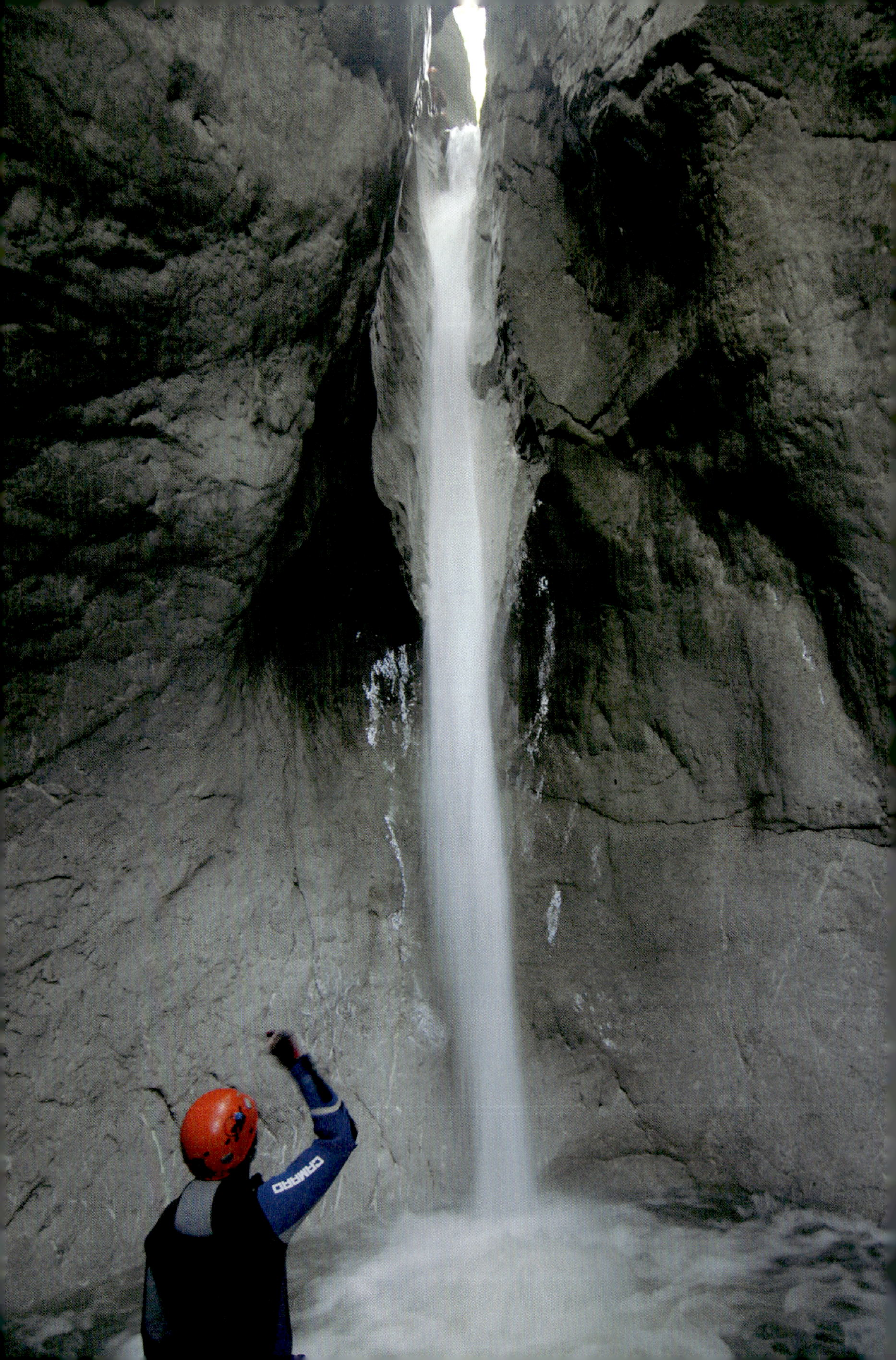
CAMARO

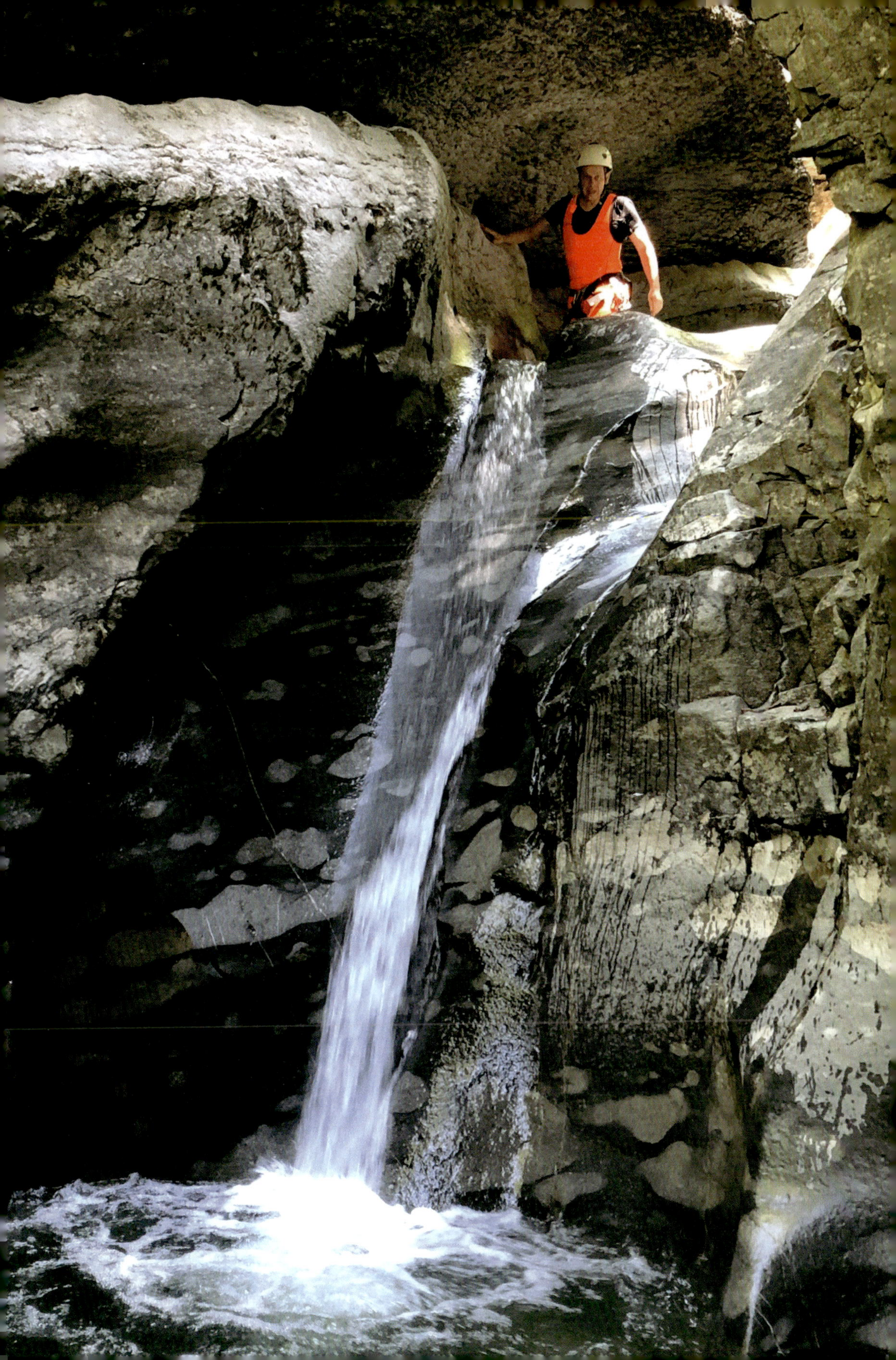

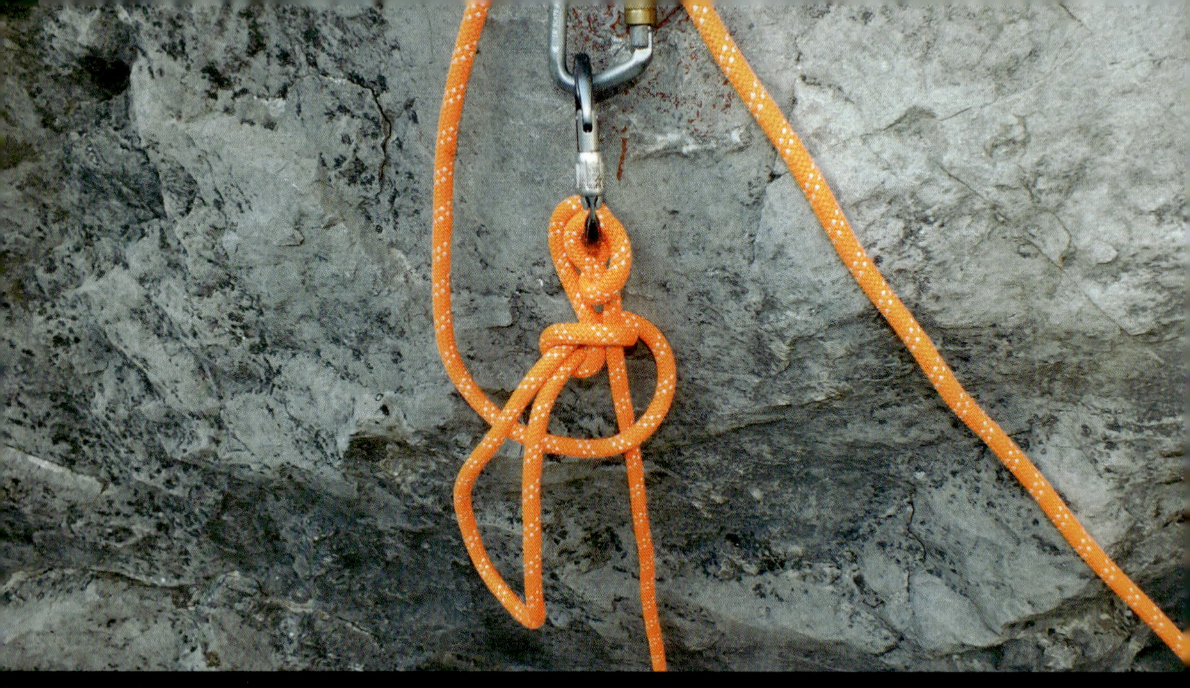

6 SEILTECHNIK

Gegenstand des folgenden Kapitels sind verschiedene Seiltechniken. Grundlegend für alle Seiltechniken sind die Knoten. Eine weitere basale Technik, die jedoch relativ wenig bekannt ist, ist die Zentralkarabinertechnik. Danach werden die Techniken der Selbstblockierung, der lösbaren und fixen Systeme, des geschlossenen Kreises, der sogenannten *Komplettprozedur*, die relativ unbekannte Technik des Umlenkers und der Aufbau eines abziehbaren Seilgeländers beschrieben. Zusätzliche Seiltechniken werden am Ende des Kapitels nur aus dem Gesichtspunkt der Anwendung der Techniken beschrieben. Die detaillierte Beschreibung dieser Techniken erfolgt in den Kapiteln, die mit dem QR-Code abrufbar sind.

6.1 KNOTEN

Für das Canyoning benötigt ihr nur relativ wenige Knoten. Es ist wichtiger, dass ihr diese elementaren Knoten gut beherrscht, als dass ihr viele Knoten kennt, diese aber nicht sicher herstellen könnt. Um einen Knoten sicher zu beherrschen, solltet ihr ihn im wahrsten Sinne des Wortes „blind", also ohne hinzusehen, knüpfen können. Zudem solltet ihr den Knoten von verschiedenen Positionen aus (z. B. um 180 Grad gedreht, bei einer anderen Person etc.) beurteilen können.

Die meisten Knoten kann man auf verschiedene Weise knüpfen. Wir empfehlen euch, euch auf eine Methode festzulegen und diese zu üben, sodass ihr sie auch unter Stress und widrigen Bedingungen souverän ausführen könnt. An dieser Stelle werden nur einige Knoten in ihrer Funktionalität beschrieben. Eine ausführliche Anleitung mit Phasenphotos und Videos zum Legen der Knoten findet ihr hier:

Knoten

Nach dem Legen des Knotens zieht man den Knoten in alle (zwei oder vier) Richtungen fest!

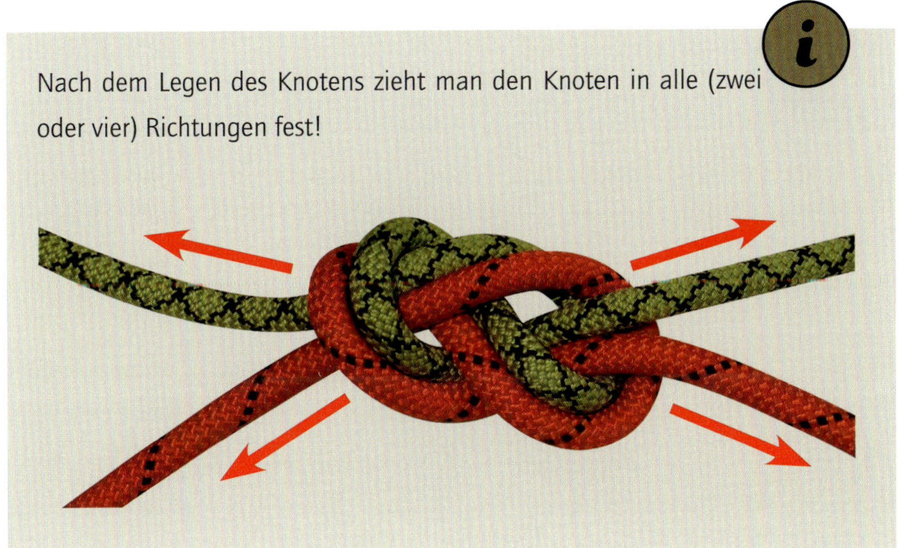

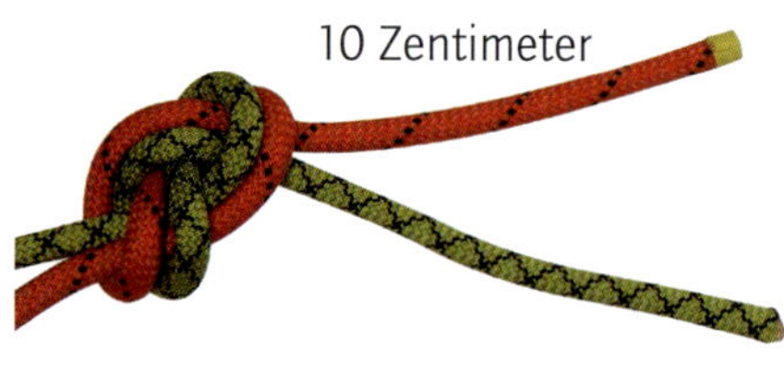

Bei normalen Knoten beträgt der erforderliche Seilüberstand mindestens das Zehnfache des Seildurchmessers, also circa 10 Zentimeter.

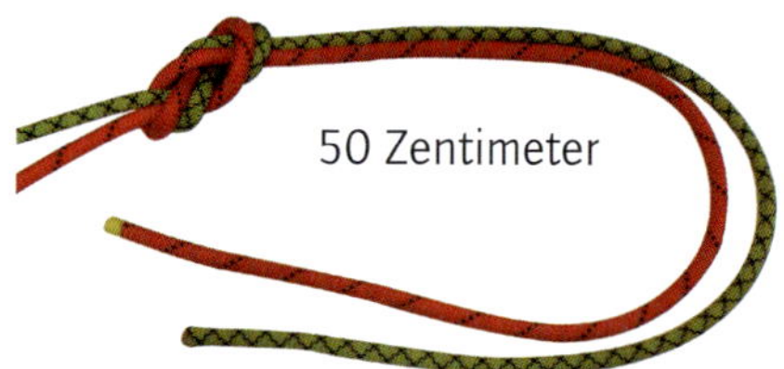

Bei einer *Seilverbindung* beträgt der erforderliche Seilüberstand das Fünfzigfache des Seildurchmessers, also circa 50 Zentimeter.

Knoten reduzieren die Belastbarkeit des Seils erheblich, sie können die Festigkeit des Seils je nach Knoten um bis zu 50 Prozent reduzieren.

Mit den folgenden acht Knoten seid ihr für alle Situationen im Canyoning bestens gerüstet:

Name des Knotens	Einsatzzweck
Sackstich	Bildung von Schlaufen, Verbinden zweier Seile
Achterknoten (gelegt/gesteckt)	Sichere Schlaufe, Fixpunkte
Halbmastwurfknoten	Bestandteil lösbarer Systeme zum Nachlassen des Seils
Mastwurf (gelegt/gesteckt)	Fixierung von Seilen an anderen Gegenständen, vor allem an Karabinern
Schleifknoten	Lösbare Blockade eines Seils
Prusikknoten	Klemmknoten zum notfallmäßigen Aufsteigen am Seil, auch zur Schaffung von Umbelastungen an einem Seil
Valdotain	Klemmknoten zum notfallmäßigen Abseilen an einem gespannten Seil
Doppelter Spierenstich	Verbindung zweier Seile

Die nachfolgenden schematischen Abbildungen hierzu stammen aus der kostenlosen Knoten-App *Knots 3D*, die alle relevanten Knoten als Animation enthält.

Der Sackstich

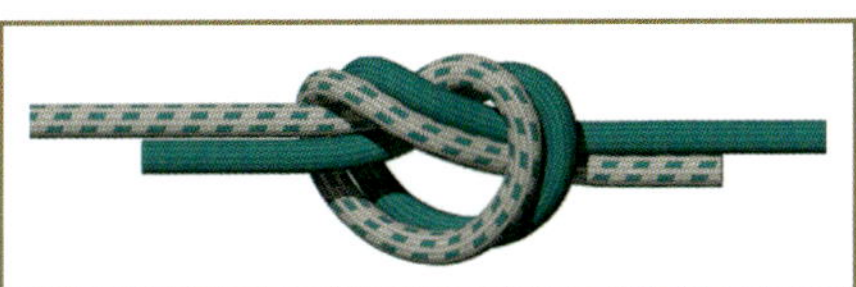

Der Sackstich ist ein einfacher Knoten, er wird auch oft als „Hausfrauenknoten" bezeichnet. Er kann zur Bildung von Schlaufen verwendet werden, zur belastungsfreien Fixierung von Seilen (z. B. am Rucksack), ebenso zur Verbindung zweier Seile.

Wenn ihr zwei Seile mittels Sackstich miteinander verbindet, ist es unbedingt wichtig, einen langen Seilüberstand einzuhalten, damit der Knoten nicht „durchschlupfen" kann –, dann aber ist dieser einfachste aller Knoten erstaunlich gut für die Verbindung von zwei gleich dicken Seilen, auch fürs Abseilen, geeignet.

Einer der großen Vorteile der Verbindung zweier Seile mittels Sackstich ist, dass sich der Knoten beim Abziehen über eine Kante automatisch „aufstellt", das heißt, der eigentliche Knoten schaut nach oben, während am Fels nur das einfache Seil entlangrutscht. Das führt dazu, dass sich ein solcher Knoten viel seltener am Fels verklemmt.

Nach einer Belastung ist ein Sackstich allerdings nur schwer zu lösen. Der Sackstich hat nur eine geringe Festigkeit.

Achterknoten

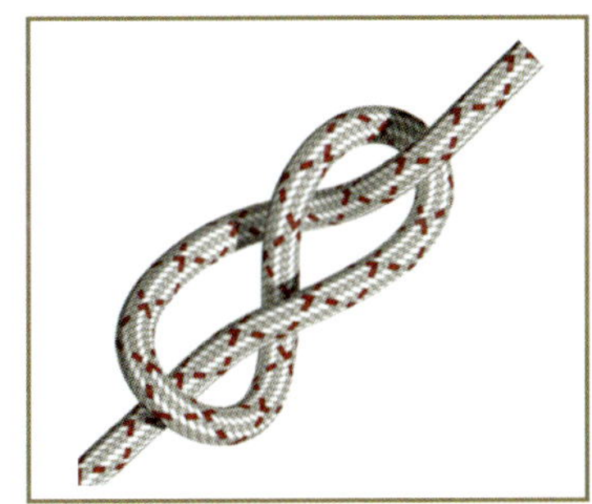

Der Achterknoten ist einer der im Canyoning am häufigsten verwendeten Knoten. Er dient zur Bildung einer besonders sicheren Schlaufe – sicherer als eine Schlaufe mit einem Sackstich. Auch nach starker Belastung ist der Achterknoten relativ leicht wieder zu lösen.

Außer zur Bildung sicherer Schlaufen wird der Achterknoten auch zur Verbindung zweier Seile verwendet, sofern diese den gleichen Durchmesser haben oder nur geringe Durchmesserunterschiede (circa einen Millimeter) haben.

Der Achterknoten stellt sich – wie der Sackstich auch – automatisch auf, wenn er über eine Kante gezogen wird. Dadurch ist die Wahrscheinlichkeit, dass er sich am Fels verklemmt, sehr gering.

Gegenüber dem Sackstich hat der Achterknoten eine deutlich höhere Festigkeit. Der Alpenverein empfiehlt den Achterknoten als Sicherungsknoten.

Doppelter Achter

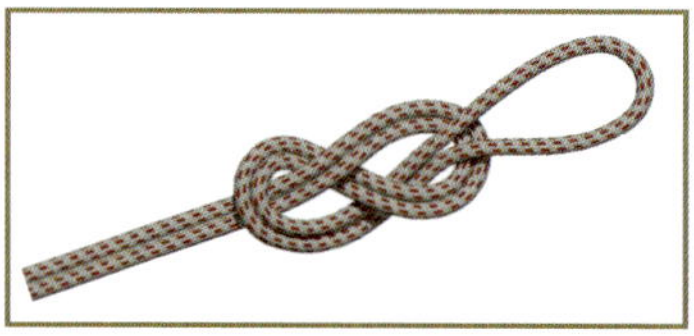

Ganz ähnlich fertigt ihr auch den „doppelten Achter" an: Hier nehmt ihr nicht einen einfachen Seilstrang, sondern ihr nehmt das Seil doppelt, das heißt, ihr bildet eine lange Schlaufe.

Die so entstandene Schlaufe eignet sich ideal zum Einbinden in ein Seil, wenn es nicht gelöst werden muss (z. B. beim passiven Abseilen, wenn am unteren Ende der Abseilstrecke kein Wasser ist).

Gesteckter Achter

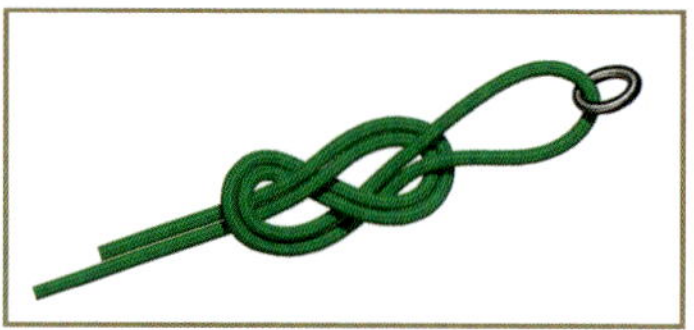

Als „gesteckten Achter" bezeichnen wir einen doppelten Achterknoten, der z. B. dazu verwendet wird, um ein Seil in einen Fixpunkt einzubauen; hier im Bild ein Metallring. Dazu knotet ihr zunächst einen normalen Achterknoten ins Seil (das lose Ende muss dafür vergleichsweise lang sein). Der Knoten wird nicht zugezogen, sondern bleibt lose. Dann wird das lose Ende durch den Fixpunkt gezogen und anschließend immer entlang des Seilverlaufs des bereits geknüpften Achterknotens zurückgeführt.

Halbmastwurf

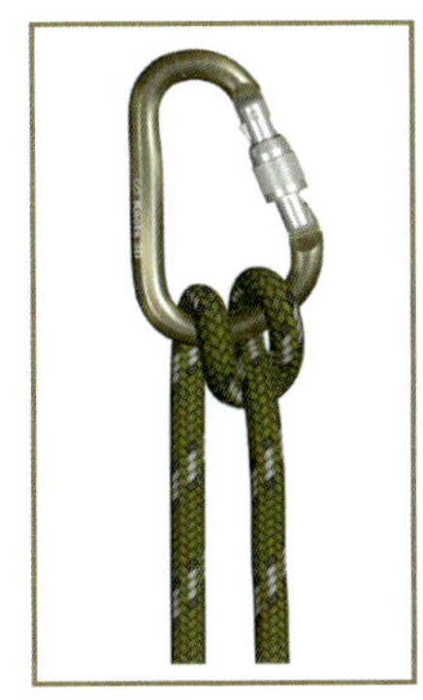

Der Halbmastwurf dürfte den Kletterern unter den Lesern gut bekannt sein, wird er doch hauptsächlich als dynamische Sicherung beim Klettern verwendet. Der Halbmastwurf ist im engeren Sinne eigentlich gar kein Knoten, da er das Seil nicht fixiert, sondern eine Abseiltechnik. Und in dieser Funktion ist der Halbmastwurf einer der Standardknoten auch im Canyoning, da er ideal zum kontrollierten Nachgeben von Seil und zum passiven Abseilen geeignet ist.

Er wird daher häufig zum Aufbau lösbarer Systeme (siehe Kap. 6.4), zum passiven Ablassen, als ein Element komplexerer Seiltechniken (z. B. einer Seilbahn), sowie als Bestandteil von Rettungstechniken verwendet. Oftmals wird hier auch der Begriff HMS („Halbmastwurfsicherung“) synonym für den Knoten verwendet.

Wer den Halbmastwurf nicht sicher beherrscht, sollte ihn auf jeden Fall immer wieder üben! Ein falsch gelegter Halbmastwurf kann die gesamte Sicherungskette gefährden!

Mastwurf

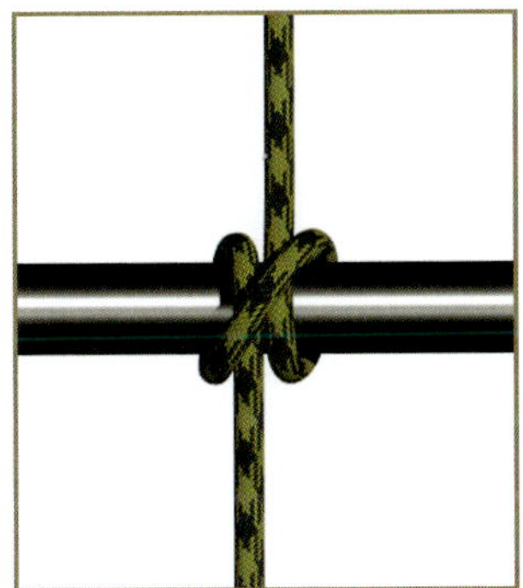

Der Mastwurf eignet sich dazu, Gegenstände (meist einen Karabiner) in einem Seil zu befestigen. Unter Belastung zieht sich ein Mastwurfknoten fester zu. Bei Entlastung kann man den Knoten verschieben. Der Mastwurfknoten ist auch nach starker Belastung relativ leicht zu öffnen. Beim Canyoning wird der Mastwurf z. B. zur Sicherung an einem Standplatz verwendet.

Schleifknoten

Der Schleifknoten dient vor allem dazu, ein Seil in einer Weise zu blockieren, dass diese Blockade rasch wieder gelöst werden kann. Er kommt hauptsächlich zur Blockierung eines Halbmastwurfs bei lösbaren Systemen (siehe Kap. 6.4) zum Einsatz, das ja im Notfall rasch geöffnet werden können muss.

Der Schleifknoten ist darüber hinaus bei verschiedenen Rettungstechniken von Bedeutung. Der eigentliche Schleifknoten wird in aller Regel mit einem Sackstich als Sicherungsschlag oder mit einem Karabiner gegen ein versehentliches Lösen gesichert.

Da der Schleifknoten erfahrungsgemäß für viele Personen eher schwierig erscheint (die mit Abstand meisten Klicks auf dem YouTube®-Kanal der Deutschen Canyoning Schule hat erstaunlicherweise der Schleifknoten), obwohl er im Prinzip sehr einfach ist, wird er an dieser Stelle beschrieben.

Wir gehen dabei davon aus, dass wir einen Halbmastwurfknoten mit einem Schleifknoten sichern möchten. Daher befindet sich ein Halbmastwurfknoten in dem Karabiner, der für den eigentlichen Schleifknoten irrelevant ist.

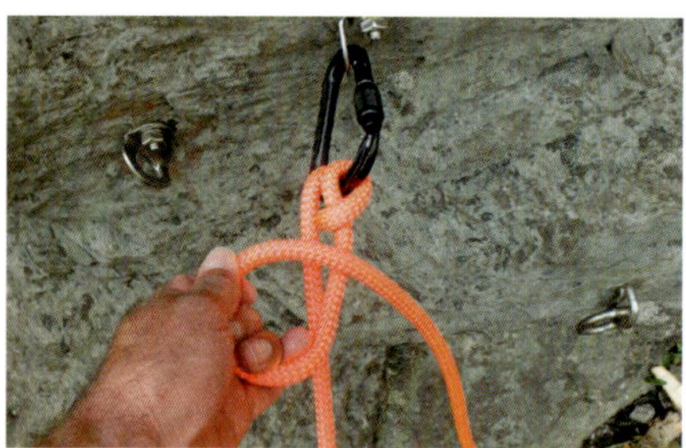

Im ersten Schritt macht man ein „Auge", also eine Öse mit dem Seil.

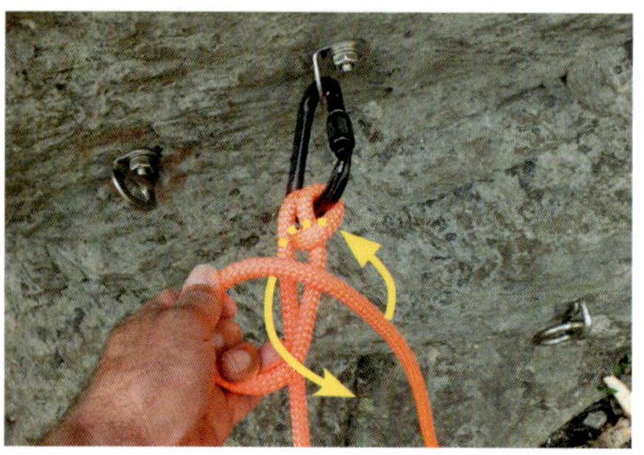

Im zweiten Schritt nimmt man das Seilstück, das oben auf dem Auge liegt, legt es hinter die beiden Seilstücke und zieht es dann durch das Auge durch.

Dadurch entsteht eine Schlaufe.

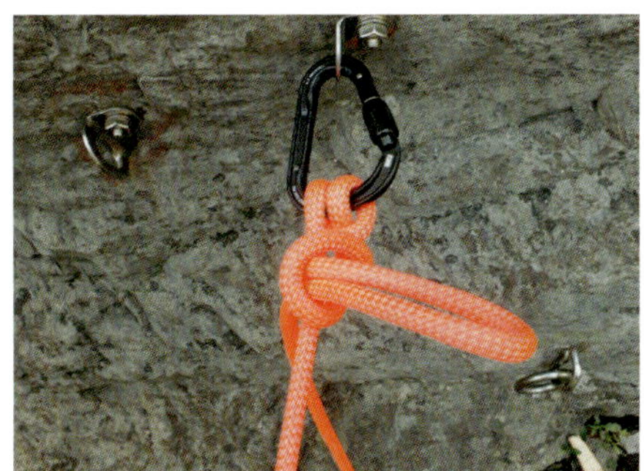

Diese Schlaufe könnte sich lösen, wenn man an dem Seilstück rechts unten im Bild ziehen würde.

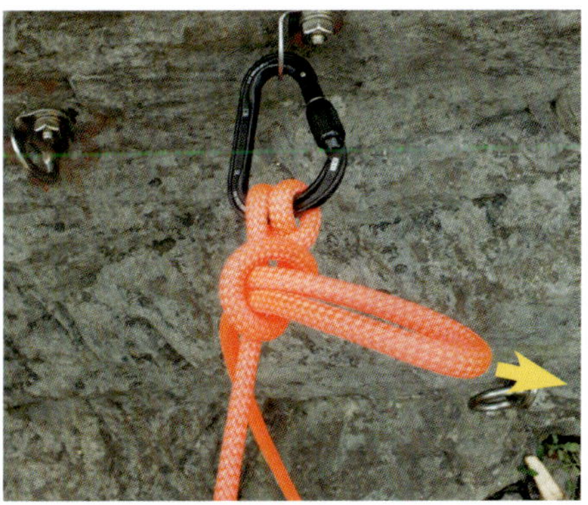

Um dieses unbeabsichtigte Lösen zu verhindern, macht man mit der Schlaufe um das Lastseil einen Sackstich. Dazu muss man die Schlaufe verlängern, bis sie circa 40 Zentimeter lang ist.

Mit dieser Schlaufe wird der Sackstich um das Lastseil gebunden und zwar so, dass die dabei entstehende Schlaufe in Richtung des Lastseils zeigt.

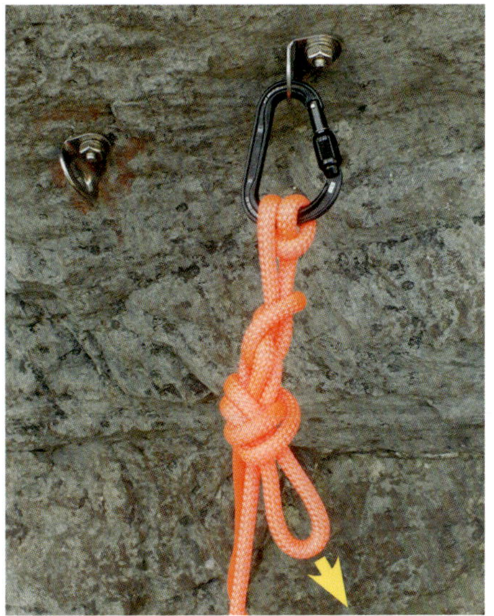

Nun hat man einen abgesicherten Schleifknoten.

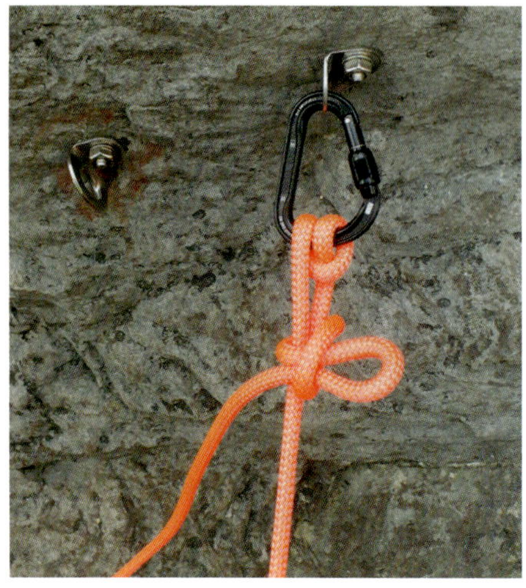

Zum Öffnen eines abgesicherten Schleifknotens geht man folgendermaßen vor:

Zunächst löst man den Sackstich.

Die Schlaufe des Schleifknotens wird dann so weit herausgezogen, dass noch eine kleine Öse von circa fünf Zentimetern Durchmesser übrig bleibt. Diese wird dann ruckartig, unter starkem Zug, gelöst. Erfolgt dieses Lösen nicht ruckartig, lässt sich die Öse nur schwer öffnen.

Prusikknoten

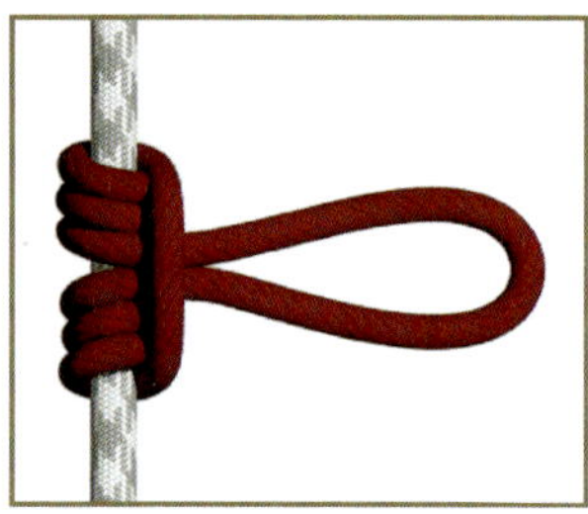

Der Prusikknoten ist ein Klemmknoten. Eine sogenannte *Prusikschlinge* (eine zur Schlaufe geknotete Reepschnur) wird dabei so um ein Seil geschlungen, dass der Prusikknoten bei Belastung klemmt, bei Entlastung geöffnet und verschoben werden kann.

Damit der Prusikknoten funktioniert, muss die Reepschnur, mit der man die Prusikschlinge bildet, dünner sein als das Seil, an dem sie befestigt wird. Bei einem 10 Millimeter dicken Seil lassen sich Prusikschlingen mit 4-6 Millimetern verwenden. Je dünner dabei die Prusikschlinge ist, desto besser ist die Bremswirkung.

Da sich die Prusikschlinge beim Canyoning sehr stark zuziehen kann und dann die Gefahr des Blockierens im Wasserstrahl besteht, wird sie nicht, wie beim Klettern üblich, als Sicherung beim Abseilen verwendet (siehe Kap. 6.5).

Die Prusikschlinge wird beim Canyoning hauptsächlich für Umbelastungen verwendet. Zudem ist sie ein Backupmittel, wenn die wesentlich komfortableren Klemmgeräte wie der Shunt oder der Tiblock (beide von Petzl) ausfallen oder verloren wurden.

Valdotainknoten

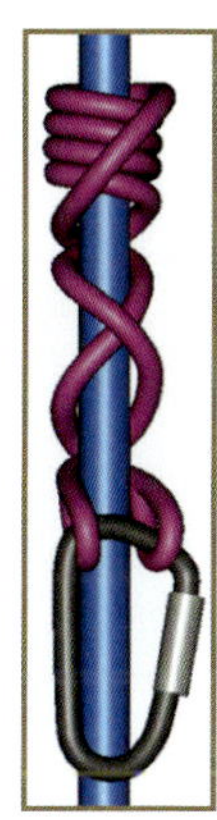

Der Valdotainknoten ist wie der Prusikknoten ein Klemmknoten. Er stellt den derzeit einzigen bekannten Knoten dar, mit dem man sich an einem gespannten (!) Seil abseilen kann, was in gewissen Gefahrensituationen hilfreich sein kann.

Müsst ihr z. B. zu einem im Seil hängenden Verletzten abseilen, habt aber kein Reserveseil zur Verfügung (oder dieses ist nicht lang genug), so müsst ihr an demselben Seil, an dem der Verletzte hängt, die Strecke überwinden, ihn gegebenenfalls aus seiner Lage befreien und – eingehängt in euren eigenen Abseilpunkt – weiter abseilen.

Der Valdotainknoten (oft liebevoll „Waldi" genannt) hat einige Besonderheiten, die ihr kennen müsst. Bitte lest dazu die ausführliche Onlinebeschreibung durch!

Die Benutzung des Valdotains muss ständig geübt werden. Da der Valdotainknoten in der Handhabung nicht einfach ist, ist er leider etwas in Verruf geraten, die Problematik liegt jedoch nicht am Knoten selbst, sondern an der Kompetenz der Anwender.

Doppelter Spierenstich

Der doppelte Spierenstich wird zur Verbindung zweier Seile verwendet. Er funktioniert, anders als der Sackstich oder der Achterknoten, auch bei Seilen mit unterschiedlichen Durchmessern.

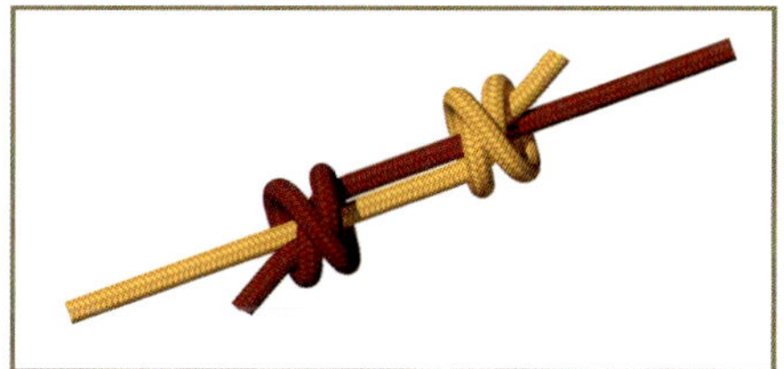

Man kann den Spierenstich in Tropfenform und in Linienform knüpfen. Beide haben ihre Vor- und Nachteile (siehe Kapitel mit Zugang über QR-Code).

6.2 ZENTRALKARABINERTECHNIK

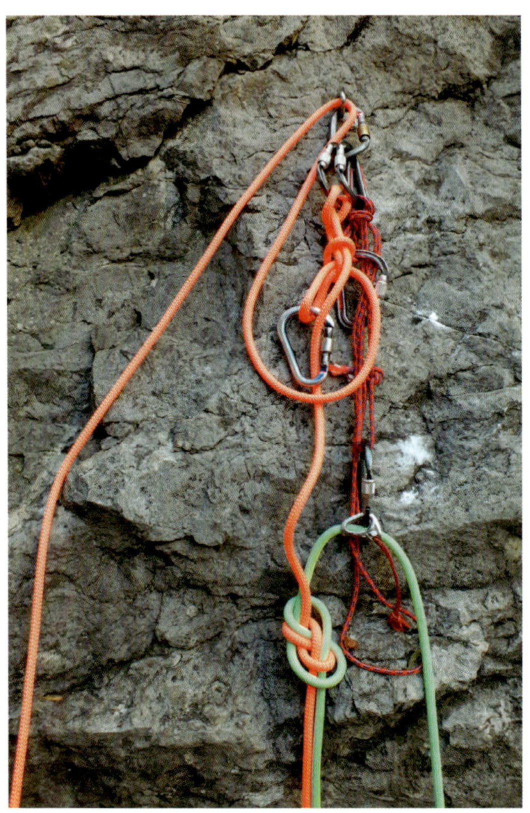

Eine der wesentlichen Basistechniken beim Standplatzbau ist der Einsatz eines sogenannten *Zentralkarabiners*. Als Zentralkarabiner bezeichnen wir einen direkt in den Ankerpunkt (Bohr- oder Klebehaken, Kettenstand etc.) eingehängten Karabiner. Alle weiteren Bestandteile des Standplatzbaus werden in diesen zentralen Karabiner eingehängt. Der Zentralkarabiner muss ein Stahlkarabiner sein.

Diese Vorgehensweise bringt uns verschiedene Vorteile. Zum einen verlängern wir durch den sehr stabilen Stahlkarabiner die zentrale Sicherung und kommen ein Stück vom Fels weg, was das Arbeiten einfacher macht. Daneben schafft ein Zentralkarabiner schlicht zusätzlichen Platz – ein Bohrhaken ist oft sehr klein und bietet alleine nicht ausreichend Platz, um mehrere Karabiner und Seile einzuhängen.

Der Zentralkarabiner erhöht also im Normalfall die Übersichtlichkeit am Standplatz und schafft im Notfall Raum für den Einsatz von Notfalltechniken. Einige Notfalltechniken sind nur bei der Verwendung eines Zentralkarabiners möglich.

Ein Zentralkarabiner ist der Form nach ein ganz normaler HMS-Schraubkarabiner. Er ist jedoch nicht aus Aluminium, sondern aus Stahl gefertigt. Das macht ihn schwerer – für die zentrale Sicherung sollte uns die Sicherheit eines fast unzerstörbaren Ankerpunkts die 100 Gramm zusätzliches Gewicht allemal wert sein.

Zum Vergleich: Ein Karabiner aus Aluminium hält nach der Norm EN 12275 in der Längsrichtung eine Belastung von mindestens 20 Kilonewton (circa 2.000 Kilogramm) aus, in der Querbelastung mindestens sieben Kilonewton (700 Kilogramm) und bei geöffnetem Schnapper mindestens sechs Kilonewton (600 Kilogramm). Ein Stahlkarabiner hält je nach Fabrikat die doppelte bis dreifache Belastung in alle Richtungen aus.

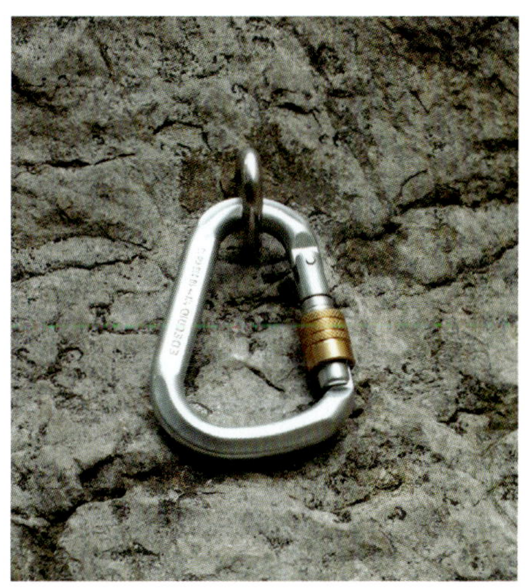

Zentralkarabiner aus Stahl

Verwendung des Zentralkarabiners

Zunächst wird der Zentralkarabiner aus Stahl in die Sicherung (Haken) eingehängt und zugeschraubt. In den Stahlkarabiner wird dann der übliche Alukarabiner eingehängt, in den dann z. B. das Abseilseil eingehängt wird.

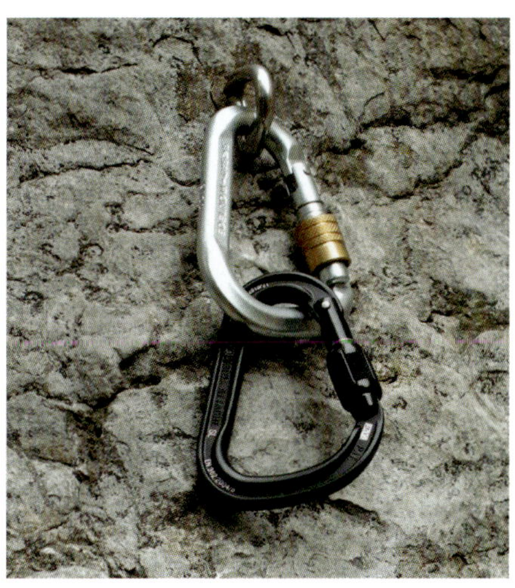

Zentralkarabiner mit eingehängtem Aluminiumkarabiner

Wozu ist die zusätzliche Belastbarkeit am Standplatz notwendig bzw. nützlich? An einem Standplatz kann es sein, dass sich eine Person aktuell abseilt, eine Person den Standplatz bedient und sich unter Umständen noch eine oder mehrere zusätzliche Personen am Standplatz eingehakt haben.

Sollte nun eine Person ins Straucheln geraten oder sollten alle eingehakten Personen das Gleichgewicht verlieren und in die Sicherung fallen, wäre bereits die Sicherheitsreserve des Alukarabiners in der Querbelastung überschritten: Bei ruckartigen Stößen ist die Kraft, die auf den Karabiner wirkt, deutlich höher.

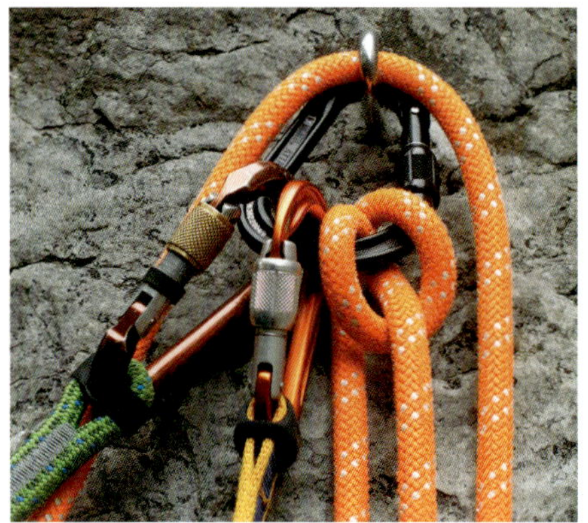

Problematische Belastung eines Alukarabiners

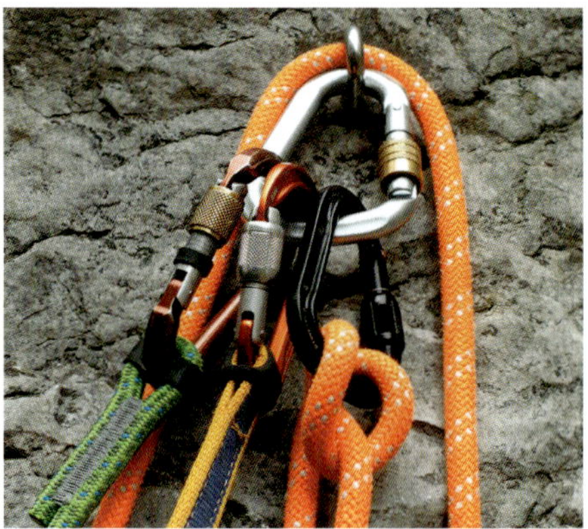

Optimale Belastung mit Verwendung eines Zentralkarabiners

Mit einem Zentralkarabiner aus Stahl „verlängert" man hingegen den Bereich der hohen Belastbarkeit über den reinen Haken hinaus.

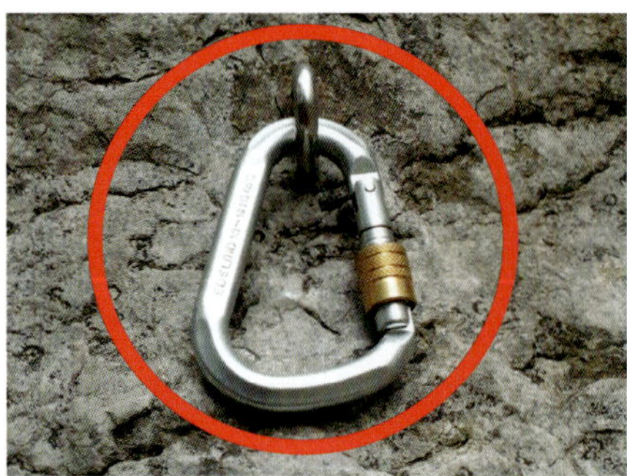

Bereich der hohen Belastbarkeit mit einem Zentralkarabiner aus Stahl

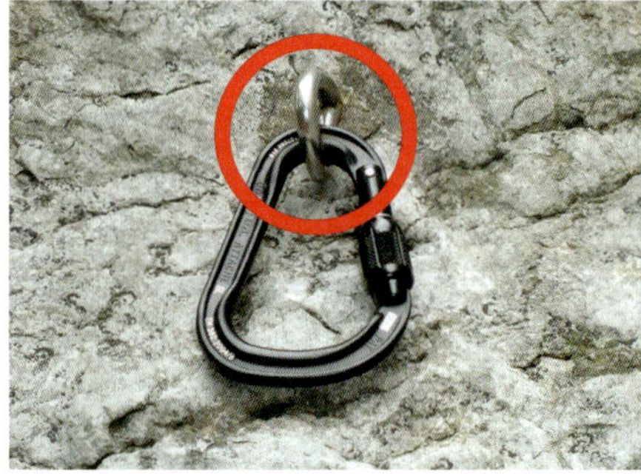

Bereich der hohen Belastbarkeit bei alleiniger Verwendung eines Alukarabiners

Der zweite Grund für die routinemäßige Verwendung eines Zentralkarabiners ist die deutlich höhere Übersichtlichkeit und Flexibilität, wenn man eine Rettungstechnik anwenden muss. In diesen Fall kommen sehr schnell einige Karabiner zum Einsatz. Die nachfolgende Abbildung zeigt z. B. die Situation bei der Verlängerung eines Seils.

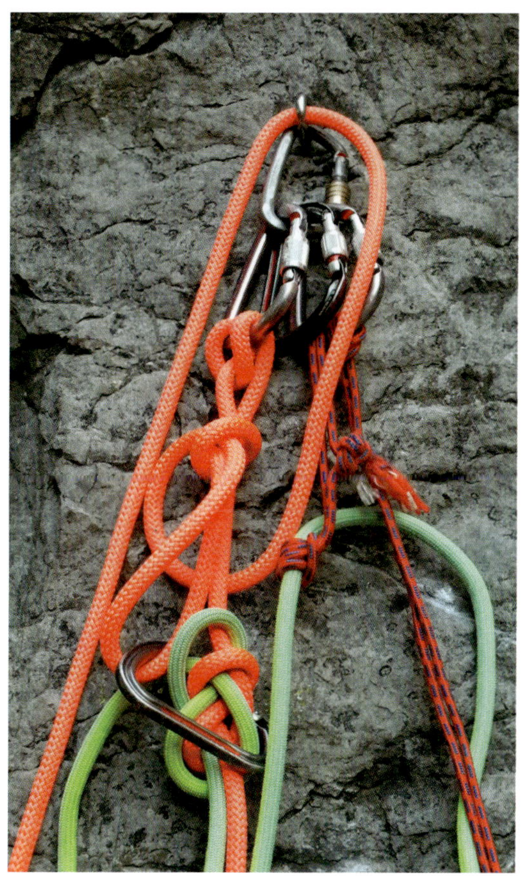

Übersichtliches Handling auch bei komplizierten Seiltechniken durch Verwendung eines Zentralkarabiners

Der dabei verwendete Zentralkarabiner schafft Übersichtlichkeit und erleichtert das Handling des zur Rettung notwendigen Materials erheblich.

Wir empfehlen euch, an jedem Standplatz (auch an scheinbar „einfachen") den Aufbau immer mit einem Zentralkarabiner aus Stahl zu beginnen. Der zusätzliche Zeitbedarf hierfür beträgt circa fünf Sekunden, und dabeihaben müsst ihr einen Stahlkarabiner für schwierige Stellen ohnehin.

Die Arbeit am Standplatz ist deutlich komfortabler und ihr gewöhnt euch an die Abläufe. Und solltet ihr je eine Rettungstechnik anwenden müssen, werdet ihr für die Möglichkeiten dankbar sein, die euch ein Zentralkarabiner schafft.

6.3 SELBSTBLOCKIERUNG

Das Abseilen ist beim Canyoning eine der zentralen (und schönsten) Techniken – ihr werdet viel Zeit hängend am Seil verbringen. Entsprechend ist es eine wichtige Fertigkeit, das Abseilen jederzeit auch zwischenzeitlich unterbrechen zu können – und anschließend fortzusetzen.

Möglicherweise braucht ihr die Hände frei für andere Aktivitäten (z. B. zum Fotografieren), möglicherweise müsst ihr selbst aus einer gefährlichen Situation oder wegen einer Verletzung wieder nach oben geholt werden, vielleicht braucht ihr nur Zeit, um ein Ankunftsbecken in Ruhe zu inspizieren: Es wäre sehr anstrengend und gefährlich, über einen längeren Zeitraum hinweg durch Zug mit der Bremshand den Abseilvorgang gestoppt zu halten. Manchmal – z. B. bei einer Verletzung – ist es auch schlicht nicht möglich.

Die Technik der Selbstblockierung und das anschließende Lösen der Blockierung solltet ihr regelmäßig üben und ganz selbstverständlich in eure Touren einbauen. Schließlich geht es ja nicht darum, möglichst schnell durch eine Schlucht zu kommen, sondern die Schönheit der uns umgebenden Natur in vollen Zügen zu genießen! (Wenn ihr von vornherein plant, einen Abseilvorgang für einen längeren Zeitraum, z. B. zum Fotografieren, zu unterbrechen, sagt ihr bitte eurem Sicherungspartner vorab Bescheid, damit dieser nicht nervös wird!)

Bei der ersten beschriebenen Blockiermethode gehen wir von der Abseiltechnik mit einem Abseilachter nach der Canyoningmethode (siehe Kap. 4.5) aus. Die zweite beschriebene Methode ist das Blockieren mit speziellen Canyoning-Abseilgeräten. Der Zug erfolgt dabei in der Ausgangssituation jeweils nach unten.

Blockieren mit dem Abseilachter

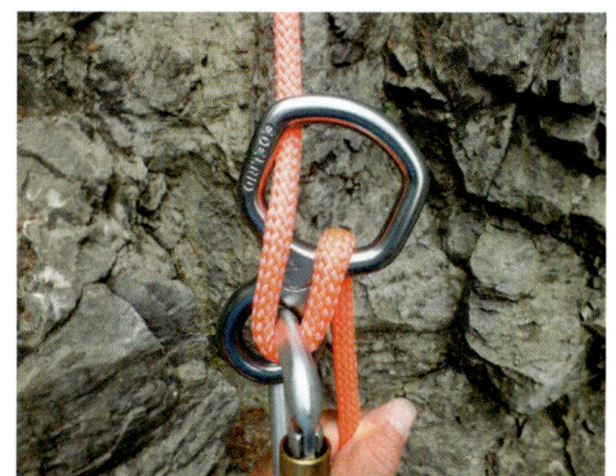

Vor dem Blockieren des Seils muss zunächst der Abseilvorgang gestoppt werden. Das erreicht ihr durch festes Anziehen des Seils mit der Blockierhand nach unten.

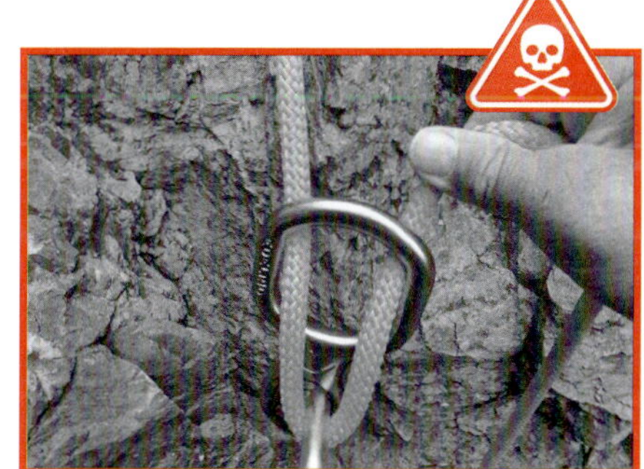

Würde man aus dieser Position die Bremshand nach oben bewegen, wäre ein Großteil der Bremswirkung aufgehoben, da es weniger Umlenkungen des Seils gibt.

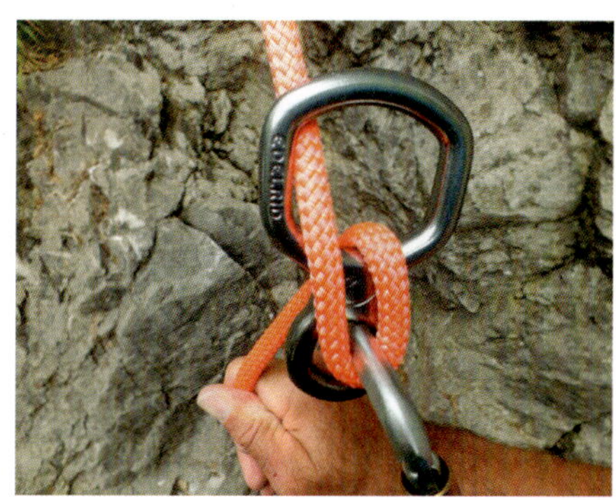

Das Seil wird nun unter Zug (!) zunächst um den geschlossenen Karabiner herumgeführt und anschließend – weiterhin unter Zug – als Schlaufe durch den (weiterhin geschlossenen) Karabiner gefädelt.

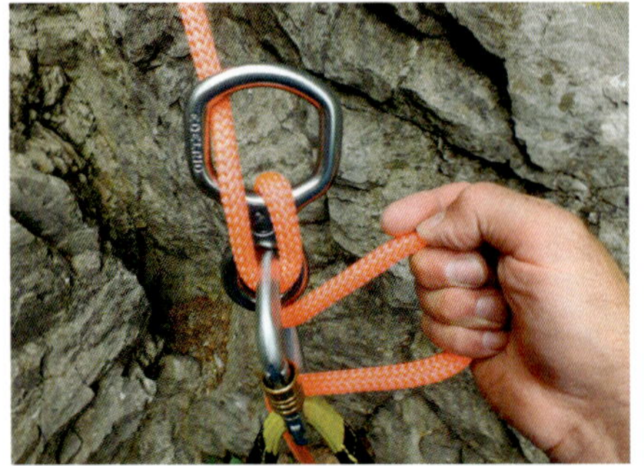

Durch das Führen des Seils um den Karabiner herum entstehen genügend Umlenkungen und somit auch eine hohe Bremswirkung, sodass man nun das Seil nach oben bewegen kann (um die Schlaufe zu bilden), ohne dass man durchrutscht.

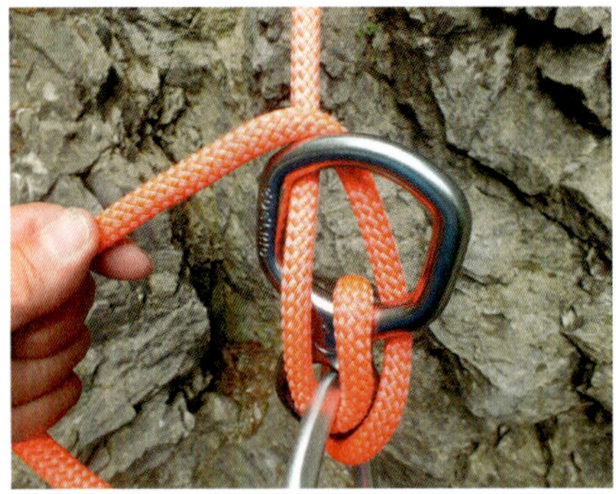

Das schlappe Seil wird nun nach oben gezogen und die obere Hälfte der entstandenen Schlaufe zwischen den Abseilachter und das gespannte Seil geklemmt. Da auf dem Achter und dem Seil die Belastung liegt, muss dies mit einem Ruck geschehen.

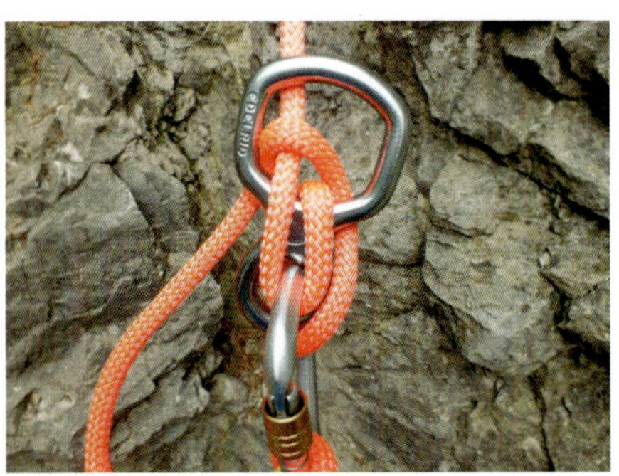

Das Seil ist nun durch die Klemmwirkung zwischen dem straffen Seil und dem Abseilachter blockiert. Erst jetzt könnt ihr die Bremshand vom Seil nehmen.

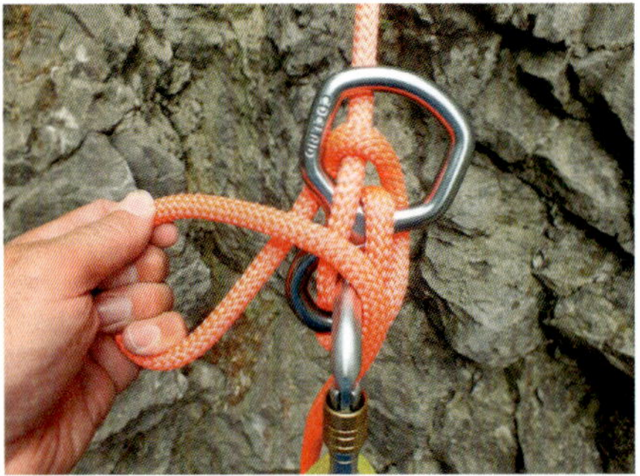

Zur Sicherheit wird nun noch ein Schleifknoten um die Blockierung gemacht.

Dazu wird zunächst eine Schlaufe gebildet.

Durch diese Schlaufe wird eine weitere Schlaufe gezogen.

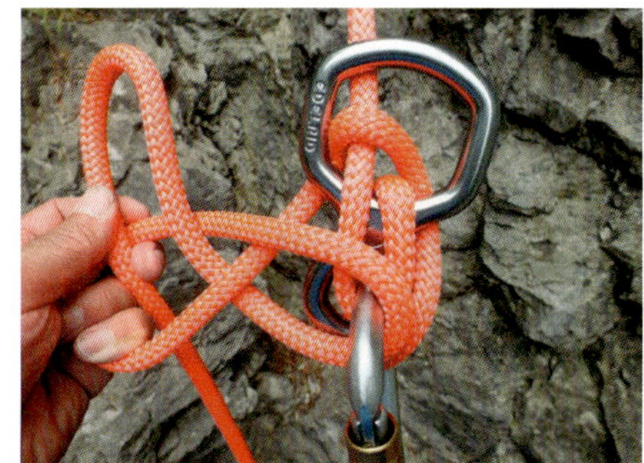

Es ist ein Schleifknoten entstanden. Der Schleifknoten wird festgezogen, er umschließt die zuletzt gelegte Schlaufe.

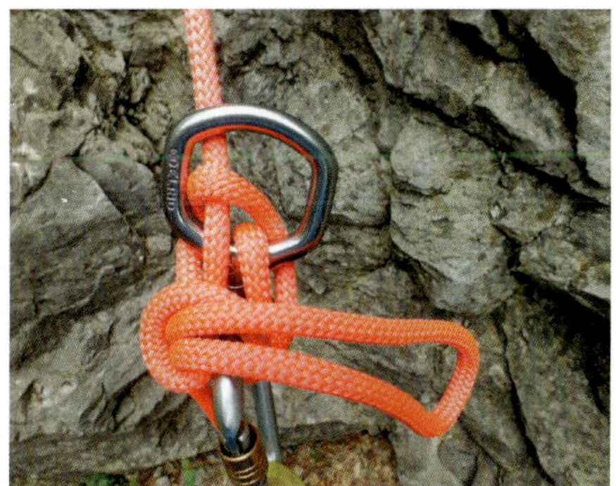

Diese Schlaufe wird zusätzlich durch Einhängen der Selbstsicherung abgesichert, damit sie sich nicht von selbst aufziehen kann.

Die Blockierung ist nun komplett.

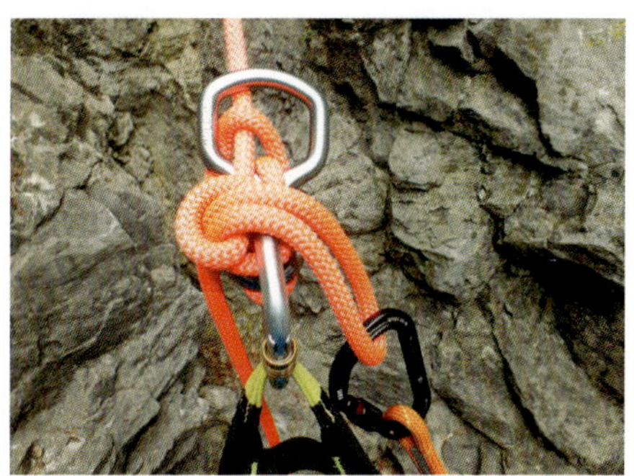

Um sie wieder zu öffnen, wird zunächst die Selbstsicherung ausgehängt.

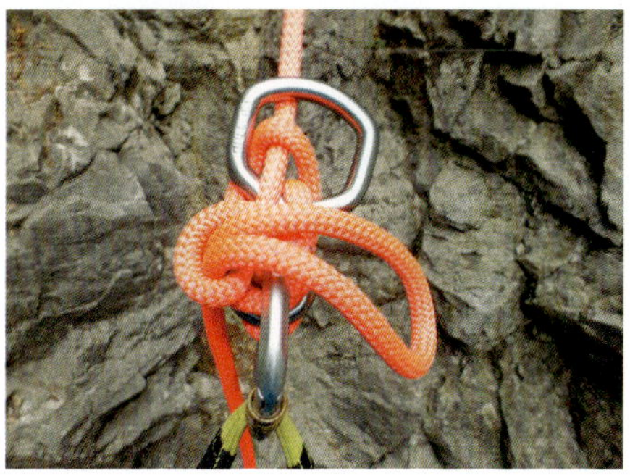

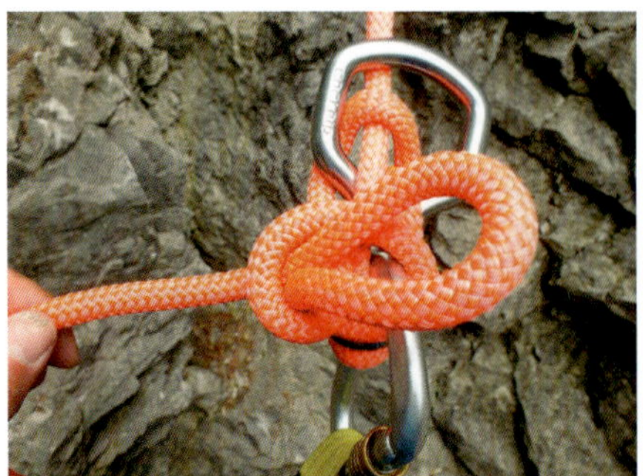

Dann wird die Schlaufe aufgezogen, bis sich eine Restschlaufe von wenigen Zentimetern Durchmesser bildet.

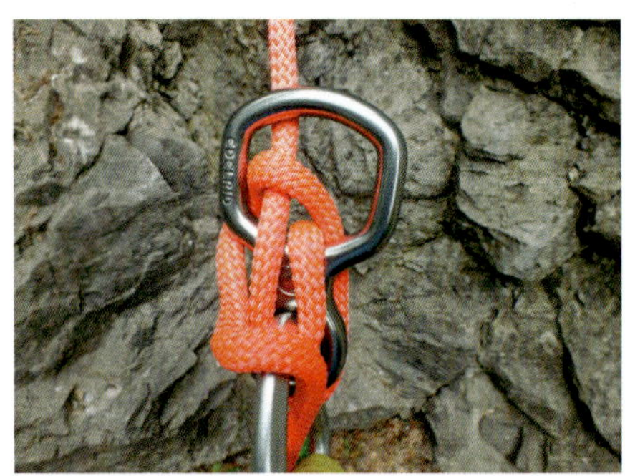

Danach zieht ihr diese Restschlaufe ruckartig auf. Das Seil ist jetzt immer noch blockiert, trotzdem gilt ab sofort wieder: Bremshand am Seil!

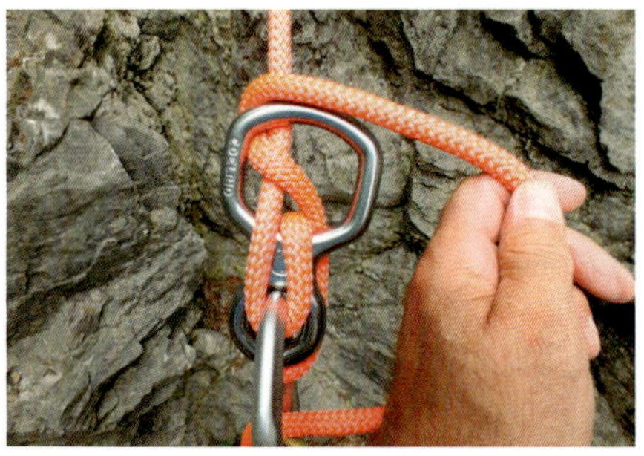

Mit der Bremshand führt ihr jetzt das Seil um die Abklemmstelle herum und löst es durch einen ruckartigen Zug nach unten. Ab jetzt hängt ihr wieder „normal" in der Abseilposition, das sichere Halten des Seils mit der Bremshand ist daher unbedingt notwendig.

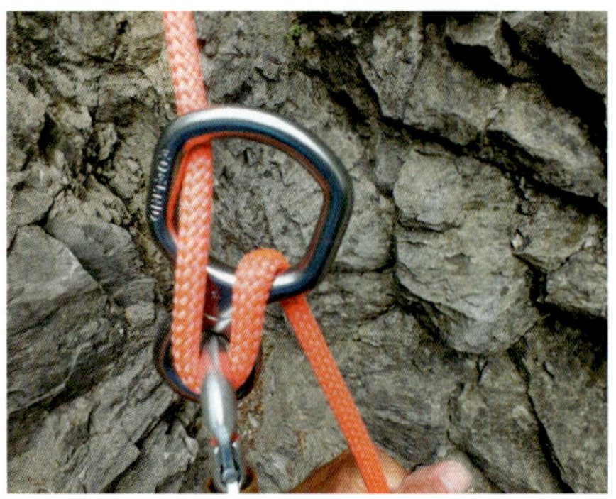

Beim Lösen der Abklemmung gibt das Seil in der Regel ein wenig nach und ihr rutscht ein kleines Stück nach unten – also nicht erschrecken und vor allem: Nicht das Seil loslassen! Mit etwas Übung beherrscht ihr die Selbstblockierung und deren Lösen schnell souverän und sicher.

Blockieren mit speziellen Canyoning-Abseilgeräten

Es gibt spezielle Canyoning-Abseilgeräte, mit denen ihr euch komfortabel selbst blockieren könnt. Die bekanntesten sind der „Piranha" von Petzl sowie der „Hannibal" von Edelrid. Der Ablauf ist dabei folgender:

Man beginnt in der normalen Abseilposition (hier mit der Canyoningmethode).

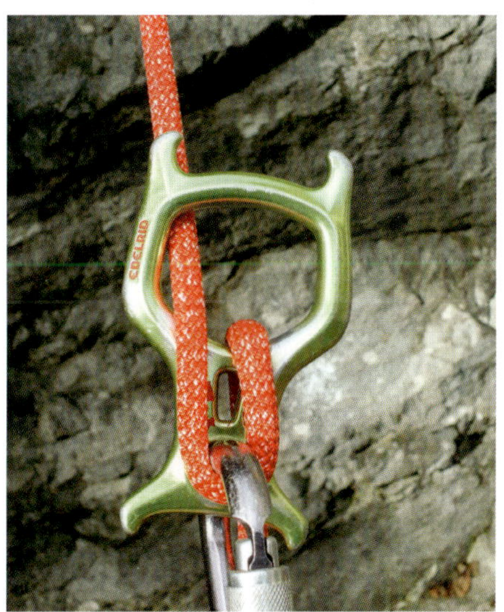

Man lenkt das Seil über das untere Horn des Abseilgeräts um. Der Zug, der das Seil bremst, bleibt dabei erhalten. Dann lenkt man das Seil über das obere Horn um.

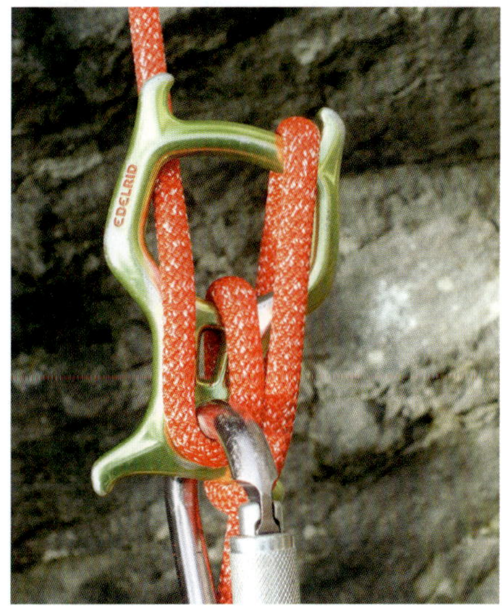

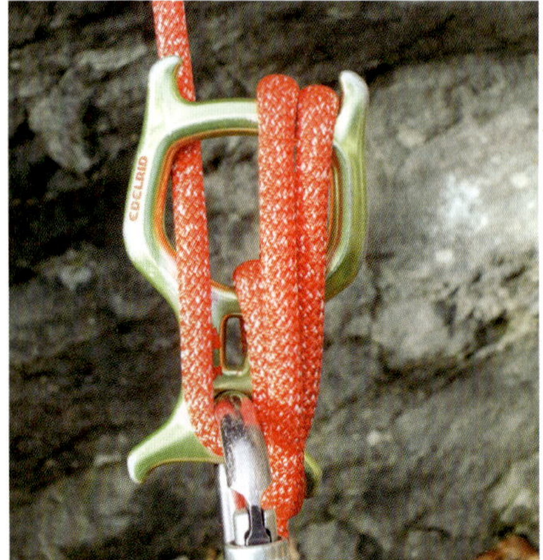

Dies wird noch mindestens ein zweites Mal wiederholt.

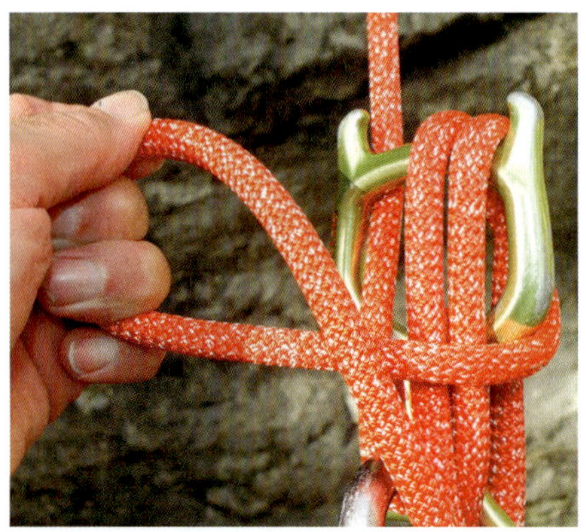

Nun wird um diese Umlenkungen noch ein Schleifknoten gelegt. Dazu wird zuerst eine Öse gebildet.

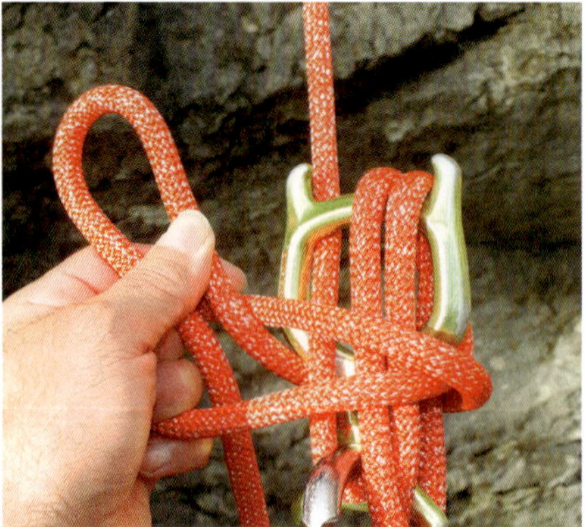

Das Seil wird hinter dem Abseilgerät herumgeführt und so durch die Öse geführt, dass sich erneut eine Öse bildet.

Der Schleifknoten wird nun mit der Selbstsicherung gesichert, um ein unbeabsichtigtes Lösen zu verhindern.

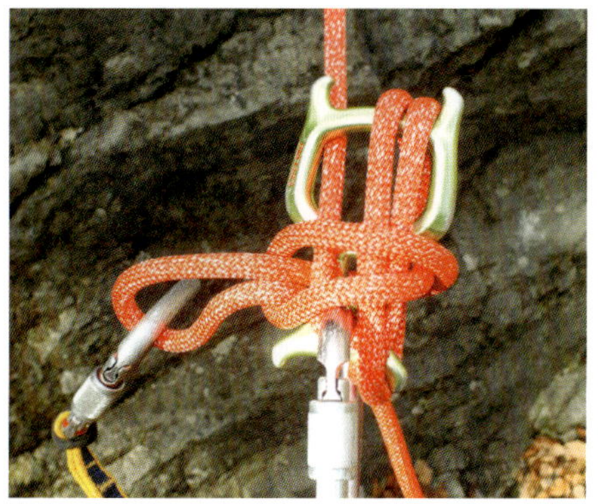

Das Lösen der Blockierung erfolgt in der umgekehrten Reihenfolge.

6.4 LÖSBARE UND FIXE SYSTEME, GESCHLOSSENER KREIS

In diesem Kapitel geht es um den Aufbau einer Abseilstelle – und wieder einmal müssen wir auf eine Besonderheit des Canyonings eingehen: auf das sogenannte *lösbare System*. Im Klettersport eher unbekannt, geht es darum, eine Abseilstelle so aufzubauen, dass sie im Notfall (auch unter Spannung) gelöst werden kann und ihr die gerade selbstständig abseilende Person von oben ablassen könnt. Das unterscheidet den Aufbau einer Abseilstelle maßgeblich von der Methode beim Klettern, wo in aller Regel ein „fixes System" aufgebaut wird oder einfach am Doppelstrang abgeseilt wird.

Für das „normale" Abseilen am trockenen Fels ist dies auch beim Canyoning eine mögliche gängige Methode – nicht aber beim Abseilen im Wasserfall! Sollte der Abseilende im Wasserstrahl in Gefahr kommen (insbesondere dann, wenn das Seil blockiert), gilt es, ihn so schnell wie möglich aus dem Gefahrenbereich zu bringen. Dies geschieht am einfachsten, indem man ihn von oben ablässt („passives Abseilen").

Lösbare Systeme sind daher beim Canyoning obligatorisch beim Abseilen im Wasser. Es gibt verschiedene Techniken zum Aufbau lösbarer Systeme. Allen ist jedoch gemeinsam, dass das Seil in der Abseilstelle fixiert ist, aber auf eine Weise, die ein Lösen der Fixierung unter Seilspannung erlaubt und so aufgebaut ist, dass nach dem Lösen sofort und ohne Umbau das passive Abseilen gestartet werden kann.

Eines der wichtigsten Prinzipien beim Canyoning ist, zu verhindern, dass sich eine am Seil blockierte Person in einem Wasserstrahl oder im Weißwasser befindet. Wenn dies der Fall ist, hat diese Person möglicherweise nur noch wenige Minuten zu leben. Daher verwendet man IMMER bei Wassergefahr lösbare Systeme.

Das Blockieren im Wasserstrahl kann verschiedene Gründe haben:

Jemand kann sich nicht oder nicht schnell genug in einem turbulenten Ankunftsbecken ausbinden (z. B. wenn der Karabiner nicht aufgeht), Haare blockieren den Abseilachter, ein Handschuh kommt in den Abseilachter und blockiert diesen, das überstehende Kinnband des Helms gerät in den Achter und blockiert diesen, es bildet sich ein Ankerstich an einer Kante, weil das Seil falsch in den Achter eingelegt wurde, im Seil befindet sich ein Knoten usw.

Manchmal ist es aber auch schlicht so, dass eine Person im Wasserfall in Panik gerät und nicht in der Lage ist, selbst weiter abzuseilen. Viele der in diesem Buch beschriebenen Techniken sind darauf ausgelegt, genau diese Zwischenfälle gar nicht erst entstehen zu lassen. Falls sie doch auftreten sollten, muss man (im Sinne einer „Second Chance") darauf reagieren können – und dies auch noch sehr schnell.

Wie bei allen Techniken empfehlen wir euch: Übt die Notfallmethoden regelmäßig in unkritischen Situationen, damit sie euch in Fleisch und Blut übergehen. Nur dann werdet ihr im Notfall schnell und souverän reagieren können (siehe Kap. 10).

Man muss lösbare Systeme exakt aufbauen und bedienen können, denn es gilt:

Ein nicht lösbares, weil es ein falsch aufgebautes System ist, ist ein fixes System.

Das Abseilen im Wasserfall gehört sicherlich zu den aufregendsten Momenten beim Canyoning. Um es genießen zu können, ist die Sicherheit des gesamten Teams oberstes Gebot – vom ersten Teammitglied, das die Abseilstelle erkunden muss, bis zum Letzten, der das System abbauen, aber ebenso sicher nach unten gelangen muss.

Generell gilt: Ab einem gewissen Wasserdruck ist das Abseilen im Wasserstrahl tabu und ihr solltet nach Alternativen suchen. Auf jeden Fall aber sind die Teammitglieder beim Abseilen im Wasserfall gegenseitig füreinander verantwortlich und müssen in der Lage sein, dem anderen aus einer gefährlichen Situation zu helfen. Die nachfolgenden Bilder geben einen Eindruck davon, was wohl passieren würde, wenn man in den abgebildeten Situationen blockiert wäre.

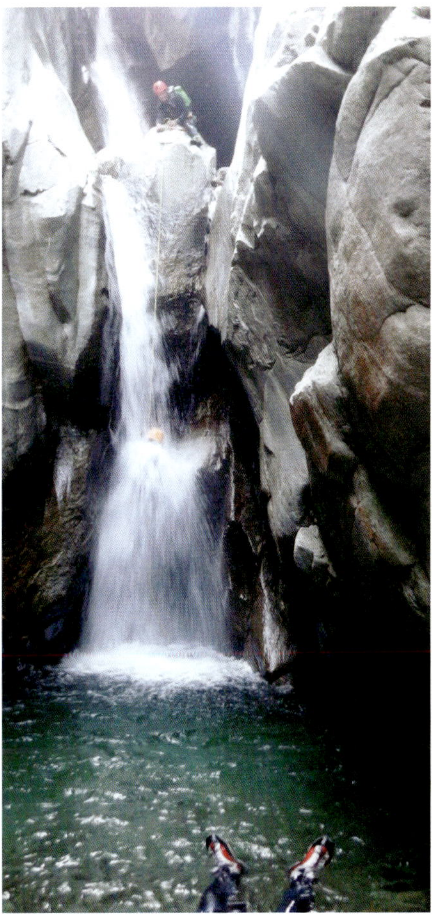

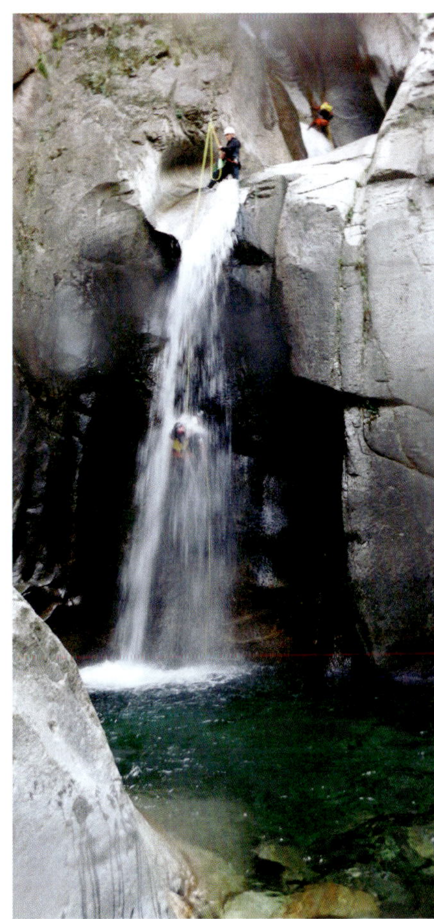

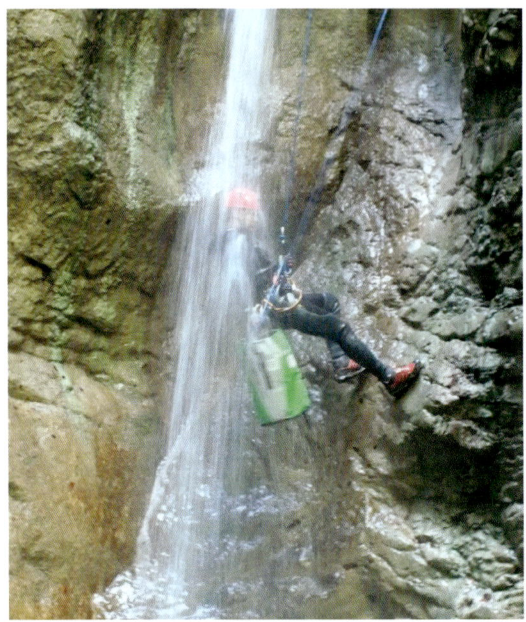

Sofern man die Abseilstelle als ein lösbares System aufgebaut hat, hat man all die oben beschriebenen kritischen Situationen (und noch viele andere) in kürzester Zeit sicher im Griff.

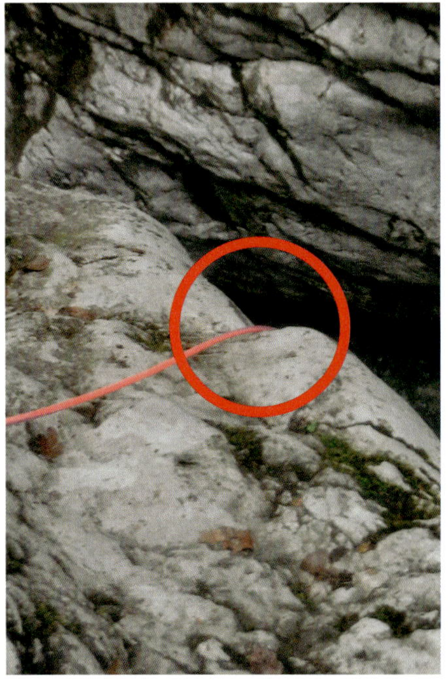

Neben ihrer sicherheitstechnischen Funktion im Wasserstrahl für die sich abseilende Person haben lösbare Systeme noch einen weiteren Einsatzbereich, nämlich um (vor allem bei scharfkantigem Fels) das Seil zu schonen. Sofern das Seil beim Abseilen auf dem Fels aufliegt, besteht immer erhöhter Materialverschleiß bis hin zu der Gefahr, dass das Seil sehr schnell an einer scharfen Kante (im Granit in Sekunden) durchgescheuert wird. Zudem braucht man lösbare Systeme, um Seile auf der Wasseroberfläche ablängen zu können (siehe Kap. 6.5).

Auch wenn ihr stets vermeiden solltet, dass das Seil über Felskanten läuft, sind in der Praxis viele Abseilstellen leider (besonders in Deutschland und in Österreich, weniger dagegen in Italien) so beschaffen, dass das Seil am Fels aufliegt. Hier gilt es, die Auflagefläche des Seils während des Abseilvorgangs permanent zu verändern, sodass es nicht an einer Stelle durchscheuern kann.

Auch dafür kommt ein lösbares System zum Einsatz, allerdings wird das Seil hier gar nicht erst fixiert (und nur im Notfall gelöst), sondern das Seil wird, während jemand abseilt, permanent ganz langsam nachgelassen – quasi eine Kombination aus aktivem und passivem Abseilen.

Wenn ihr ins Wasser abseilt, muss das Seil nach jedem Nachlassen wieder um das abgelassene Stück hochgezogen werden, damit das Seil auf dem Wasser abgelängt bleibt. Wie weit man das Seil während des Abseilens verschoben hat (und wie weit man es wieder zurückziehen muss, damit es abgelängt bleibt), kann man mit einem Kurzprusik markieren.

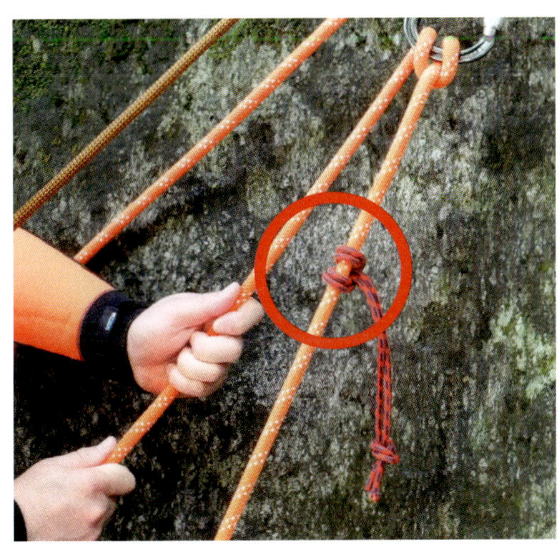

Zudem sind lösbare Systeme die Grundlage einiger Rettungstechniken.

Lösbare und fixe Systeme – wann setze ich welche Technik ein?

Wenn das Gelände unkritisch ist (keine Wassergefahr, kein Felskontakt des Seils) und ihr mit einer größeren Gruppe oder mit Kindern unterwegs seid, könnt ihr ein fixes Seil so einhängen, dass im schnellen Wechsel an zwei Strängen die Teammitglieder abseilen können. Oder ihr nutzt einen Seilstrang für die Personen, die selbstständig abseilen wollen, während ihr den zweiten Strang für passives Abseilen aufbaut. Die letzte Person seilt dann einfach am Doppelstrang ab.

Umgekehrt gilt: Immer dann, wenn Wassergefahr besteht, sind lösbare Systeme obligatorisch. Das Gleiche gilt bei intensivem Felskontakt des Seils bzw. scharfen Kanten (vor allem im Granit). Wir empfehlen grundsätzlich, lösbare Systeme anzuwenden. Denn das lösbare System sollte stets der Normalfall beim Aufbau einer Abseilstelle sein.

Oftmals wird es als zu zeitaufwendig angesehen, ein lösbares System aufzubauen. Wer so argumentiert, gibt jedoch nur zu erkennen, dass er keine Routine im Aufbau lösbarer Systeme hat – ein gewichtiger Grund, dies schleunigst zu üben. Wenn man routiniert ist, baut man ein lösbares System genauso schnell auf wie ein fixes.

Nachfolgend stellen wir euch fünf verschiedene Techniken vor, um ein lösbares System aufzubauen:

- der abgeschleifte Halbmastwurfsicherungsknoten;
- der Doppelachter;
- der Achter gegen das Kettenglied;
- der „Oka" und
- die Körpersicherung als lösbares System.

Welches der Systeme ihr einsetzt, ist im Grunde gleichgültig (mit Einschränkungen bei der Körpersicherung als lösbares System) –, es hängt im Wesentlichen vom verfügbaren Material und davon ab, mit welcher Technik ihr am besten zurechtkommt. Wir empfehlen euch, die verschiedenen Systeme auszuprobieren und euch dann für eine Methode zu entscheiden, die ihr übt, bis ihr sie blind beherrscht.

Der abgeschleifte Halbmastwurfsicherungsknoten (HMS)

Der abgeschleifte Halbmastwurfknoten ist das wohl verbreitetste aller lösbaren Systeme. Er hat den Charme, dass ihr zu seinem Aufbau kein besonderes Material braucht, sondern nur einen HMS-Karabiner (idealerweise zusätzlich einen Zentralkarabiner, siehe Kap. 6.2) und das sowieso notwendige Seil. Der HMS-Karabiner ist ein birnenförmiger Karabiner, der euch aufgrund seines großen Innendurchmessers genügend Platz zum Seilhandling (hier: zum HMS-Knoten) gibt.

Aufbau des Systems

Der Stahlkarabiner wird als Zentralkarabiner in den Abseilpunkt eingehängt.

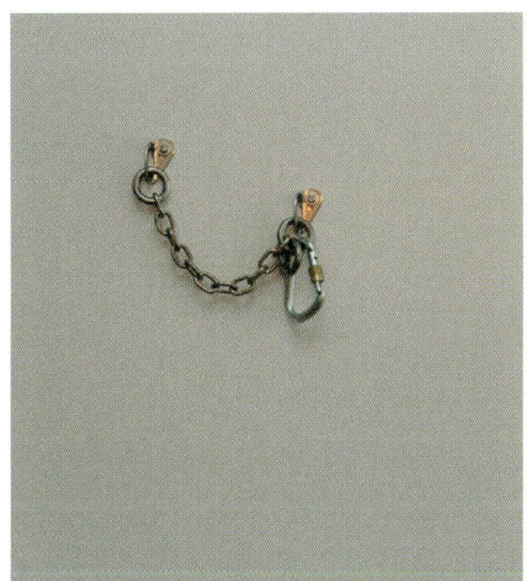

In den Zentralkarabiner wird ein birnenförmiger HMS-Karabiner eingehängt.

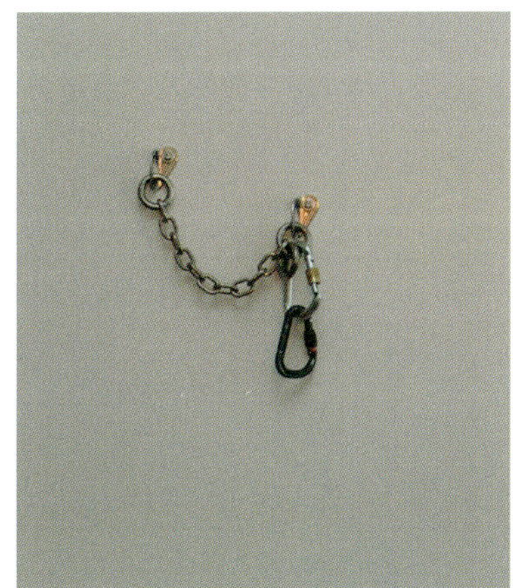

Das Lastseil (oder Abseilseil, also das Seilende, an dem abgeseilt wird) wird durch die Öse am Abseilpunkt geführt und so weit durchgezogen, bis das Seil auf die richtige Länge zum Abseilen abgelängt ist.

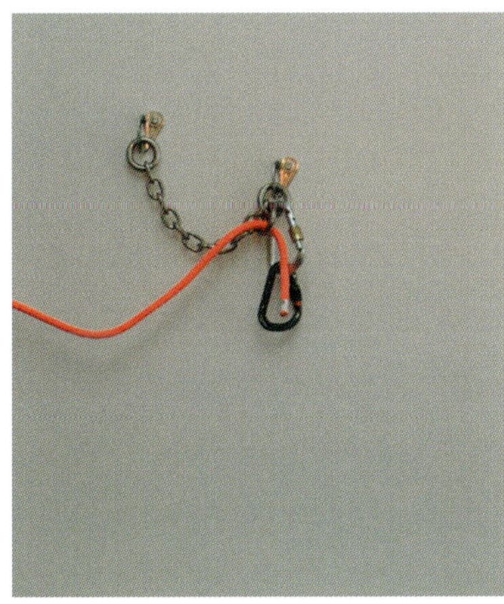

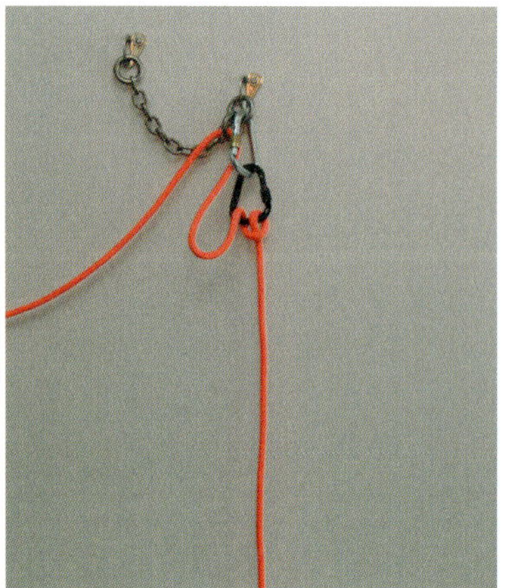

Das Seil wird mit einem Halbmastwurfknoten am zweiten Karabiner befestigt. Dieser Halbmastwurf stellt später das Bremselement des lösbaren Systems dar.

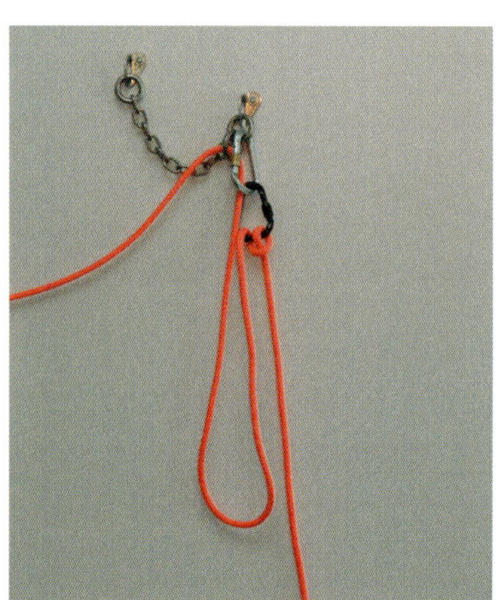

Circa ein Meter Seil des losen Endes (also von dem Seilabschnitt, an dem nicht abgeseilt wird) wird als Schlappseil durch die Öse gezogen.

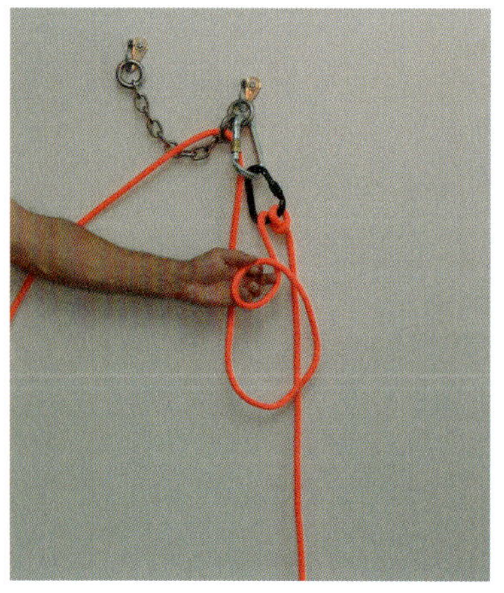

Mit dem Schlappseil wird eine Schlaufe gebildet.

Das Seil wird von hinten durch die Schlaufe geführt.

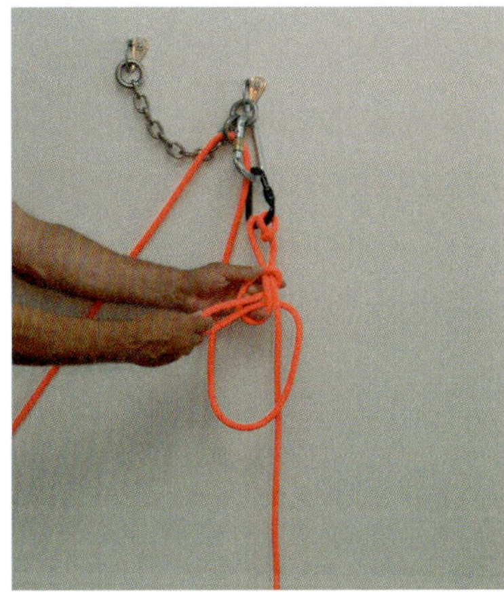

Die Schlaufe wird circa 60 Zentimeter herausgezogen.

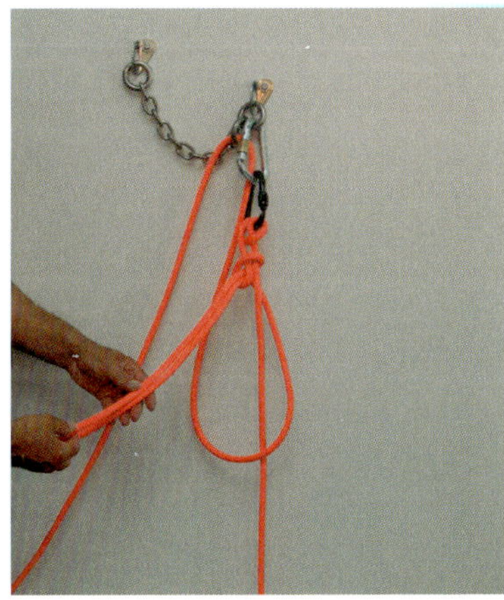

Mit dieser Schlaufe wird ein „Sicherungsschlag" gemacht und zwar so, dass die dabei entstehende Schlaufe nach unten zeigt.

Anmerkung: Anstatt mit dem Sicherungsschlag könnt ihr die Schlaufe auch mit einem Karabiner absichern.

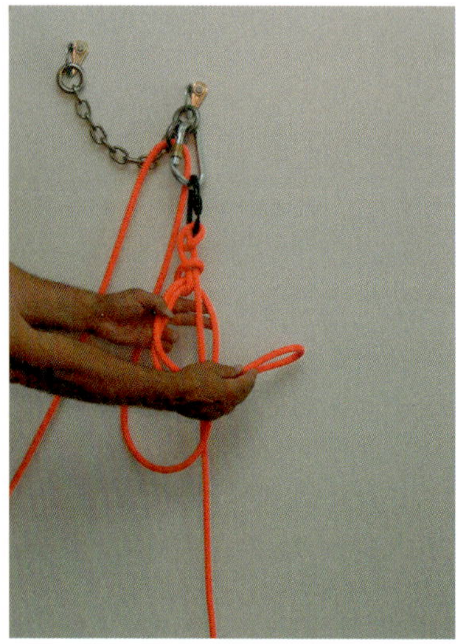

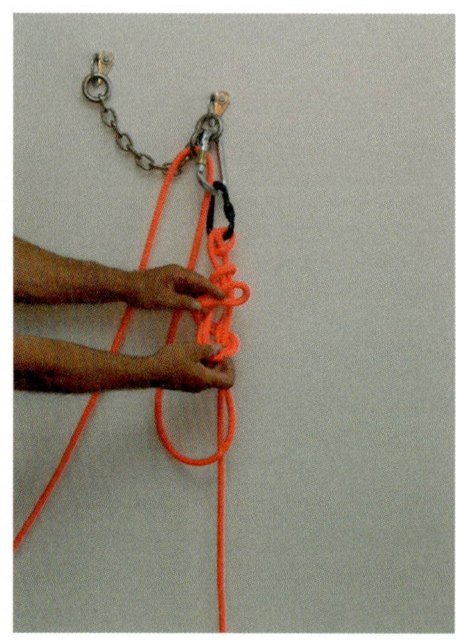

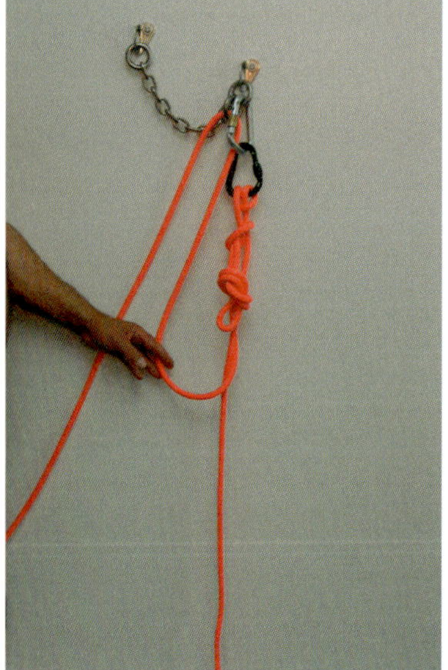

Das lösbare System ist fertig: Die erste Person kann sich abseilen.

Öffnen des Systems

Der Sicherungsschlag wird gelöst bzw. der Sicherungskarabiner wird ausgehängt.

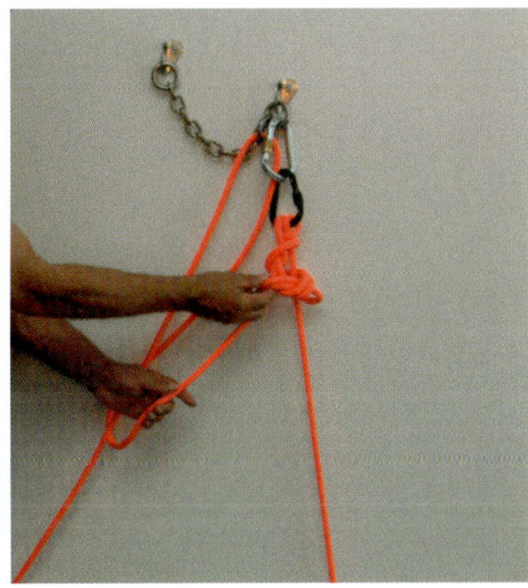

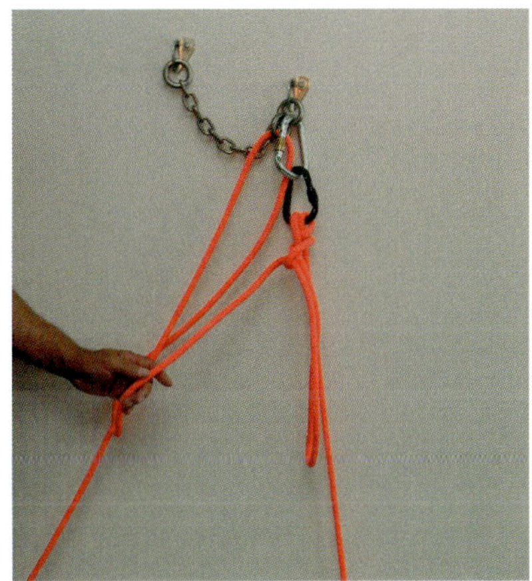

Die Schlaufe wird so weit herausgezogen, bis sie noch circa fünf Zentimeter groß ist.

Der letzte Teil der Schlaufe wird ruckartig mit beiden Händen durchgezogen, dabei wird das Seil gut festgehalten.

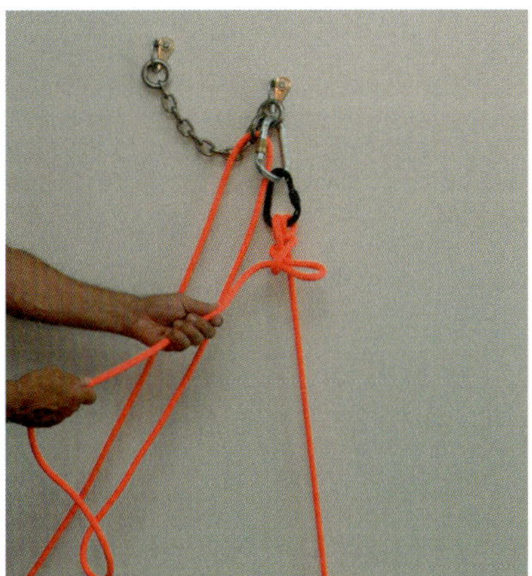

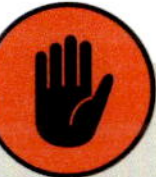

Wenn ihr die Restschlaufe zu klein macht und/oder die Bewegung nicht ruckartig ist, kann das Öffnen des Knotens sehr schwer sein.

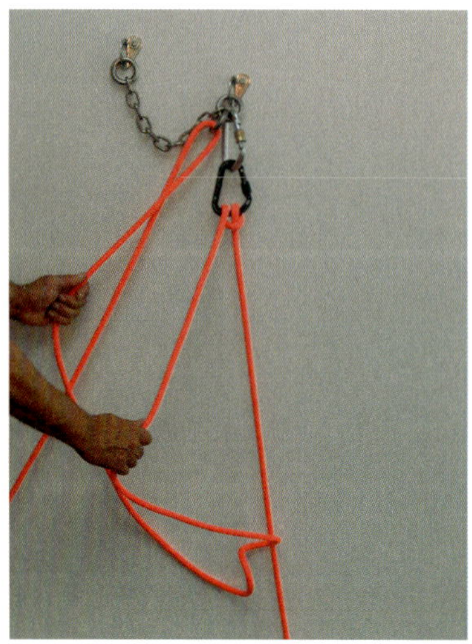

Nun könnt ihr über den HMS die in Gefahr befindliche Person zügig abseilen.

Dieses lösbare System funktioniert auch, ohne dass ihr das Seil zu Beginn durch die Öse zieht. Die letzte Person muss dann das Seil jedoch vor dem Abseilen umbauen und noch durch die Öse ziehen, um selbst einen Abseilpunkt zu haben.

Wir empfehlen, jede Abseilstelle gleich so aufzubauen, dass die letzte Person sie nicht umbauen muss: Sollte euch beim Umbau das Seil aus der Hand gleiten und der Schwerkraft folgen, steht ihr als letzte Person ohne Seil oben an der Abseilstelle!

Lösbares System mit dem Doppelachter

Der Doppelachter ist ein noch vergleichsweise wenig verbreitetes Gerät, das speziell für den Aufbau eines komfortablen, lösbaren Systems entwickelt wurde. Für den Aufbau benötigt ihr neben dem Doppelachter selbst zwei Expressschlingen mit Schraubkarabinern.

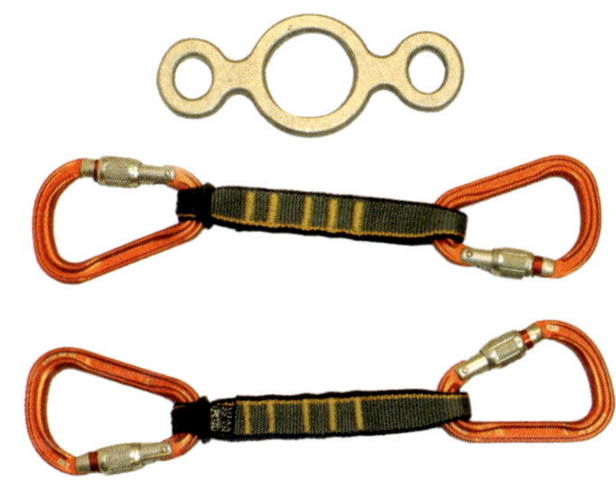

Sofern ihr keinen Doppelachter zur Verfügung habt und trotzdem solch ein System aufbauen möchtet, könnt ihr stattdessen auch zwei normale Abseilachter verwenden. Das Handling ist allerdings nicht ganz so komfortabel, da sich die beiden Abseilachter gegeneinander verdrehen können.

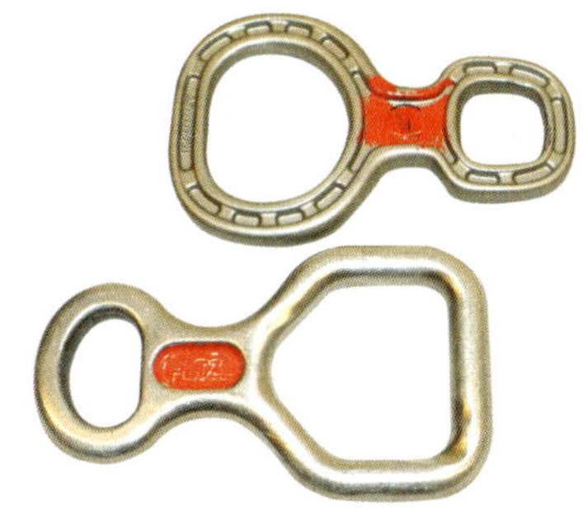

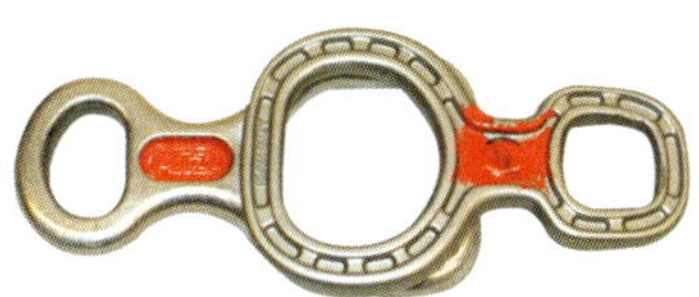

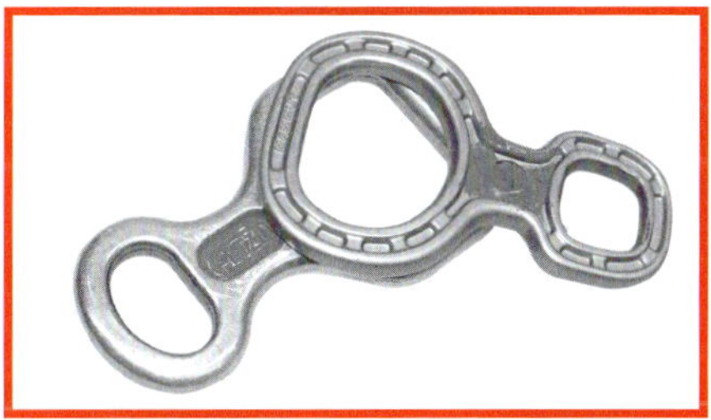

Der Doppelachter ist zwar in erster Linie ein Gerät, um ein lösbares System aufzubauen, er kann jedoch auch als Backup (z. B. bei Verlust des normalen Achters) zum Abseilen verwendet werden.

Aufbau des Systems

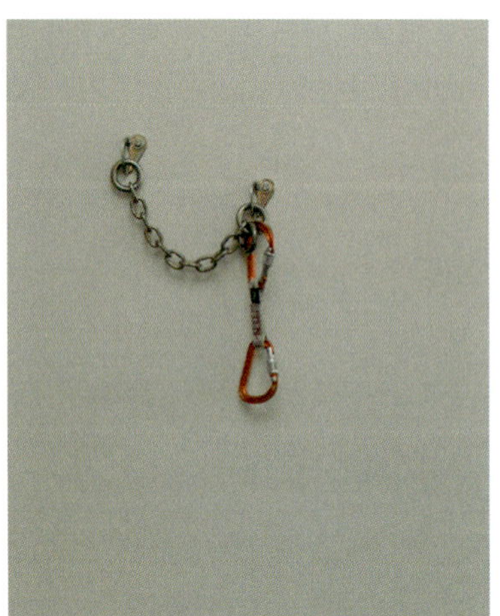

Eine Expressschlinge wird in die Öse des Abseilpunkts eingehängt und zugeschraubt.

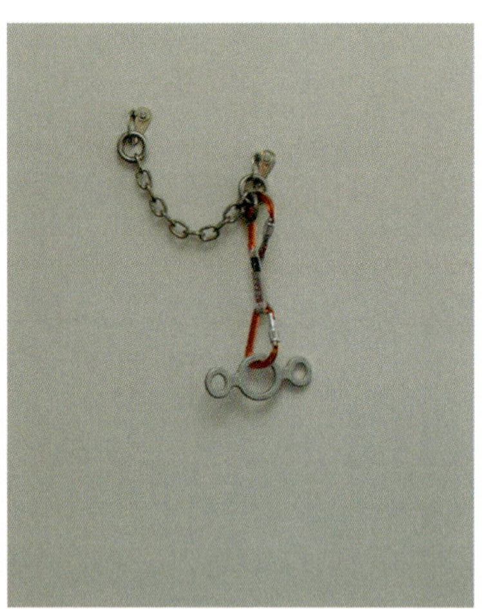

In die Expressschlinge wird die mittlere Öffnung des Doppelachters eingehängt. Auch auf dieser Seite wird die Expressschlinge zugeschraubt.

Das Lastseil wird durch die Öse des Abseilpunkts geführt und so weit durchgezogen, wie Seillänge für das Abseilen benötigt wird.

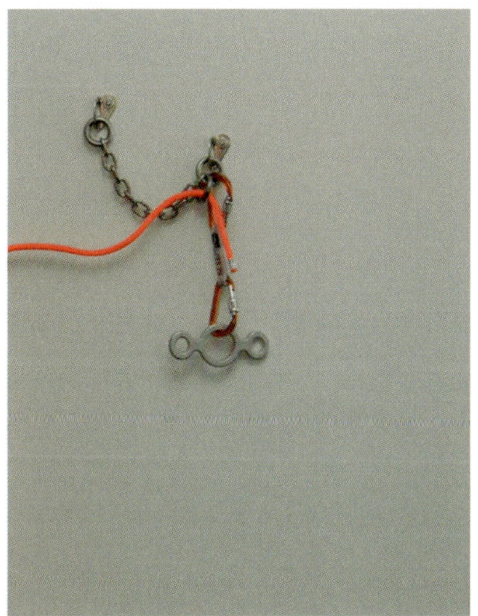

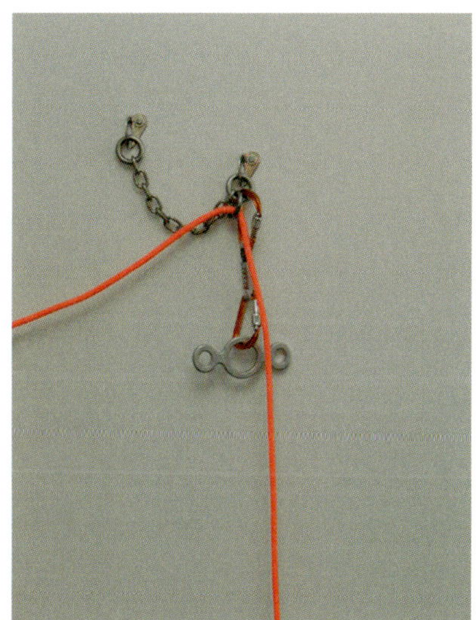

Eine Seilschlaufe wird durch die große Öse des Doppelachters gezogen und um eine der kleinen Ösen des Doppelachters gelegt.

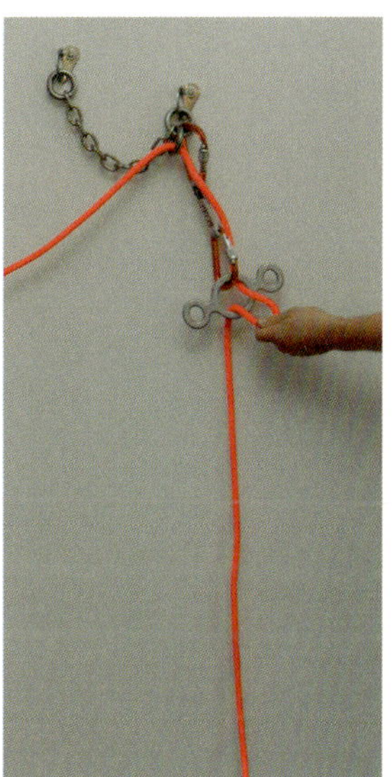

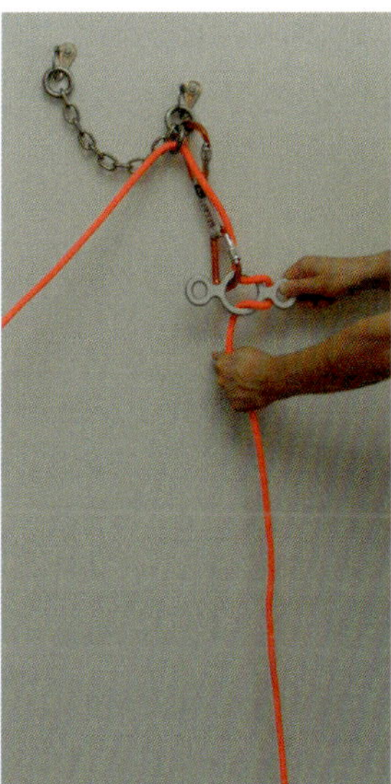

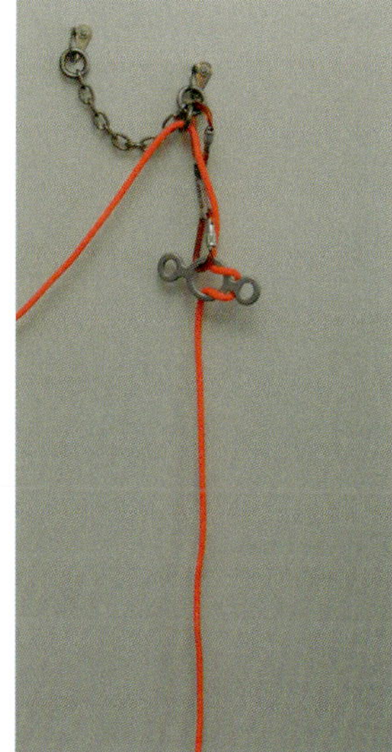

Mit der anderen Seite des Seils (also dem Schlappseil jenseits des Abseilpunkts) wird genauso verfahren: Eine Schlaufe des Schlappseils wird durch die große Öse gezogen und um die andere kleine Öse des Doppelachters gelegt. Das Ganze sollte symmetrisch aufgebaut sein, das heißt, die Schlaufen sollte immer von der gleichen Seite durch die große Öse gezogen werden.

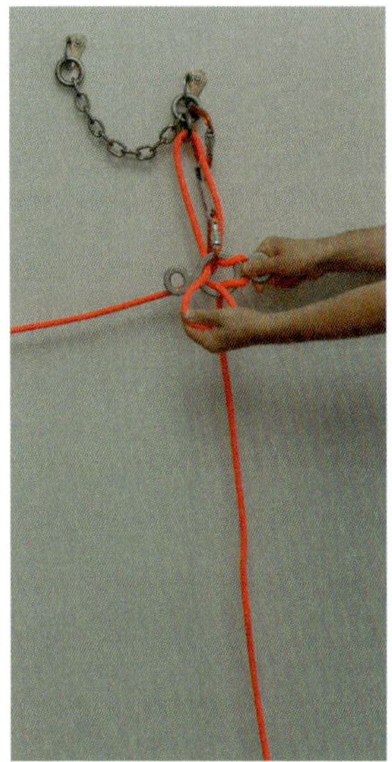

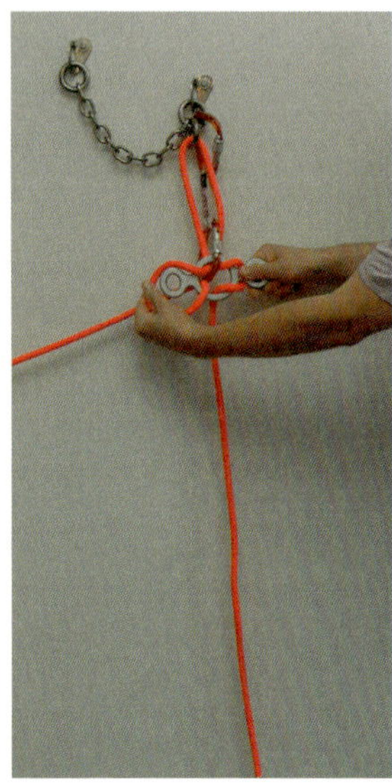

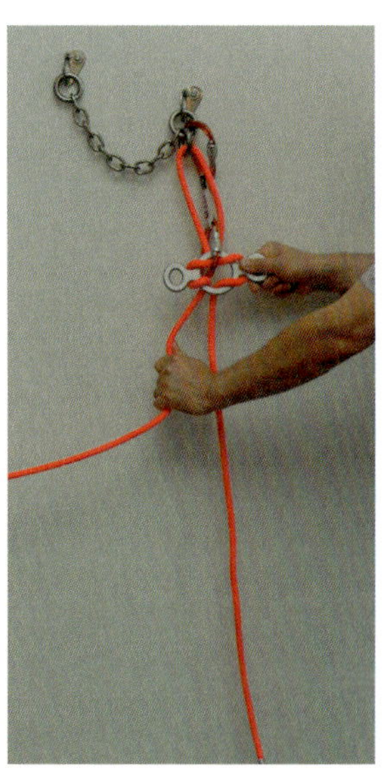

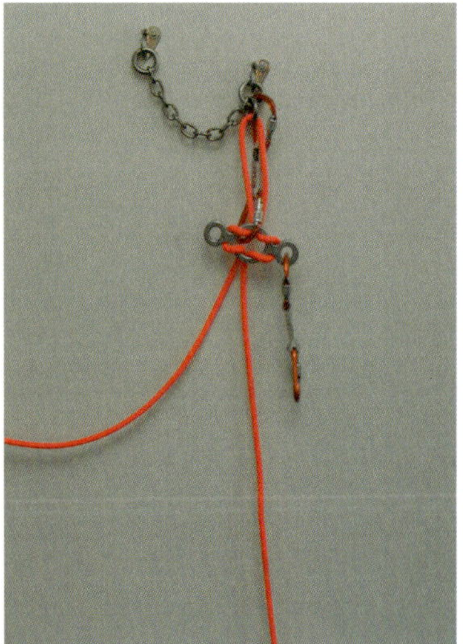

Die Expressschlinge wird in eine kleine Öse eingehängt.

Der zweite Karabiner der Expressschlinge wird in die andere kleine Öse des Doppelachters eingehängt.

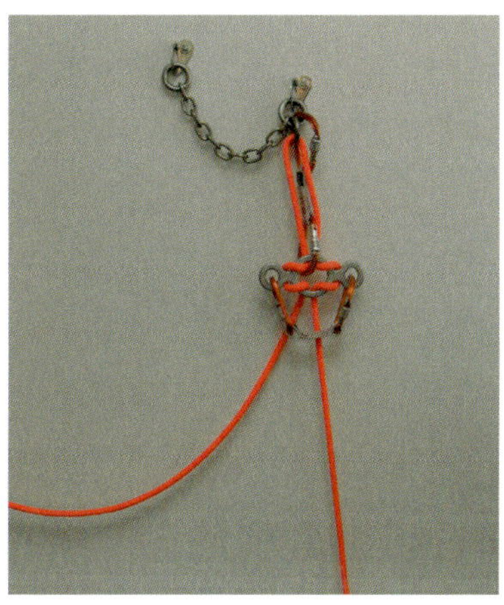

Die zweite Expressschlinge schützt davor, dass das Seil über die kleine Öse rutschen könnte und somit die Bremskraft verloren ginge. Beide Karabiner werden zugeschraubt (Nicht fest anziehen: Leichtes Zuschrauben reicht, um den Karabiner gegen unbeabsichtigtes Öffnen zu sichern, ihn im Notfall aber sehr schnell öffnen zu können!). Jetzt ist das lösbare System fertig und gesichert.

Öffnen des Systems

Die Expressschlinge wird auf der Seite des Bremsseils ausgehängt.

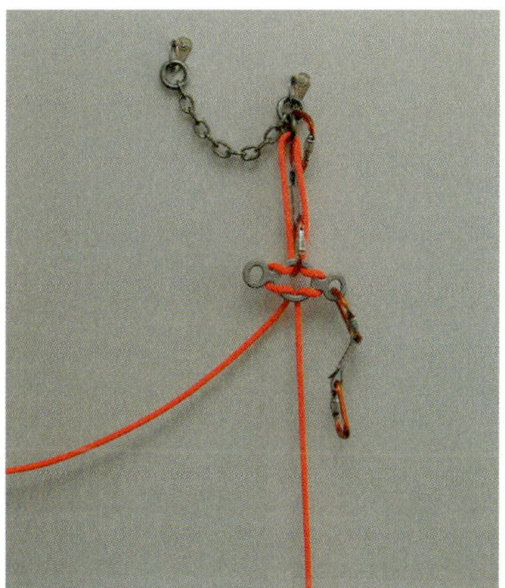

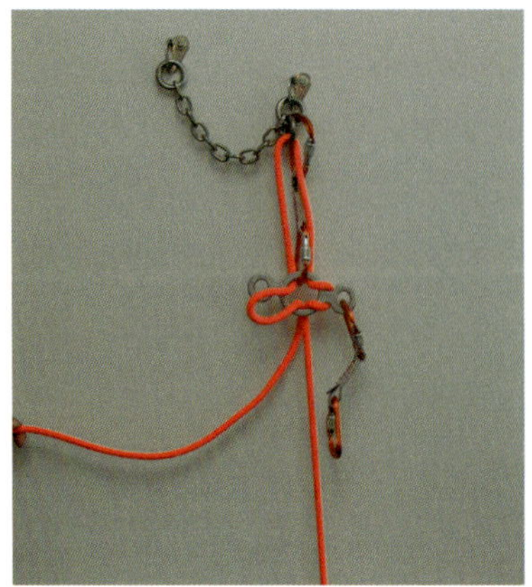

Das Seil wird über die Öse des Doppelachters gezogen, auf der sich das Bremsseil befindet (das geht völlig ohne Zug auf das Seil – die eigentliche Bremswirkung wird zu diesem Zeitpunkt von der Seilschlinge um die andere Öse übernommen).

Nun kann das Seil nachgegeben werden und die in Gefahr befindliche Person abgeseilt werden – so, wie ihr das vom Ablassen an einem normalen Achter gewohnt seid. Das Seil kann nach der gleichen Methode jederzeit wieder über die zweite Öse fixiert werden.

Diese Methode ist auch sehr gut geeignet, um ein Seil auf die optimale Länge abzulängen: Wenn die erste Person abseilt und feststellt, dass zu wenig Seil ausgegeben wurde (Pfeifkommando „Seil nachgeben"), könnt ihr sie komfortabel so weit ablassen, bis sie das entsprechende Pfeifkommando („Stopp") gibt und das Seil dann wieder fixieren.

Durch die Verwendung der ersten Expressschlinge hat der Doppelachter mehr „Spiel" am Fels, er kann sehr leicht bewegt werden, wenn sich z. B. das Seil ungünstig verklemmt. Wenn ihr über einen Doppelachter verfügt, ist diese Methode eines lösbaren Systems unser Favorit!

Lösbares System mit dem Achter gegen das Kettenglied

Für dieses lösbare System wird ein normaler Abseilachter verwendet, den ihr auf jeden Fall zu eurer Standardausrüstung zählen solltet. Auch hier gilt: Eckige Achter sind besser geeignet als die Achter mit runder Öse. Die Methode „Achter gegen Kettenglied" könnt ihr identisch auch als „Achter gegen Fixpunkt" einsetzen – dort habt ihr lediglich häufig weniger Spielraum.

Aufbau des Systems

Das Lastseil wird auch hier als Erstes durch die Öse des Abseilpunkts geführt und – so weit die Situation einsehbar ist – auf die optimale Länge durchgezogen.

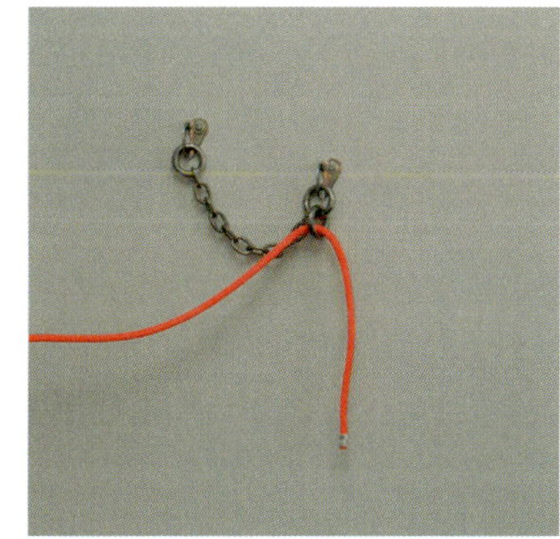

Auf der Seite des Bremsseils wird der Abseilachter mit der „Alpinmethode" in das Seil eingelegt, das heißt, das Seil läuft um die kleine Öse des Achters herum und nicht durch einen Karabiner.

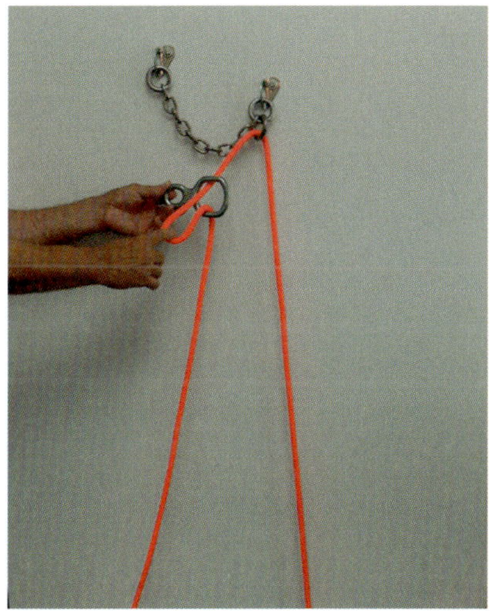

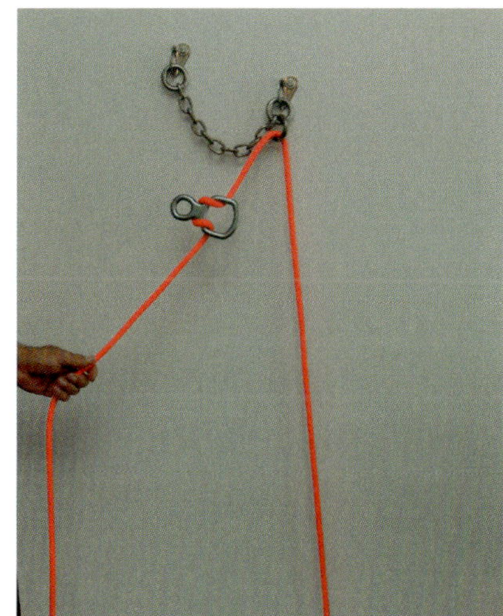

Mit dem Bremsseil wird unterhalb des Achters eine Schlaufe gebildet.

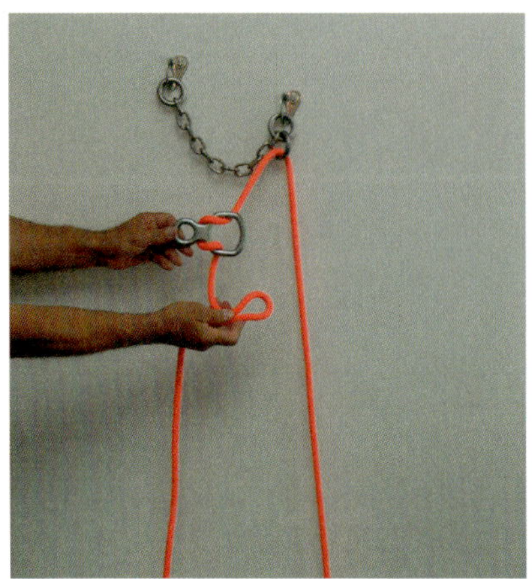

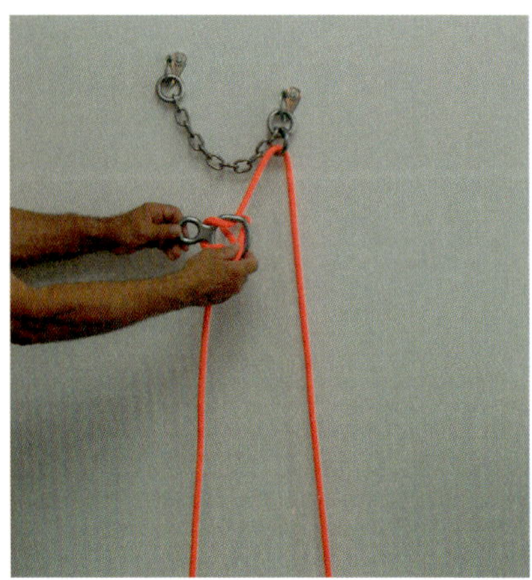

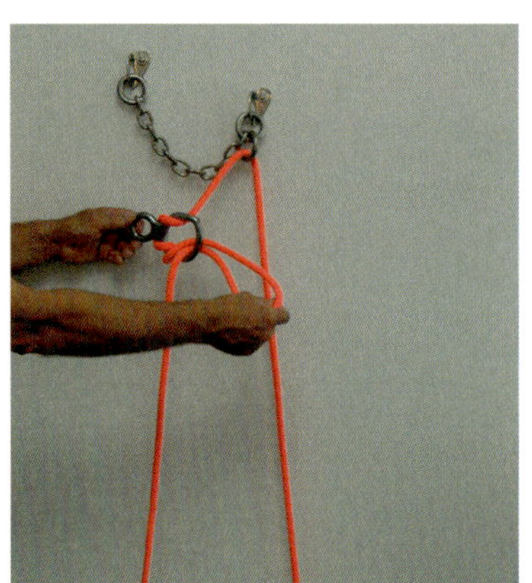

Diese wird durch die große Öffnung des Achters gesteckt.

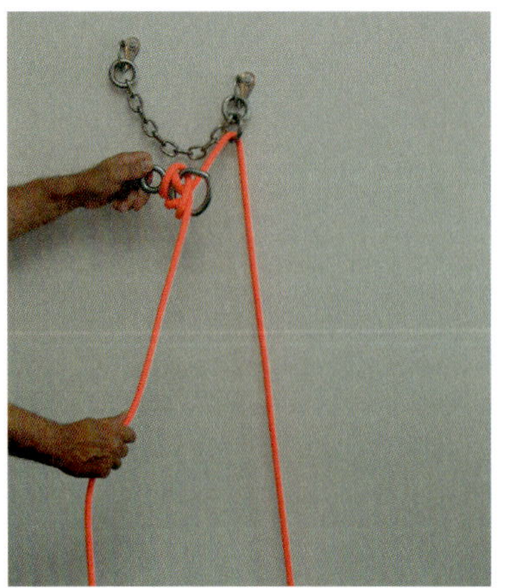

Dann wird die Schlaufe über die kleine Öse des Achters gelegt. (Hier liegt bereits eine erste Schlaufe vom Einbinden des Achters – jetzt muss das Seil zweimal um die kleine Öse laufen.)

Eine Expressschlinge wird in die kleine Öse des Achters eingehängt.

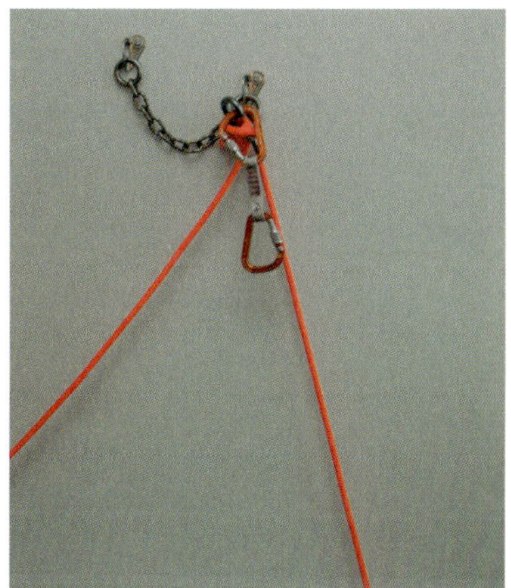

Der zweite Karabiner der Expressschlinge wird in den Kettenstand eingehängt – idealerweise mit Abstand zum Abseilpunkt, durch den das Seil geführt ist. Die Karabiner werden zugeschraubt – jetzt ist das lösbare System einsatzbereit.

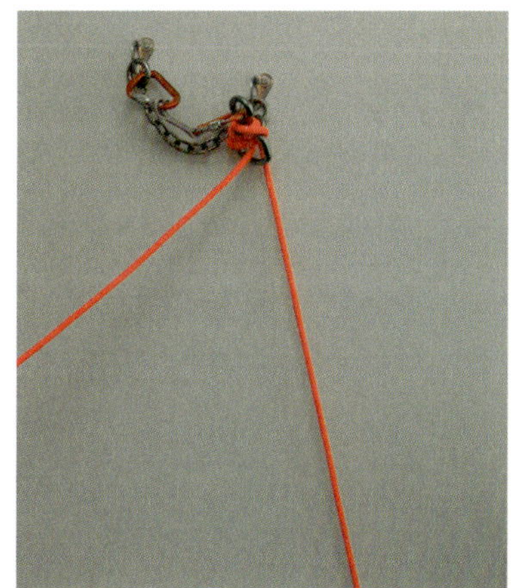

Öffnen des Systems

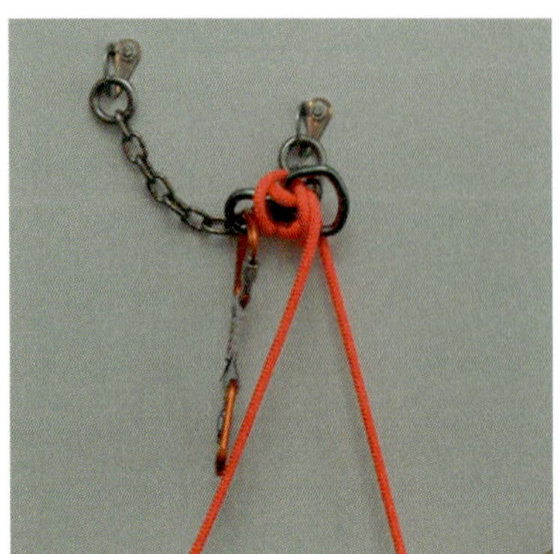

Die Expressschlinge wird (auf beiden Seiten) ausgehängt und am Gurt befestigt. Wenn genügend Platz ist, könnt ihr die Expressschlinge auch nur aus dem Achter aushängen und im Kettenstand belassen – das spart im Notfall wertvolle Zeit.

Die zweite Schlaufe um die kleine Öse des Achters wird ausgehängt (das geht völlig ohne Zug auf das Seil – die erste Schlaufe übernimmt die Bremswirkung, außerdem ist zu diesem Zeitpunkt das Seil in der großen Öse noch verklemmt).

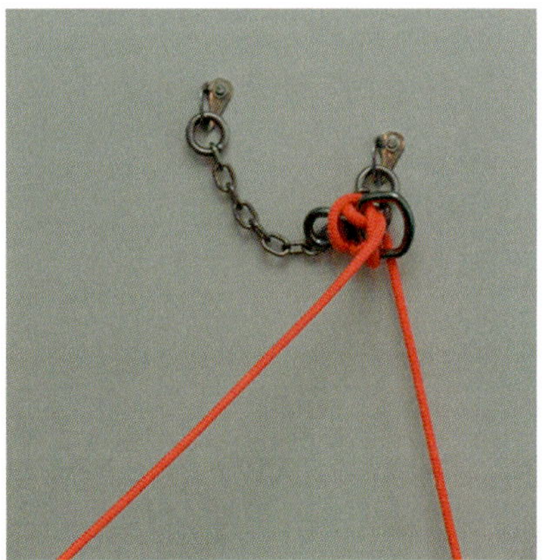

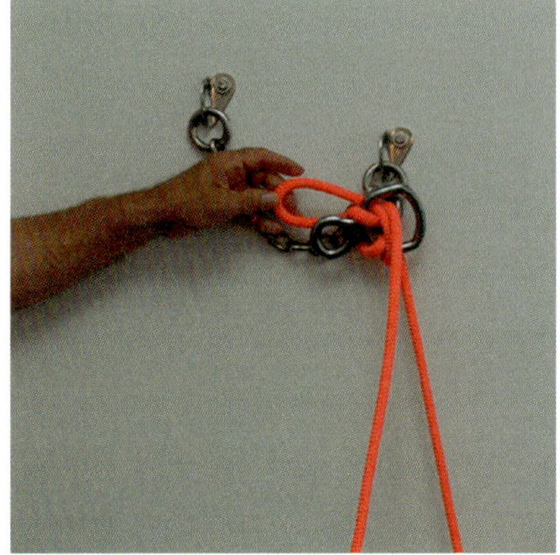

Die Schlaufe wird auf circa fünf Zentimeter Größe zusammengezogen und dann mit beiden Händen ruckartig gelöst – ab diesem Zeitpunkt darf das Bremsseil nicht mehr losgelassen werden, denn jetzt handelt es sich um ein „normales" passives Abseilen über einen Achter.

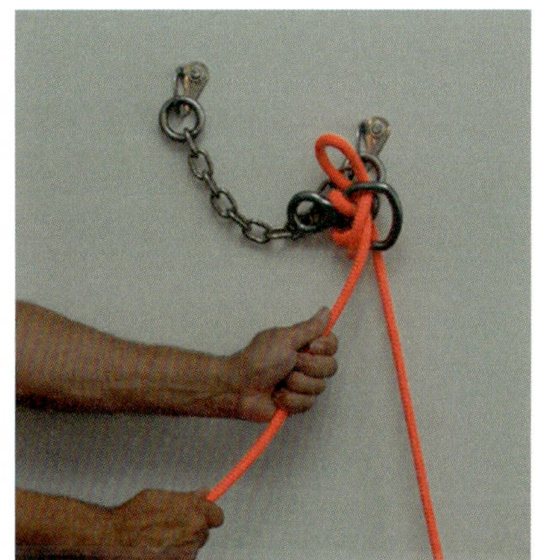

Nun kann Seil nachgegeben werden und die abseilende Person weiter abgelassen werden und so unter Umständen aus der Gefahrenstelle gebracht werden.

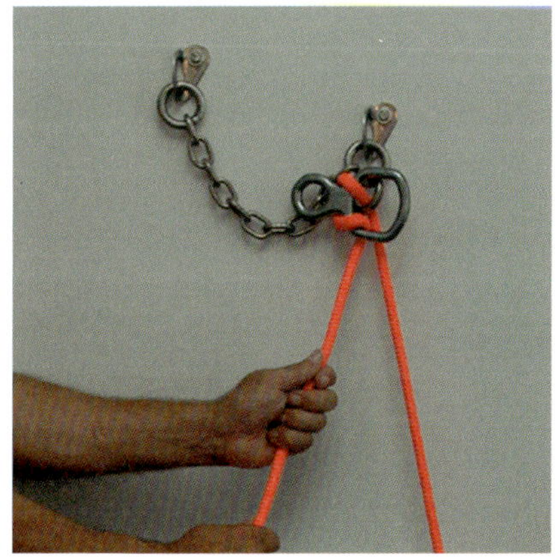

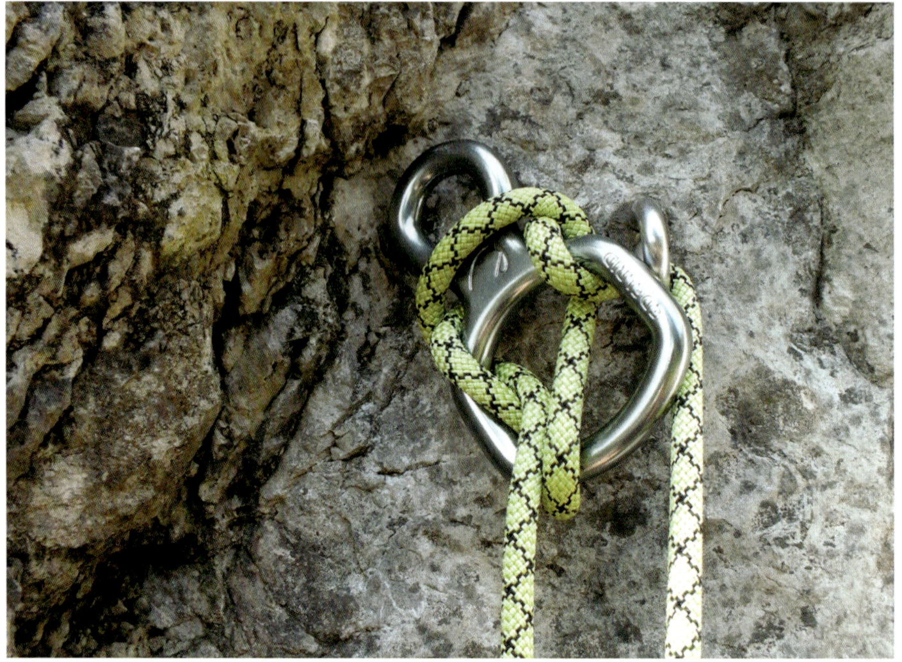

Lösbares System „Achter gegen Fixpunkt". Man kann gut erkennen, dass das Handling deutlich schwieriger wird als bei einem Kettenstand.

Da bei dieser Methode der Achter wenig „Spiel" am Fels hat und vom Zugseil direkt an den Abseilpunkt gezogen wird, kann es leicht passieren, dass sich das Seil verklemmt, wenn der Anker eine ungünstige Position hat. Dann kann es sehr schwierig werden, die zweite Schlaufe zu lösen.

Ein weiterer Nachteil der Methode „Achter gegen das Kettenglied" besteht darin, dass Rettungsaktionen (auch wegen des fehlenden Zentralkarabiners) schwerer ausgeführt werden können als bei der Verwendung eines abgeschleiften Halbmastwurfs.

Lösbares System mit dem „Oka"

Mit dem „Oka" hat die Firma Kong ein Abseilgerät entwickelt, mit dem sich sehr gut und komfortabel ein lösbares System aufbauen lässt.

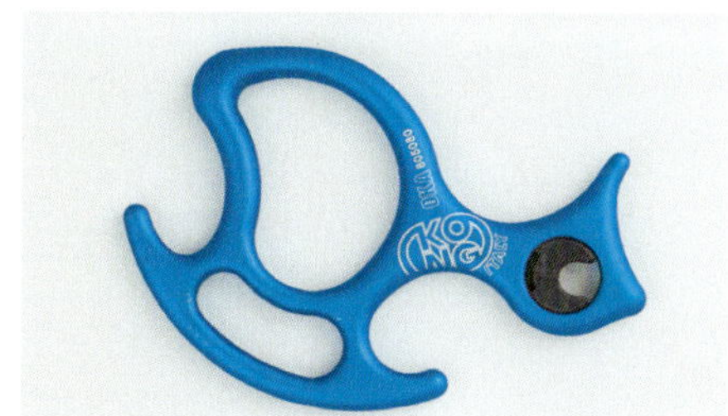

Aufbau des Systems

Zuerst wird der Zentralkarabiner eingehängt.

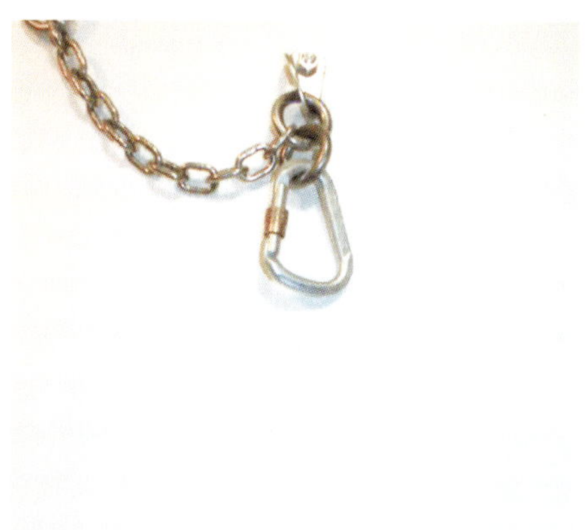

Das Seil wird durch die Öse geführt.

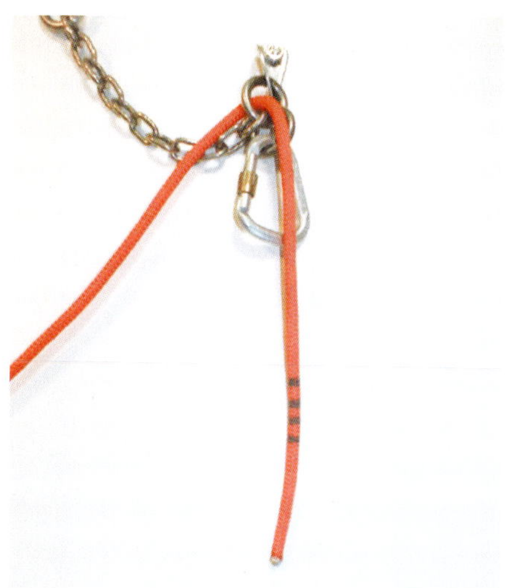

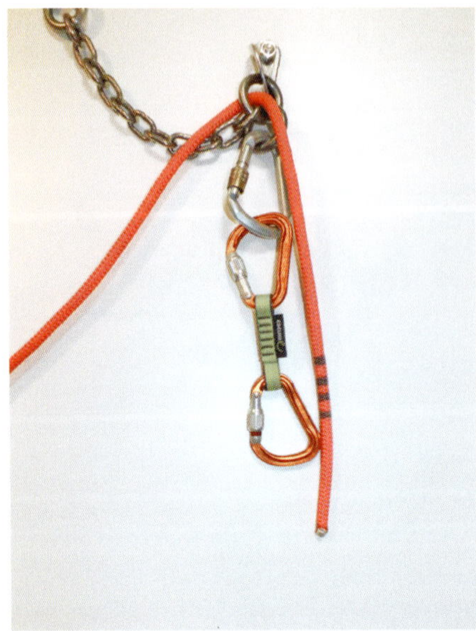

In den Zentralkarabiner wird die Expressschlinge eingehängt.

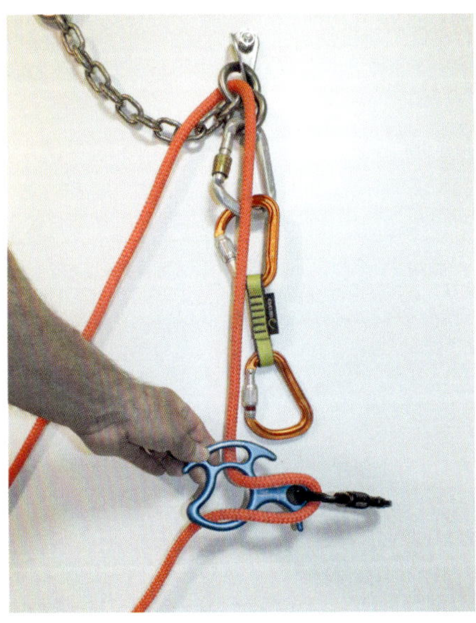

Das Seil wird in den Oka eingelegt.

Der Oka wird in die Expressschlinge eingehängt.

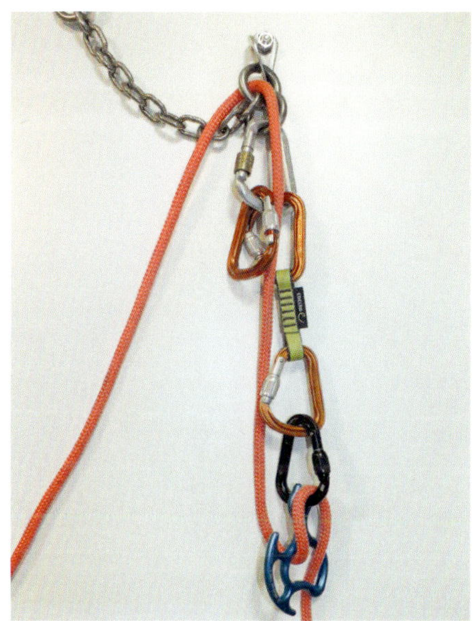

Ein weiterer Karabiner wird in den Zentralkarabiner eingehängt.

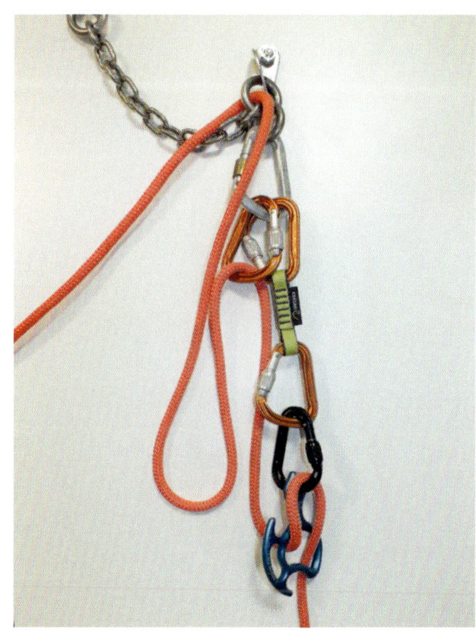

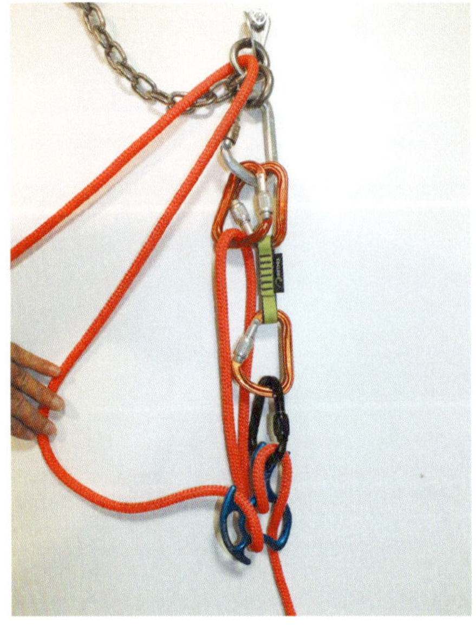

Das Schlappseil wird in den zusätzlichen Karabiner eingehängt. Dadurch wird das Seil umgelenkt, man kann nun durch das Ziehen des Seils nach unten bremsen. Zudem hat man durch die Umlenkung noch zusätzliche Reibung im System, dadurch benötigt man weniger Haltekraft. Man kann nun z. B. eine Person an dem System ablassen.

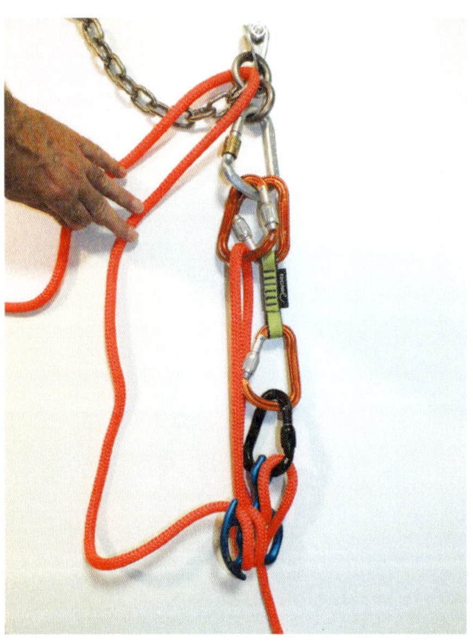

Um das System zu blockieren, lenkt man das Schlappseil um die Haken des Oka.

Man lenkt das Schlappseil erneut um die Haken des Oka.

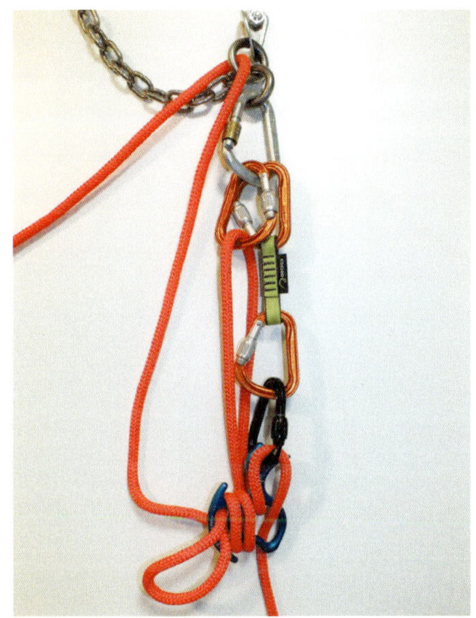

Nun zieht man das Schlappseil durch die Öse zwischen den Haken des Oka.

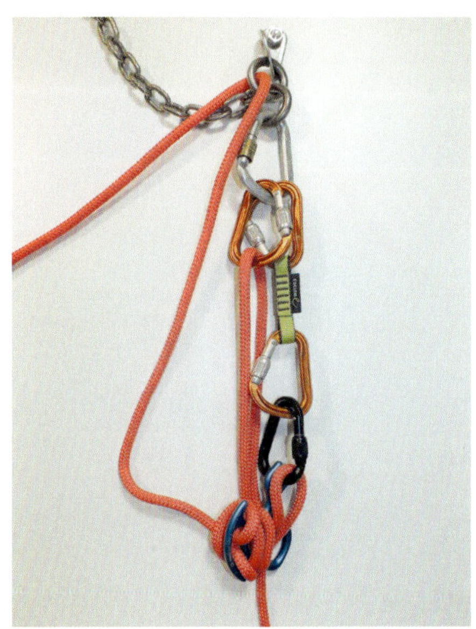

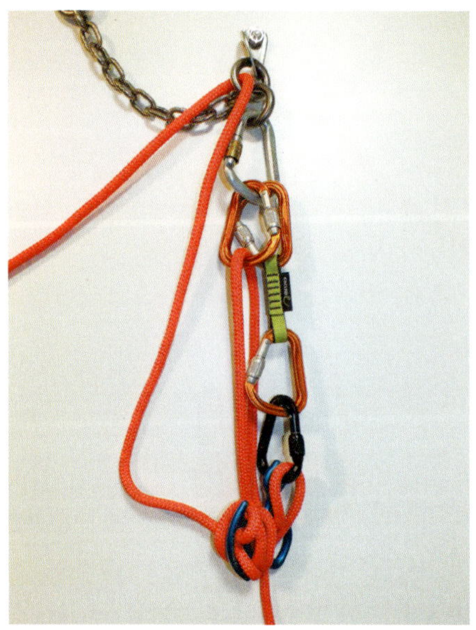

Diese Schlaufe wird nun nach hinten um die Haken gelenkt und festgezogen. Das System ist nun blockiert. Das Öffnen erfolgt in umgekehrter Reihenfolge.

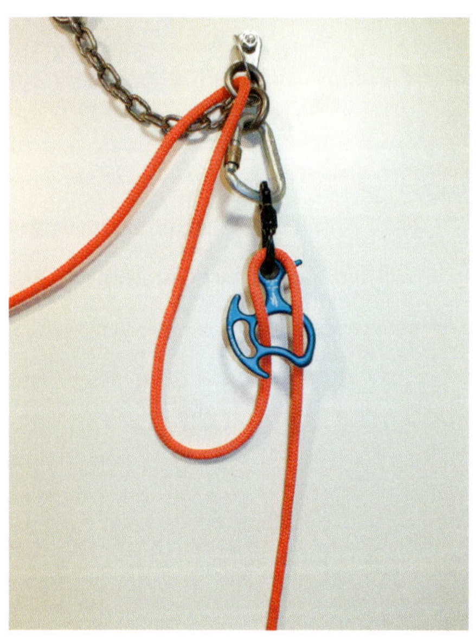

Im Prinzip kann man den Oka wie unten abgebildet auch ohne die Umlenkung durch den zusätzlichen Karabiner verwenden. Die Bremswirkung ist dabei jedoch stark reduziert, da die Bremsposition ungünstig ist und da die zusätzliche Umlenkung fehlt.

Körpersicherung als lösbares System

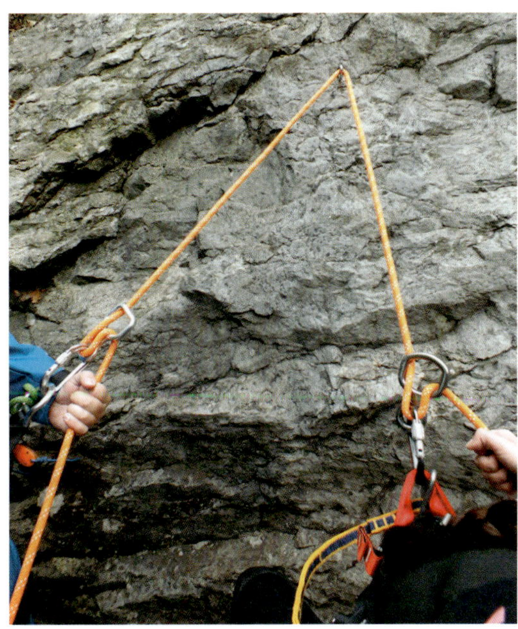

Man kann ein lösbares System auch über Körpersicherung aufbauen, das heißt, das Sicherungssystem wird nicht an der Wand, sondern – zwingend nach Durchführung des Seils durch den Abseilpunkt – am Gurt des sichernden Partners befestigt. Dieses System wird gerne verwendet, wenn ohnehin permanent Seil nachgegeben werden soll (um das Seil zu schonen, siehe oben), das Seil also überhaupt nicht fixiert werden soll.

Es hat jedoch zwei Nachteile: Die Person, die dieses System bedient, muss ständig aktiv und aufmerksam sein. Wenn im Normalfall das System eigentlich blockiert sein sollte, macht das keinen Sinn. Der zweite, gravierendere Nachteil besteht darin, dass man Rettungstechniken (z. B. die Installation eines Flaschenzugs, um die abseilende Person wieder nach oben zu holen) gar nicht oder nur mit großen Schwierigkeiten durchführen kann, da der Mensch bei dieser Methode integraler Bestandteil des Systems ist und nicht wie bei den anderen Systemen frei agieren kann.

Fixe Systeme

Bei einem fixen System wird das Seil am Abseilpunkt fixiert, das heißt, es ist dann unbeweglich und man kann eine abseilende Person bei Gefahr nicht von oben ablassen.

Daher dürfen fixe Systeme nur dann verwendet werden, wenn:

- weder beim Abseilen;
- noch bei der Ankunft am Boden oder im Tosbecken Wassergefahr besteht;
- noch das Seil über Kanten geführt wird, die ein Durchscheuern des Seils möglich werden lassen.

In der Praxis werdet ihr diese Methode häufig bei geführten Touren vorfinden: Die Guides kennen die kommerziell begangenen Schluchten in- und auswendig und wissen sehr genau, wo ein fixes System möglich ist – gefährliche Abseilstellen werden bei kommerziellen Touren ohnehin, wo immer möglich, vermieden.

Ein fixes System ist im Aufbau sehr schnell und erlaubt es, sich vordringlich um die Gäste und deren korrektes Einbinden in das Seil zu kümmern. Gleichzeitig ist ein fixes System auch sehr schnell wieder abgebaut (vor allem die Methode Karabiner mit Mastwurf, hier muss eigentlich gar nichts abgebaut werden), sodass der Guide, der stets als Letzter abseilt, schnell wieder bei seiner Gruppe ist.

Wer über die Teilnahme an geführten Touren zum Canyoningsport kommt, hält daher häufig diese Methode für die „normale". Das ist aber keineswegs der Fall – wenn Guides unter sich und in unbekannten Schluchten unterwegs sind, wenden sie stets auch lösbare Systeme an!

Freilich gibt es aber genügend Situationen, in denen ein fixes System vollkommen ausreichend ist: Eine kurze Felspassage muss abgeseilt werden, die Situation ist bis zum Boden zu überblicken, es besteht keine der oben genannten Gefahren. Dann heißt es: Seil durch den Ankerpunkt fädeln, Seilende bis zum Boden der Abseilstelle ablassen, Seil fixieren und los geht es!

Nachfolgend werden zwei fixe Systeme beschrieben: der Karabiner im Mastwurfknoten (hier seilt die letzte Person in der Regel am Einzelstrang ab, muss aber sehr genau darauf achten, in welches Seilende sie sich einhängt) sowie der abgesicherte Knoten.

Karabiner im Mastwurfknoten

Bei dieser Methode wird der Schenkel eines Karabiners in einen Mastwurfknoten eingelegt und dient dann als Sperre, die nicht durch den Haken gezogen werden kann. Das Abseilseil befindet sich dann auf der Seite des Seils, in der sich kein Knoten befindet.

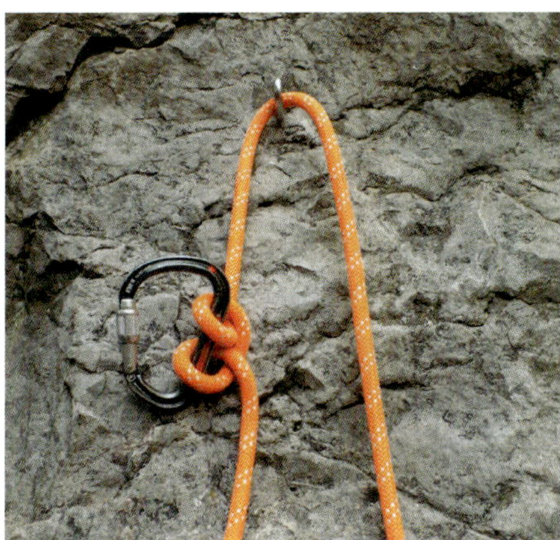

Ein Karabiner wird mit Mastwurf in das Schlappseil (also auf der Seite des Seils, an der NICHT abgeseilt wird) geknüpft.

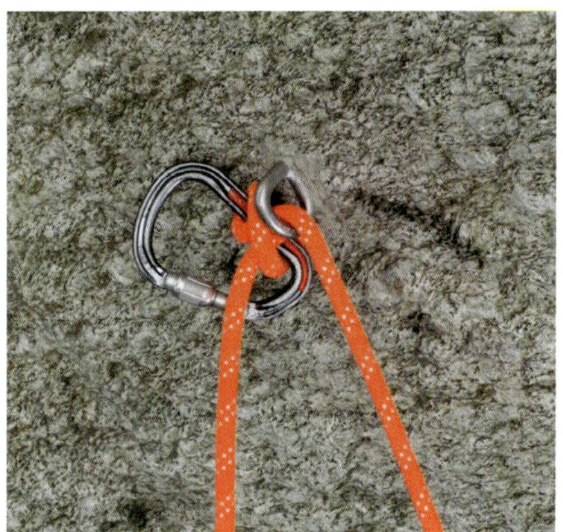

Durch Spannen des Seils wird der Mastwurf in den Fixpunkt gezogen und das Seil in einer Richtung blockiert.

In einer Richtung (!) ist das Seil jetzt blockiert, in der anderen gibt es aber keinerlei Bremswirkung. Diese Gefahr muss noch behoben und das Seil gegen versehentliches Verschieben gesichert werden. Denn ein scheinbar fixiertes Seil verführt dazu, sich daran festzuhalten, unabhängig vom eigentlichen Abseilvorgang.

Wenn sich etwa ein weiteres Gruppenmitglied zum Standplatz begibt und dazu an die Seilseite greift, die nicht blockiert ist, zieht sich das Seil durch und die Person fällt. Auf diese Weise gab es schon mehrere schwere Unfälle, insbesondere an ausgesetzten Abseilstellen.

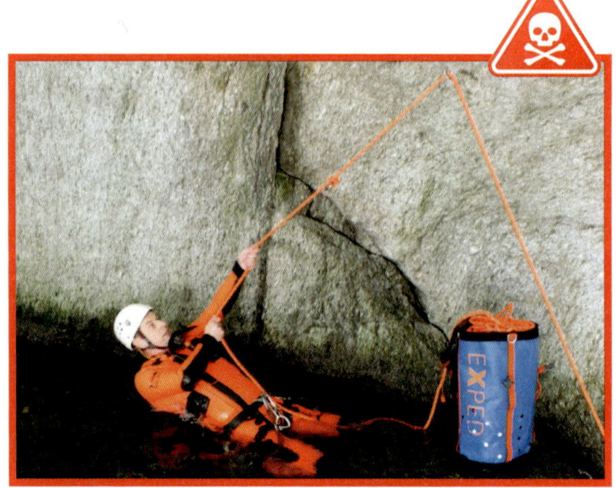

Zieht man am falschen Ende des Seils (oder nutzt gar das falsche Ende zum Abseilen), so hat die Methode „Karabiner im Mastwurf" keinerlei Fixierungswirkung: Das Seil rutscht frei durch den Fixpunkt, es besteht Lebensgefahr!

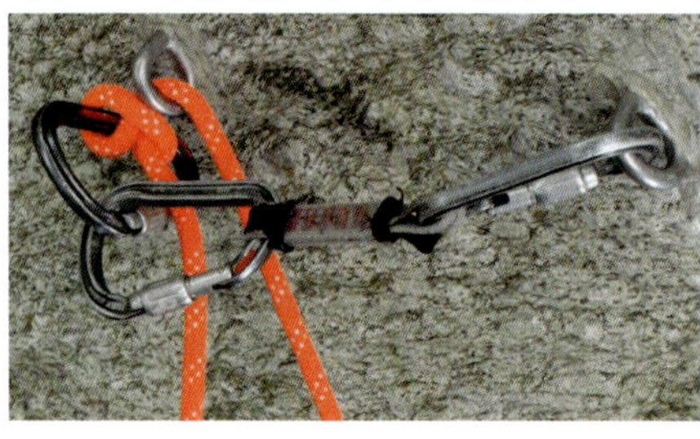

Sicherung des Mastwurfkarabiners mit einer Expressschlinge

Daher muss das Seil auf jeden Fall gegen eine Verschiebung gesichert werden. Dies geschieht mit einem Karabiner oder wegen der besseren Handhabbarkeit mit einer Expressschlinge. Sofern ein zweiter Haken vorhanden ist, wird die Absicherung in diesen eingehängt. Wenn nur ein Haken vorhanden ist, wird die Absicherung zusätzlich zum Seil in diesen Haken eingehängt.

Die letzte Person, die abseilt, entfernt dann die Absicherungsschlinge, bevor sie selbst abseilt. Sie kann sich dazu am Einfachseil abseilen (hier müsst ihr unbedingt darauf achten, euch auf der richtigen Seilseite einzubinden) und den andere Seilstrang entweder hinunterwerfen oder das Restseil beim Abseilen aus dem Rucksack nehmen (Achtung: Nur dann, wenn keinerlei Wassergefahr besteht!).

Das Abziehen des Seils erfolgt dann von der Seite des Schlappseils: Mit dem Abziehen des Seils wird der in das Seil geknotete Karabiner nach unten gezogen.

Sofern vom Gelände her die Gefahr besteht, dass sich der Karabiner dabei in einer Felsspalte oder Ähnlichem verhakt, darf diese Methode nicht angewendet werden. In diesem Fall baut die letzte Person die Sicherung komplett ab und seilt am Doppelstrang ab (oder – wie weiter unten beschrieben – topropegesichert).

Abgesicherter Knoten

In das Seil wird ein Knoten gemacht, am besten ein Achterknoten, da dieser leichter lösbar ist als z. B. ein Sackstich.

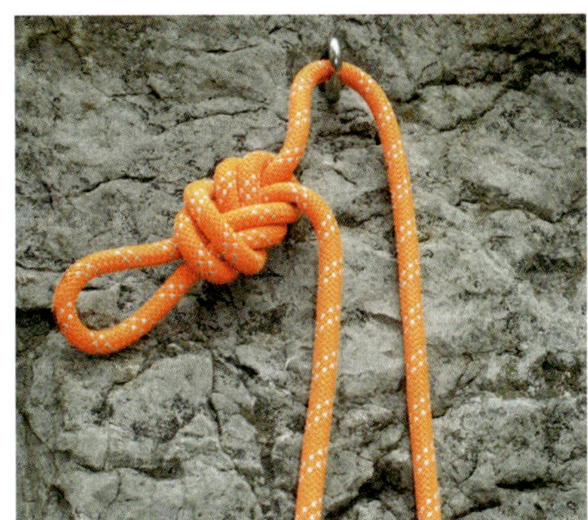

Damit auch hierbei das Seil gegen das versehentliche Durchziehen gesichert ist, wird der Knoten mit einer Expressschlinge gesichert.

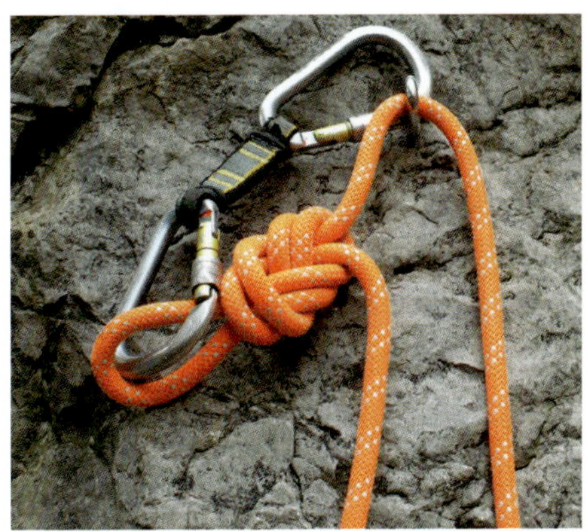

Achtung: Wenn die letzte Person abseilt, muss die Absicherung zunächst entfernt werden, da sonst das Seil nicht abgezogen werden kann. Wann immer möglich, sollte die letzte Person jetzt auch den Knoten lösen und am Doppelstrang abseilen. Denn wenn sie (analog zur Mastwurfmethode) am Einzelseil abseilt, kann es passieren, dass sich der Knoten stark in die Öse zieht und sich nicht mehr abziehen lässt.

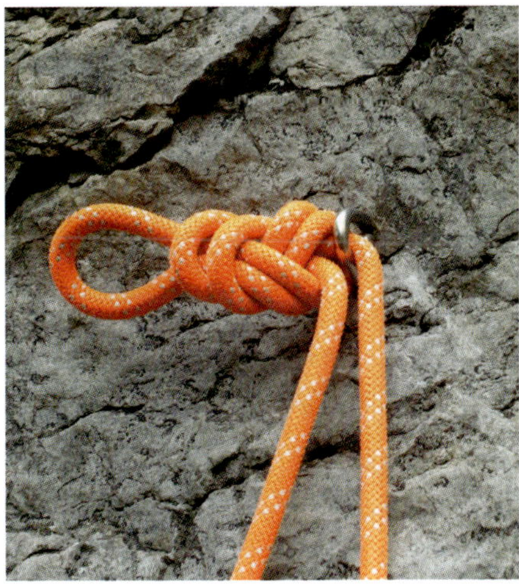

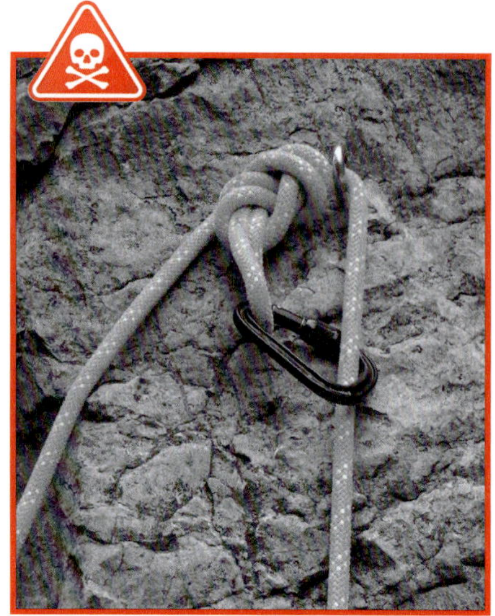

Gelegentlich sieht man folgende Konstruktion:

Der Karabiner dient hierbei eher der Zierde, als dass er eine Funktion erfüllt: Der Knoten scheint gesichert zu sein, ist es aber nicht, das Seil kann immer noch durchrutschen, wenn es auf der falschen Seite belastet wird.

Abseilen der letzten Person über ein lösbares System: Die Toprope-Sicherung

Nochmals: Der Normalfall beim Standplatzbau sollte das lösbare System sein – es schafft maximale Sicherheit. Doch die letzte Person, die eine Abseilstelle zu überwinden hat, ist von dieser Absicherung ausgenommen: Sie muss ja den Standplatz abbauen und anschließend selbst abseilen. Es gilt, auch diese Person gleichermaßen zu sichern, um sie z. B. im Falle der Gefahr rasch aus dem Wasserstrahl zu bergen.

Da die Sicherung hier ja nicht von oben erfolgen kann, muss sie durch die Personen erfolgen, die bereits abgeseilt haben, also von unten. Das entspricht vom Aufbau her dem „Toprope"-Klettern, das ihr vielleicht aus Kletterhallen kennt, das lösbare System ist nicht an der Abseilstelle montiert, sondern – meist als Personensicherung, wenn vorhanden, auch gegen einen Haken – am unteren Ende der Abseilstelle bzw. etwas davon entfernt.

Um gewährleisten zu können, dass man einen Abseilenden auch dann sicher und über die gesamte Strecke ablassen kann, wenn er bereits kurz nach dem Beginn des Abseilens ein Problem hat, benötigt man ein Seil, das insgesamt dreimal (!) so lang ist wie die zu überwindende Abseilstelle. Das zeigt die nachfolgende Abbildung:

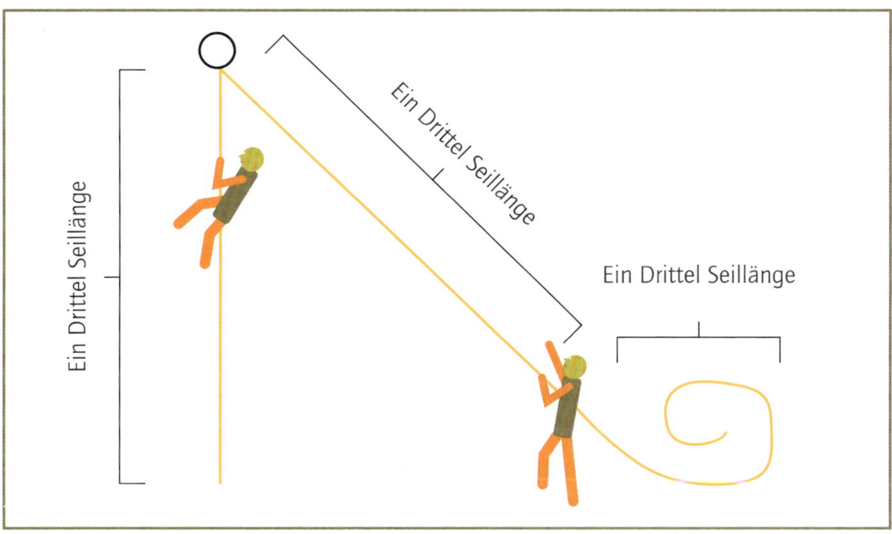

Seilbedarf bei der Toprope-Sicherung

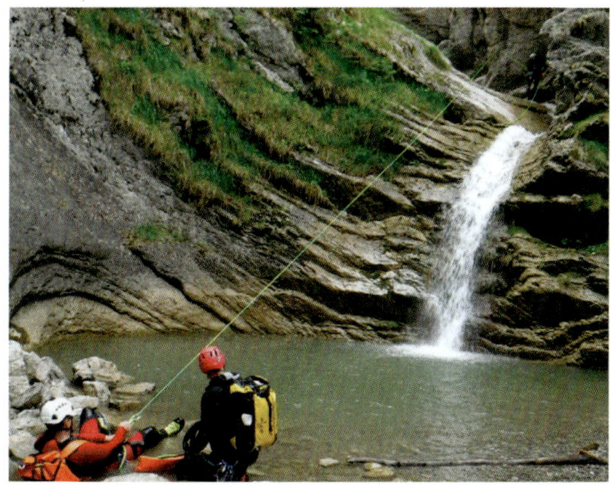

Abseiltechnik: Toprope

Wenn ihr über kein hinreichend langes Seil verfügt bzw. die Abseilstelle so lang ist, dass das gesamte Seil benötigt wird (Abseillänge = halbe Seillänge), müsst ihr trotzdem nicht auf die entsprechende Sicherheit beim Abseilen der letzten Person verzichten. Dann wendet man den sogenannten *geschlossenen Kreis* an. Mit dem „geschlossenen Kreis" kann man die gleiche Sicherheit auch mit einem Seil erzeugen, das die Minimallänge aufweist, um die Abseilstelle überhaupt überwinden zu können. Die Pfeifsignale zur Toprope-Technik sind ab Seite 327 beschrieben.

Ihr knotet dabei beide Seilenden mit einem Sackstich oder einem Achterknoten zusammen und zieht das Seil so lange durch, bis der Knoten oben am Abseilpunkt anschlägt. Der sich Abseilende bindet sich nun in den Teil des Seils ein, der auf der Seite des Knotens ist (!).

Das ist ungewöhnlich und widerspricht scheinbar allem bisher Beschriebenen, wo stets auf der entgegengesetzten Seite abgeseilt wird. Er muss also zwingend von unten gesichert werden, weil der Knoten ihn nicht halten kann. Doch nur so kann er bei Bedarf von unten abgelassen werden.

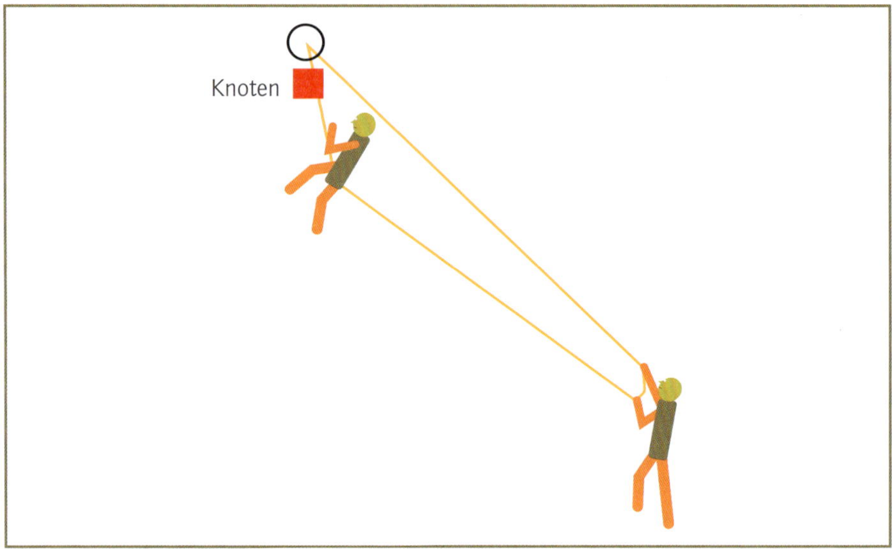

Geschlossener Kreis

Der geschlossene Kreis wird folgendermaßen aufgebaut:

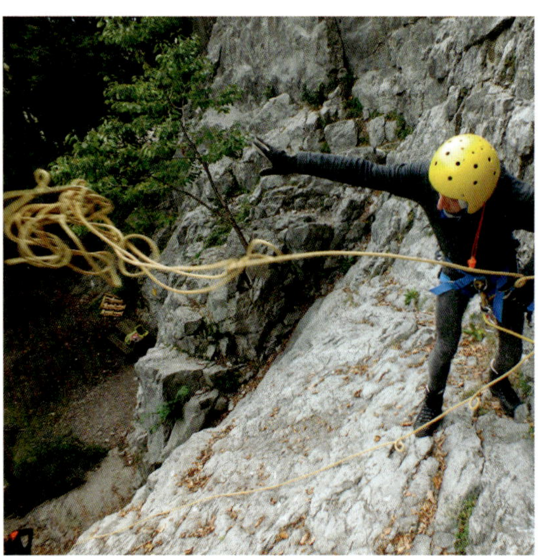

Die erste Person seilt wie immer ab und längt dabei das Seil ab. Dann wird das Seil zur ersten Person hinuntergeworfen.

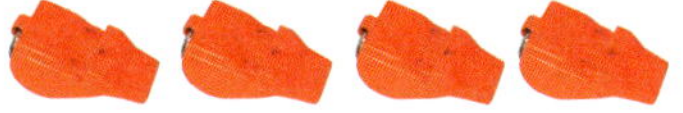

Die beiden Seilenden werden am unteren Seilende verknotet, am besten mit einem Achterknoten. Zum Hochziehen erfolgt von unten das Kommando „Seil einziehen" (vier Pfiffe hintereinander).

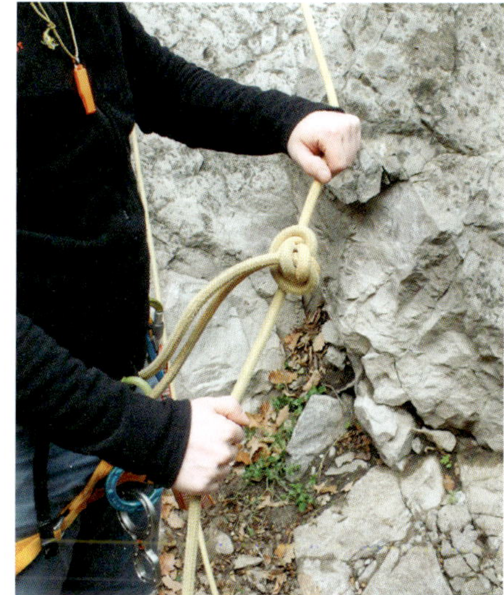

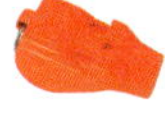

Danach wird der Knoten bis zur Sicherung hochgezogen. Ist der Knoten oben angekommen, erfolgt von oben das Kommando „Stopp" (ein Pfiff).

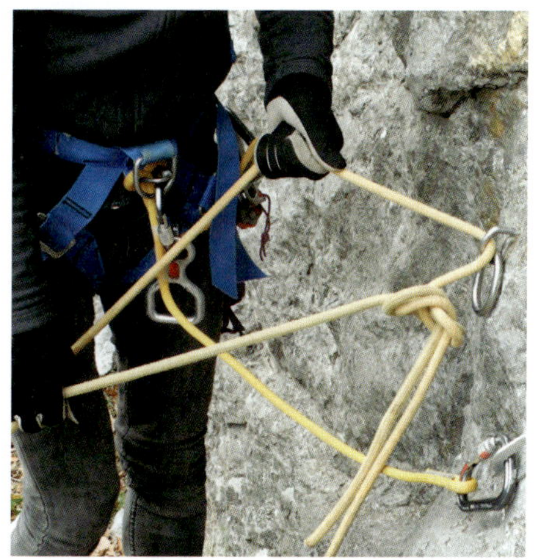

Die letzte Person, die sich abseilt, legt den Achter auf der Seilseite ein, auf der sich der Knoten befindet (!). **Achtung:** Dies ist die einzige Technik, bei der man sich auf der Seite einbindet, auf der sich der Knoten befindet.

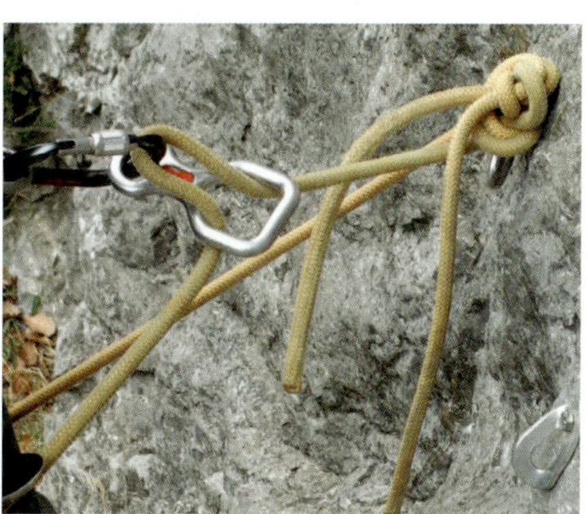

Von oben erfolgt dann das Kommando „Seil einziehen" (viermal Pfeifen).

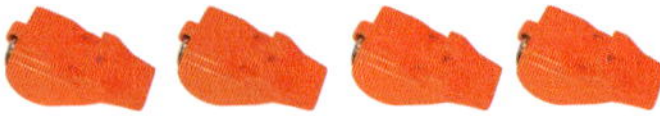

Nun wird von unten das Seil auf der dem Knoten abgewandten Seite (Auch das ist anders als normalerweise!) gespannt und die sich abseilende Person wird gesichert.

Sobald das Seil auf Zug ist, erfolgt von unten das Kommando „Okay" (zweimal Pfeifen).

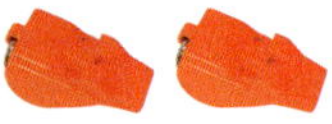

Gibt die sich abseilende Person das Kommando: „Seil nachgeben", wird von unten Seil nachgegeben. Der Knoten bewegt sich dabei weg vom Abseilpunkt.

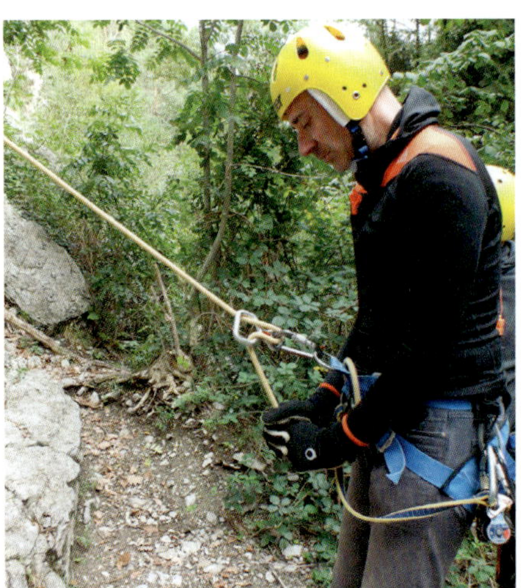

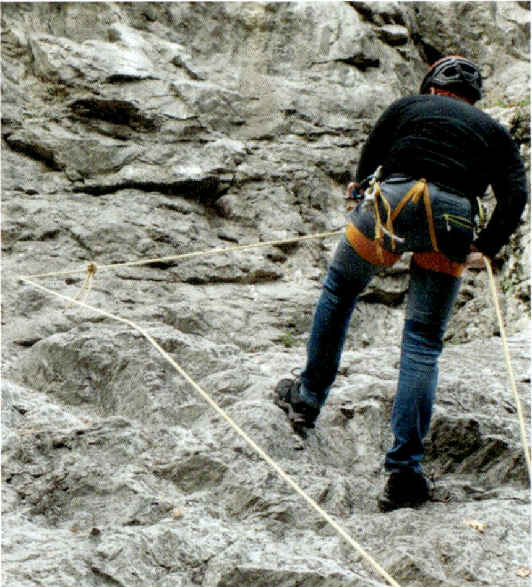

6.5 KOMPLETTPROZEDUR

Nachfolgend wollen wir die Standardprozedur beschreiben, mit der ihr Abseilstellen absolut sicher überwinden könnt.

Bei dem hier beschriebenen Ablauf kommt der abgeschleifte Halbmastwurfknoten als lösbares System zum Einsatz. Selbstverständlich könnten ebenso gut alle anderen lösbaren Systeme, wie sie in Kap. 6.4 beschrieben sind, stattdessen eingesetzt werden.

Der beschriebene Ablauf stellt sicher, dass sich kein Seil im Ankunftsbecken, vor allem nicht in strömendem Wasser, befindet. Ein Seil in strömendem Wasser ist äußerst gefährlich, da sich eine sich abseilende Person darin blockieren könnte. Am Ende eines Abseilvorgangs müsst ihr euch selbstständig aus dem Seil lösen. Wenn dies in einem verwirbelten Wasser, vielleicht noch im Strahl eines Wasserfalls, geschehen muss, ist die Gefahr groß, dass das Aushängen (das heißt, das Öffnen des Schraubkarabiners, das Durchfädeln des noch gespannten Seils) nicht gelingt. Dann kann es schnell gefährlich werden.

Viel sicherer, einfacher und eleganter ist es, nach dem Abseilvorgang an einem optimal abgelängten Seil geplant das Ende des Seils aus dem Abseilgerät gleiten zu lassen und sofort vom Seil frei zu sein.

Und auch, wenn ihr euch nach dem Abseilen schon aus dem Seil ausgebunden habt, besteht durch ein langes Seilende, das im Wasser schwimmt, Gefahr: Vor allem in aufgewirbeltem Wasser verheddert man sich schnell in den Seilschlingen, die sich im übelsten Fall noch um irgendwelche Felsnasen gelegt haben: Dann habt ihr euch im Wasserstrudel selbst blockiert, es besteht unmittelbare Lebensgefahr. Daher lautet der absolute Grundsatz: Kein Seil im Wasser!

Die Ausgangssituation

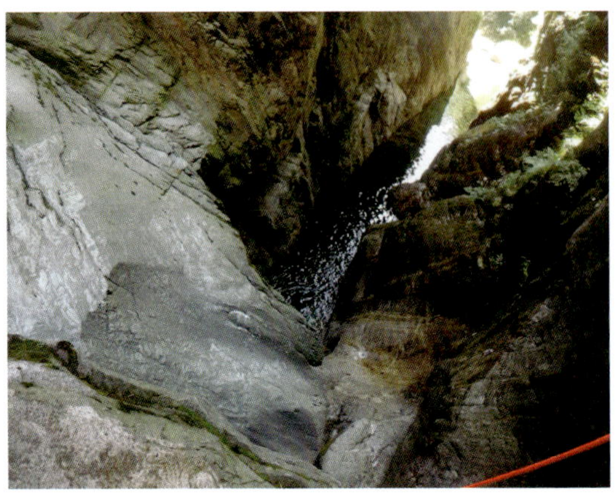

Die nachfolgende Situation werdet ihr auf vielen Touren antreffen: Ihr kommt an eine wasserführende, unübersichtliche Abseilstelle und seht das Ankunftsbecken nicht oder zumindest nicht vollständig. Ihr wisst nicht, wie turbulent das Becken ist, ihr könnt auch nicht abschätzen, ob man direkt im Wasserstrahl abseilen muss. Jetzt gilt es, einen kühlen Kopf zu bewahren und die Techniken souverän anzuwenden; dann sind solche bewältigten Herausforderungen die Highlights einer jeden Tour!

Der idealtypische Ablauf zum sicheren Überwinden einer solchen Stelle umfasst die folgenden Schritte:

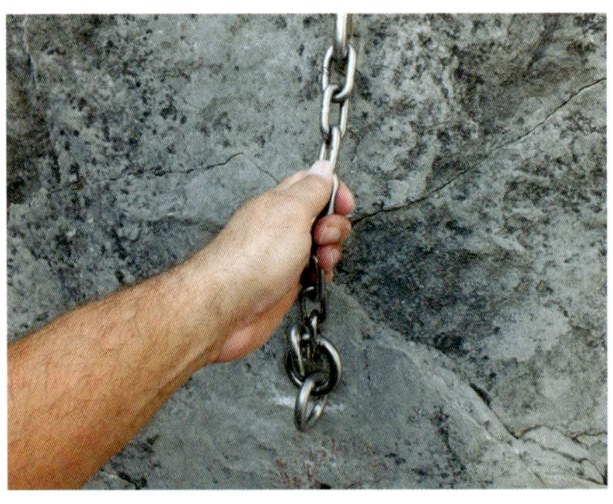

Sobald ihr den Abseilpunkt entdeckt habt (Haken, Kettenstand etc.) und dieser sicher erreichbar ist, prüft ihr zunächst, ob die vorgefundene Sicherung gut ist. Blindes Vertrauen in die Abseilstelle kann tödlich sein. In der Regel besteht eine Abseilstelle aus zwei Fixpunkten, die durch eine Kette, in Ausnahmefällen auch durch eine Schlinge/ein Seil, verbunden sind. Ist dies nicht der Fall und existiert nur ein Fixpunkt, so ist besondere Vorsicht geboten.

Natürlich hat man keine Möglichkeit, die definitive Festigkeit eines Ankerpunkts exakt zu beurteilen, es gibt jedoch einige Hinweise auf die voraussichtliche Festigkeit des Abseilpunkts:

Bei Kettenständen kann man sich Folgendes fragen:

- Rostzustand der Metallteile?
- Wackelt etwas?
- Gibt es sichtbare Beschädigungen?
- Ist der Haken prinzipiell richtig gesetzt?
- Gibt es Risse im Fels in der Nähe der Bohrungen?
- Wurde selbst gemachtes Material verwendet?
- Klingt der Fels um die Haken herum beim Abklopfen mit dem Hammer hohl?
- Befindet sich der Haken an der richtigen Stelle?
- Lässt sich das Seil später gut abziehen?
- Sind alle Schraubglieder fest geschlossen?
- Bei Expansionsankern: Sind alle Muttern angezogen?

Wichtig ist zudem, dass man alle Elemente des Abseilpunkts (Haken, Ketten, Schraubglieder) prüft.

Findet ihr einen Standplatz vor, der (auch nur teilweise) aus Bandschlingen besteht, müsst ihr euch fragen:

- Gibt es Risse im textilen Material?
- Liegen die Schlingen an Kanten auf?
- Müssen Schlingen ausgetauscht werden?

Bei natürlichen Abseilpunkten (Bäume) kann man sich fragen:

- Hält der Abseilpunkt?
- Hat sich gegebenenfalls etwas verändert?

Werden bei der Prüfung Mängel festgestellt, müssen diese natürlich unbedingt vor dem Abseilen beseitigt werden. Bei Schluchten, die auch kommerziell begangen werden, könnt ihr euch der Ankerpunkte relativ sicher sein, denn die Abseilstellen werden in der Regel in jeder Saison von den Tourenanbietern geprüft und rechtzeitig erneuert.

Ganz anders sieht es in den zahllosen Schluchten aus, in denen keine geführten Touren angeboten werden. Hier kann ein Haken ohne weiteres 10 Jahre alt und seinerzeit nur als Nothaken gesetzt worden sein. Zur Not müsst ihr dann einen neuen Haken setzen oder eine Bandschlinge opfern und an einem Baum oder Ähnlichem zurücklassen.

Doch gehen wir für die Gesamtprozedur davon aus, dass der Abseilpunkt für gut befunden wurde.

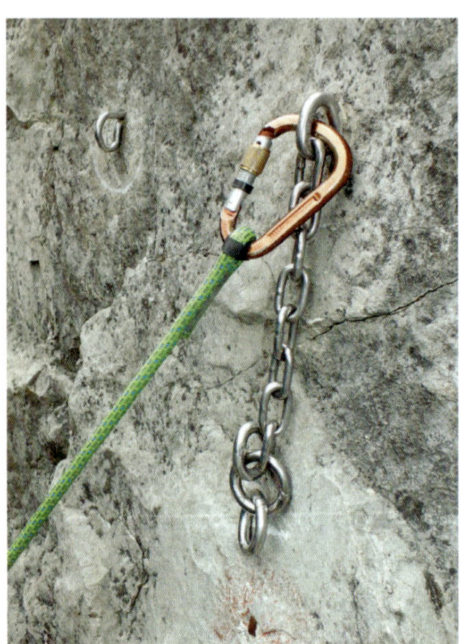

Dann hängt sich die erste Person dort mit ihrer Selbstsicherung ein. Die anderen Gruppenmitglieder warten in sicherem Terrain weiter hinten. Ist der Abseilpunkt nicht problemlos erreichbar, muss die erste Person auf dem Weg zum Abseilpunkt von den anderen Gruppenmitgliedern gesichert werden. Oft besteht auch die Möglichkeit eines Seilgeländers (siehe Kap. 6.7).

Sofern die Abseilstelle aus einem Kettenstand besteht, ist darauf zu achten, dass man sich an den Ankerpunkten einhängt und nicht in die Kette.

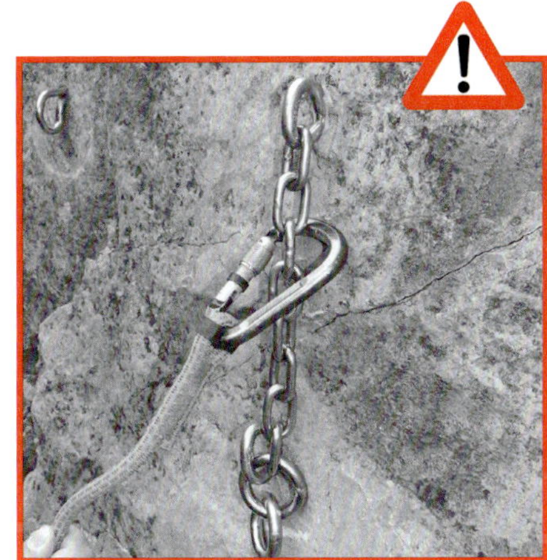

Auch sollte die Selbstsicherung niemals (sollte dies überhaupt möglich sein) in ein Kettenglied eingehängt werden. Oftmals kann man den Karabiner ohne Belastung gerade noch so in ein Kettenglied einhängen. Wenn dann Belastung auf den Karabiner kommt, kann dieser sich im Kettenglied festklemmen und sich nicht mehr lösen lassen.

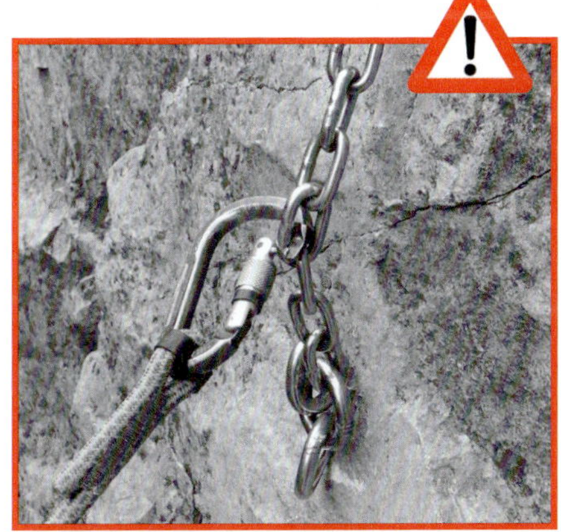

Im nächsten Schritt führt ihr das Seil durch die Öse, an der ihr später abseilen wollt.

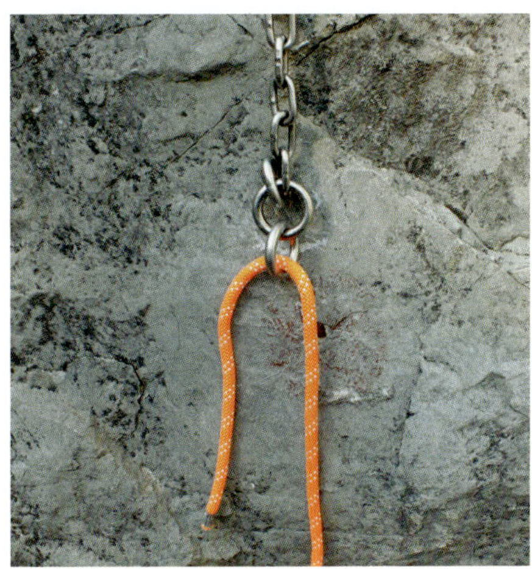

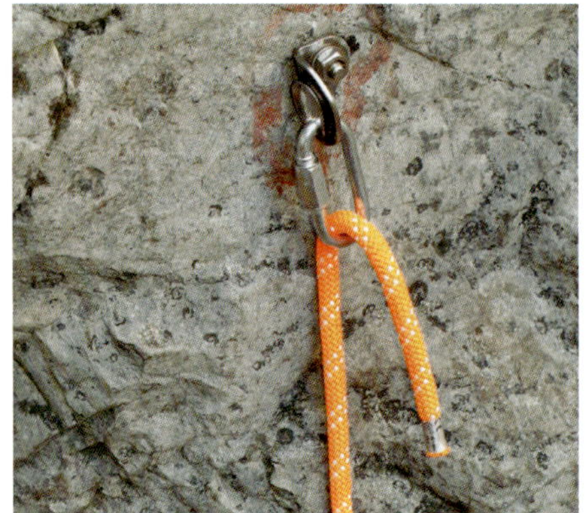

Sofern man eine komfortable Abseilstelle mit viel Platz hat, ist es unwichtig, aus welcher Richtung das Seil durchgefädelt wird. Kommt ihr hingegen an eine Abseilstelle, bei der das Seil viel Kontakt zum Fels hat, wird das Seil von hinten, das heißt, vom Fels her eingelegt. Das Ende des Seils, an dem ihr später abseilt, soll vom Fels wegzeigen.

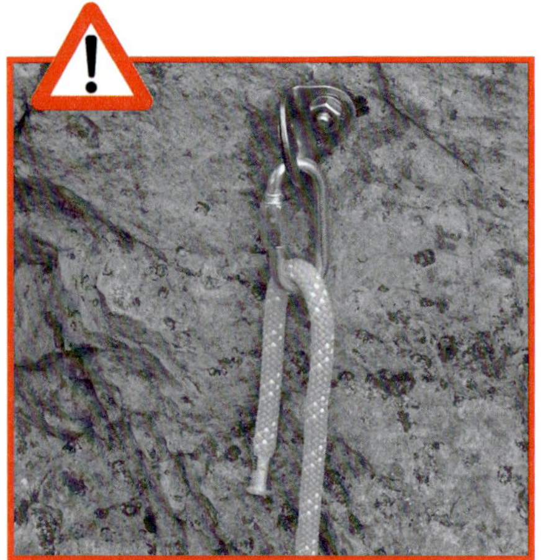

Wenn ihr es andersherum einlegen, kann das Seil beim späteren Abziehen gegen den Fels gedrückt werden, was das Abziehen erschwert oder gar unmöglich macht.

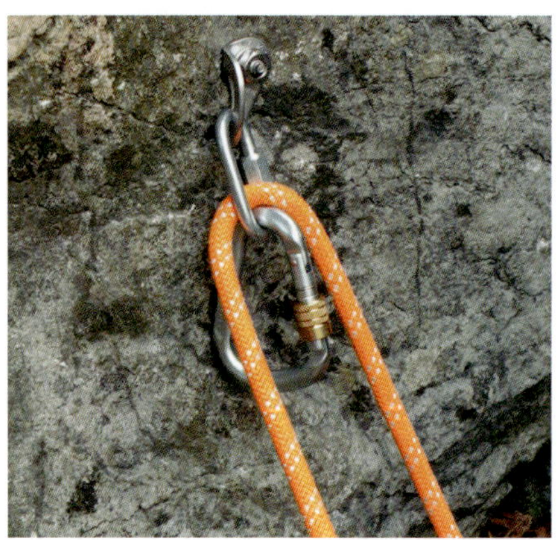

Das Seil läuft über dem Zentralkarabiner und läuft frei.

Als Nächstes wird der Zentralkarabiner (siehe Kap. 6.2) in die Öse eingehängt. Auch hier gilt: Wenn ihr eine „enge Öse" vorfindet, müsst ihr darauf achten, dass das Seil über dem Karabiner läuft.

Wenn das Seil unter dem Karabiner läuft, wird es von der Bremswirkung des Karabiners unbeweglich, sobald der Karabiner belastet wird.

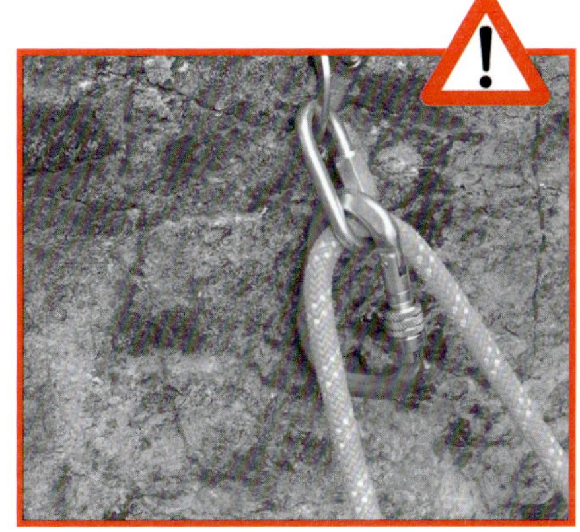

Das Seil läuft unter dem Zentralkarabiner und wird abgeklemmt

In den Zentralkarabiner kommt jetzt ein HMS-Karabiner.

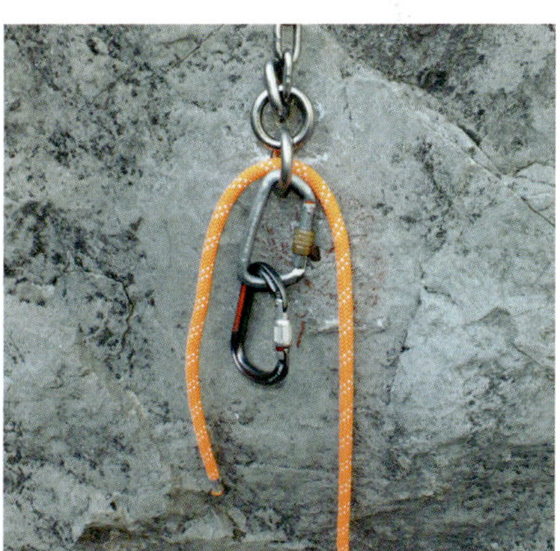

In diesen Karabiner wird das Seil mit einem Halbmastwurfknoten eingelegt.

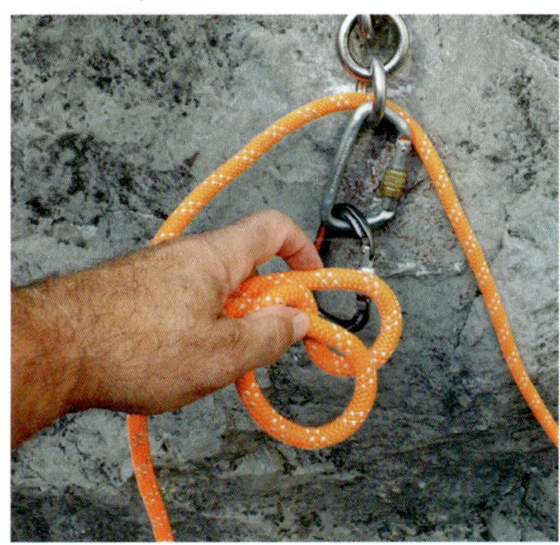

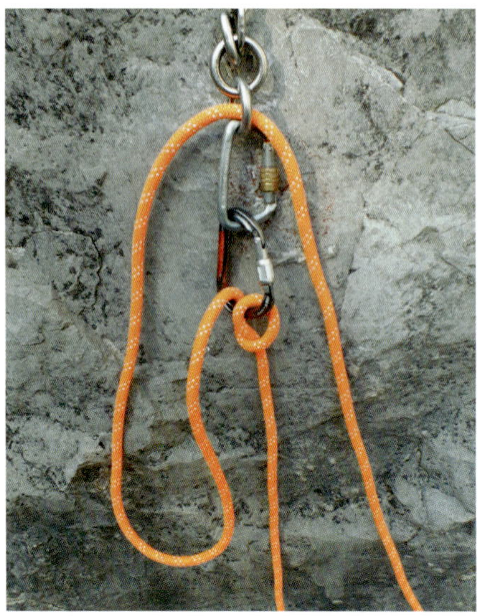

Dann wird eine Schlaufe Schlappseil gebildet.

Der restliche Aufbau des lösbaren Systems erfolgt später: Über die jetzt erreichte HMS-Sicherung wird zunächst das erste Mitglied der Gruppe passiv abgeseilt. Erst danach wird das lösbare System fixiert und die anderen Gruppenmitglieder können aktiv abseilen.

Nun wird die Person vorbereitet, die als Erste passiv abgeseilt wird. Dazu legt diese einen Halbmastwurfknoten in den Karabiner an ihrem Gurt.

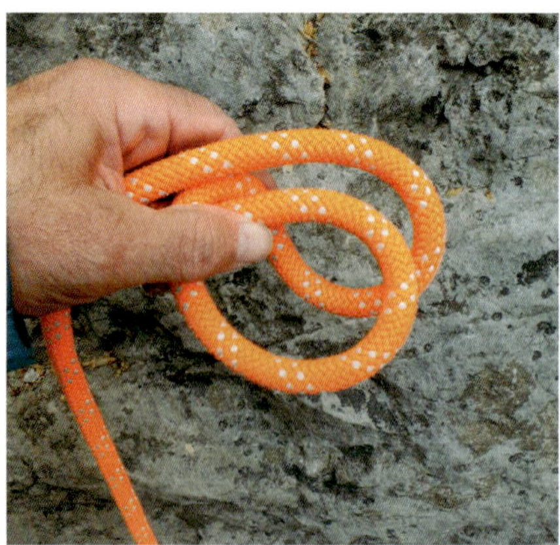

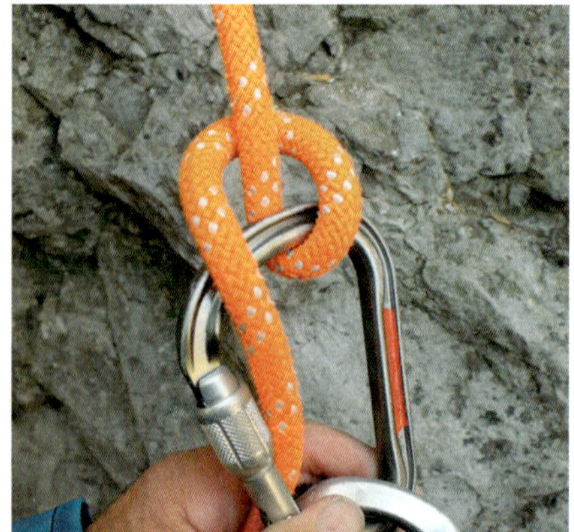

Der Halbmastwurfknoten wird mit einem Schleifknoten gesichert.

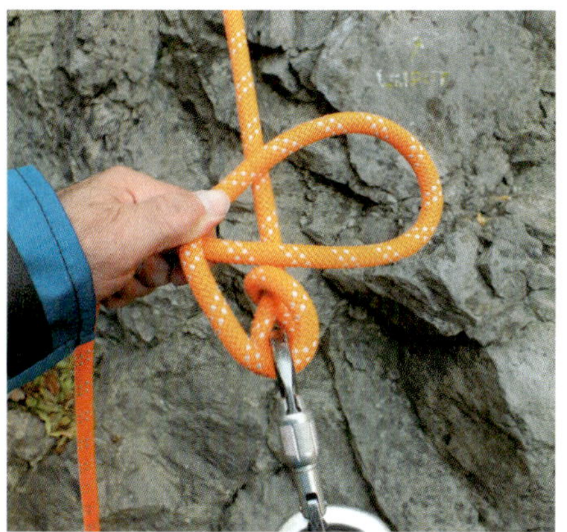

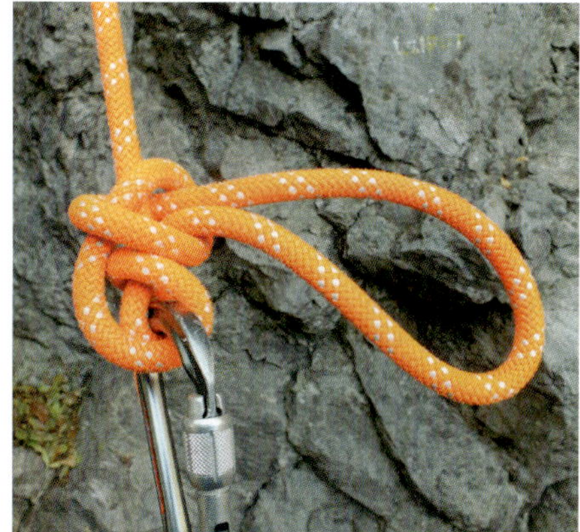

Die Schlaufe des Halbmastwurfknotens wird durch das Einhängen einer Selbstsicherung gegen unbeabsichtigtes Herausziehen gesichert.

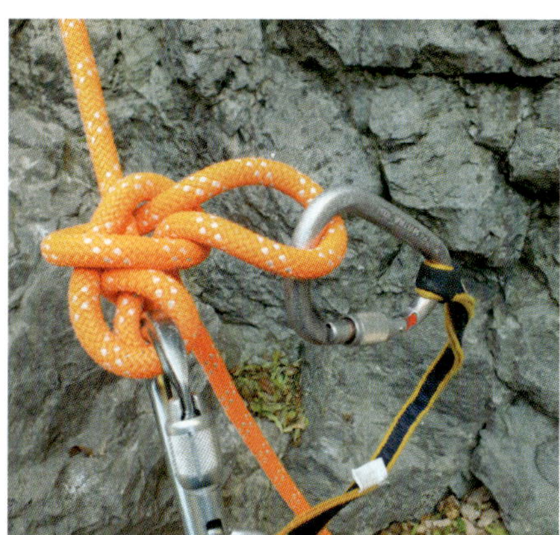

Wichtig bei dieser Absicherung ist, dass die Schlaufe NICHT festgezogen wird, da der Karabiner sonst nur schwer oder gar nicht mehr ausgehängt werden kann.

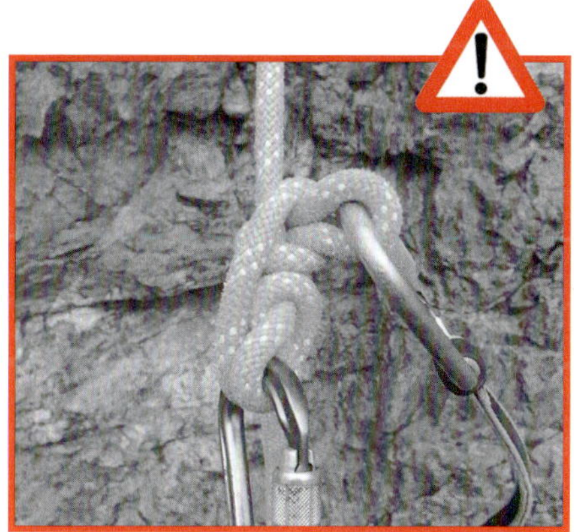

Man muss zu dieser Konstruktion etwas Vertrauen gewinnen, da es eher kontraintuitiv ist, einen Knoten nicht festzuziehen. Seilt man eine ungeübte Person mit dieser Methode ab, sollte man sie darauf hinweisen, die Schlaufe auch im Laufe des Abseilvorgangs nicht festzuziehen.

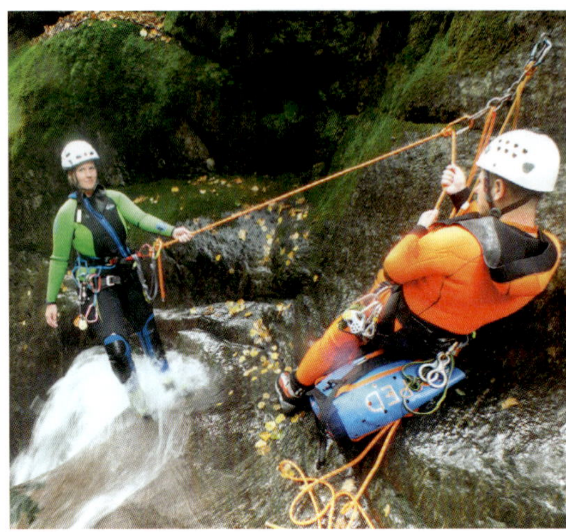

Nun kann die erste Person passiv abgeseilt werden. Das passive Abseilen hat in dieser Situation gegenüber einem aktiven Abseilen den Vorteil, dass die Person, die sich abseilt, ständig beide Hände frei hat, um sich stabilisieren zu können. Sie kann sich somit völlig darauf konzentrieren, die unbekannte Abseilstelle einzuschätzen.

Sollte es notwendig sein, dass die erste Person wieder nach oben geholt werden muss (z. B. weil die Stelle zu viel Wasser hat), so kann dies erfolgen, ohne dass sie sich zuerst blockieren muss.

Die Person, die passiv abgeseilt wird, steuert den Abseilvorgang über die Pfeifsignale, die in Kap. 5 beschrieben werden. Insbesondere signalisiert sie notwendige Pausen des Abseilvorgangs, z. B. um die Abseilstelle beurteilen zu können. Die erste Person seilt sich immer ohne Rucksack ab, da sie den Wasserdruck nicht abschätzen kann.

Dreimaliges Pfeifen bedeutet: „Seil nachgeben".

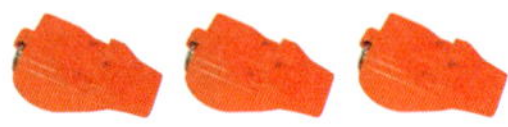

Einmaliges Pfeifen bedeutet: „Stopp".

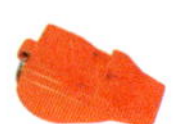

Insbesondere an Kanten sollte man die Person, die abgeseilt wird, eher langsam abseilen.

Auf diese Weise wird abgeseilt, bis die abgeseilte Person circa einen Meter über dem Wasser ist. Dann pfeift sie „Stopp".

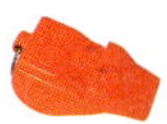

Das Ziel ist es, dass das Seil am Schluss gerade so lang ist, dass es knapp über der Wasseroberfläche endet. An dieser Stelle muss die abseilende Person einschätzen, ob ein Ausbinden aus dem Seil und ein Ablassen in das Wasserbecken ungefährlich möglich ist. Nur dann darf die Sicherung gelöst werden. Ansonsten gilt an dieser Stelle: Wiederaufstieg, das heißt, das Pfeifkommando „Seil zurückziehen". Das geschieht dann in aller Regel über einen Flaschenzug (vgl. Kap. 6.7).

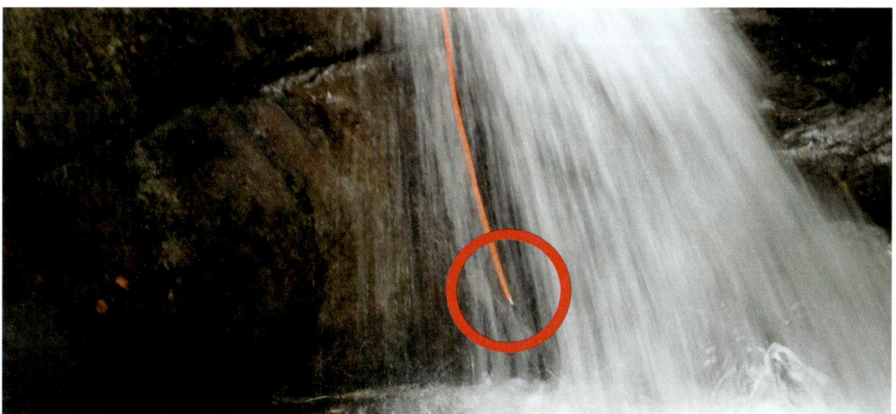

Circa einen Meter über der Wasseroberfläche wird die Selbstsicherung aus der Schlaufe ausgehängt.

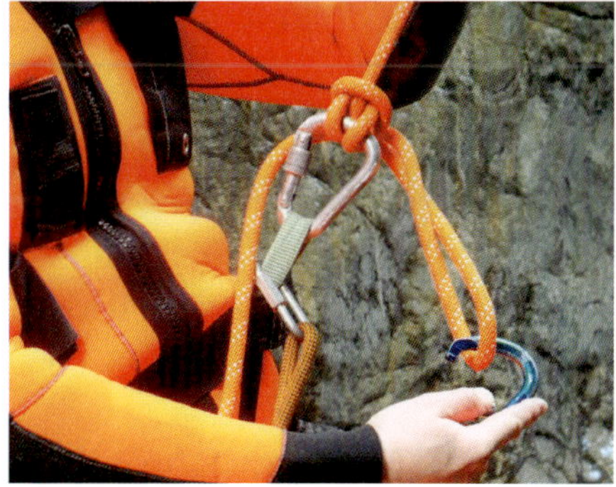

Die Schlaufe wird dann so weit durchgezogen, dass sie noch circa fünf Zentimeter Durchmesser hat.

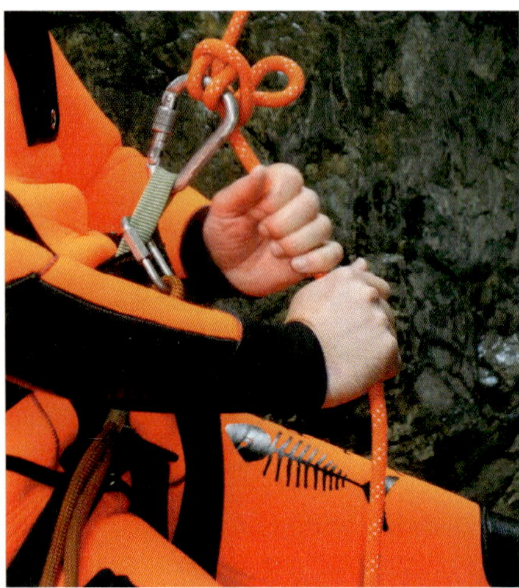

Dann wird die Schlaufe mit einem Ruck mit beiden Händen aufgezogen.

Nun wird die letzte, sehr kurze Abseilstrecke über den HMS gebremst.

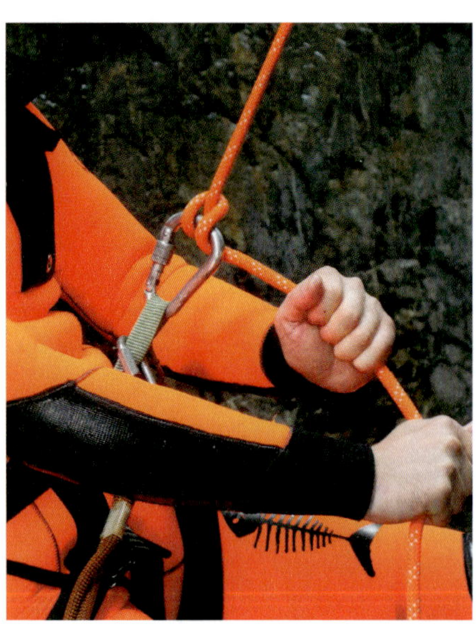

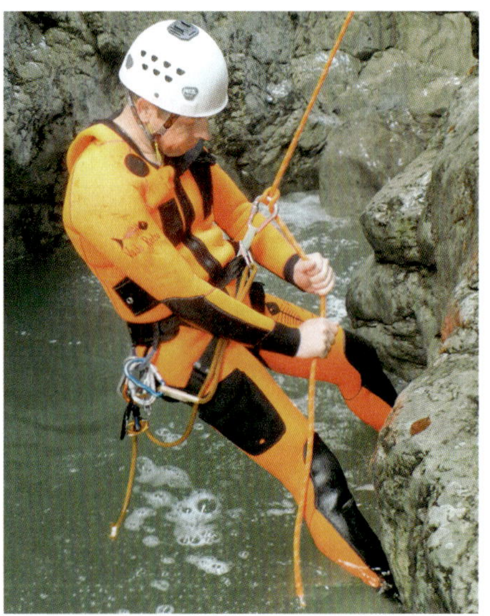

Wenn die erste Person dann im Becken ist, pfeift sie das Kommando: „Seil frei".

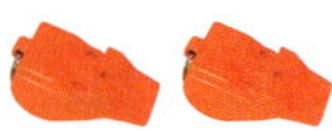

Daraufhin wird oben der Halbmastwurfknoten mit einem Schleifknoten gesichert.

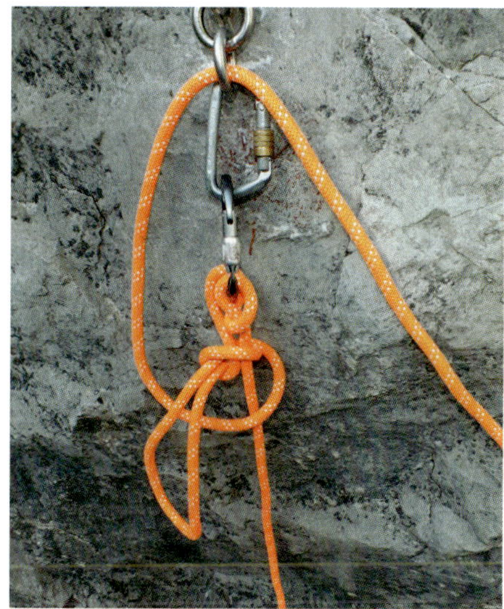

Es kommt zusätzlich noch ein Sicherungsschlag über die Seile.

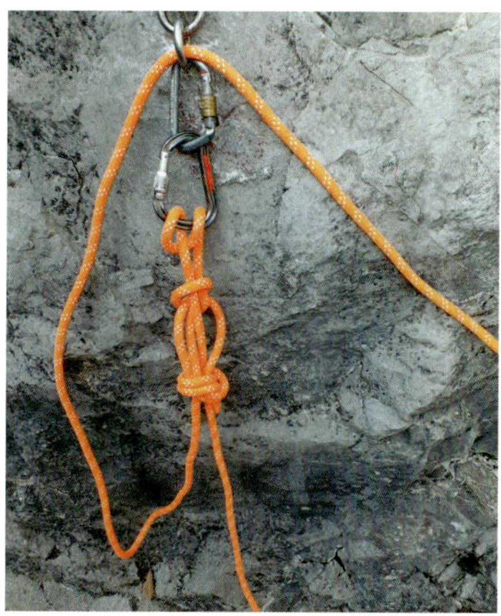

Nun können alle weiteren Gruppenmitglieder an dem abgelängten und lösbar eingerichteten Seil abseilen.

Da sich das Seil je nach ausgegebener Seillänge dehnt, kann man das Seil circa 50 Zentimeter über der Wasseroberfläche ablängen.

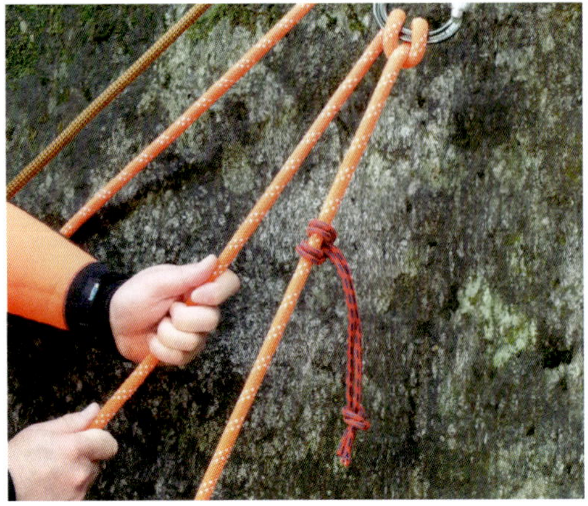

Sollte das Seil dabei über Kanten laufen, wird es, während sich weitere Personen abseilen, ständig nachgelassen, um die Auflagefläche des Seils an den Kanten zu verschieben. Nach jeder Person, die abgeseilt hat, wird das Seil dann wieder so weit hochgezogen, dass es knapp über der Wasseroberfläche endet.

Um zu wissen, wie weit das Seil dazu wieder hochgezogen werden muss, gibt es zwei Methoden. Die Person, die schon unten ist, kann dies über Pfeifsignale steuern oder man fixiert einen Kurzprusik am Seil, bevor man mit dem Nachlassen beginnt und hat auf diese Weise eine Markierung, wie weit man das Seil wieder hochziehen muss.

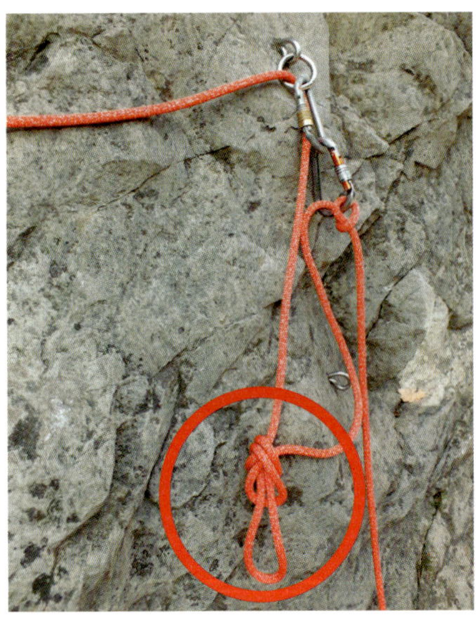

Anstatt mit einem Prusik kann man die optimale Länge des Seils auch mit einem sehr locker gelegten Sackstich am anderen Seilstrang markieren. Der Sackstich darf dabei nicht angezogen werden, da man ihn natürlich sehr einfach wieder lösen können muss, wenn man Seil nachgeben will.

Sollte eine Person beim Abseilen Schwierigkeiten haben und möchte passiv abgeseilt werden, signalisiert sie das, indem sie dreimal pfeift und so das Kommando: „Seil ausgeben" gibt.

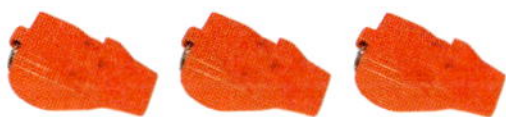

Die Person, die oben an der Abseilstelle steht, öffnet daraufhin das System und lässt die sich abseilende Person passiv ab. Dadurch ergibt sich automatisch die Situation, dass die abseilende Person zusammen mit einem (möglicherweise erheblichen) Stück Seil in das Wasser des Ankunftsbeckens eintaucht und das Ausbinden aus dem Seil erschwert wird. Wie mehrfach schon beschrieben, stellt das eine der zentralen Gefahren beim Canyoning dar. In dieser Situation ist es daher wichtig, für den Notfall ein Kappmesser am Gurt zu haben. Das Seil muss dann wieder über die Wasseroberfläche abgelängt werden. Dazu gibt die Person, die wohlbehalten unten angekommen ist, nach dem Ausbinden aus dem Seil das entsprechende Pfeifsignal.

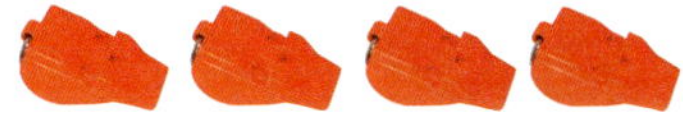

Während der gesamten Zeit, in der die Abseilstelle von der Gruppe genutzt wird, bleibt ein Notseil oben an der Abseilstelle. Im Notfall verschafft dieses Seil der Person, die oben an der Abseilstelle steht, verschiedene Möglichkeiten, einzugreifen. Das Notseil wird erst dann nach unten gebracht, wenn nur noch die letzte Person oben steht.

Die Abseilstelle wird die ganze Zeit von der Person betreut, die sie eingerichtet hat, diese Person seilt dann als letzte Person ab („Rope Guard").

Sind alle Personen bis auf den Rope Guard abgeseilt, so werden die Rucksäcke nachgeworfen oder abgelassen.

Danach wirft die oben an der Abseilstelle stehende Person den Seilsack mit dem Restseil in das Becken, idealerweise so weit, dass die unten stehenden Personen den Seilsack leicht erreichen können. Sollte der Wurf völlig danebengegangen sein, zieht man den Seilsack wieder hoch und wirft ihn erneut. Bevor der Seilsack geworfen wird, wird einmal gepfiffen, um die Aufmerksamkeit der unten stehenden Personen zu erhalten.

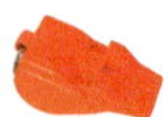

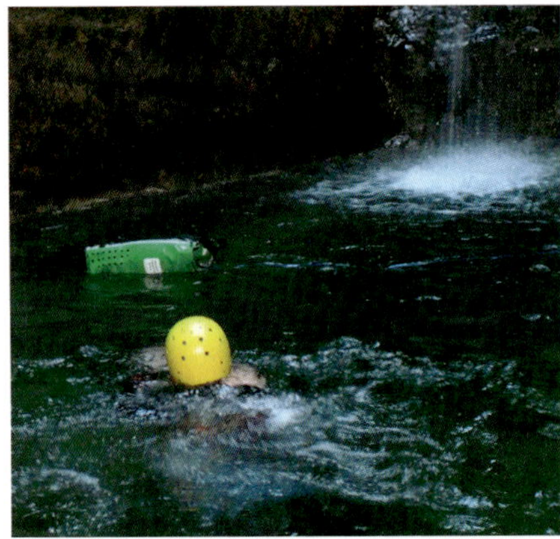

Der Seilsack wird aus dem Becken geholt.

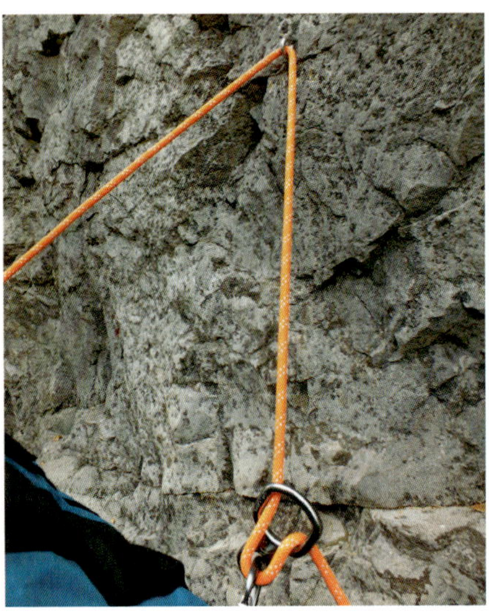

Das lösbare System wird oben abgebaut und die letzte Person, die abseilt, bindet sich in den Abseilachter ein.

Sobald dies geschehen ist, pfeift die letzte Person, die oben ist, viermal.

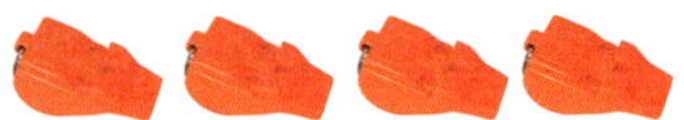

Das Seil wird nun von unten gespannt, indem es in den Achter eingelegt wird.

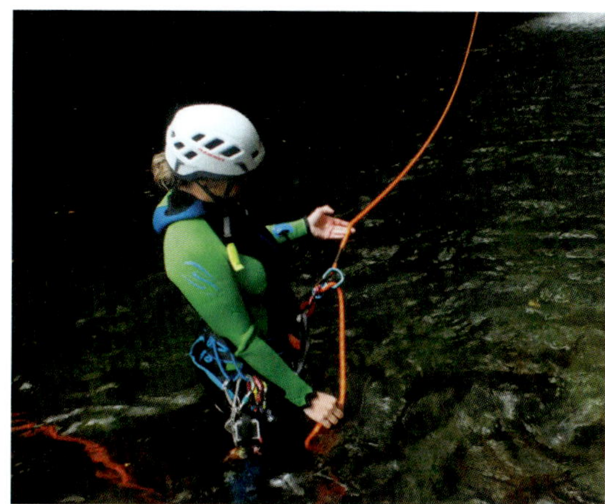

Die unten stehende Person sucht sich einen möglichst rutschsicheren Platz. Sie kann sich auch mit einer anderen Person zusammenhängen.

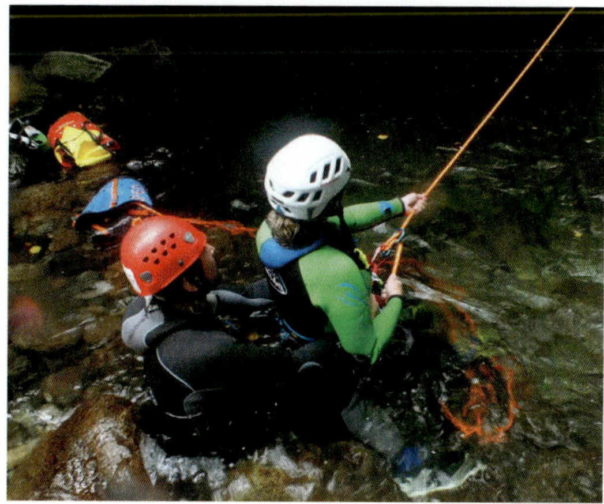

Sobald das Seil von unten gespannt ist, wird dies durch zweimaliges Pfeifen nach oben signalisiert.

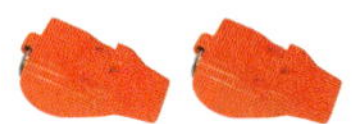

Nun kann sich auch die letzte Person abseilen. Sollte es beim Abseilen Schwierigkeiten geben, kann das Seil von unten nachgelassen werden. Auf diese Weise hat auch die letzte Person die Möglichkeit, sich über ein lösbares System (von unten gesteuert) abzuseilen.

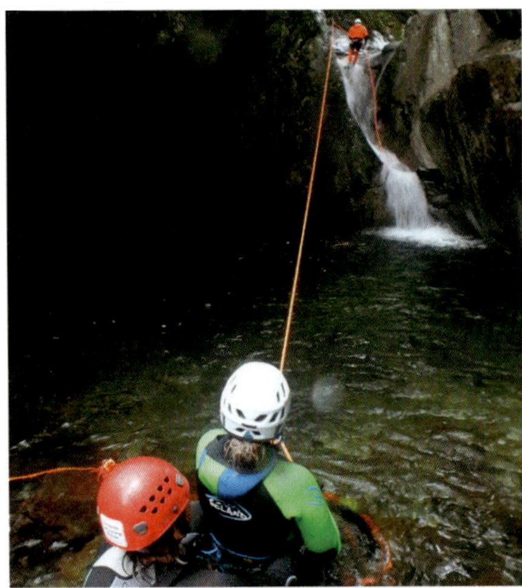

Die letzte Person darf den Abseilvorgang beim Toprope-Verfahren erst starten, wenn über Pfeifsignale unmissverständlich klar ist, dass die unten stehende, sichernde Person bereit ist und das Seil gespannt hat.

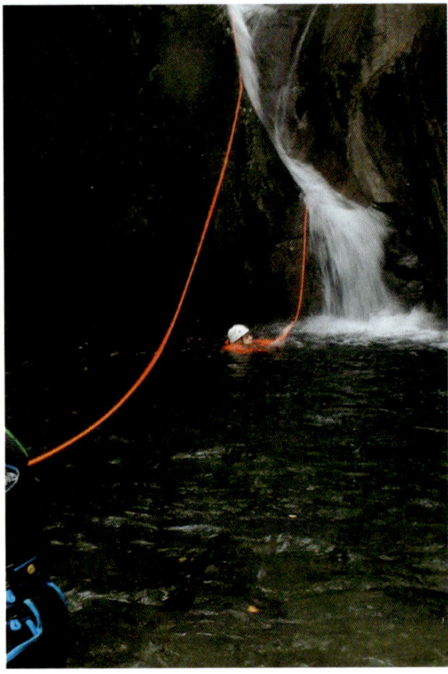

Die letzte Person schwimmt nach dem Abseilen aus dem Becken und das Seil kann abgezogen werden.

Variante zum Abseilen der ersten Person

Die nachfolgend beschriebene Methode des aktiv-passiven Abseilens setzt voraus, dass die Person, die als Erste abgeseilt wird, sehr sicher ist und sich jederzeit selbst blockieren kann.

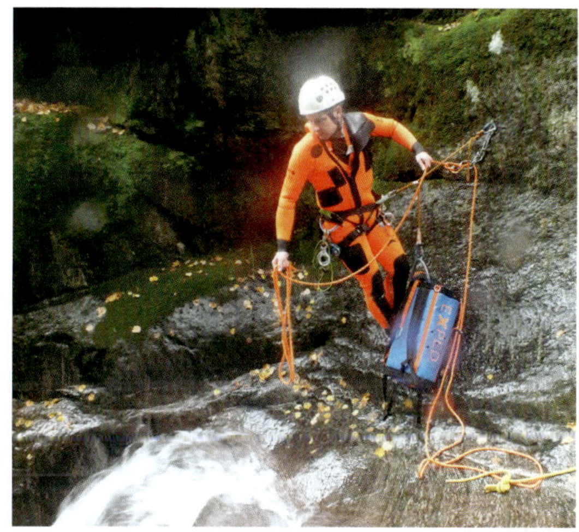

In das ausgeworfene Seilstück bindet sich dann die erste Person, die abseilt, mit ihrem Abseilgerät ein – so, als würde sie klassisch aktiv abseilen. Aber Vorsicht: Das Seil reicht zu diesem Zeitpunkt noch nicht bis zum Boden!

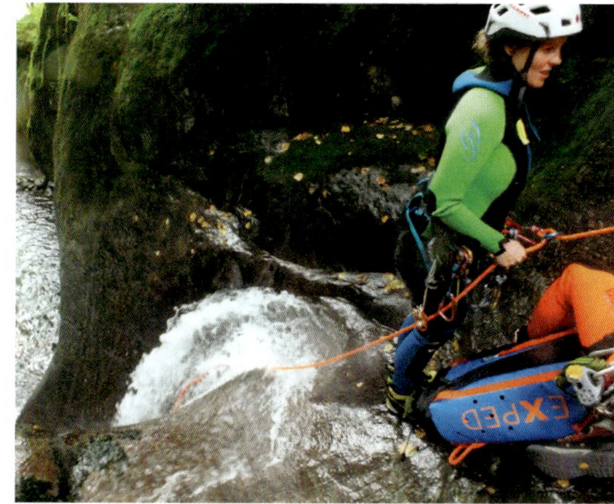

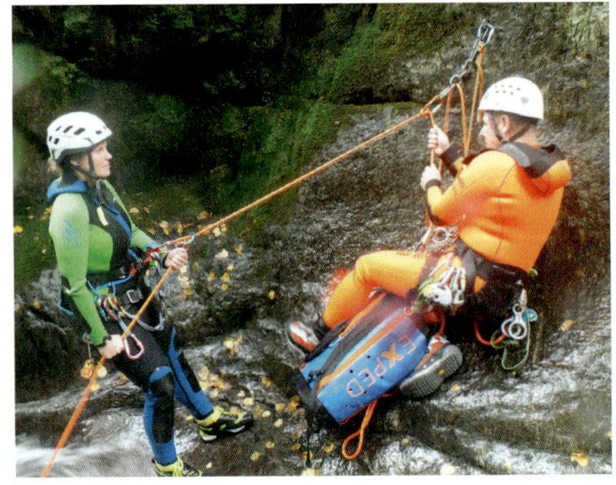

Der eigentliche Abseilvorgang wird wie beim passiven Abseilen von oben gesteuert. Das ausgeworfene Seilstück liefert lediglich für die abseilende Person Flexibilität, z. B. dann, wenn sie über eine Kante geht. Sie ist dann nicht auf die Seilbewegung der sie abseilenden Person angewiesen, sondern kann den Abseilvorgang selbst steuern. Das erhöht den Komfort beim Abgeseiltwerden sehr.

Der Abseilvorgang wird wie beim passiven Abseilen über Pfeifsignale gesteuert.

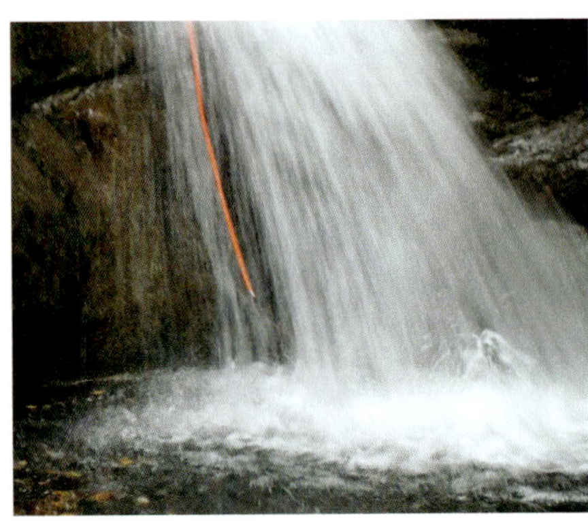

Die sich abseilende Person muss beim Abseilen darauf achten, wann das Seil auf der Wasseroberfläche aufliegt. Dann pfeift sie „Stopp" und seilt sich am restlichen Seil aktiv ab.

Der Nachteil dieser Methode besteht darin, dass die sich abseilende Person ihre Hände nicht frei hat. Wenn sie wieder nach oben geholt werden muss, muss sie sich zuerst noch blockieren. Zudem muss die Person sehr sicher im Abseilen sein.

6.6 DER UMLENKER

Als Umlenker (italienisch: Deviatore, englisch: deviator) bezeichnen wir einen Fixpunkt (Haken, Kettenstand, seltener: eine Bandschlinge) im Fels, der sich unterhalb des eigentlichen Abseilpunkts außerhalb der direkten Falllinie befindet. Ein Umlenker kommt immer dann zum Einsatz, wenn der Seilverlauf in der direkten Falllinie ungünstig oder gefährlich wäre.

Das Seil wird dann durch den Umlenker in eine andere, günstigere Position gebracht. Hierfür gibt es zwei Hauptgründe: Das Abseilen in der direkten Falllinie (meist: im Wasserstrahl) kann zu gefährlich sein, z. B. wenn der Wasserfall eine gewisse Menge Wasser führt. Dies ist auch bei dem nachfolgend abgebildeten Wasserfall so.

Je nach Wasserstand wird der auf der rechten Seite angebrachte Umlenker benutzt, damit die sich abseilende Person sich außerhalb des Wassers abseilen kann.

Ein Umlenker wird zweitens dann eingesetzt, wenn sich das Seil beim Abziehen verklemmen würde. Eine solche Situation zeigt die nebenstehende Abbildung. Das Seil würde sich beim Abziehen in der Scharte verklemmen, wenn es nicht umgelenkt werden würde.

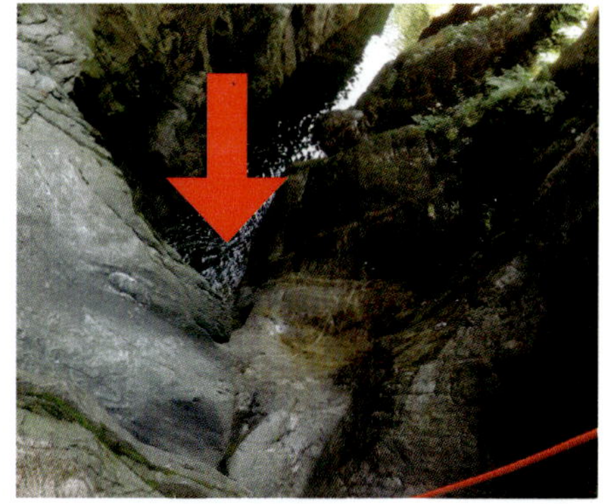

Die Stelle sieht, von unten betrachtet, folgendermaßen aus:

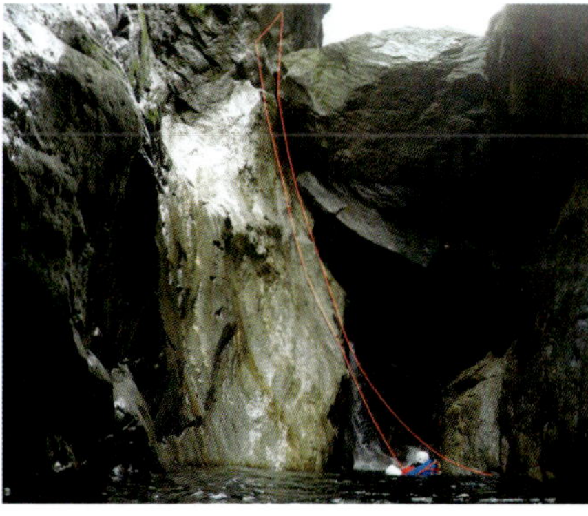

Wann immer ihr an eine Abseilstelle gelangt, die euch hinsichtlich des zu erwartenden Seilverlaufs nicht geheuer ist, lohnt es sich, nach einem Umlenker Ausschau zu halten. Ihr könnt immer davon ausgehen, dass ihr nicht die Ersten seid, denen eine konkrete Situation merkwürdig vorkommt. Dann hört auf euer Bauchgefühl und sucht das Umfeld nach einem Umlenker ab, der die Situation möglicherweise komplett entschärft.

Wenn es einen Umlenker gibt, ihr ihn aber überseht, so heißt das, dass ihr an einer Stelle abseilt, die dafür explizit nicht gedacht ist. Der eigentliche Abseilpunkt gibt hier manchmal trügerische Sicherheit, dass sich „hier ja auch alle anderen abgeseilt haben, es also nicht so schlimm sein kann".

Dem Ersten, der in einer unübersichtlichen Situation (langsam!) abseilt, kommt daher auch die Aufgabe zu, auf dem Weg nach unten nach Umlenkern Ausschau zu halten. Im Zweifelsfall heißt es dann: Abseilvorgang beenden, wenn möglich, zum Umlenker klettern oder schwingen oder im übelsten Fall wieder am Seil aufzusteigen, um in einem erneuten Abseilvorgang zunächst zum Umlenker zu gelangen!

Die Unkenntnis der Funktion und der Notwendigkeit eines Umlenkers hat schon zu vielen gefährlichen Situationen geführt.

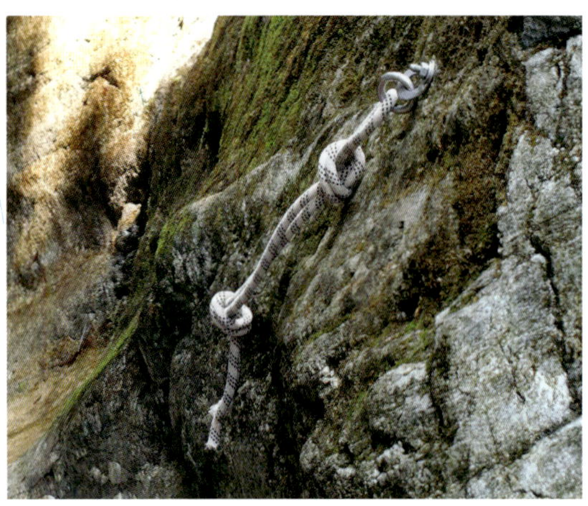

Häufig ist ein Umlenker ein ganz normaler Haken und damit eher leicht zu übersehen. Ein Umlenker kann auch aus Seilstück wie auf dem Foto bestehen.

In eher seltenen Fällen findet man auch eine Kette mit einem Schnappkarabiner als Umlenker.

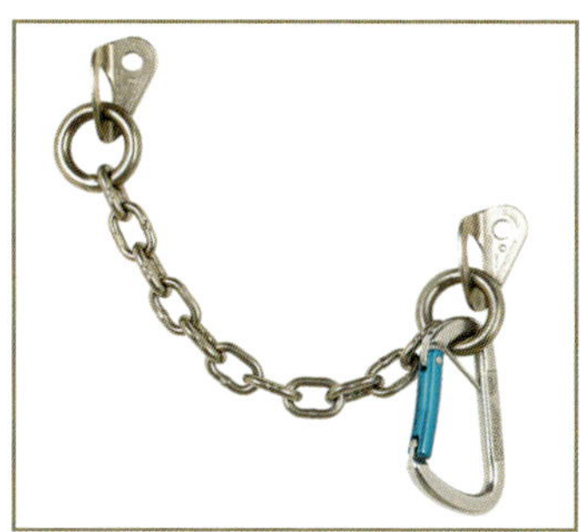

Und so benutzt ihr einen Umlenker

Die Umlenker sind in aller Regel so angebracht, dass ihr sie gut erreichen könnt. Die erste Person, die abseilt, muss zunächst zum Umlenker gelangen und das Seil dort umlenken, also in einen Karabiner einhängen. Die letzte Person, die abseilt, muss die Stelle unter Umständen wieder abbauen, um keinen Karabiner in der Wand zurückzulassen.

Alle anderen Personen seilen bis zum Umlenker ab und müssen sich hier umhängen, um den Umlenker zu überwinden. Es bedarf also für jeden Teilnehmer einer Gruppe Kenntnisse, um mit einem Umlenker zu arbeiten. Die Fertigkeit sollte zum selbstverständlichen Repertoire jedes Canyonauten gehören!

A: Umlenker, die aus einem Seilstück bestehen

Ablauf für die erste Person

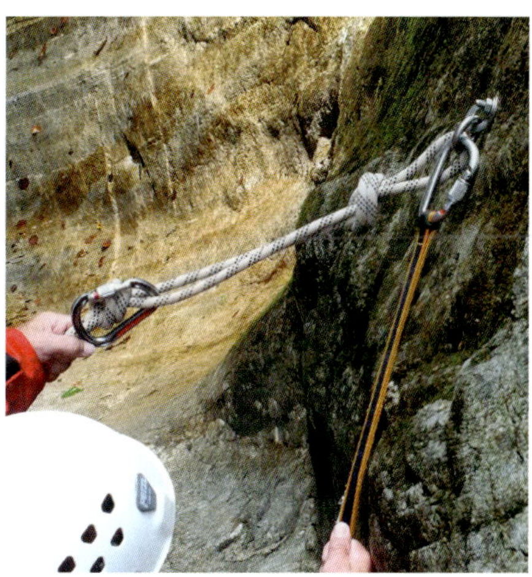

Ihr baut am eigentlichen Abseilpunkt ein lösbares System auf. Das ist umso wichtiger, als es sich ja ganz offensichtlich um eine gefährliche Situation handelt! Nun seilst du dich als erste Person vorsichtig bis zum Umlenker ab. Häufig kann man die Strecke auch abklettern, das hängt ganz von den Gegebenheiten vor Ort ab.

Am Umlenker angekommen, sicherst du dich zuerst mit deiner Selbstsicherung im Haken, mit dem der Umlenker in der Wand befestigt ist. Anschließend hängst du in die äußere Schlaufe des Seilstücks einen Karabiner ein.

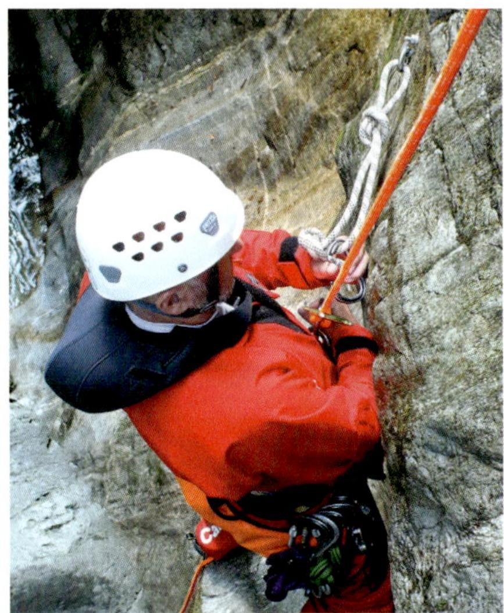

Diesen Karabiner hängst du nun in das Abseilseil ein, und zwar oberhalb deines Abseilgeräts.

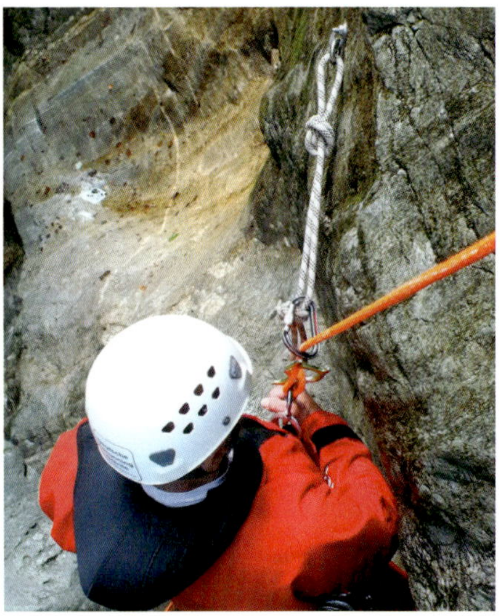

Nun löst du die Selbstsicherung aus der Wand und befestigst sie wieder am Gurt. Jetzt kannst du dich am umgelenkten Seil weiter abseilen.

Alle weiteren Personen bis auf die letzte Person

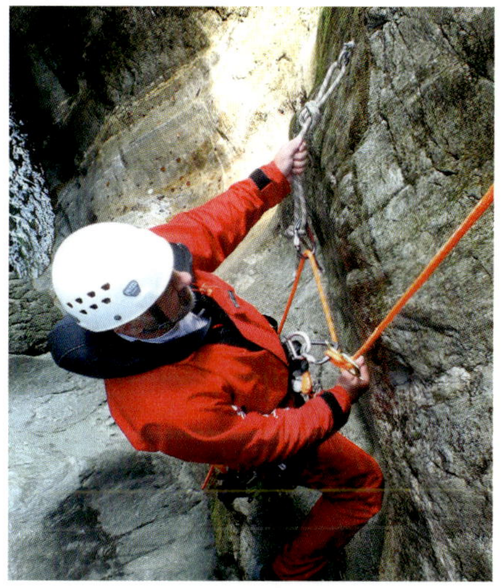

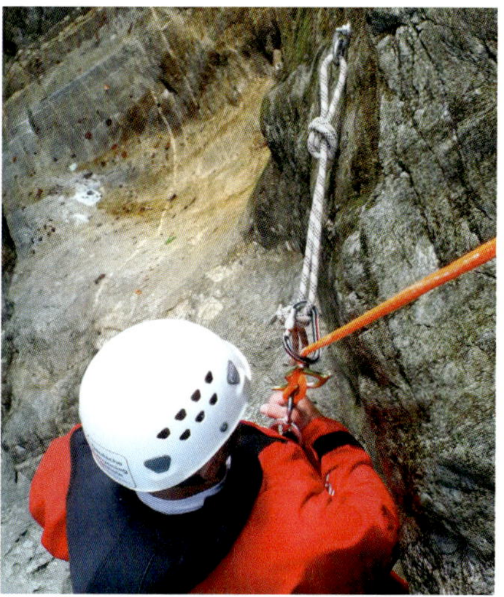

Für alle weiteren Personen der Gruppe läuft das Seil jetzt bereits durch den Umlenker. Ihr müsst euch also am Umlenker umhängen, ohne aber je ungesichert zu sein!

Von oben kommend, findet ihr die Situation am Umlenker folgendermaßen vor:

Ihr seilt euch bis kurz vor dem Umlenker ab. Dann hängt ihr eure Selbstsicherung in den Wandhaken oder in das Seilstück ein. Sobald ihr einen guten Stand habt (oder in der Selbstsicherung hängt), zieht ihr das Abseilseil ein Stück weit durch das Abseilgerät, sodass ihr genügend Spiel habt, um es oberhalb des Abseilgeräts durch den Umlenkkarabiner zu führen.

Jetzt löst ihr das Seil aus dem Umlenkkarabiner (unterhalb des Abseilgeräts) und hängt das Seil oberhalb des Abseilgeräts wieder ein. Ihr zieht das Seil durch das Abseilgerät wieder straff, hängt die Selbstsicherung aus und seilt euch weiter ab.

Häufig wird an einer Umlenkstelle der Fehler gemacht, sich selbst aus dem Seil oberhalb des Umlenkkarabiners auszuhängen und unterhalb wieder einzuknüpfen. Damit seid ihr aber gegebenenfalls ungesichert! Daher gilt: Lieber den Umlenkkarabiner aushängen anstatt das eigene Abseilgerät!

Die letzte Person

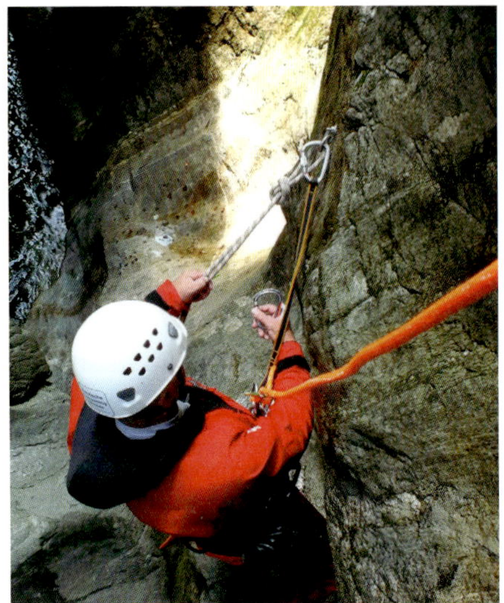

Wenn du als letzte Person einer Gruppe an den Umlenker kommst, möchtest du den eingesetzten Karabiner natürlich wieder mitnehmen. Dafür gehst du wie folgt vor: Du seilst dich bis zum Umlenker ab und hängst dich mit deiner Selbstsicherung in den Haken ein. Dann baust du den Karabiner aus dem Umlenker aus und befestigst ihn an deinem Gurt.

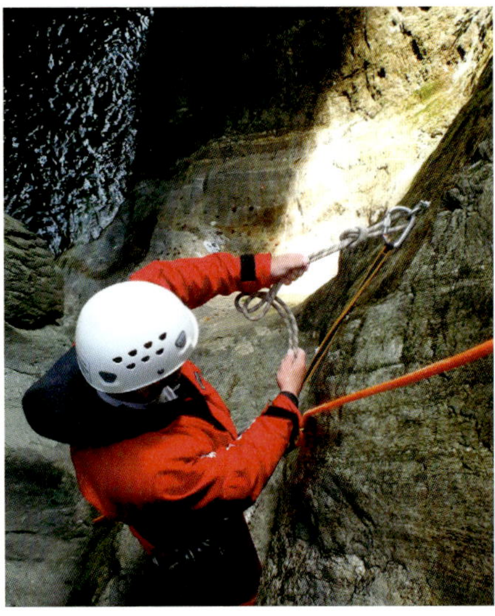

Jetzt wird es spannend: Lässt sich der Sackstichknoten im Seilstück des Umlenkers auflösen? Wenn ihr den Knoten lösen könnt, tut ihr das jetzt.

Jetzt führt ihr die beiden Seilenden des Umlenkers um euer Abseilseil (oberhalb des eigenen Abseilgeräts) und verknotet sie wieder mit einem Sackstich, sodass der Umlenker wieder aussieht wie zuvor. Euer Abseilseil läuft jetzt durch die Schlaufe des Umlenkers, in dem zuvor der Karabiner hing.

Macht den Knoten sorgfältig: Nicht nur eure eigene Sicherheit hängt davon ab, sondern auch die der nachfolgenden Gruppe, die den Umlenker wieder so vorfindet!

Wenn sich der Knoten im Umlenkerseilstück nicht lösen lässt, so müsst ihr anders und sehr vorsichtig vorgehen: Dann müsst ihr zunächst das Abseilseil wieder einholen und durch das Seilstück fädeln. Jetzt läuft das Abseilseil durch den Umlenker – ihr seid aber noch auf der falschen Seite eingebunden.

Nun bleibt nichts anders übrig, als das Abseilseil aus dem Abseilgerät auszuhängen. Dazu nutzt ihr zunächst das zweite Ende eurer Selbstsicherung und hängt diese mit einem Mastwurf in das lose Ende des Abseilseils ein. So bleibt ihr in jedem Fall im Abseilseil gesichert, auch in dem Fall, dass sich der Umlenker aus der Wand löst.

Jetzt hängt ihr das Abseilseil aus dem Abseilgerät aus und bindet euch unterhalb des Umlenkers wieder in das Abseilseil ein. Erst jetzt löst ihr die Selbstsicherung und seilt weiter ab.

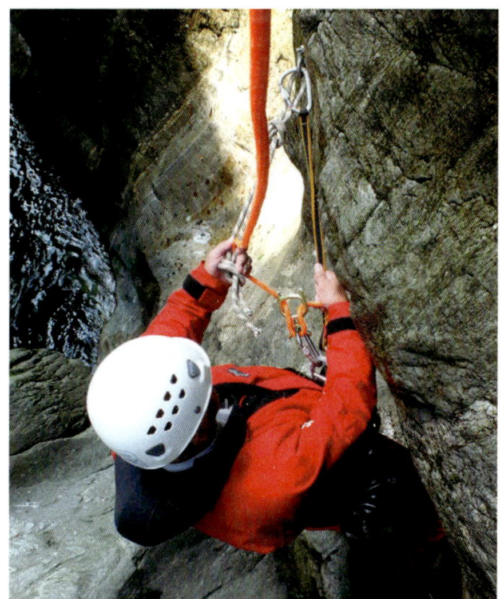

Im Onlinematerial zu Kap. 2.2 haben wir darauf hingewiesen, dass ein Seil möglichst nicht auf einem anderen (Textil auf Textil) reiben soll, da dies zu Schmelzverbrennungen führen kann. Hier haben wir aber genau eine solche Situation. Das Risiko ist aber sehr gering, weil hier das Abseilseil nicht in schneller Bewegung sein sollte (wie es beim passiven Abseilen, dem „Ablassen" einer Person, wäre).

B: Wenn der Umlenker nur aus einem Haken besteht, wird dieser folgendermaßen benutzt

Einrichten der Umlenkstelle durch die erste Person

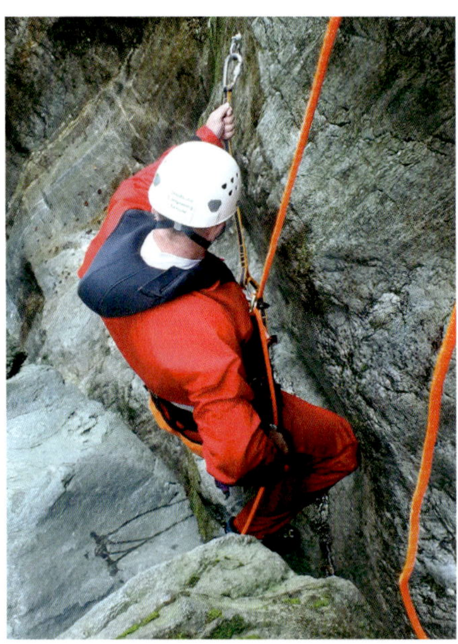

Du seilst dich bis zum Haken ab und sicherst dich über deine Selbstsicherung.

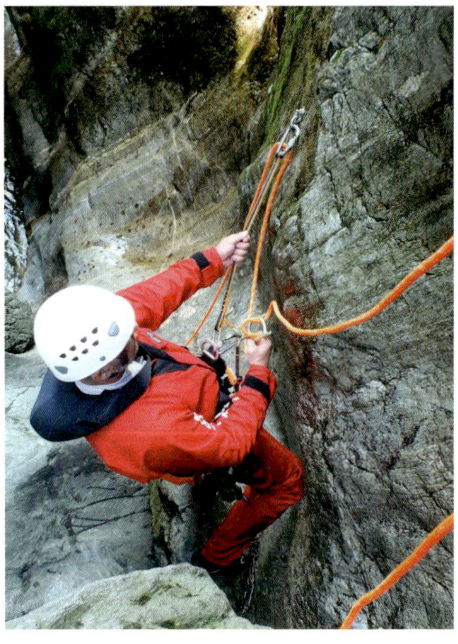

Dann hängst du einen Karabiner in den Haken ein (das kann ein wenig eng werden, weil in diesem Haken bereits die Selbstsicherung hängt).

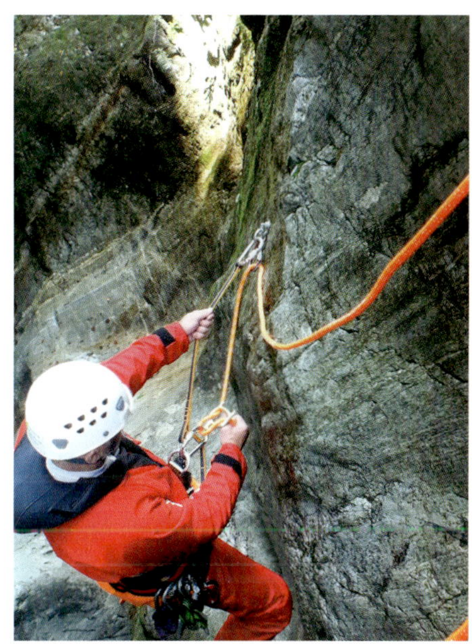

Jetzt ziehst du ein wenig Seil durch das Abseilgerät, sodass das Seil genügend Spiel bekommt, um es problemlos durch den Karabiner zu führen. Dann hängst du das Abseilseil oberhalb des eigenen Abseilgeräts durch den Karabiner im Umlenker. Du ziehst das Seil im Abseilgerät wieder straff, hängst dich anschließend aus der Selbstsicherung aus und kannst nun umgelenkt abseilen.

Alle weiteren Personen bis auf die letzte Person

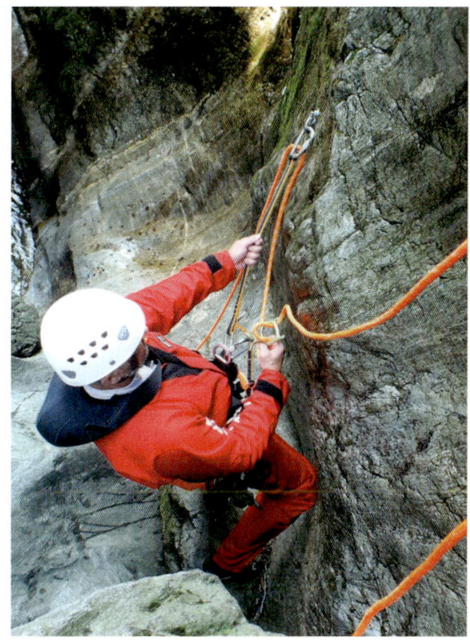

Der Umlenker ist jetzt fertig eingerichtet. Nacheinander können jetzt alle weiteren Personen abseilen. Dazu seilt ihr euch zunächst bis zum Umlenker ab und hängt euch dort mit eurer Selbstsicherung in den Haken (Nicht in den Karabiner!) ein.

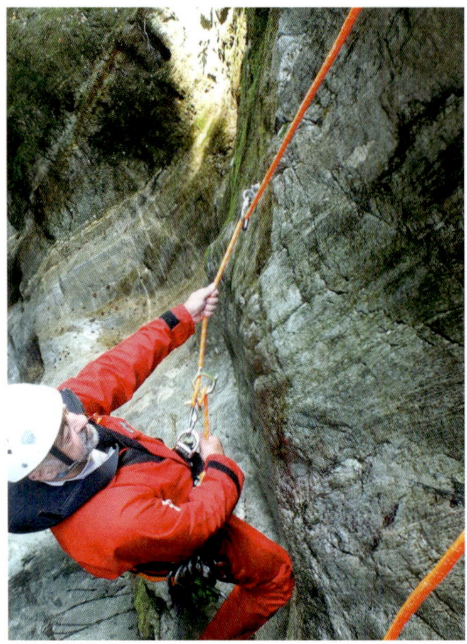

Ihr gebt etwas Seil nach, sodass ihr das Abseilseil gut bewegen könnt, hängt den Umlenkkarabiner aus und oberhalb des eigenen Abseilgeräts wieder ins Abseilseil ein. Jetzt zieht ihr das Abseilseil durch das Abseilgerät wieder straff, löst die Selbstsicherung und befestigt sie wieder am Gurt. Anschließend setzt ihr den Abseilvorgang fort.

Die letzte Person

Als letzte Person der Gruppe musst du zunächst oben am Abseilpunkt das lösbare System abbauen. Dann seilst du dich bis zum Umlenker ab. Am Umlenker hängst du zunächst die Selbstsicherung ein und versuchst, einen guten Stand zu bekommen. Jetzt nimmst du den Umlenkkarabiner aus dem Haken und befestigst ihn an deinem Gurt.

Im Fixpunkt des Umlenkers hängt jetzt noch deine Selbstsicherung, das Seil läuft noch durch dein Abseilgerät. Jetzt ziehst du das Seil vom ursprünglichen Abseilpunkt ab, holst es zu dir ein und fädelst das Seilende durch den Haken. Anschließend wirfst du das durchgefädelte Seilende nach unten. Jetzt kannst du entweder im Toprope (nach den entsprechenden Kommandos) oder am Doppelstrang abseilen.

C: Wenn der Umlenker aus einem fixen Schnappkarabiner besteht, wird dieser folgendermaßen benutzt

Diese Variante ist die einfachste und komfortabelste, da der Karabiner zum Abseilpunkt gehört und an Ort und Stelle verbleibt. Leider gibt es nur wenige Umlenker, die auf diese Weise eingerichtet sind.

Die erste Person

Als Erster der Gruppe seilst du dich bis zum Umlenker ab, sicherst dich mit deiner Selbstsicherung, wie oben beschrieben, und hängst anschließend das Abseilseil oberhalb des eigenen Abseilgeräts in den Schnappkarabiner ein. Anschließend löst du die Selbstsicherung wieder und seilst das restliche Stück ab.

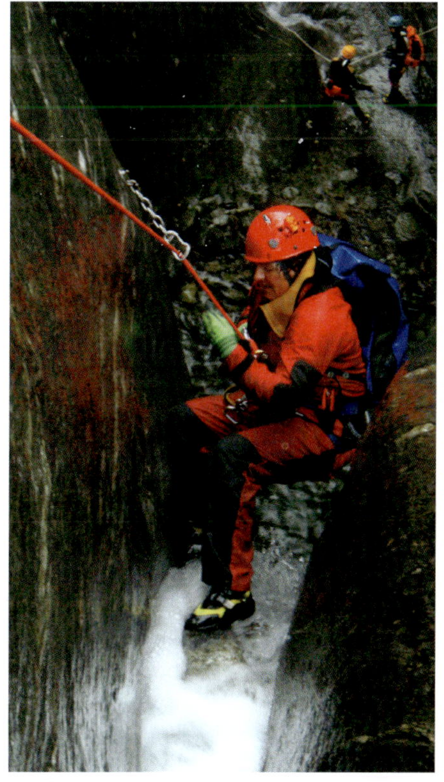

Alle weiteren Personen

Alle weiteren Personen, auch die letzte Person, müssen sich nur bis zum Umlenker abseilen und dann den Schnappkarabiner so umhängen, dass er oberhalb ihres Abseilgeräts ist. Dabei niemals die Selbstsicherung vergessen! Wenn die letzte Person am Doppelstrang abseilt, sollten beide Seilstränge in den Schnappkarabiner eingelegt werden.

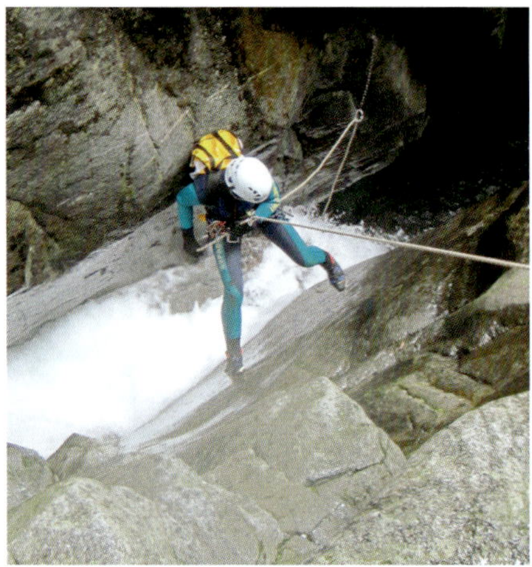

Typische Situation für einen Umlenker: Die Person befindet sich noch oberhalb des Umlenkers, das Seil wird aus dem Wasserstrahl geführt.

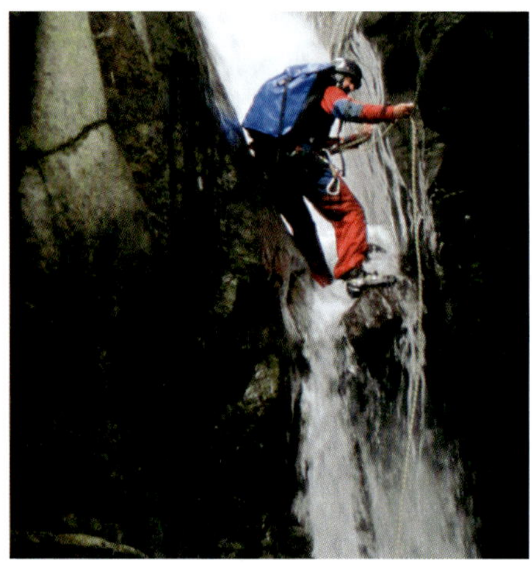

Ohne den Umlenker würde sich das Seil in den Felsspalten verkeilen und ließe sich nicht mehr abziehen.

6.7 DAS SEILGELÄNDER

Ein Seilgeländer dient dazu, eine ausgesetzte horizontale Passage sicher zu überwinden – in der Regel, um zur eigentlichen Abseilstelle zu gelangen. Manchmal finden sich an solchen Stellen fixe Seile – dann nutzt ihr eure Selbstsicherung und bewegt euch entlang des Seilgeländers wie auf einem Klettersteig vorwärts. Oftmals findet ihr jedoch nur Haken vor, dann muss das Seilgeländer zunächst selbst installiert werden, ohne dass die erste Person (die das Seilgeländer aufbaut) oder die letzte Person (die es wieder abbauen muss) gefährdet wird. Insbesondere in Italien und in Frankreich sind die eigentlichen Abseilstellen so ausgesetzt angebracht, dass man häufig ein Seilgeländer aufbauen muss, um zur Abseilstelle zu gelangen.

Dies resultiert daher, dass man in diesen Ländern sehr großen Wert darauf legt, dass das Abseilseil keinen oder möglichst wenig Felskontakt hat, um Beschädigungen des Seils zu vermeiden. Insbesondere im Granit ist ein Seil sonst schnell durchgescheuert! Dann lieber etwas mehr Aufwand beim Aufbau!

In Deutschland und in Österreich werdet ihr seltener in die Verlegenheit kommen, ein Seilgeländer aufzubauen. Dort sind die Abseilstellen eher so platziert, dass man sie bequem und sicher erreichen kann. Dafür liegt das Abseilseil dann häufiger auf dem Fels auf. Das macht im Kalk auch keine so großen Probleme; im Zweifelsfall gebt ihr während des Abseilens Seil nach (siehe Kap. 6.4).

Doch auch, wenn ihr mit Kindern oder unerfahrenen Erwachsenen unterwegs seid, kann es sinnvoll sein, an einer ausgesetzten Stelle ein Seilgeländer als zusätzliche Sicherung anzubauen. Die Technik des Seilgeländerbaus solltet ihr also auf jeden Fall gut beherrschen.

Nicht immer ist zu erkennen, ob ein Haken den Beginn eines Seilgeländers markiert oder schon die eigentliche Abseilstelle darstellt. Hier gilt das Gleiche wie beim Umlenker: Bevor ihr vorschnell einen Haken als Abseilpunkt verwendet, schaut euch lieber gründlich um! Ein Haken, der weit von der eigentlichen Kante entfernt ist, sollte euch misstrauisch machen: Er ist häufig der Beginn eines Seilgeländers.

In Italien – und manchmal auch in Deutschland, Österreich und der Schweiz – erkennt ihr eine Stelle, an der ein Seilgeländer aufgebaut werden soll, leicht: Dort wird sie meist dadurch markiert, dass sich zwei Ösen um 90 Grad verdreht in unmittelbarer Nähe zueinander befinden.

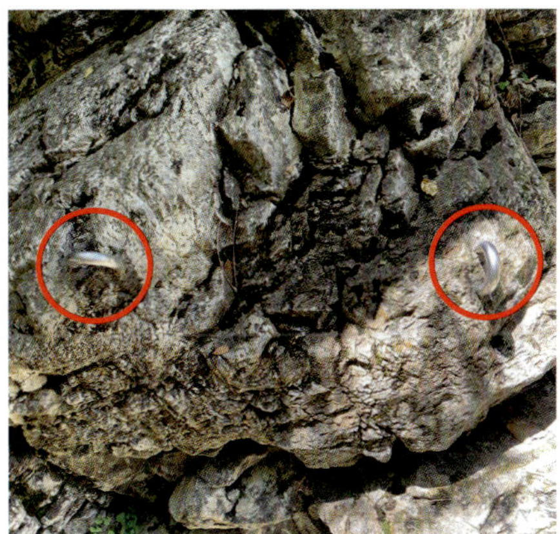

Typische Stelle zum Aufbau eines Seilgeländers

Die Kennzeichnung eines Seilgeländers durch zwei um 90 Grad verdrehte Ösen ist in Deutschland und Österreich eher ungewöhnlich. Seilgeländer sind hier insgesamt nicht so verbreitet. Dadurch gab es schon einige Probleme, wenn die beiden Ösen als Abseilstelle fehlinterpretiert wurden und sich dann dadurch ein sehr ungünstiger Seilverlauf ergab. Dabei kam es schon zu tödlichen Unfällen.

Das Seilgeländer baut ihr folgendermaßen auf

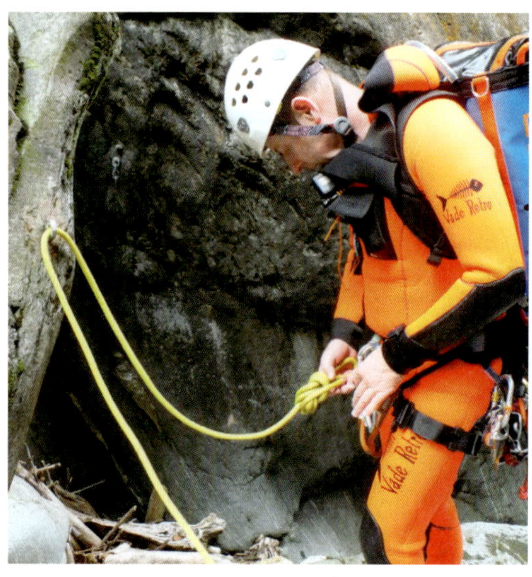

Im ersten Schritt zieht ihr das Seil durch die Öse, die sich mehr in Richtung der Abseilstelle befindet. In das kurze, durchgefädelte Seilende wird ein Achterknoten gebunden, an dem sich die Person, die das Seilgeländer aufbaut, mit einem freien Karabiner in das Seil einbindet (nicht in die Selbstsicherung, sondern mit einem zusätzlichen Karabiner direkt an den Anseilpunkt des Gurts).

Währenddessen hängt die zweite Person ihre Selbstsicherung in die zweite Öse ein und sichert die Person, die das Seilgeländer aufbaut. Das könnt ihr über Körpersicherung machen oder auch ein Abseilgerät in die zweite Öse einhängen.

Die erste Person ist damit gegen einen eventuellen Absturz gesichert. Aber, Vorsicht: Da beim Canyoning statische Seile verwendet werden, die einen Sturz nicht adäquat dämpfen, kann auch ein Sturz in ein vergleichsweise kurzes Seilstück gefährlich sein. Außerdem bewegt sich die erste Person ja waagerecht vom Anseilpunkt weg, vollführt also im Falle eines Sturzes einen kaum kontrollierbaren Pendelschwung.

Bei längeren Seilgeländern oder schwierigen Passagen sind daher häufig noch zusätzliche Zwischenhaken installiert, um sicherzustellen, dass im Falle eines Sturzes der Sturz nur sehr kurz ist. Hier hängt ihr einfach einen Karabiner in den Haken ein (wenn vorhanden, natürlich gerne auch eine Expressschlinge) und lasst das Seil in den Karabiner einschnappen.

Wenn die Stelle, wie in den Abbildungen dieses Kapitels, eher kurz und nicht so schwierig zum Klettern ist, kann die erste Person den Rucksack zum Einrichten der Abseilstelle gleich mitnehmen. Bei schwierigeren Stellen lässt sie den Rucksack dagegen an der Einstiegsstelle des Seilgeländers zurück, die zweite Person bringt diesen dann nach vorne mit.

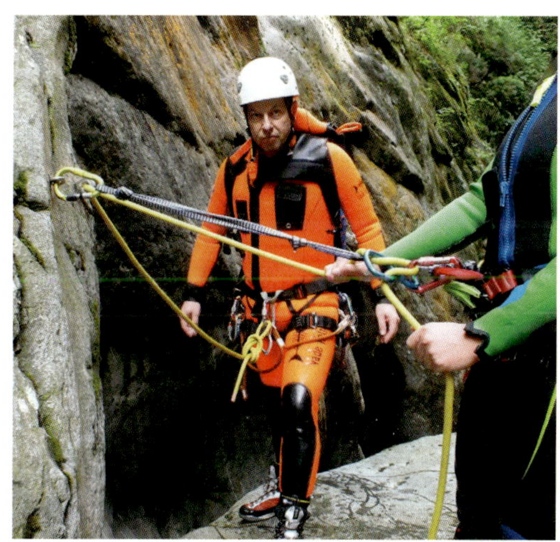

Während sich die erste Person zur Abseilstelle (also dem Ende des Seilgeländers) vorarbeitet, ist es wichtig, dass beide Personen im ständigen Kontakt sind. Die Person, die vorgeht, sollte möglichst wenig Schlappseil haben, das Seil sollte aber auch nicht so straff gespannt sein, dass es sie beim Vorgehen behindert.

Sobald du als erste Person die Abseilstelle erreicht hast, hängst du dort zunächst deine Selbstsicherung ein. Anschließend löst du das mitgeführte Seil zusammen mit dem Karabiner von deinem Gurt und hängst den Karabiner mit dem Achterknoten in den Ankerpunkt ein.

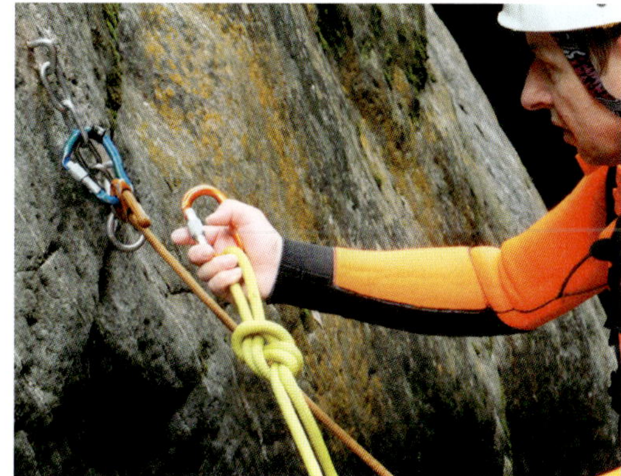

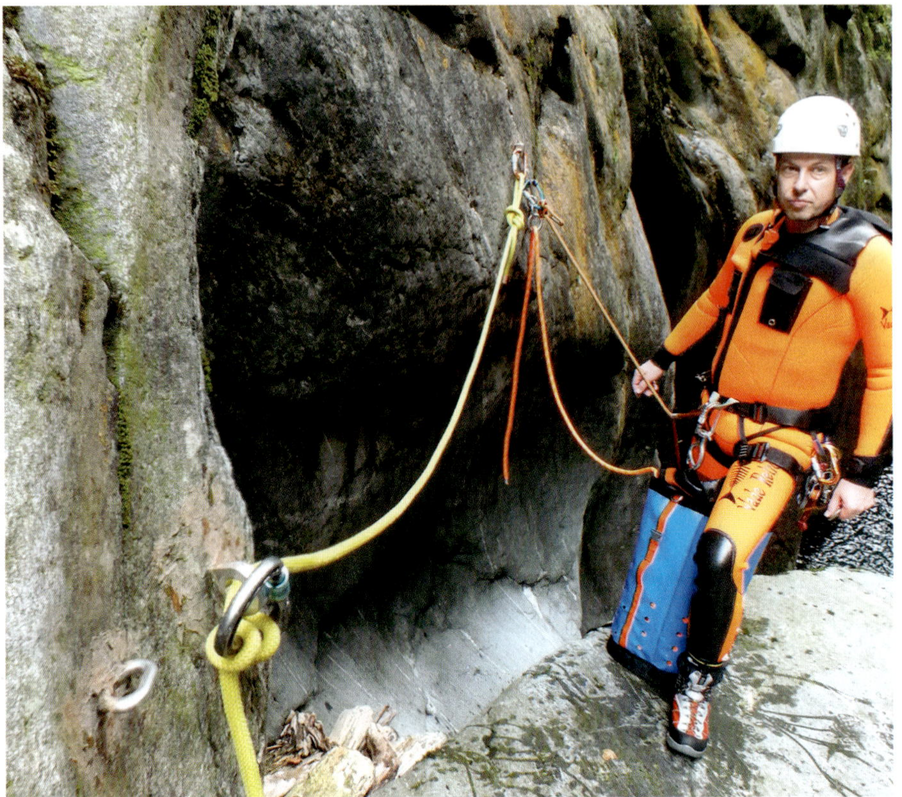

Am vorderen Ende ist die Seilbahn jetzt fertig. Die zweite Person legt nun hinter der Öse, durch die das Seilgeländer läuft, einen Mastwurf in einen Karabiner. Dadurch wird das Seil blockiert. Es muss nicht straff gespannt sein, sollte aber auch nicht allzu sehr durchhängen.

Damit ist das Seilgeländer fertig und kann benutzt werden.

Und so nutzt ihr das Seilgeländer

Alle weiteren bis auf die letzte Person können jetzt das Seilgeländer nutzen, indem sie sich mit der Selbstsicherung einhängen.

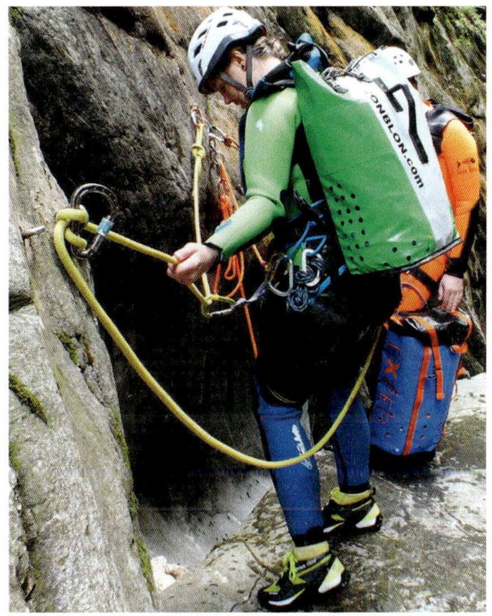

Eine der Sicherungen muss immer am Seil sein!

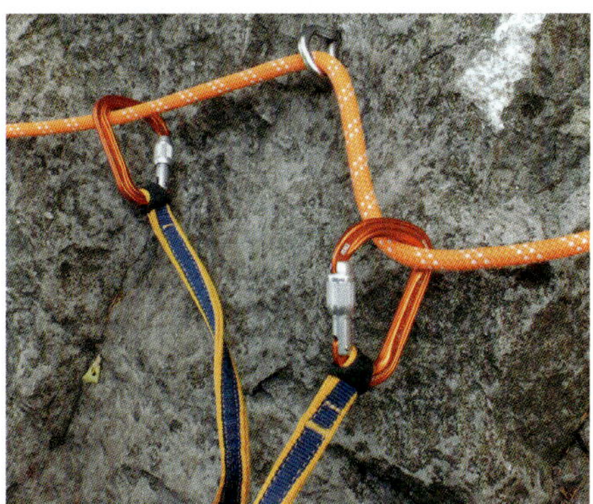

Nach dem Lösen der zweiten Sicherung habt ihr den Zwischenhaken überwunden.

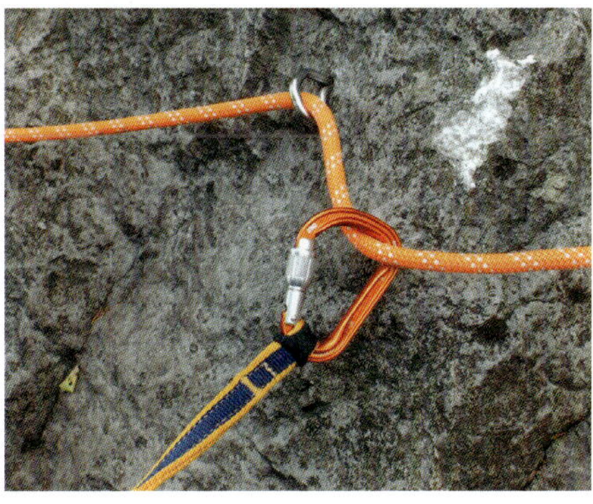

Abbau des Seilgeländers

Wenn ihr als letzte Person entlang des Seilgeländers quert, müsst ihr das Ende des Seils mitnehmen, aus dem das Seilgeländer aufgebaut ist. Es sollte sich noch in einem Seilsack befinden, den ihr einfach auf den Rücken nehmt. Das Seil gleitet dann von alleine aus dem Seilsack.

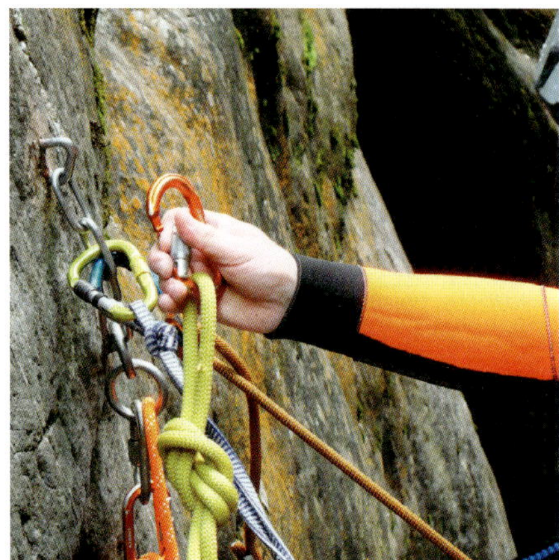

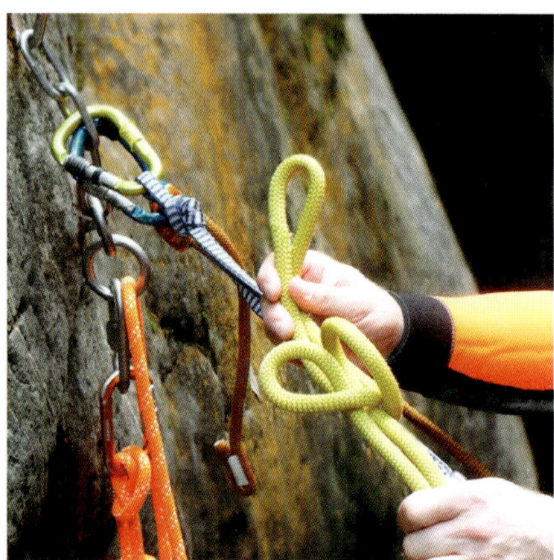

Wenn die letzte Person an der Abseilstelle angekommen ist und sich gesichert hat, müsst ihr zum Abbau des Seilgeländers zuerst den Achterknoten aushängen und den Knoten lösen.

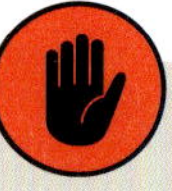

Wenn beim Abbau eines Seilgeländers vergessen wird, den Knoten am Ende des Seils zu lösen, kann man das Seil nicht abziehen.

Nun könnt ihr das Seil komplett abziehen.

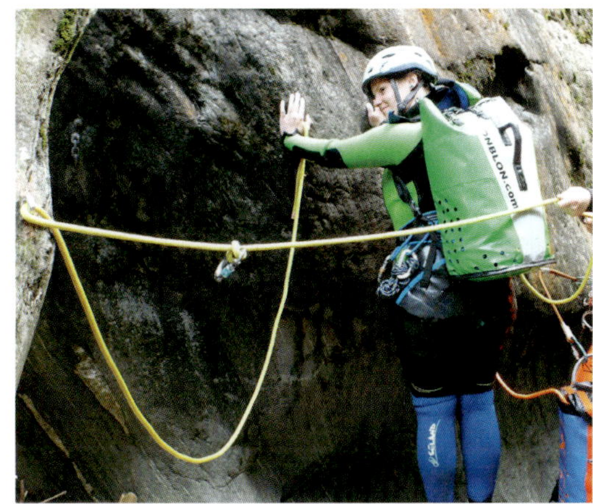

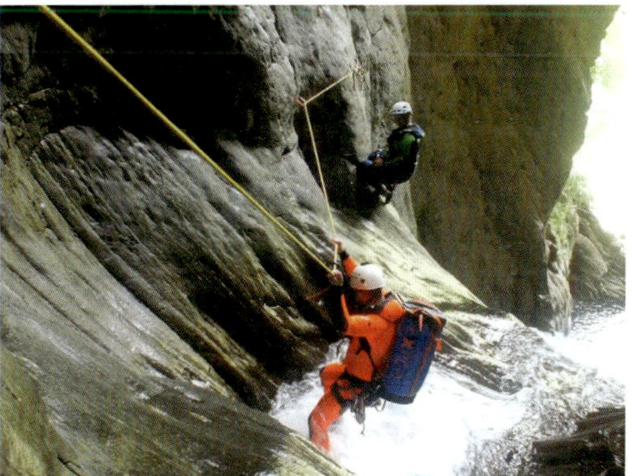

Seilgeländer mit Zwischenhaken

Selbstseilrolle

Um ein Seilgeländer aufzubauen, kann die erste Person auch selbstgesichert über eine sogenannte *Selbstseilrolle* an das Ende des Seilgeländers gelangen. Dazu zieht ihr das Seil durch die Öse, die den Anfang des Seilgeländers markiert und befestigt es mit einem Achterknoten am eigenen Gurt.

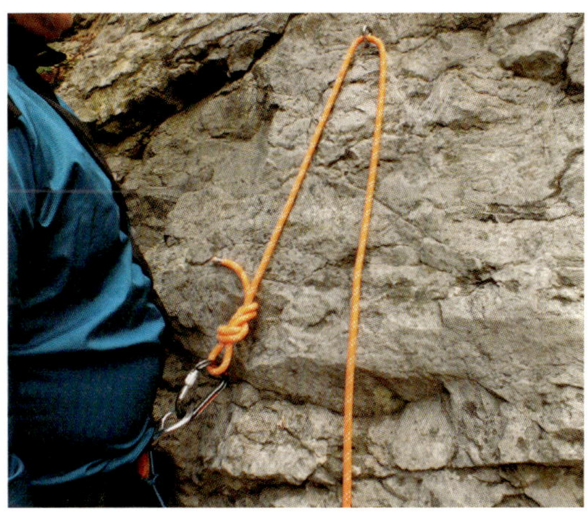

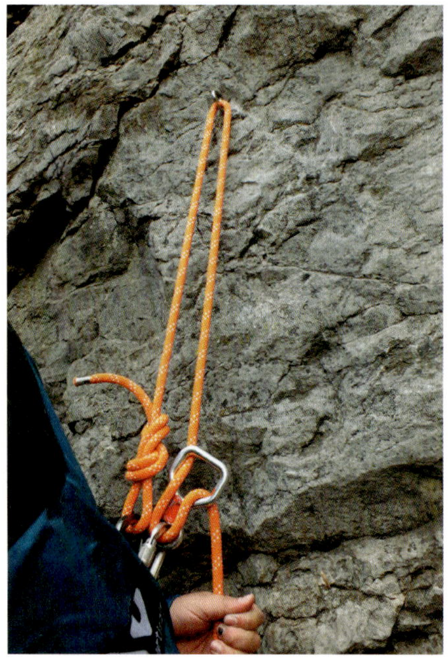

Nun legt ihr das Seil auf der anderen Seite der Öse in den Achter an eurem Gurt ein. Jetzt könnt ihr euch bewegen und euch gleichzeitig selbst sichern. Wenn ihr am Ende des Seilgeländers angelangt seid, sichert ihr euch zunächst wieder mit der Selbstsicherung und hängt das kurze Ende des Seils (mit dem eingeknüpften Achterknoten) in den Fixpunkt ein. Anschließend bindet ihr euch aus dem Seil aus und fixiert auch das zweite Ende des Seils im Fixpunkt.

Wir präferieren jedoch eindeutig den Aufbau eines Seilgeländers mit der zuerst beschriebenen Methode, da dabei die Person, die vorgeht, beide Hände frei hat, um zu klettern. Bei der Selbstseilrolle dagegen sind die Hände dadurch gebunden, dass man sich selbst sichern muss. Und da man im Falle eines Sturzes dazu neigt, das Seil loszulassen, um anderswo Halt zu finden, ist der Sicherheitsaspekt geringer.

6.8 ZUSÄTZLICHE SEILTECHNIKEN

Zur sicheren Durchführung einer Canyontour sind noch weitere Seiltechniken, insbesondere Notfalltechniken, notwendig. Diese Techniken sind hier nur kurz beschrieben. Im Detail werden diese Techniken in Kapiteln beschrieben, die über den jeweiligen QR-Code abgerufen werden können.

Aufbau einer Seilbahn

Wenn eine Abseilstelle in turbulentem Wasser endet, das für ein oder mehrere Gruppenmitglieder angstauslösend oder gefährlich sein könnte, könnt ihr zur sicheren Überwindung dieser Stelle eine Seilbahn aufbauen.

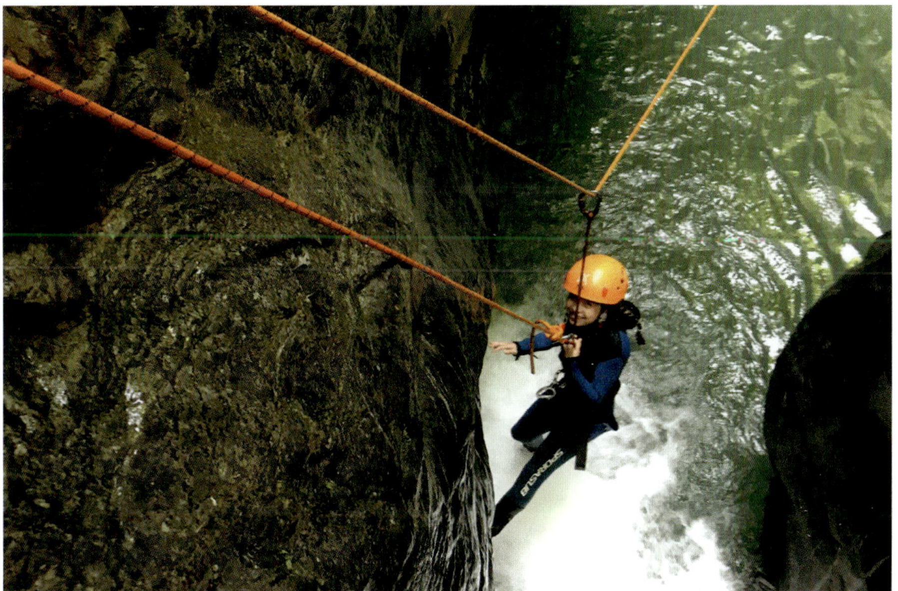

Seilbahn, von oben gesehen

Eine Seilbahn beim Canyoning hat den Zweck, eine Person sicher über eine turbulente Strömung zu bringen. Anders als bei dem insbesondere in Österreich beliebten „Flying Fox“ kommt es also nicht darauf an, möglichst weit durch die Luft zu „fliegen“. Durch das meist steile Gefälle könnt ihr euch auch nicht einfach mit einer Rolle in die Seilbahn hängen und abspringen – ihr würdet fast ungebremst am unteren Ende in die Felsen prallen.

Auch ist das Führungsseil nicht so straff gespannt wie bei den Seilbahnen (aus Stahlseil) in den Vergnügungsparks. Vielmehr soll die Seilbahn eine Führung sein, um den eigenen Abseilvorgang über eine gefährliche Passage zu leiten. Auf diese Weise seilt ihr teilweise nur einen Meter außerhalb des turbulenten Wassers ab – sicher geführt außerhalb des Wasserdrucks, ein unvergessliches Erlebnis!

So sehr eine Seilbahn die Sicherheit einer Gruppe erhöhen kann, so heikel kann ihr Aufbau sein. Denn die Person, die die Seilbahn einrichtet, kann ja selbst noch nicht auf den Komfort und die Sicherheit der zusätzlichen Seilführung zurückgreifen. Und da eine Seilbahn ausdrücklich für die Überwindung gefährlicher Stellen gedacht ist, bleibt diese Gefährdung für die erste Person bestehen.

Häufig sind solche Stellen für erfahrene Canyonauten kein Problem und die Seilbahn dient eher dazu, unerfahrene oder ängstliche Gruppenteilnehmer zu sichern. Auch beim Canyoning mit Kindern sind Seilbahnen oft gleichermaßen unverzichtbar wie aufregende Highlights!

Doch wenn eine Schlüsselstelle auch für denjenigen, der die Seilbahn aufbauen soll, zu gefährlich erscheint – das kann auch schlicht am Wasserstand liegen –, ist falscher Heldenmut („Ich gehe da jetzt runter und baue die Seilbahn auf") fehl am Platze.

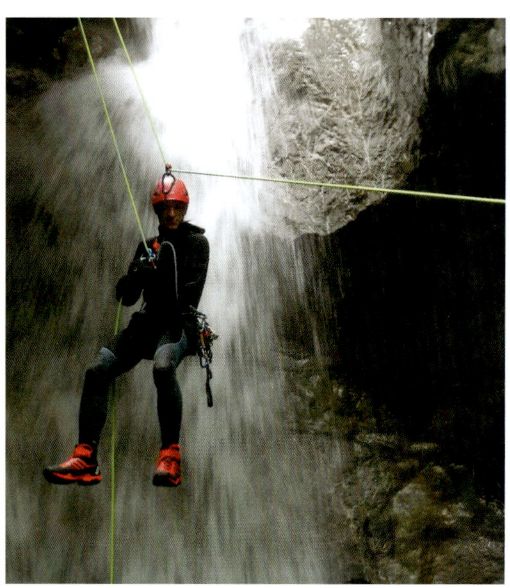

Seilbahn, von unten gesehen

Wenn die Stelle nicht umgangen werden kann (was in einem solchen Fall stets vorzuziehen ist), kann man sich mit einem sogenannten *Treibanker* behelfen und so ein sicheres Durchqueren eines turbulenten Beckens auch für die erste Person ermöglichen. Ein *Treibanker* ist ein in der Strömung gehaltener Sack, der das Führungsseil hält – ähnlich wie es eine Person mit Körpersicherung tun würde, nur eben durch den schieren Wasserdruck.

Einige der hochwertigen Canyoningrucksäcken lassen sich zu Treibankern umbauen; daneben gibt es spezielle Treibanker (z. B. von der Firma Rocksnake) zu kaufen. Der bekannteste Rucksack mit Treibankerfunktion ist „Guide 2" von Vonblon.

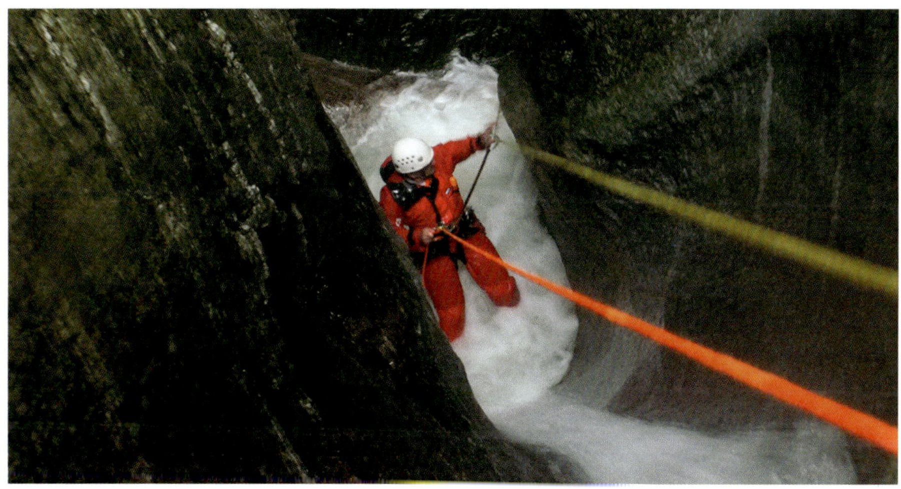

Seilbahn mit einem Treibanker, von oben gesehen

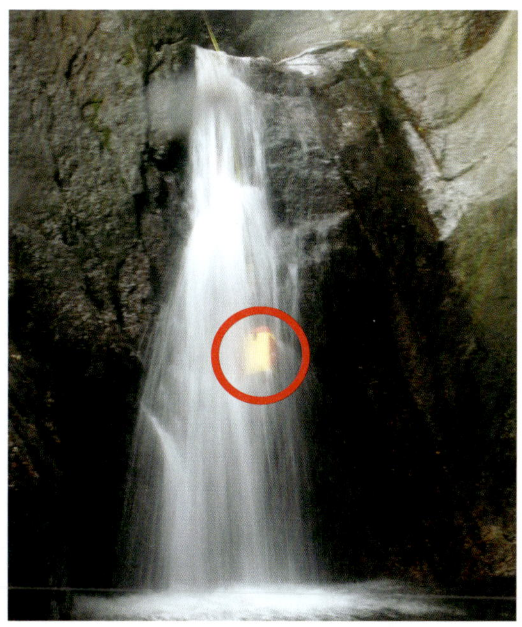

Treibanker, von unten gesehen

Aufbau einer Seilbahn

Aufbau eines Flaschenzugs

Das Prinzip des Flaschenzugs ist jahrhundertealt: Durch (mehrfaches) Umlenken eines Seils zwischen einem fixen und einem beweglichen Punkt lässt sich die benötigte Kraft zum Heben eines Gewichts reduzieren. In unterschiedlichen Situationen ist es notwendig, einen Flaschenzug aufbauen zu können.

Ein häufiger Fall für den Aufbau eines Flaschenzugs ist es, dass eine Person abgeseilt hat und wieder aufsteigen muss. Er könnte das unter Umständen natürlich auch mit einer entsprechenden Technik selbst machen. Es kann jedoch sein, dass die Person die dazu notwendige Technik nicht beherrscht, dass ihr das dazu notwendige Material fehlt oder sie nicht mehr genügend Kraft dazu hat.

Eine weitere Situation, in der man einen Flaschenzug benötigt, tritt ein, wenn sich jemand verletzt hat und es günstiger ist, ihn nach oben zu bergen, z. B. weil eine Lagerung dann dort besser möglich ist, weil man noch nahe am Einstieg ist oder, weil man von dort aus besser einen Notausstieg erreichen kann.

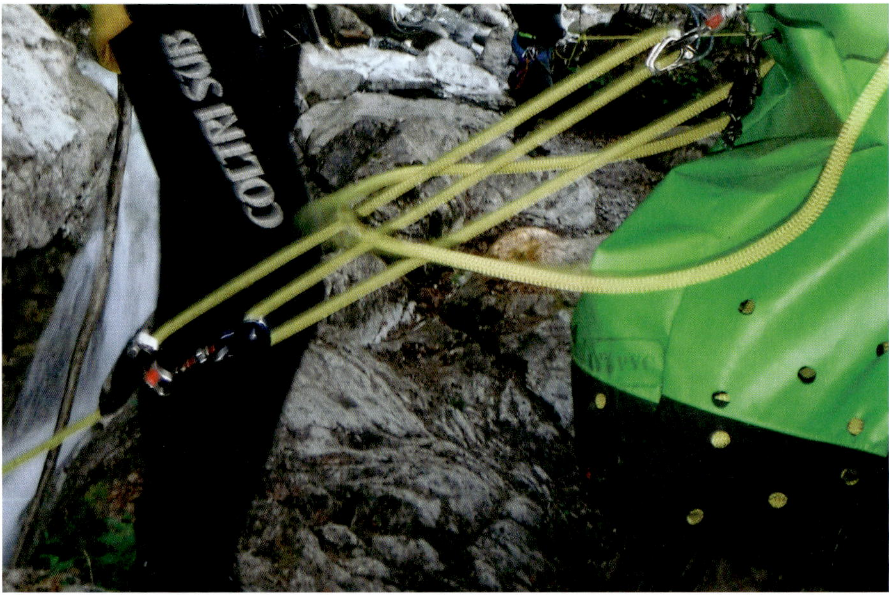

Flaschenzug

Wenn man versucht, einen Menschen (ohne dessen aktive Mithilfe) vertikal zu bewegen, so muss man ohne technische Hilfsmittel circa 100 Kilogramm Zugkraft aufbringen. Das schafft praktisch niemand. Die Zugkraft, die ein „normaler" Mensch über ein paar Sekunden aufbringen kann, liegt bei circa 60-70 Kilogramm. Ruckartig, das heißt für 1-2 Sekunden, kann man auch eine höhere Kraft aufbringen, diese kann jedoch nicht systematisch und über längere Zeit genutzt werden.

Daher ist es nicht möglich, einen Menschen mit reiner Muskelkraft vertikal zu bewegen. Man braucht einen Flaschenzug als Hilfsmittel, um die notwendige Zugkraft auf circa 50 Kilogramm zu reduzieren.

Aufbau eines Flaschenzugs

Seil kontrolliert kappen

Die Notwendigkeit, ein Seil kontrolliert zu kappen, besteht z. B. dann, wenn ein Abseilseil als fixes System eingebunden ist (was generell natürlich zu vermeiden ist) oder sich derart verknotet hat, dass ein Nachlassen des Seils nicht möglich ist und der Abseilende in einer Notsituation mehr Seil verlangt.

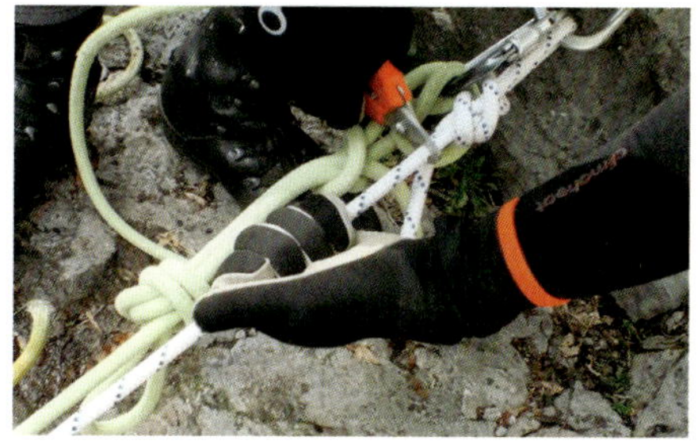

Kontrolliertes Kappen des Seils mittels einer Seilschere

Seil kontrolliert kappen

Wiederaufstieg am Seil

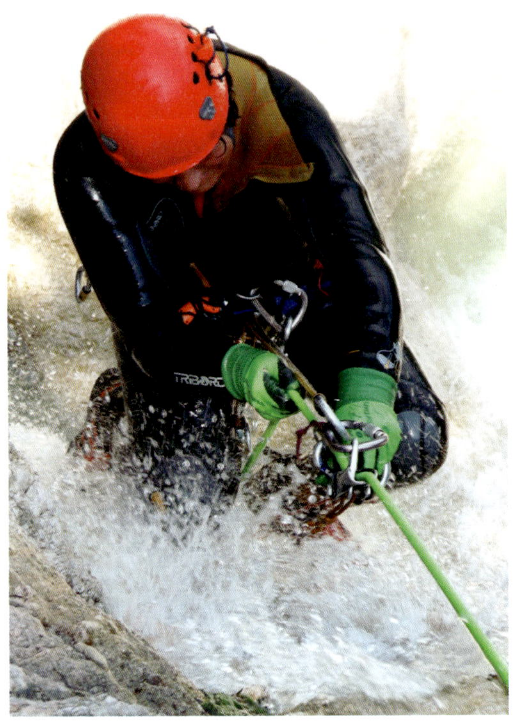

Wiederaufstieg am Seil

Der Wiederaufstieg am Seil stellt eine der wichtigsten Techniken der Selbstrettung dar und sollte von jedem Canyonauten beherrscht und regelmäßig geübt werden. Ein Wiederaufstieg am Seil kann durch die verschiedensten Situationen notwendig werden: Es kann sein, dass ihr euch in die falsche Rippe einer unübersichtlichen Felsformation abgeseilt habt und zum Standplatz zurückkehren müsst. Ihr könnt auch oben etwas (z. B. einen Rucksack) vergessen haben.

Die Personen, die noch oben stehen, könnten eure Hilfe brauchen und ihr müsst zu ihnen hochsteigen. Relativ häufig kommt es auch vor, dass sich ein Seil nicht abziehen lässt, weil es sich irgendwo verklemmt hat. Wenn nichts anderes hilft, müsst ihr die Abseilstelle wieder (in diesem Fall jedoch nur am Doppelseil!) hochsteigen und das Seil lockern.

Wiederaufstieg am Seil

Seilhandling

Bei einer Canyoningtour muss das Seil über längere Strecken im Rucksack transportiert werden, ohne euch zu behindern. Wenn ihr es benötigt, muss es aber sofort einsatzbereit sein, das heißt, es darf sich nicht verknoten. Wie dies am besten erfolgt, wird in diesem Kapitel beschrieben.

Zudem ist es sinnvoll, das Seil zur Lagerung zu einer „Puppe" aufzunehmen. Die Methode hierzu ist ebenfalls Inhalt dieses Abschnitts.

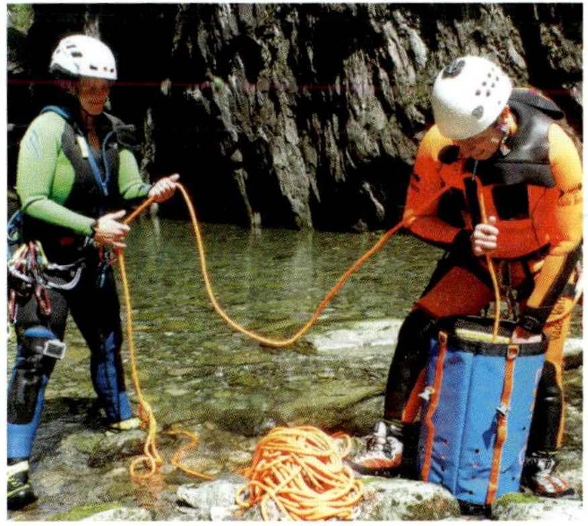

Einfüllen des Seils in den Rucksack

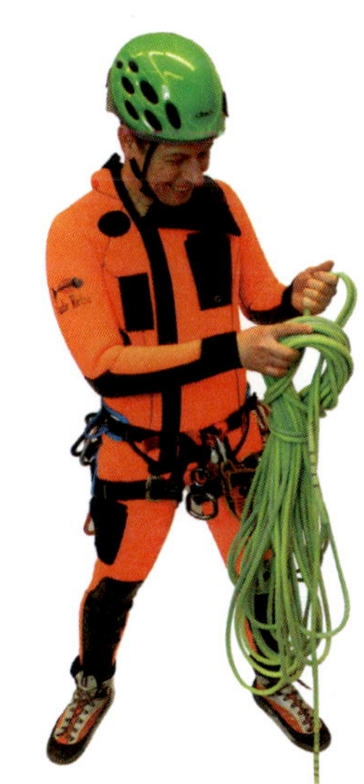

Aufnehmen des Seils zur „Puppe"

Seilhandling

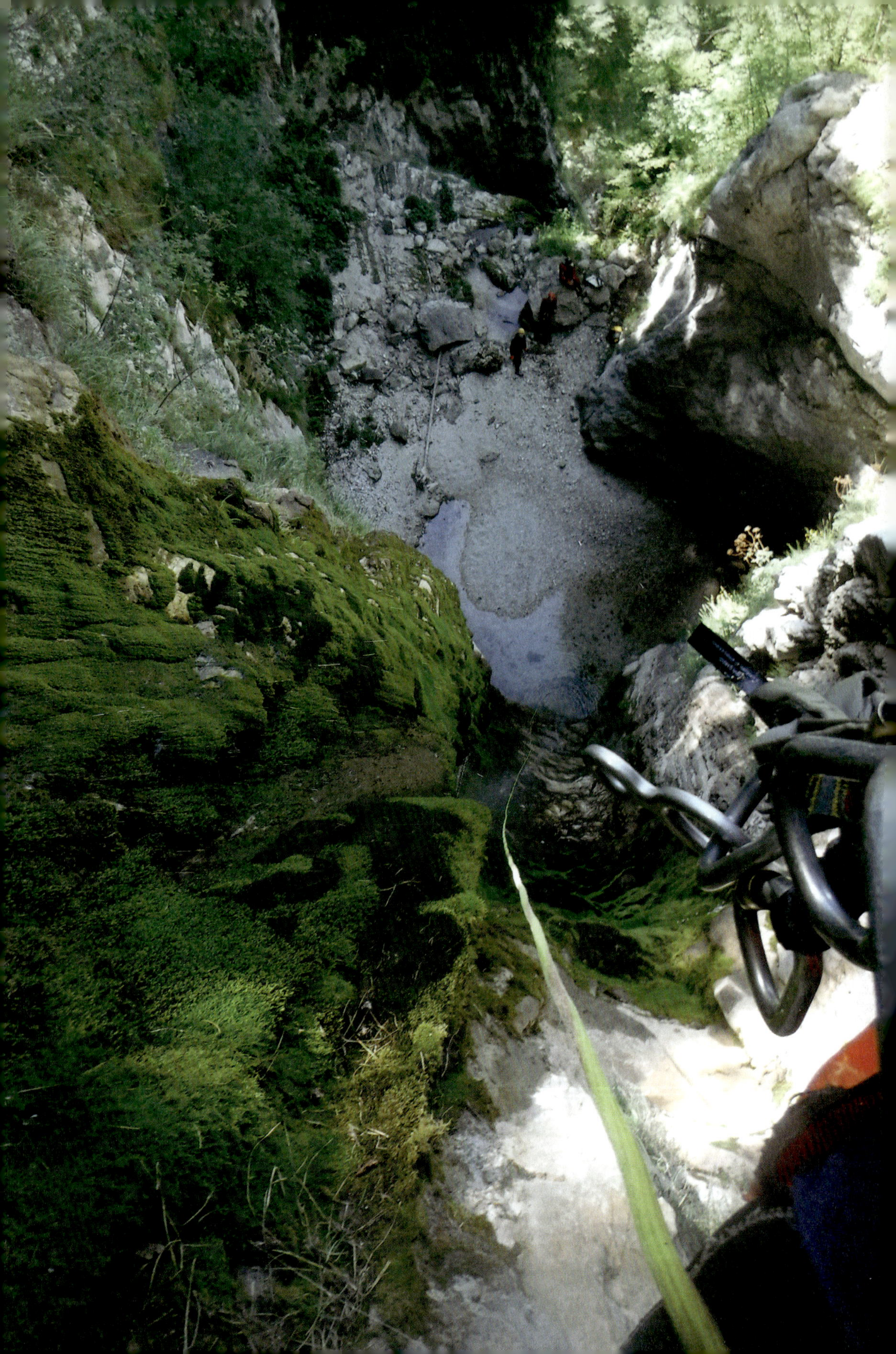

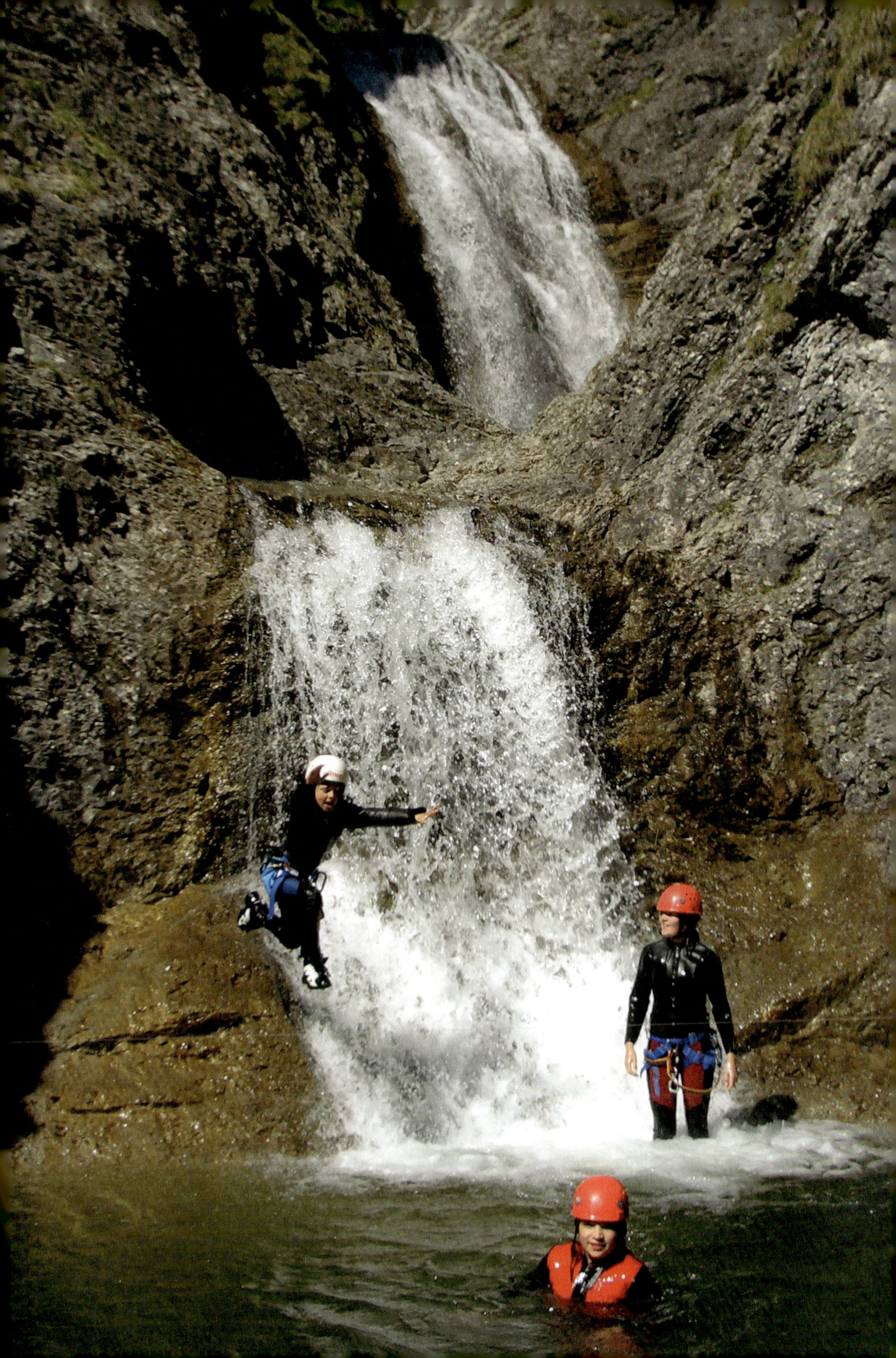

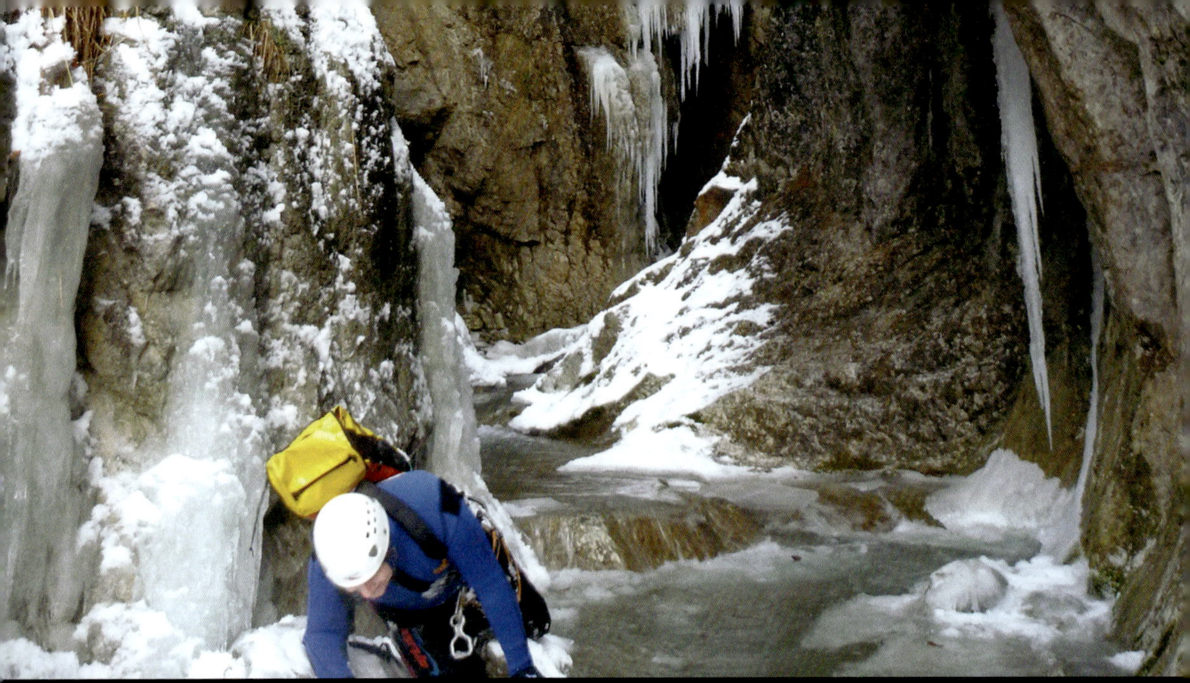

7 BESONDERE FORMEN DES CANYONINGS

In diesem Kapitel stellen wir euch zwei Sonderformen des Canyonings vor: das Eiscanyoning sowie das Nachtcanyoning. Außerdem findet ihr Informationen zum Canyoning mit Kindern. Für alle diese speziellen Formen des Canyonings gibt es besondere Verhaltens- und Vorbereitungserfordernisse.

Diese Arten des Canyonings setzen eine sehr gute Kenntnis des zu begehenden Canyons voraus – geht bitte niemals mit Kindern, bei Nacht oder im Winter in Schluchten, die ihr nicht kennt! Außerdem ist entsprechende Ausbildung, sehr viel Können und Erfahrung besonders wichtig.

Alles, was für das Canyoning generell gilt, speziell die subjektive Gefahr der Selbstüberschätzung und des Dunningeffekts, gilt für die in diesem Kapitel beschriebenen Formen des Canyonings in erhöhtem Maße.

7.1 CANYONING MIT KINDERN

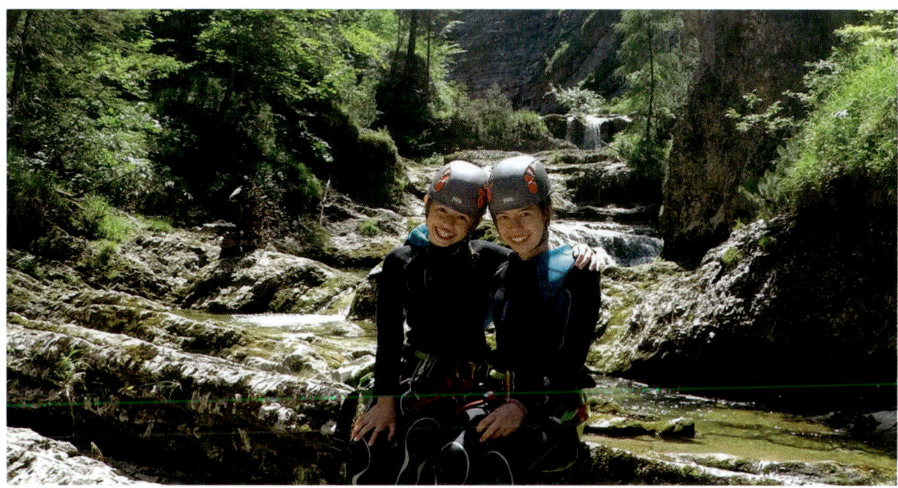

Wir gehen mit unseren Kindern zum Canyoning, seit sie fünf Jahre alt sind, und sie lieben es! Die gemeinsamen Touren, der Abenteuercharakter auch in ganz einfachen Schluchten, der besondere Zusammenhalt – all das gehört zu den schönsten Momenten unserer „Papakarriere" und hat uns mit unseren Kindern regelrecht zusammengeschweißt.

Eine Saison ohne gemeinsames Schluchteln ist bis heute undenkbar, auch wenn die ersten Kinder längst erwachsen sind. Keine Frage: Canyoning mit Kindern ist eine großartige Erfahrung! Aber sie geht auch einher mit einer besonderen Verantwortung.

Dieser erhöhten Verantwortung müsst ihr euch permanent bewusst sein und besondere Sorgfalt (die noch über die sowieso schon hohe Sorgfalt beim Canyoning hinausgeht) walten lassen. Dies spiegelt sich auch dadurch wider, dass es auf Seiten der Rechtsprechung im Falle eines Unfalls mit Kindern keine Toleranz gibt.

Beim Canyoning mit Kindern sollte der Spaß der Kinder am Canyoning im Vordergrund stehen. Dieser ist am ehesten gegeben, wenn das Wetter schön und die Tour nicht zu lang ist. Rutschen und kleinere Sprünge (bis circa zwei Meter) lassen das Herz eines jeden outdoorbegeisterten Kindes höher schlagen – schon bei Abseilstellen kann das schnell ins Gegenteil umschlagen.

Ganz wichtig ist daher: Es müssen immer mindestens zwei, besser mehrere erfahrene Erwachsene bei einer Tour mit Kindern dabei sein. So kann einer der Erwachsenen an jeder (Rutsch-, Sprung- oder Abseil-)Stelle unten warten und die Kinder „in Empfang nehmen".

An Abseilstellen werden Kinder meist passiv abgeseilt; wenn Jugendliche die ersten aktiven Abseilversuche wagen wollen, muss eine zweite Person unten am Seil stehen und das Abseilseil halten. Lässt der Abseilende versehentlich los, kann durch schnelles Straffen des Seils der Abseilvorgang gestoppt und ein Absturz verhindert werden.

Bei der Tour muss stets das Gefühl der Sicherheit vorherrschen! Bringt man Kinder in potenziell gefährliche Situationen, kann das nachhaltig Angst und Panik (während der gesamten Tour, aber auch weit über die Tour hinaus) erzeugen. Kinder spüren sehr schnell, ob die Erwachsenen selbst unsicher sind. Daher sollte man nur dann Kinder mit in einen Canyon nehmen, wenn man den Canyon gut kennt und über sehr viel Reserve für schwierige Situationen bzw. deren Vermeidung verfügt.

Strömung

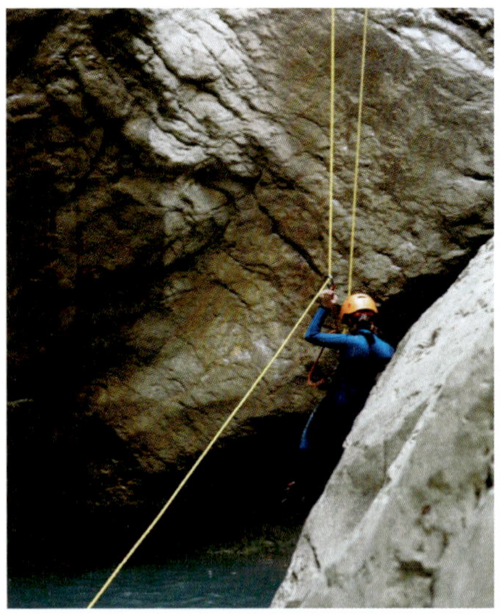

Eine Seilbahn führt das Kind unkritisch aus der Strömung und ist gleichzeitig ein tolles Erlebnis.

Immer wenn mit Strömung zu rechnen ist, ist mit Kindern höchste Vorsicht geboten (siehe Kap. 4.4). Bei Wassergefahr an einer Abseilstelle ist die Seilbahn die Methode der Wahl – eine Seilbahn ist gleichzeitig auch häufig ein echtes Highlight für Kinder während einer Tour! Generell sollte man mit Kindern keine Canyons mit Wassergefahr begehen.

Auch bei nur geringer Unsicherheit bei der Abschätzung der Wassergefahr sollte die Seilbahn verwendet werden. Schwimmwesten sind bei Erwachsenen beim Canyoning eher unüblich. Bei Kindern können sie jedoch unter gewissen Bedingungen sinnvoll sein. Die Schwimmweste muss gut passen, es dürfen auch keine Bänder herumhängen, die ein Blockieren bewirken könnten.

Generell sollte man eine Schwimmweste nur als eine zusätzliche Back-up-Sicherheit ansehen und niemals auf sie alleine vertrauen müssen. Es gilt die Maxime, Kinder von Strömungen fernzuhalten oder sie mittels Seilbahnen sicher über Strömungen zu bewegen.

Abseilen

Am Beginn seilt man Kinder am besten passiv ab, damit sie sich an die Höhe gewöhnen können. Mit zunehmender Sicherheit können sie sich dann unter Umständen auch selbst abseilen. Es versteht sich von selbst, dass Kinder von Erwachsenen ins Seil eingebunden werden. Sollten Kinder dies selbst können, muss ein Erwachsener zumindest das Einbinden kontrollieren, bevor das Kind abseilt. Zudem sollte ein sich selbst abseilendes Kind immer von unten gesichert werden.

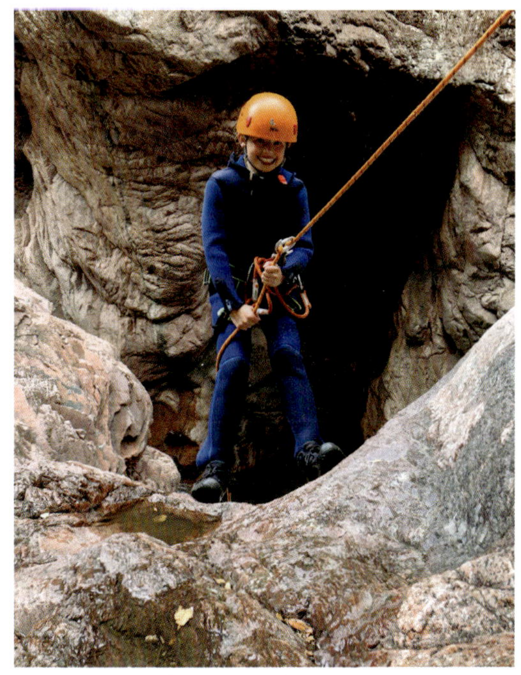

Anfänglich empfiehlt es sich, dass ein Erwachsener mit dem Kind parallel abseilt, das gibt dem Kind Sicherheit beim Abseilen.

Ein selbstständiges Abseilen von Kindern sollte nur dann in Erwägung gezogen werden, wenn keine Wassergefahr besteht. Bei Wassergefahr kommt – wenn überhaupt – nur passives Abseilen mit einer Person, die das Kind unten in Empfang nimmt, infrage. Besser ist auf jeden Fall die Seilbahn.

Aufgrund des geringen Körpergewichts werden Kinder nur in Ausnahmefällen mit der Alpinmethode abseilen können, da diese zu viel Reibung im Abseilgerät generiert. Daher wird die Canyoningmethode (siehe Kap. 4.5) die Methode der Wahl sein, mit der man die Kinder einbindet.

Sollte auch diese Methode dazu führen, dass das Kind nur schwer vom Fleck kommt, gibt es mehrere Alternativen: Man kann auf das aktive Abseilen ganz verzichten, man kann an den Gurt des Kindes einen Rucksack hängen (Auf keinen Fall bei Wassergefahr!) oder man kann auf ein dünneres Seil zurückgreifen (das weniger Reibung erzeugt), das man entweder ausschließlich für Kinder verwendet oder bei dessen Verwendung man die Erwachsenen auf die verminderte Reibung hinweisen muss, etwa mit dem Hinweis, dass diese dann das Seil alpin in das Abseilgerät einlegen.

Wärmehaushalt bei Kindern und bei Erwachsenen

Kinder frieren wesentlich schneller als Erwachsene. Das ist hauptsächlich dadurch bedingt, dass der Wärmeaustausch des Körpers mit der Umwelt schwerpunktmäßig über die Körperoberfläche erfolgt. Je größer die Körperoberfläche, bezogen auf das Körpergewicht, dabei ist, desto intensiver erfolgt der Wärmeaustausch mit der Umwelt.

Beim Canyoning erfolgt dieser Wärmeaustausch fast ausschließlich in eine Richtung: weg vom (relativ warmen) Körper, hin zur (relativ kalten) Umwelt, in der Regel hin zum kälteren Wasser. Dieser Effekt ist umso stärker ausgeprägt, je jünger die Kinder sind. Die nachfolgende Abbildung zeigt den Zusammenhang zwischen der Körperoberfläche je Kilogramm Körpergewicht und dem Lebensalter.

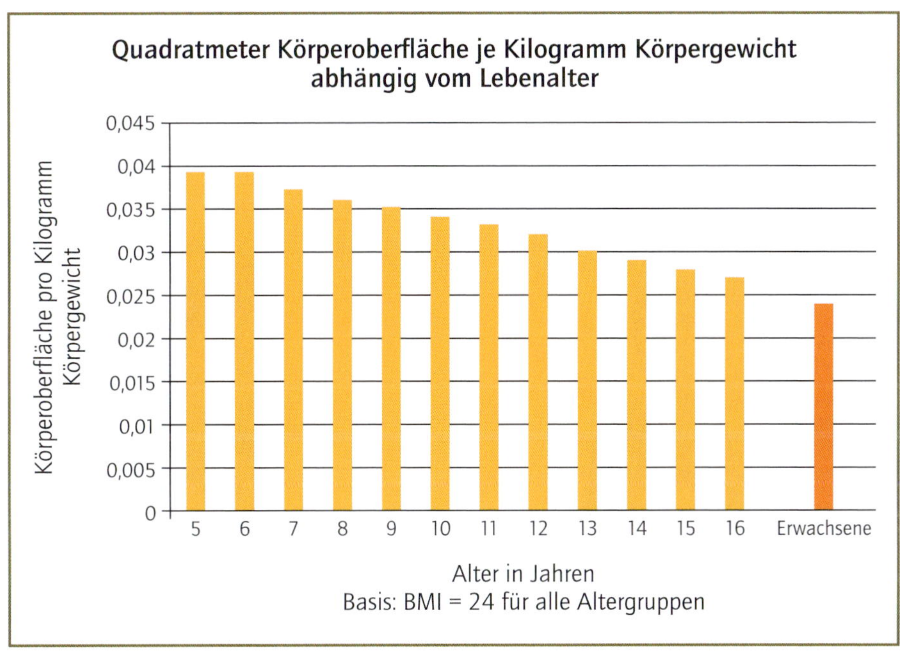

Daher spielt das Thema „Unterkühlung" bzw. dessen Vermeidung beim Canyoning mit Kindern eine besondere Rolle.

Zusätzlich dazu muss man wissen, dass man besonders viel Wärme über den Kopf verliert. Insbesondere in kühleren Canyons bietet sich daher eine Neoprenhaube für jedes Kind an. Viele Neoprenanzüge verfügen bereits über eine integrierte Kopfhaube; alternativ gibt es diese auch separat zu erwerben.

Auch das Geschlecht spielt beim Wärmehaushalt des Körpers eine Rolle: Mädchen/Frauen haben, verglichen mit Jungen/Männern, im Durchschnitt weniger Muskelmasse, bezogen auf das Körpergewicht. Die Muskulatur hat eine hohe Bedeutung für den Wärmehaushalt, sie ist sehr gut durchblutet und gewissermaßen unsere innere Heizung. Diese „innere Heizung" ist bei Mädchen und Frauen weniger stark ausgeprägt, daher sind diese von Unterkühlung eher bedroht.

Das wichtigste „Gegenmittel" gegen das Frieren ist ein gut sitzender, hinreichend dicker Neoprenanzug. Beim Canyoning mit Kindern stellt das oft ein Problem dar, weil häufig keine wirklich gut (das heißt: eng anliegenden) passenden Neoprenanzüge verfügbar sind.

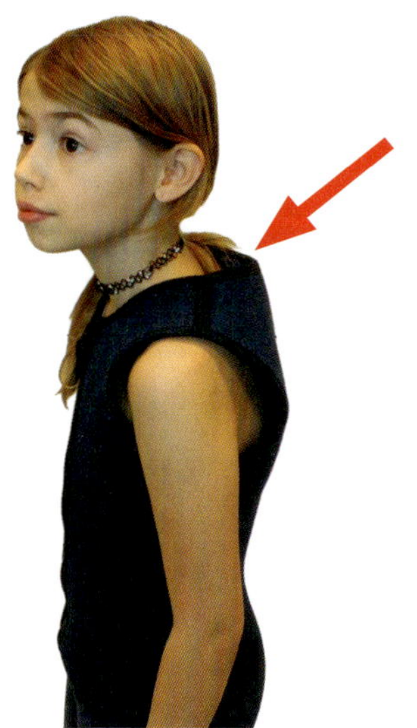

Ein zu großer Neoprenanzug erfüllt seinen Zweck nicht.

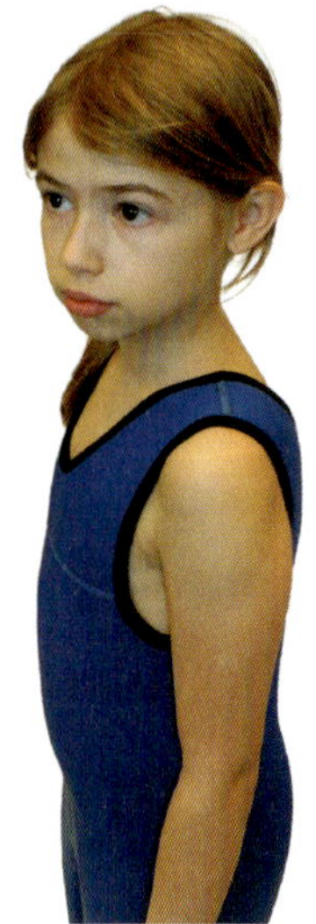

Liegt der Neopren überall gut an der Haut an, kann kein kaltes Wasser eindringen.

Oftmals sind die Neoprenanzüge zu groß, werden gleich „zum Reinwachsen" gekauft. Dann fließt kaltes Wasser zwischen Neoprenanzug und den Körper – wer von uns würde das während einer Canyoningtour die ganze Zeit wollen? Also: Wenn ihr mit Kindern zum Canyoning geht, investiert bitte in passende Ausrüstung!

Verhalten bei Unterkühlung

Bei einer Unterkühlung kann man grob zwei Phasen unterscheiden:

In der ersten Phase einer Unterkühlung („normales Frieren") beklagt man sich über den unangenehmen Zustand. In der zweiten Phase stellt sich dann eine gewisse Apathie ein, die Person friert, beklagt sich aber nicht mehr darüber. Diese bei Erwachsenen schon problematische zweite Phase ist bei Kindern noch kritischer.

Da Kinder noch nicht über die vollständige Selbstkontrolle verfügen, werden sie sich in der zweiten Phase noch weniger artikulieren, als Erwachsene dies tun würden. Sie werden eher ruhig und ihr merkt ihnen die gefährliche Unterkühlung entsprechend schlecht an. Daher ist es beim Canyoning mit Kindern unbedingt notwendig, diese intensiv zu beobachten und sie immer wieder zu fragen, ob sie frieren.

Wenn ihr diese Regeln beachtet und vor allem die Kinder nicht überfordert, sondern die Touren nach ihrem Leistungsniveau und vor allem nach einem hohen Spaßfaktor auswählt, werdet ihr die schönsten Erlebnisse mit euren Kindern haben!

- Nur den Erwachsenen bereits bekannte Canyons gehen.
- Verzicht auf das Gehen von Canyons bei nicht optimalen Bedingungen (Wetter, Wasserstand, . . .).
- Kinder aus der Strömung halten, Seilbahnen verwenden.
- Nur sehr gut passende Schwimmwesten ohne abstehende Bänder verwenden.
- Die Schwimmweste ist nur eine zusätzliche Back-up-Sicherheit, kein eigenständiges Sicherheitssystem.
- Die Kinder nur bei Abseilstellen ohne Wassergefahr selbst abseilen lassen und auch nur mit Sicherung von unten.
- Die Kinder eher wärmer anziehen.
- Die Neoprenhaube frühzeitig aufsetzen.
- Auf jeden Fall für jedes Kind eine Neoprenhaube bereithalten.
- Auf Passgenauigkeit des Neoprenanzugs achten.
- Kinder verstärkt auf Hinweise auf Unterkühlung hin beobachten und befragen.
- Notfallmaterial zur Behandlung von Unterkühlungen bereithalten.
- Nur kürzere Canyons und Canyons mit geringer Ernsthaftigkeitsbewertung mit Kindern gehen.

7.2 EISCANYONING

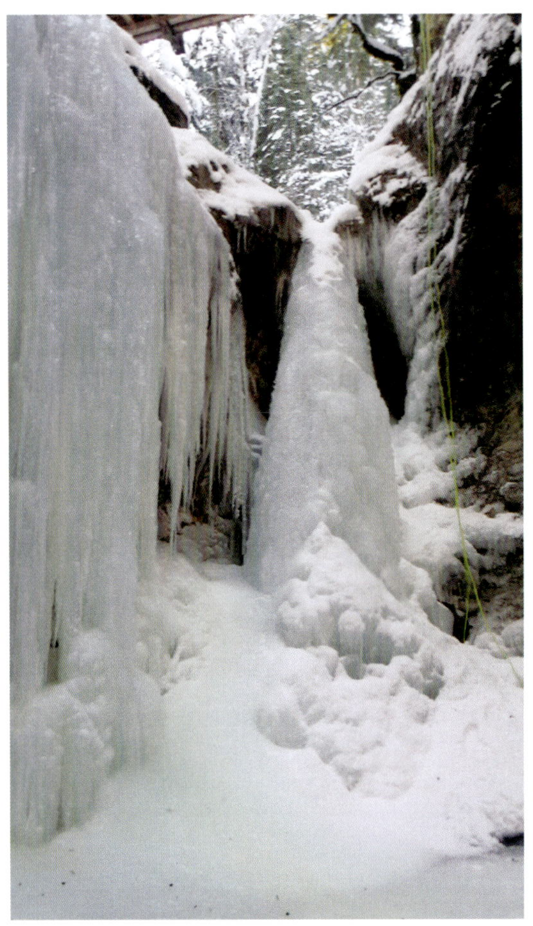

Als Eiscanyoning bezeichnet man das Begehen eines Canyons im Winter, häufig ohne direkten Wasserkontakt. Dies hat noch einmal eine besondere Qualität gegenüber Canyoning im Sommer. Canyons, die man oft im Sommer begangen hat, erscheinen bei Eis völlig verändert. Die Landschaft ist noch beeindruckender und bizarrer als im Sommer.

Häufig lauft ihr durch eine Gegend aus tausenden meterlangen Eiszapfen! Eiscanyoning gehört sicher zu den schönsten, aber auch zu den gefährlichsten Varianten des Canyonings, daher gilt es hier, besondere Vorsicht walten zu lassen.

Einen Eiscanyon kann man nur nach einer längeren Kälteperiode begehen. Dies hat mehrere Gründe: Wenn ihr eine Eisschraube setzen müsst, braucht ihr dazu kompaktes Eis (vergleichbar dem Eisklettern/Wasserfallklettern im Winter). Zudem wäre es gefährlich, wenn man in einer relativen Wärmeperiode in einen Canyon mit Eisschlag gehen würde, da die „Eiszapfen" oftmals tonnenschwer sein können.

Generell sollte man sich nur in einen Eiscanyon wagen, wenn man den Canyon sehr gut aus mehreren Begehungen im Sommer kennt. Einen unbekannten Canyon erstmalig im Winter zu gehen, ist höchst fahrlässig. Gegebenenfalls sollte der Canyon vorab, also in der Sommersaison, auf eine Winterbegehung vorbereitet werden. Worin diese Vorbereitungen bestehen, wird nachfolgend erläutert.

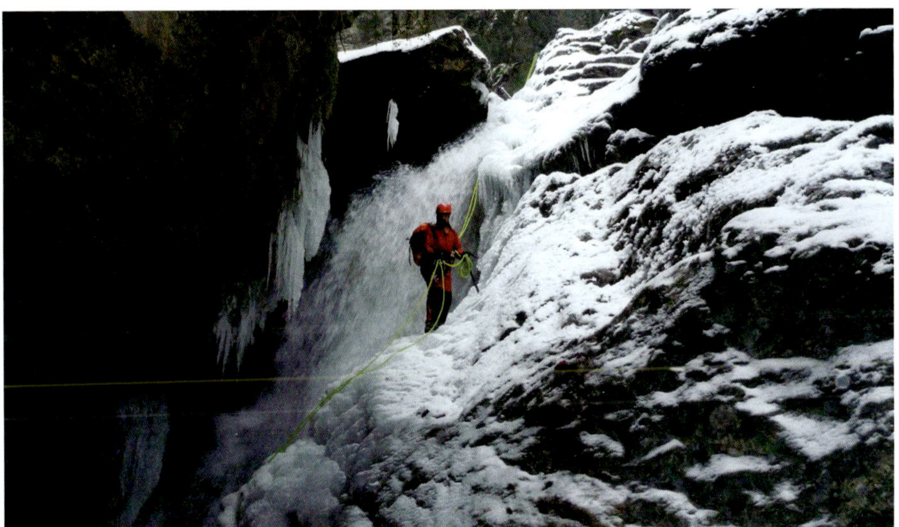

Beim Eiscanyoning gibt es gegenüber dem „normalen" Canyoning einige zusätzliche Dinge zu beachten. Die speziellen Gefahren und ihre Vermeidung werden nachfolgend beschrieben.

Paradoxe Temperaturwahrnehmungen

Beim Eiscanyoning tritt ein seltsamer Effekt auf: Entgegen der allgemeinen Erwartung friert man beim Eiscanyoning relativ wenig. Dieser Effekt kommt durch die sogenannte *paradoxe Warmempfindung* zustande. Wenn Wasser im Canyon fließt, hat es prinzipiell nie weniger als circa vier Grad Celsius. Um einen Eiscanyon gehen zu können, bedarf es einer Außentemperatur von höchstens minus 5-10 Grad Celsius, eher kälter. Das heißt, das fließende Wasser ist um circa 10-15 Grad Celsius wärmer als die Umgebung.

Das Wasser in einem Eiscanyon ist daher im ersten Moment *relativ* warm. Der Mensch ist nur zu einem geringen Grad fähig, absolute Temperaturen wahrzunehmen, dagegen kann er eher gut Temperaturdifferenzen wahrnehmen.

Dieser Wahrnehmungseffekt hat unmittelbare Auswirkungen auf die Begehung von Eiscanyons: Man fühlt sich beim Eiscanyoning oft subjektiv angenehm warm, objektiv ist es natürlich sehr kalt. Die Differenz zwischen der subjektiv empfundenen Wärme und der objektiven Kälte gleicht der Körper dadurch aus, dass er sehr viel Energie dafür aufwendet, die Körperkerntemperatur annähernd konstant zu halten. Das führt dazu, dass man sehr schnell ermüdet, ohne das jedoch zunächst zu bemerken. Es empfiehlt sich daher, energiereiche Nahrung dabeizuhaben, am besten Glukose, um sich im Bedarfsfall schnell Energie zuführen zu können. Auf jeden Fall aber gilt: Eiscanyoning eignet sich nur für sehr kurze Schluchten.

Vereisung der Ausrüstung

Auch im Eiscanyoning wird eure Ausrüstung, vor allem am Gurt, schnell nass. Und bei den kalten Umgebungstemperaturen führt das dazu, dass unter Umständen die gesamte Ausrüstung vereist. Karabiner sind dann unter Umständen nur noch schwer zu öffnen und zu schließen. Die Sicherungsschraube ist schnell nicht mehr zu drehen.

Eher feinmechanische Teile, wie z. B. der Shunt, sind schnell nicht mehr funktionsfähig. Auch Schlingen sind nach kurzer Zeit gefroren und nur noch bedingt benutzbar. Da man selbst keine objektive Temperaturempfindung hat, kommt das Zusammenfrieren der Ausrüstung oft überraschend.

Auch aus diesem Grund kann man nur sehr kurze Eiscanyons machen. Ideal wäre es, zusätzlich eine komplette technische Ausrüstung pro Gruppe in einer wasserdichten Box mitzunehmen und diese mithilfe eines Wärmepads warmzuhalten. Auf diese Weise habt ihr eine einsatzfähige Ausrüstung, wenn ihr sie brauchen solltet.

Seile

Die Seile vereisen sehr schnell. Sobald ein Seil vereist ist, lässt es sich nur noch sehr schwer abziehen: Es bilden sich Eisklumpen, das Seil wird inflexibel und kann am Fels oder Haken festfrieren. Das Seil ist dann nur noch schwer knotbar. Daher steigt in einem Eiscanyon die Wahrscheinlichkeit, dass man ein Seil nicht abziehen kann, stark an. Deshalb sollte man deutlich mehr Seile mitnehmen als im Sommer. Um zu verhindern, dass die Seile schnell vereisen, sollten die aktuell nicht benutzten Seile wasserdicht verpackt werden. Das Lösen eines verklemmten Seils durch Wiederaufstieg ist im Eiscanyon in der Regel keine Option, da eine solche Aktion erstens Zeit und Energie kostet, die man im Eiscanyon beide nicht hat, und zweitens die dazu notwendigen Geräte (z. B. Shunt und Tibloc) schnell nur noch bedingt bis gar nicht mehr funktionieren.

Man kann natürlich auch versuchen, dem Verklemmen des Seils vorzubeugen, indem man den Canyon dadurch vorbereitet, dass man entsprechend große Abseilringe installiert, die die Gefahr des Verklemmens des Seils deutlich verringern. Die Gefahr des Verklemmens des Seils kann auch dadurch verringert werden, dass der Seilverlauf optimiert wird.

Ein optimaler Seilverlauf ist im Winter deutlich wichtiger, als er es im Sommer ohnehin schon ist. Gegebenenfalls kann es im Interesse eines optimierten Seilverlaufs notwendig sein, die Abseilpunkte schon im Sommer zu verlegen.

Seilgeländer

Generell sollte man Fixseile immer kritisch betrachten, da man nie wissen kann, welche Vergangenheit diese haben. Fixseile sollte man daher beim Eiscanyoning immer selbst neu einrichten. Die Sonde und der „Reacher" sind dabei sehr hilfreich.

Seile ablängen

Wie in Kap. 6 beschrieben, sollten Seile sowieso immer abgelängt werden. Im Eiscanyon ist dies noch eine Stufe wichtiger. Es sollte unter allen Umständen vermieden werden, dass es zu einer Notkappung des Seils kommt, da man das Messer sehr schnell nicht mehr ziehen kann und die Schere auch sehr schnell funktionsunfähig wird. Zudem ist ein gefrorenes Seil deutlich schwerer zu schneiden als ein Seil im Normalzustand. Ein Freischneiden für den Fall, dass man sich im Gumpen im Seil verheddert, ist daher kaum möglich.

Handschuhe, Haube

An den Stellen, an denen der Körper mit Neopren bedeckt ist, wird man in der Regel nicht frieren. An unbedeckten Stellen friert man dagegen sehr schnell. Daher braucht man im Gegensatz zu einem Canyon im Sommer bei der Begehung eines Eiscanyons zwingend Neoprenhandschuhe. Die im Sommer oft üblichen Arbeitshandschuhe, Spülhandschuhe oder Klettersteighandschuhe reichen definitiv nicht aus.

Die meiste Energie verliert der Körper über den Kopf, das ist allseits bekannt. Die im Sommer eher optionale Kopfhaube ist im Eiscanyon sicher obligatorisch. Es ist wichtig, dass man sie schon aufzieht, bevor es kalt wird, also am besten gleich zu Beginn der Tour.

Wärmematerial

Solange alles gut geht, braucht man in einem Eiscanyon kein Wärmematerial. Dieses wird jedoch schnell benötigt, sobald ein Unfall auftritt. Dann besteht, noch in wesentlich größerem Maße als im Sommer, speziell für einen Verletzten, die Gefahr der Auskühlung. Aus diesem Grund ist es notwendig, Rettungsdecken und einen oder mehrere Kocher mitzunehmen. Auch das Tragetuch leistet gute Dienste, da es deutlich dicker ist und deutlich besser isoliert als die normale Rettungsdecke. Auch eine Metall(!)-Thermoskanne mit warmem Getränk ist für den Notfall sehr sinnvoll.

Das umfangeiche Notfallmaterial und die Kenntnisse zur Behandlung einer Unterkühlung müssen zwingend vorhanden sein. Zum Erkennen und Behandeln einer Unterkühlung im Canyon sowie zu anderen Notfallmaßnahmen bei Unfällen im Canyon siehe Hofmann *Behandlung von Verletzungen im Canyon* (Verlag der Deutschen Canyoning Schule).

Fotokamera

Der Akku der Fotokamera verliert in einem Eiscanyon sehr schnell an Leistung. Ein frisch geladener Akku kann schon nach 10 Minuten leer sein. Wenn man sichergehen will, dass man längere Zeit Fotos machen kann, muss man einen oder mehrere Ersatzakkus mitnehmen. Fotokameras mit einem Teleskopobjektiv eigenen sich für Eiscanyons nicht, die Mechanik friert sehr schnell ein. Solange die Fotokamera nicht gebraucht wird, sollte sie nahe am Körper, am besten unter dem Neopren, deponiert werden.

Handy

Was zum Fotoakku gesagt wurde, trifft natürlich auch auf den Handyakku zu. Der Leistungsverlust von Lithium-Ionen-Akkus bei Kälte ist sehr drastisch. Was beim Foto noch ein hinnehmbares Problem darstellt, kann beim Handy schnell sicherheitsrelevant werden. Um die Funktionstüchtigkeit des Handys sicherzustellen, sollte das Handy in einer wasserdichten Box zusammen mit einem aktivierten (!) Wärmepad transportiert werden. Die Wärme reicht für circa eine Stunde. Eventuell muss dann ein neues Wärmepad aktiviert werden. Auf jeden Fall sollte eine Powerbank als Reserveakku mitgeführt werden.

Rutschgefahr

Nach unserer Erfahrung ist ein Eiscanyon nicht generell rutschiger als ein Canyon im Sommer. Es ist häufig sogar im Gegenteil so, dass der Canyon an den Stellen, an denen es eine Schneeauflage gibt, deutlich griffiger ist, als ein Canyon im Sommer. Die vereisten Stellen können natürlich extrem rutschig und gefährlich sein. Richtig glattes Eis tritt jedoch nur an flachen Stellen auf, das andere Eis ist eher strukturiert und bietet guten Halt.

Sollten Stellen auftreten, die, durch das Eis bedingt, schlecht abzuklettern sind, so behilft man sich am besten mit einem Ablassen über Körpersicherung. Auf Steigeisen kann daher aus unserer Sicht getrost verzichtet werden, aber das ist Geschmackssache. Wer den Umgang mit Steigeisen von Gletschertouren gewöhnt ist, wird sich gerne dieser bedienen.

Fixpunkte

Die Fixpunkte zum Abseilen sollten „blind" bekannt sein, wenn man einen Eiscanyon begeht. Ein paar Zentimeter Schnee machen eine Abseilstelle schnell unauffindbar, wenn man nicht sicher weiß, wo sie zu suchen ist. Die Abseilstelle selbst wird in der Regel eher nicht vereist sein, da sie meist so angebracht ist, dass sie im Trockenen liegt.

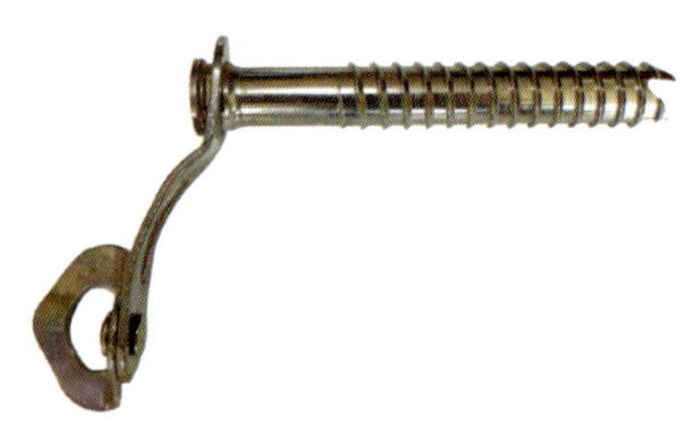

Eisschraube

Für den Fall, dass man eine Sicherung nicht findet oder diese vereist ist, sollte man (wie auch sonst üblich!) Setzzeug dabeihaben. Da es im Eiscanyon immer darauf ankommt, keine Zeit zu verlieren, sollte man auf jeden Fall eine Akkubohrmaschine mitnehmen, da das manuelle Setzen einer Sicherung zu viel Zeit beanspruchen würde. Zusätzlich sollte man Eisschrauben dabeihaben, um eventuell eine neue Abseilstelle im Eis einrichten zu können.

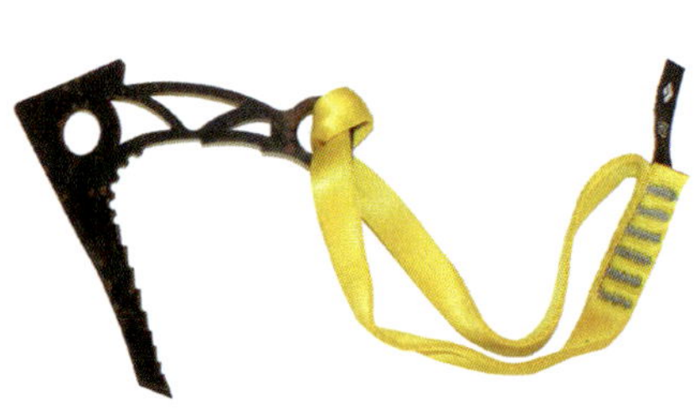

Das „Spectre Ice Piton"

Ein sehr gutes Mittel, mit dem man notfalls einen Fixpunkt einrichten kann, ist das „Spectre Ice Piton" von Black Diamond. Dieses Gerät ermöglicht es, einen Fixpunkt auch dann zu installieren, wenn das Eis nicht dick genug ist, um eine Eisschraube zu setzen. Es kann auch durch dünnes Eis in vereiste Erde in einen Felsriss geschlagen werden. Dadurch vergrößern sich die Optionen, um in einer Notsituation einen Fixpunkt installieren zu können.

Sowohl Eisschrauben als auch Fixpunkte wie der „Ice Piton" müssen beim Eiscanyoning – im Gegensatz zum Eisklettern – zurückgelassen werden. Ob man sie im nächsten Frühjahr wiederfindet, ist sehr ungewiss. Ein weiterer Grund dafür, eine beabsichtigte Begehung eines Canyons bei Eis schon im Sommer gut vorzubereiten.

Vereiste Gumpen

Die aus unserer Sicht größte Gefahr in einem Eiscanyon stellen vereiste Gumpen dar, die zwangsweise passiert werden müssen. Die erste Person, die eine solche Stelle passiert, hat ein Problem: Die Eisschollen in der Gumpe werden mit hoher Wahrscheinlichkeit abbrechen, sobald man versucht, auf sie zu klettern. Dies geht so lange, bis man sich dem Gumpenrand nähert. Dort bleibt die Eisschicht fest.

Wenn sie so tief ist, dass man in ihm nicht stehen kann, hat man dann fast keine Chance mehr, aus der Gumpe zu kommen, da man bei dem Versuch, aus ihr zu klettern, ständig abrutscht, weil man keinen Halt für die Hände findet.

Der Versuch, sich aus einer solchen Situation zu befreien, kostet sehr viel Kraft. Mit jedem erfolglosen Versuch schwindet die zur Verfügung stehende Kraft sehr schnell, zudem verhärtet die Muskulatur sehr schnell. Man hat dann nur noch die Chance, sich mit einem Eisgerät einen Halt zu verschaffen, mit dem man sich aus der Gumpe ziehen kann. Ein Eispickel ist dazu eher ungeeignet.

Um möglichst beweglich zu sein, sollte die erste Person keinen Rucksack dabeihaben, dieser würde sehr stark behindern. Eine weitere Möglichkeit, um aus einer vereisten Gumpe herauskommen zu können, besteht in der Benutzung eines Wurfankers, den man über sie (ganz analog des Treibankers) hinauswirft.

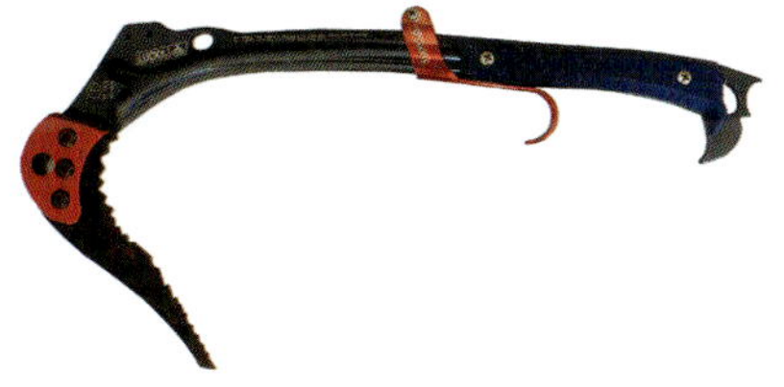

Eisgerät

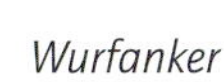

Wurfanker

Sollten die Versuche, sich aus der Gumpe zu ziehen, erfolglos sein, muss eine Rückzugsmöglichkeit bestehen. Andere Gruppenmitglieder müssen vorbereitet sein, die erste Person mit einem Wurfsack rückwärts aus der Gumpe zu ziehen. Nachfolgende Gruppenmitglieder haben es einfacher: Nachdem die erste Person die Gumpe passiert hat, kann sie den weiteren Gruppenmitgliedern einen Wurfsack zuwerfen oder ihnen einfach die Hand geben. Natürlich kann die erste Person dann auch eine Seilbahn – notfalls mittels Körpersicherung – bauen.

Man sollte generell versuchen, Canyons mit solchen Passagen zu vermeiden bzw. solche Passagen, wenn immer möglich, zu umgehen. Sollte dies nicht möglich sein, so kann man auch im Sommer schon ein Fixseil installieren, an dem man sich aus der Gumpe ziehen kann.

Man sollte sich entsprechende Stellen im Sommer genau ansehen und sich merken, wo die beste Ausstiegsmöglichkeit ist. Die Suche nach der optimalen Ausstiegsstelle im Winter ist deutlich schwieriger und gefährlicher.

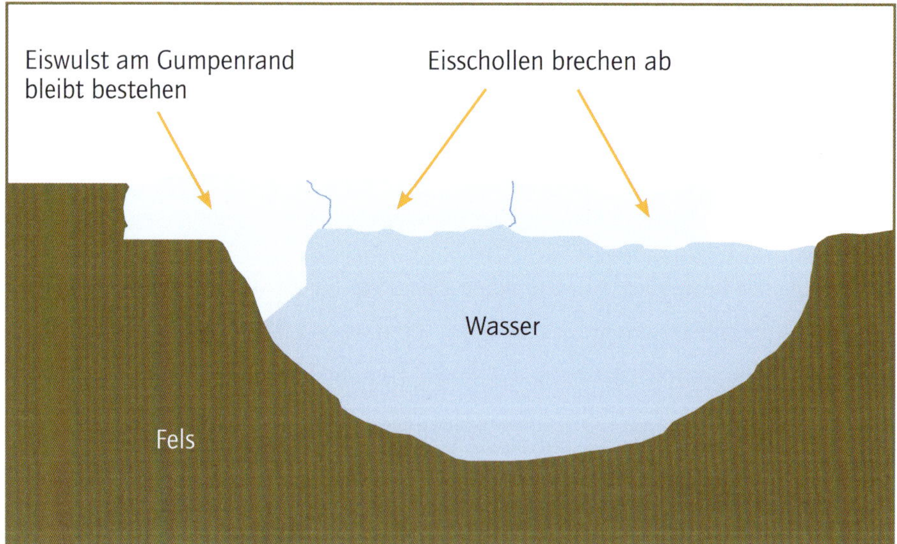

Eisaufbau im Gumpen

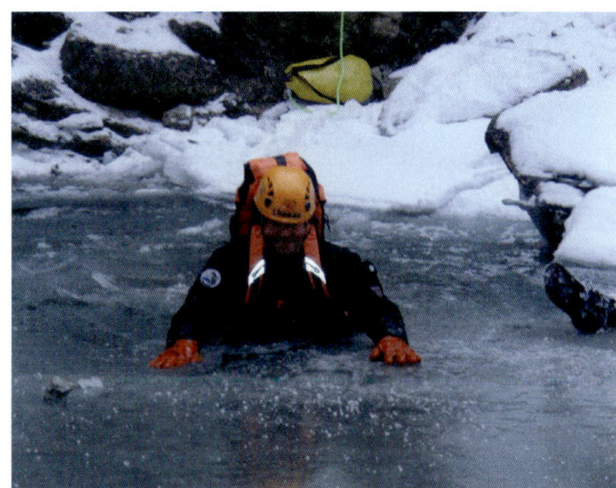

Die Eisschollen brechen ein.

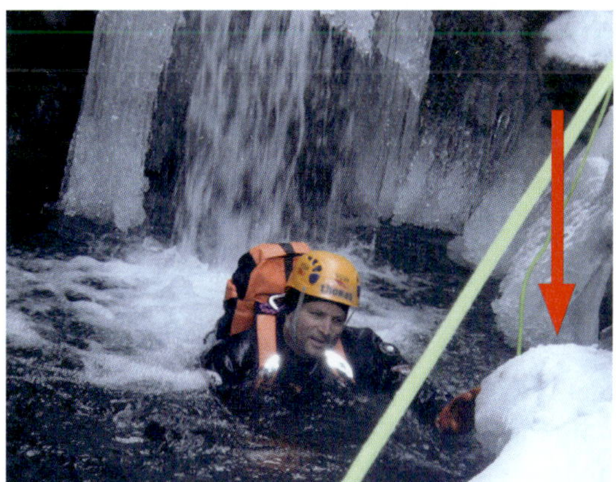

Der Eiswulst am Gumpenrand bleibt bestehen.

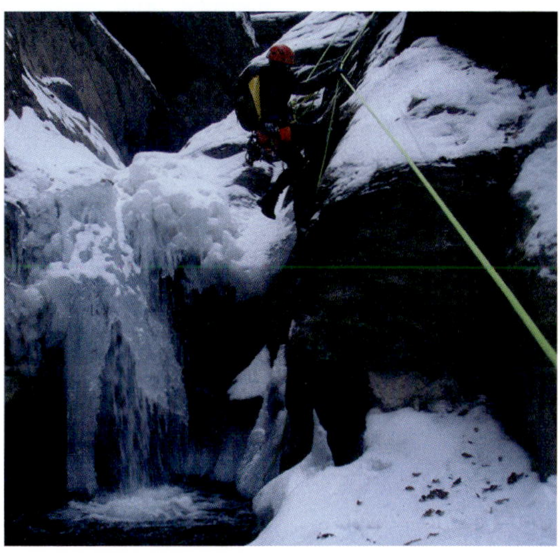

Wenn möglich, Gumpe umgehen.

An dieser Stelle sollen noch einmal die Besonderheiten des Eiscanyonings zusammengestellt werden:

- Den Effekt der paradoxen Warmempfindung sollte man kennen.
- Nur kurze Eiscanyons gehen.
- Eine komplette Zusatzausrüstung wasserdicht und gewärmt verpacken.
- Sehr viele Seile mitnehmen.
- Aktuell nicht benutzte Seile wasserdicht verpacken.
- Einen Wiederaufstieg zum Seillösen nur in Ausnahmefällen durchführen.
- Die Abseilstellen schon im Sommer optimieren.
- Die Seile ablängen.
- Sich nicht auf Messer und Schere verlassen.
- Wärmematerial für den Notfall mitführen.
- Das Handy zusammen mit einem aktivierten Wärmepad verpacken.
- Vereiste Gumpen, wenn möglich, umgehen.
- Ersatzakkus für den Fotoapparat mitnehmen.
- Große Ösen/Schraubglieder anbringen.
- Bei Zwangspassagen:
    - Einen Wurfanker setzen.
    - Eisgerät anwenden.
    - Auf jeden Fall Rückzugsmöglichkeit sicherstellen.

7.3 NACHTCANYONING

Das Nachtcanyoning ist ebenso wie das Eiscanyoning eine extreme Variante des Canyonings – und ebenfalls ein tolles Erlebnis! Viele der oben genannten Verhaltensempfehlungen gelten daher ganz analog. Die potenziellen Gefahren sind natürlich deutlich höher als bei Tage. Nur sehr erfahrene Canyongeher sollten sich an einen Nachtcanyon wagen. Es versteht sich von selbst, dass ihr den Canyon sehr gut kennen müsst und ihn mehrmals bei Tage begangen habt.

Auf jeden Fall sollte der Canyon vor der Nachtbegehung von allen Teilnehmern unmittelbar zuvor mindestens einmal bei Tage begangen werden. Alle Sicherungen müssen „blind" gefunden werden können, die Schlüsselstellen müssen allen Teilnehmern bekannt sein. Ebenso selbstverständlich sollte es sein, ähnlich wie bei Eiscanyons, nur eher kurze Canyons zu begehen.

Ähnlich wie das Eiscanyoning ist auch das Nachtcanyoning eine ganz besondere Erfahrung. Die besondere Rolle dabei spielt natürlich der Umgang mit Licht. Entgegen der üblichen Annahme braucht man erstaunlich wenig Licht. Sowieso gilt: Je weniger Licht benutzt wird, desto schöner ist der Nachtcanyon. Es empfiehlt sich rotes oder grünes Licht.

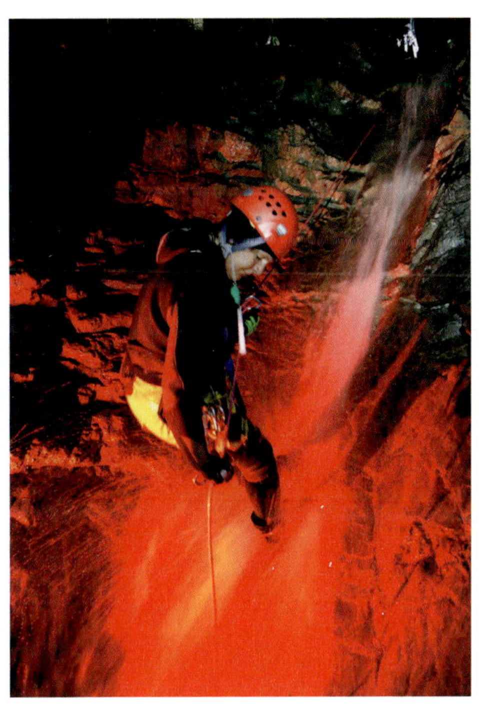

Zu einer sicheren Canyonbegehung (ohne einen Notfall) reicht ein (durchaus auch farbiges) Knicklicht, wie man es vom Segeln her kennt, völlig aus.

Für den Fall eines Notfalls und für schwierige Passagen braucht natürlich jedes Gruppenmitglied eine helle Helmlampe. Sicherheitshalber sollte jede Person zwei Lampen dabeihaben. Auf jeden Fall sollte Licht in der Gruppe redundant vorhanden sein. Helles Licht und insbesondere der Wechsel zwischen hellem Licht und Dunkelheit sollte – mit Ausnahme eines Notfalls – vermieden werden, da sich das menschliche Auge zwar schnell an helles Licht anpassen kann, umgekehrt aber lange braucht, um sich an eine dunkle Umgebung anzupassen.

Derjenige, der Sicherungen einbaut, muss natürlich ein helles Licht verwenden, sollte aber darauf achten, die anderen Tourenteilnehmer nicht zu blenden.

Vor der eigentlichen Tour sollte sich die Gruppe an die Dunkelheit anpassen und circa 20-30 Minuten bei völliger Dunkelheit sein.

Danach reichen Knicklichter völlig aus, um genügend Helligkeit zu garantieren.

Für Notfälle sollte jeder über helles Licht verfügen.

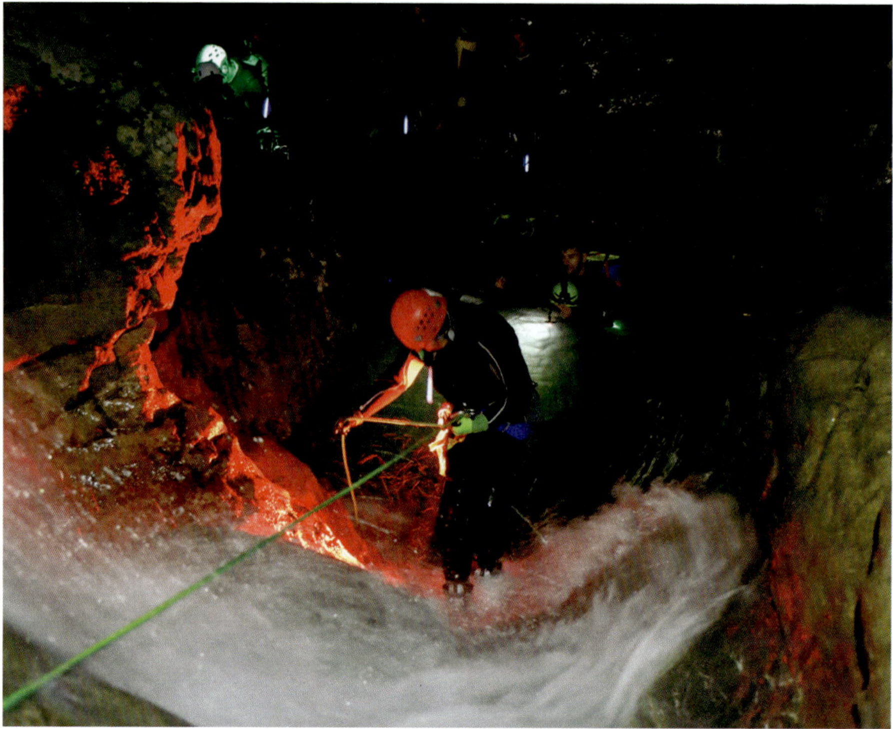

Nachtcanyoning

Neben all den Steigerungen der Gefährlichkeit hat ein Nachtcanyon auch zumindest einen sicherheitstechnischen „Vorteil“: Ohne weite Sicht geht ihr automatisch vorsichtiger und tastet euch eher langsam voran. Daran muss man sich zunächst gewöhnen – für viele stellt diese Fortbewegung zunächst eine Unsicherheit dar, die in Panik enden kann.

Ihr müsst euch bewusst machen, dass diese langsame Fortbewegung beim Nachtcanyoning normal ist. Tatsächlich reduziert dies die Hauptverletzungsquelle beim Canyoning, das Risiko von Knochenbrüchen oder Verstauchungen beim Gehen, erheblich.

Eine eventuell notwendig werdende Rettungsaktion hingegen wird in der Nacht auch wesentlich langsamer ablaufen als tagsüber. Insbesondere zur Verhinderung des Auskühlens eines Verletzten sollte daher immer genügend Notfallmaterial mitgenommen werden.

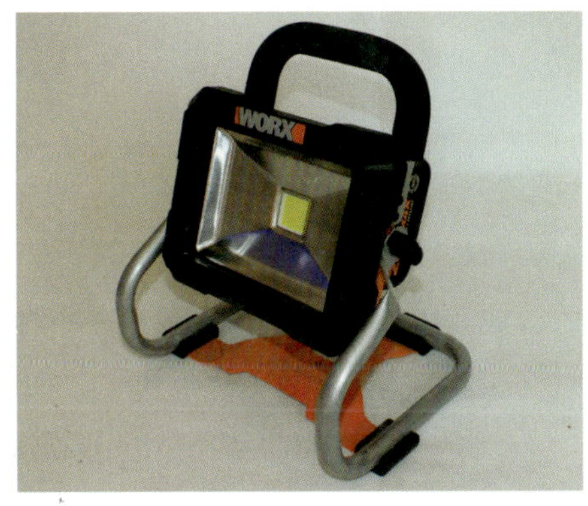

Im Falle eines Notfalls benötigt man genügend Licht. Das Licht der Stirnlampen ist dabei eher nicht ausreichend. Um auch im Notfall genügend Licht zur Verfügung zu haben, kann man einen Scheinwerfer mit Akkus bereithalten. Dieser liefert im Notfall genügend Helligkeit und ist zudem weithin in der Dunkelheit sichtbar, was es den eventuell benötigten Rettungskräften erleichtert, die Unfallstelle zu finden.

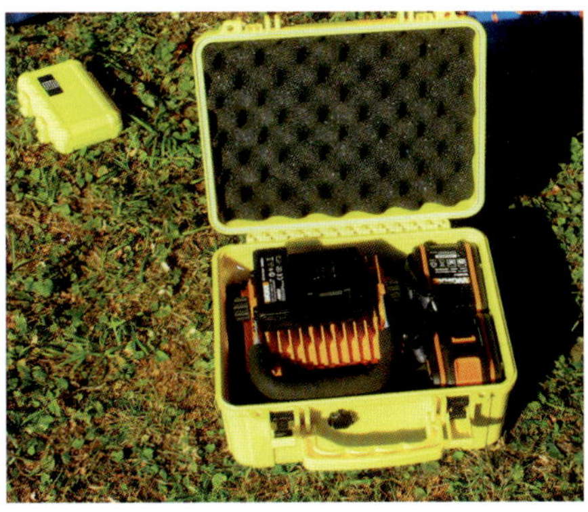

Die Fa. Worx bietet einen entsprechenden Scheinwerfer an, der mit den gleichen Akkus wie der Bohrhammer von Worx (siehe Kap. 2.3) betrieben wird. Dieser Scheinwerfer muss dann natürlich noch wasserdicht verpackt werden.

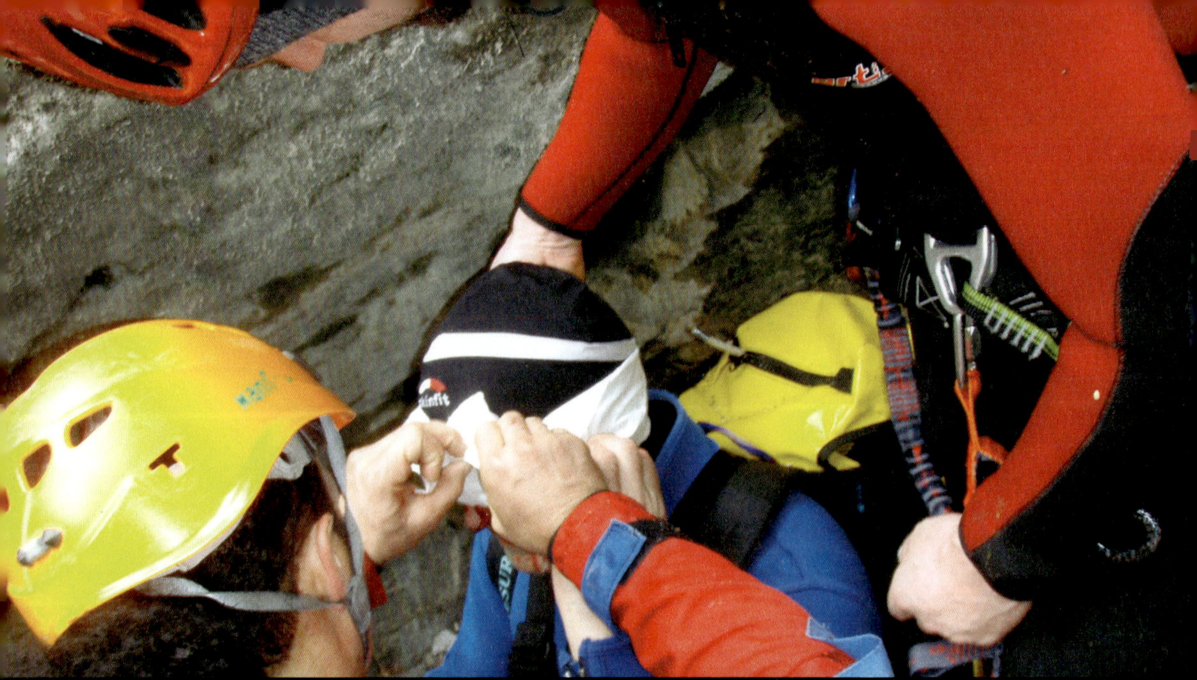

8 GEFAHREN BEIM CANYONING

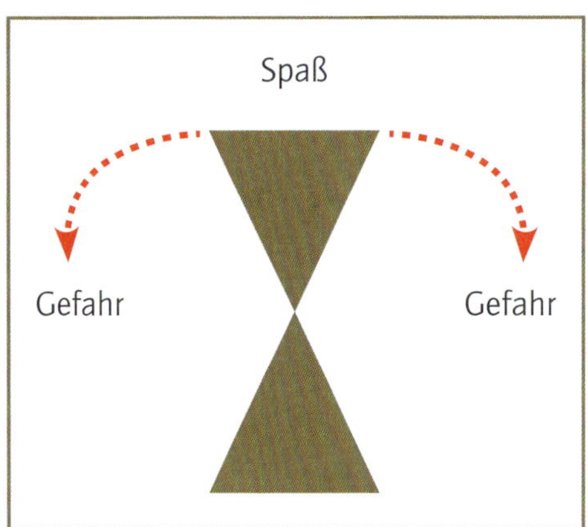

Beim Canyoning ist der Grat zwischen Spaß und Gefahr sehr schmal, bei nur wenigen anderen Sportarten dürfte dieser Grat ähnlich schmal sein. Man befindet sich in einem Canyon in einer prinzipiell lebensbedrohlichen Umgebung. Daher muss man ständig darauf achten, dass man diesen schmalen Grat zwischen Spaß und Gefahr nicht verlässt. Dazu muss man sich zuallererst der Gefahren überhaupt bewusst sein, mit unterschiedlichen Aspekten dieses Gefahrenbewusstseins beschäftigt sich dieses Kapitel.

Ein großes Problem beim Canyoning besteht in der Einschätzung dieser Gefahren. Diese Gefahreneinschätzung kann man auch nur bedingt in Kursen oder gar in Büchern vermitteln. Sie ist eine Art „Instinkt", den man aber – im Gegensatz zu wirklichen Instinkten – durch Erfahrung, kombiniert mit Reflexion, insbesondere bei supervidierten Touren erlernen kann.

Wenn man versucht, die speziellen Gefahren beim Canyoning zu beschreiben, so liegen diese in verschiedenen Feldern: Man kann grob zwei Gruppen von Gefahrenfeldern unterscheiden: objektive Gefahren und subjektive Gefahren aufgrund psychologischer Prozesse.

Diese objektiven Gefahrenquellen werden im ersten Abschnitt diskutiert. Der zweite Abschnitt beschäftigt sich mit den subjektiven Faktoren. Im dritten Abschnitt geht es um die Rolle der Gruppe, im vierten Abschnitt wird ein Modell zur Unfallentstehung vorgestellt. Die Rolle von Incidents bei der Entstehung von Accidents wird im fünften Abschnitt thematisiert. Der sechste Abschnitt beschreibt die Unfallarten und die Unfallfolgen, die beim Canyoning auftreten.

Beim Zustandekommen eines Unfalls treffen in der Regel objektive Gefahren auf subjektive Gefahren. Am Ende bleibt natürlich noch ein Restrisiko, das nicht beeinflussbar ist. Dies ist jedoch wesentlich geringer, als man gemeinhin denkt, wenn man die elementaren Sicherheitsprinzipien (siehe Kap. 9) beachtet.

Menschen sind generell eher weniger gut darin, Risiken einzuschätzen (z. B. Gigerenzer, 2013). Lässt man z. B. einschätzen, wie gefährlich Flugzeugabsturz, Terrorismus, Ertrinken und Asthma sind, so divergieren die subjektiven Einschätzungen in aller Regel mit den objektiven Risiken. Das objektiv größte der abgefragten Risiken ist das Asthma. Alle zwei Stunden stirbt ein Asthmatiker in Deutschland, das sind circa 4.380 Menschen pro Jahr. Pro Jahr ertrinken circa 400 Menschen in Deutschland. Weltweit kommen circa 150 Menschen pro Jahr bei Flugzeugunglücken ums Leben. In Deutschland werden circa zwei Menschen jährlich das Opfer von Terrorismus.

Es wird bei solchen Fragestellungen nicht auf der Basis von Tatsachen entschieden und gehandelt, sondern auf der Basis dessen, was wir für wahr halten. Was für die „normale" Risikoeinschätzung im Allgemeinen gilt, gilt für das Canyoning im Besonderen.

8.1 OBJEKTIVE GEFAHREN

Zu den objektiven Gefahren beim Canyoning gehören die Geografie und das Wetter, wie es in Kap. 3 beschrieben wurde, sowie die Schwierigkeiten durch die Vertikalität, die Aquatik und besonders auch die Ernsthaftigkeit eines Canyons.

Zusätzlich dazu bestehen objektive Gefahren durch das Verwechseln von Schwierigkeit und Gefährlichkeit, durch das Malen nach Zahlen sowie durch die Diskrepanz zwischen der Verfügbarkeit und der Interpretation von Informationen.

Schwierigkeit und Gefährlichkeit

Was schwierig ist, muss nicht unbedingt gefährlich sein, was gefährlich ist, muss nicht unbedingt schwierig sein. Beim Canyoning wie auch beim Wildwasser gibt es z. B. Stellen, die sehr wild aussehen, da das Wasser ziemlich schäumt, die aber völlig ungefährlich sind. Andererseits gibt es viele Stellen, die völlig ungefährlich aussehen, die aber extrem gefährlich sind (dies ist z. B. oft bei Siphons der Fall).

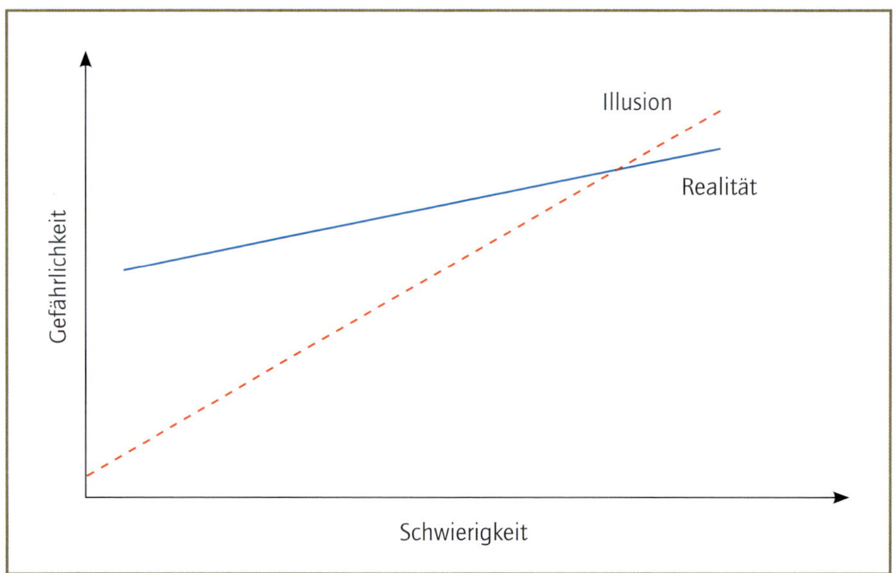

Schwierigkeit und Gefährlichkeit

Oftmals geht man davon aus, dass die Gefährlichkeit mit der Schwierigkeit einer Tour ansteigt (gestrichelte Linie in der nebenstehenden Abbildung). Dies muss nicht der Realität entsprechen. Bereits leichte Touren können schon einen erheblichen Gefährlichkeitsgrad besitzen (durchgezogene Linie). Diese Differenzierung spiegelt sich in den Ernsthaftigkeitsbewertungen einer Schlucht wider.

Die technische Schwierigkeit ergibt sich aus der v-Bewertung, die aquatische Schwierigkeit aus der a-Bewertung. Diese sagen jedoch nichts Direktes über die Gefährlichkeit der Tour aus, diese Bewertung findet sich in der Ernsthaftigkeitsbewertung in Form der römischen Zahl.

Arne Göring hat in seiner Dissertation von 2006 Prozesse untersucht, die für das Thema Gefahreneinschätzung sehr relevant sind. Dabei befragt er 183 Kajakfahrer, wie sie die Häufigkeit von Unfällen und die Folgen von Unfällen in verschiedenen Feldern des Kanusports einschätzen. Diese Einschätzungen hat er dann mit den objektiven Gefahren verglichen und die Abweichungen betrachtet. Die Handlungsstruktur des Kajakfahrens ist dabei weitgehend mit der des Canyonings vergleichbar und die Ergebnisse sind sicher weitestgehend übertragbar.

Hier die Ergebnisse im Überblick (ausführliche Darstellung bei Göring, 2006):

- Objektiv passieren die meisten Unfälle und auch die schwersten auf leichtem Wildwasser.
- Die Kajakfahrer schätzen dies jedoch anders ein, sie vermuten die größere Anzahl und auch die größere Schwere der Unfälle in schwerem Wildwasser.
- In scheinbar leichtem Setting passieren also die meisten Unfälle, dieses Setting wird jedoch subjektiv (fälschlicherweise) als eher ungefährlich eingeschätzt.
- Die befragten Kajakfahrer wurden zusätzlich in fünf Erfahrungsklassen (von 5-28 Jahren Erfahrung) eingeteilt. Die subjektiven Einschätzungen der Unfallhäufigkeiten und der Unfallfolgen nähern sich demnach den tatsächlichen Zahlen mit steigender Erfahrung. Dieser Effekt nimmt jedoch erst nach mehr als 10 Jahren Erfahrung relevante Ausmaße an.
- Anders formuliert: Am Anfang besteht jahrelang eine Unterschätzung der Gefahren.

„Malen nach Zahlen"

Ein weiterer typischer Fehler ist das „Malen nach Zahlen". Damit ist gemeint, dass man eine Route unreflektiert so begeht, wie sie im Topo beschrieben ist, ohne zu berücksichtigen, dass sich möglicherweise seit der Erstellung des Topos etwas verändert hat, das eine völlig andere Art der Begehung erfordert. Man vertraut stattdessen darauf, dass man die Tour nach einer Art Bedienungsanleitung gehen kann. Dies wird noch dadurch unterstützt, dass es in der Zwischenzeit im Netz sehr viele Beschreibungen, Topos etc. gibt, die die Illusion vermitteln, dass man alles im Griff habe.

Oftmals wird dabei nicht bedacht, dass die Informationen sehr schnell, z. B. durch ein Hochwasser, völlig veraltet sein können. Geht man so eine Stelle nach dem Motto: „Das letzte Mal sind wir da gesprungen" oder: „Im Topo steht diese Stelle als Sprung", kann man sich schnell ernsthaft verletzen.

Informationen und Können

Wir verfügen heute über jede Menge Informationen über Canyons. Was noch vor wenigen Jahren bestens gehütetes Geheimwissen war, ist nun frei im Internet verfügbar. Das ist gut so. Leider führt dieses Angebot an Informationen zu einer trügerischen Sicherheit. Wenn man die Informationen nicht richtig einschätzen und beurteilen kann, kommt es leicht zu Fehlinterpretationen. Es entsteht sehr leicht die Illusion, dass man ja alles weiß, was wichtig ist und verwechselt Wissen mit Können.

Gerd Gigerenzer et al. (2014) schreiben zum Thema Verfügbarkeit und Anwendbarkeit von Informationen:

„Wie wird ein Historiker des Jahres 3000 wohl die Zeit beschreiben, in der wir heute leben? Möglicherweise so: Zu Beginn des 21. Jahrhunderts erlangte Homo sapiens Zugang zu mehr Information als je zuvor. Die digitale Revolution hatte Milliarden von Menschen vernetzt. Schneller als mit der Morgenzeitung und der abendlichen Nachrichtensendung konnte man nun jederzeit Meinungen und Reportagen weltweit abrufen.

Mit dem wachsenden Internet dehnte sich damals Information in bislang ungeahnten Dimensionen aus, vergleichbar mit der rasanten Ausdehnung von Materie nach dem Urknall. (. . .) Doch eines war vergessen worden: Viele verstanden gar nicht, was die Information bedeutete, zu der sie freien Zugang hatten. (. . .) Man hatte die Technologie perfektioniert, dabei allerdings außer Acht gelassen, die Menschen gleichzeitig so kompetent zu machen, dass sie all diese Fakten und Zahlen auch verstehen konnten."

8.2 SUBJEKTIVE GEFAHREN GEFAHREN AUFGRUND PSYCHOLOGISCHER MECHANISMEN

Zu den subjektiven Gefahren gehören die falsche Selbsteinschätzung (in aller Regel eine Überschätzung der eigenen Fähigkeiten), der Dunning-Effekt, die Problematik der „erfahrenen Praktiker" sowie die Gruppe, in der die Tour stattfindet.

Um entscheiden zu können, ob man eine Tour, von der man die objektive Schwierigkeit kennt, durchführen kann, ist es notwendig, diese objektiven Schwierigkeiten mit dem persönlichen Können bzw. dem Können der Gruppe abzugleichen. Dazu muss man noch die eigenen Fähigkeiten und die Fähigkeiten der Gruppe einschätzen und diese den objektiven Gefahren gegenüberstellen. Verschiedene psychologische Prozesse behindern uns jedoch systematisch dabei, unser Können richtig einzuschätzen.

Das ist kein canyoningspezifisches Phänomen, das gibt es auch z. B. im beruflichen Umfeld und in vielen anderen Lebensbereichen. Besondere Relevanz erhalten diese Prozesse jedoch dadurch, dass sie beim Canyoning – im Gegensatz zu anderen Lebensbereichen – sehr schnell gesundheits- oder gar lebensgefährlich sein können.

Die „normale" Selbstüberschätzung

Aus einer Unzahl von Untersuchungen ist bekannt, dass die Einschätzung der eigenen Leistung wenig mit der tatsächlichen Leistung zu tun hat. Man kann z. B. Prüflinge nach einer Prüfung ihre vermutete Leistung einschätzen lassen. Danach kann man das tatsächliche Ergebnis der Prüfung mit der vermuteten Leistung abgleichen. Bei solchen und ähnlichen Untersuchungen sind die Korrelationen der Selbsteinschätzung von Leistungen und den objektiven Leistungsmaßen deutlich geringer, als man vermuten könnte. Der Zusammenhang ist mit einer Höhe der Korrelation von circa 0,3 im Mittel über alle solche Untersuchungen eher gering. Die geringe Korrelation von eingeschätzter Leistung und tatsächlicher Leistung könnte dadurch zustande kommen, dass sich manche Personen eher unter- und andere eher überschätzen. Das ist jedoch nicht der Fall. Die überwiegende Mehrheit der Personen überschätzt die eigenen Leistungen.

Diese allgegenwärtige Selbstüberschätzung ist in zahlreichen wissenschaftlichen Studien belegt, z. B. „Ich und der Durchschnitt" (Above Average Effect). Befragt man Personen, wie gut sie sich im Hinblick auf verschiedene Fähigkeiten einschätzen (z. B. wie gut sie im Vergleich zu anderen Personen Autofahren können, wie gut sie eine Firma managen können, wie grippeanfällig sie sind, wie hoch ihre Fehlzeiten sind, . . .), so liegt der Durchschnitt dieser Selbsteinschätzungen auf einer Skala von 0-100 Prozent regelmäßig bei 70-80 Prozent. Das kann jedoch mathematisch nicht sein, da der Durchschnitt ja definitionsgemäß bei 50 Prozent liegt. Wir haben es also mit einer generellen Selbstüberschätzung von 20-30 Prozent zu tun, wenn es darum geht, die eigenen Fähigkeiten einzuschätzen.

Eine für den Bereich der Selbstüberschätzung prototypische Untersuchung zur Selbsteinschätzung von Autofahrern stammt von Williams (2003). Danach schätzen sich 74 Prozent aller Autofahrer als überdurchschnittlich sichere Fahrer ein. Die Güte der Selbsteinschätzung hängt dabei von der Komplexität der Aufgabe sowie von der Differenziertheit der Frage nach der Kompetenz ab.

Globale Selbsteinschätzungen korrelieren schlechter mit den objektiven Kompetenzen als detaillierte Einschätzungen. Fragt man jemanden: „Wie gut kennst du dich mit Canyoning aus?", wird die Antwort eine andere sein, als die auf die Frage nach dem Beherrschen einzelner Seiltechniken. Auf diesen Unterschied wurde z. B. beim Briefing vor jeder Tour (siehe Kap. 9) Rücksicht genommen.

Woher kommen diese Unterschiede zwischen Selbsteinschätzung und objektiver Leistung?

Wir alle haben die Tendenz, ein positives Selbstbild zu besitzen, da dies psychohygienisch wertvoll ist. Dazu nehmen wir zu unseren Gunsten eher eine Überschätzung der eigenen Fähigkeiten in Kauf. Die Forschung zeigt, dass Menschen mit einer leichten (!) Selbstüberschätzung tatsächlich glücklicher leben.

Der Reflex der Selbstüberschätzung ist im „normalen" Leben sehr hilfreich (weil dem Selbstwert dienlich), beim Canyoning kann er jedoch schnell zum Bumerang werden, da dort die physische Realität sehr schnell Verzerrungen in der Selbsteinschätzung in Form eines Un- oder Notfalls korrigieren kann.

Wir befinden uns alle in einem sozialen Biotop, das heißt, die Menschen in unserer relevanten sozialen Umwelt sind nicht zufällig zusammengestellt, sondern so ausgewählt, dass sie uns selbst ziemlich ähnlich sind. Daher fällt es uns relativ leicht, in einer „Blase" zu leben, und uns von andersartiger als der gewohnten Rückmeldung über unsere Kompetenzen abzuschotten.

Es kommt selten vor, dass wir Rückmeldungen von außen erhalten. Genau für diesen Zweck wurden die „supervidierten" Touren (siehe Kap. 10) entwickelt. Bei diesen Touren erhalten die Teilnehmer die Chance, von einem Profi ziemlich ungeschminkt eine Einschätzung ihrer Fähigkeiten zu bekommen.

Während bisher die Phänomene beschrieben wurden, soll im nächsten Abschnitt das Zustandekommen dieser Phänomene an sich betrachtet werden, dazu ist das Erklärungsmodell von Dunning und Kruger sehr hilfreich. Es beschreibt den Verlauf der Entstehung von falschen Selbsteinschätzungen.

Der Dunning-Effekt

Der Effekt ist nach David Dunning, einem Psychologieprofessor an der Cornell University, benannt. Dunning hatte in verschiedenen Studien festgestellt, dass Unwissenheit bei der Bearbeitung komplexer Aufgaben (also Aufgaben, deren Lösung nicht sofort und einfach erkennbar und beurteilbar ist) oft zu einer zu positiven Selbsteinschätzung im Hinblick auf die Beurteilung der eigenen Leistung führt (Dunning & Kruger, 1999).

Objektiv schwache Leistungen gehen in der Regel mit einer größeren Selbstüberschätzung einher als objektiv stärkere Leistungen. Weniger kompetente Menschen überschätzen die eigene Kompetenz erheblich, sie neigen dazu:

- ihre eigenen Fähigkeiten zu überschätzen;
- überlegene Fähigkeiten anderer Personen nicht zu erkennen;
- das Ausmaß ihrer mangelnden Kompetenz nicht zu erkennen.

In den Jahren seit der Publikation der Dunningschen Forschung wurden die unterschiedlichsten komplexen Aufgaben untersucht, man fand dabei immer den gleichen Verlauf. Man kann den Erwerb einer Fähigkeit mit den nachfolgenden Grafiken beschreiben. Auf der X-Achse ist dabei jeweils die objektive Kompetenz abgetragen, auf der Y-Achse die subjektive Einschätzung der eigenen Kompetenz.

Die nächste Abbildung zeigt den Zusammenhang zwischen dem tatsächlichen Wissen und Können und der eigenen subjektiven Einschätzung, so, wie er eigentlich sein sollte.

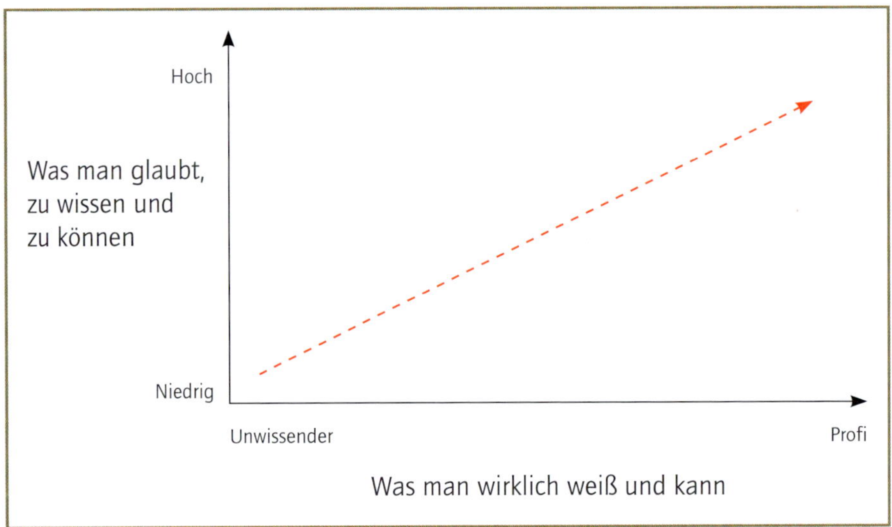

Nun zeigt die Erfahrung und die Forschung, dass der reale Verlauf nicht so ist, sondern einer anderen Logik folgt.

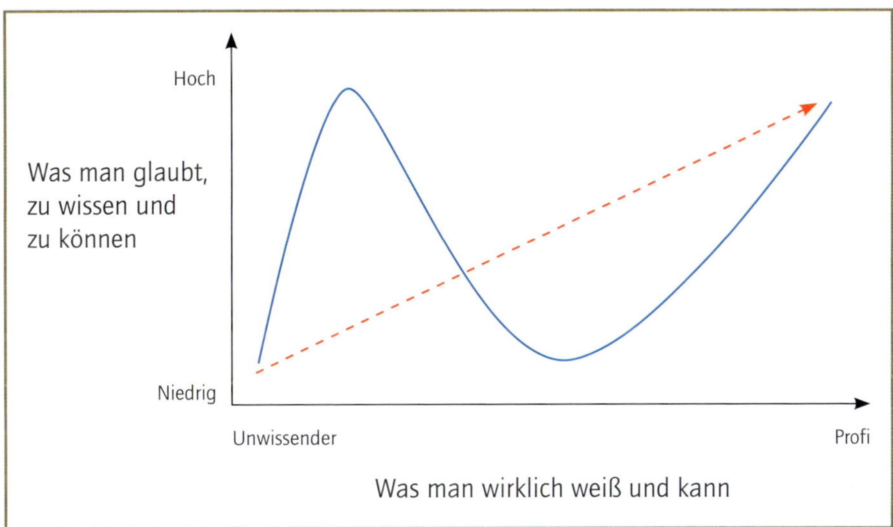

Ganz am Beginn (Nullpunkt des Koordinatensystems) hat man keine Ahnung vom Thema und ist sich dessen auch bewusst. Sobald man dann ein wenig Ahnung und Kenntnis vom Thema hat, steigt die subjektive Überzeugung stark überproportional an, dass man sich gut mit dem Thema auskennt, man verfügt dann über ein mehr oder weniger fundiertes Halbwissen. Man hat das Kontrasterlebnis vom „gar nichts wissen" zum „etwas wissen", das oft als subjektive „Erleuchtung" erlebt wird.

Im Amerikanischen nennt man diesen Punkt den „Mount Fool". Seine Lage ist gekennzeichnet durch objektiv wenig Wissen und Können, kombiniert mit dem subjektiven Empfinden von ziemlich umfassendem Wissen und Können. Dieser Punkt ist natürlich höchst gefährlich.

In dieser Phase passieren die Unfälle, von denen man später sagen wird: „Das hätte eigentlich jedem klar sein müssen." Wenn man die Chance und den Willen hat, sich auf den Abstieg vom Mount Fool zu machen, wird man erkennen, dass die ganze Sache doch nicht so einfach ist, wie man dachte.

Bei einer weiteren Beschäftigung mit dem Thema wird man sehr wahrscheinlich sogar in eine Phase kommen, in der man meint, dass man das Thema niemals völlig durchdringen kann, es macht sich dann sogar oft eine gewisse Frustration breit. Mit einem gewissen Durchhaltewillen wird man dann wieder zuversichtlicher werden und die Überzeugung wird sich einstellen, dass man das Thema zwar beherrscht, dass es jedoch in gewissen Teilen kompliziert ist und bleibt. Man wird (hoffentlich) nie wieder die Überzeugung auf dem Mount Fool erlangen.

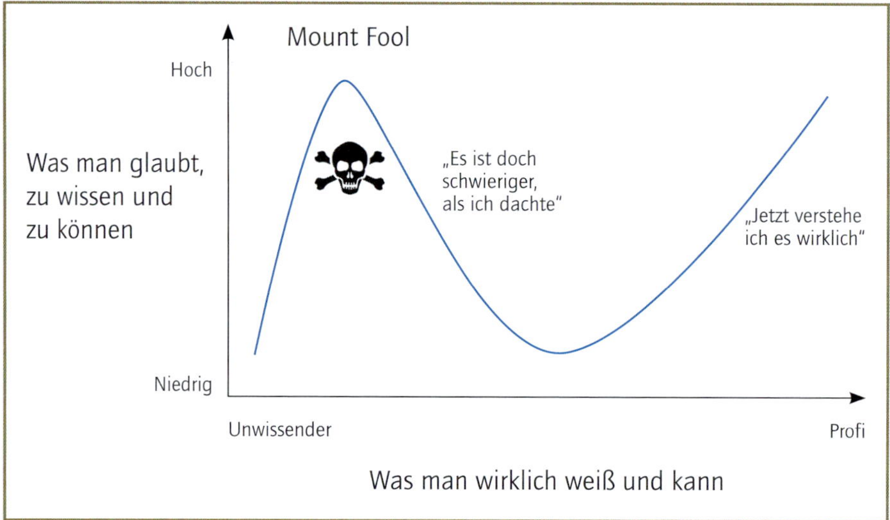

Man kann sich jedoch auch lange Zeit auf dem Mount Fool aufhalten und nichts dazulernen. Das Verbringen von Zeit mit einer entsprechenden Tätigkeit allein und die daraus resultierende (Pseudo-)Erfahrung hat noch keine positive Auswirkung auf die tatsächliche Kompetenz. Ein langes, dilettantisches Praktizieren führt nicht automatisch zu einem Lernprozess.

Jeder kennt wahrscheinlich solche „Dinosaurier", also Leute, die jahrelang etwas praktizieren, die sich jedoch immer noch im Stadium des Mount Fools befinden. Irgendwie scheinen sie diesen Status konservieren zu können, häufig werden sie dabei z. B. von anderen Personen in ihrem Umfeld „durchgeschleppt" oder sie suchen sich eine Gruppe mit ähnlicher „Kompetenz".

Auf der x-Achse der obigen Abbildung ist daher NICHT die Zeit eingetragen, seit der sich jemand mit dem Thema Canyoning beschäftigt, sondern die Art der Beschäftigung mit dem Thema und der Erwerb relevanter Kompetenzen. Auf der x-Achse ist auch nicht die Anzahl der Touren abgetragen. Das reine Tun alleine hilft bei der Entwicklung von Kompetenzen nicht sonderlich weiter. Daher kann ein Verlauf lebenslänglich durchaus auch so aussehen:

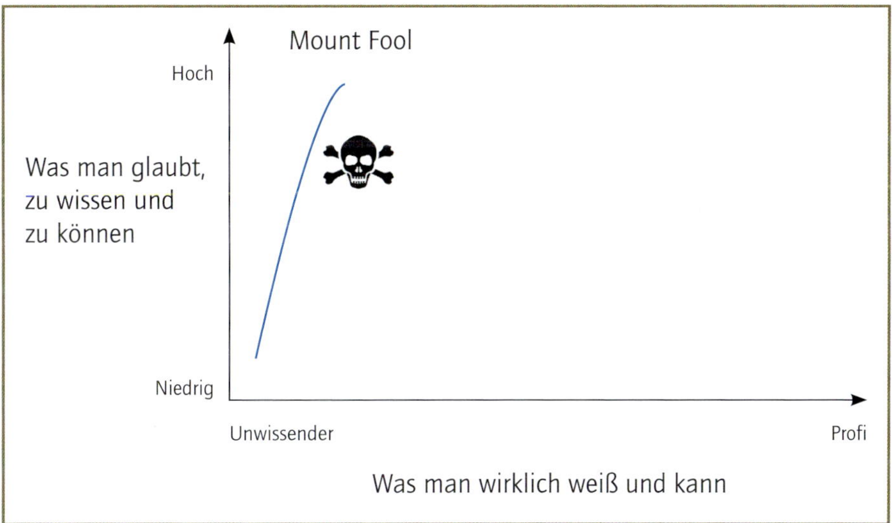

Wir sind nicht nur ignorant gegenüber unserem tatsächlichen Können, wir ignorieren auch diese Ignoranz, wir sind quasi metaignorant. Wir wissen in vielem nicht nur nicht, was wir nicht können, wir sind uns dessen auch nicht bewusst. So bezeichnen sich immer wieder auch Personen ohne Fachkundenachweis „praktisch als Canyonführer".

Was bedeutet das für das Canyoning?

Wenn man sich mit prinzipiell gefährlichen Aktivitäten wie dem Canyoning beschäftigt, droht auf dem Mount Fool die größte Gefahr. In diesem Bereich passieren die meisten Unfälle, die nicht durch das berühmte Restrisiko, sondern durch grobe Fehler entstehen. In den Differenzbereichen zwischen objektiver Kompetenz und der subjektiven Einschätzung der eigenen Kompetenz befindet sich das Biotop der unterschiedlichsten Gefahren.

Die Gruppe, mit der man sich beim Canyoning umgibt, kann zur Selbstüberschätzung beitragen. Dies wird umso mehr der Fall sein, je weniger ausgebildet die anderen Personen der Gruppe sind.

Wie kann man sich vor den Gefahren des Mount Fools schützen?

Es hilft schon etwas, sich des Sachverhalts bewusst zu sein. Der Königsweg ist jedoch die intensive Auseinandersetzung mit der jeweiligen Thematik. Sie bewirkt zweierlei: Erstens erhöht sie den Stand des eigenen Wissens und Könnens und zweitens führt sie zu einer realistischeren Einschätzung des eigenen Wissens und Könnens.

Teilnehmer an Ausbildungskursen (insbesondere an Grundkursen) geben oft das Feedback: „So schwierig habe ich mir das eigentlich nicht vorgestellt, ich bin jetzt eher verunsichert." Früher war ich (E. Hofmann) dann selbst auch verunsichert, denn das Ziel eines Kurses ist es ja, den Teilnehmern Sicherheit im Umgang mit der Materie zu verschaffen. Heute bin ich der Überzeugung, dass diese „Verunsicherung" sehr produktiv ist, da sie die Teilnehmer ein Stück weit vom Mount Fool herunterholt. Diese produktive Verunsicherung ist daher ein eigenständiges Lernziel.

„Erfahrene Praktiker"

Seien wir ehrlich: Viele Canyonauten haben die Sportart autodidaktisch begonnen. Und „irgendwie" hat jeder seine eigene Methodik entwickelt. Dieses „Irgendwie" wird dann durch die Gruppe (schein-)validiert, die ähnliche Einstellungen und Kompetenzen hat. Bezogen auf die vorherigen Kapitel heißt das: Viele bleiben lange auf dem Mount Fool, ohne es zu ahnen.

Damit sind sie, ohne es zu wissen, eine Gefahr für sich selbst und auch für völlig unerfahrene Personen, die sich auf „erfahrene Praktiker" und deren vermeintliche Kompetenz verlassen (siehe Kap. 10). Die „erfahrenen Praktiker" sind in einer besonderen Situation gefangen: Sie würden niemals daran denken, sich die Grundlagen systematisch anzueignen, da sie selbst sich ja nicht als Anfänger sehen, sie haben ja schon sehr viele Touren (irgendwie) gemacht. Diese Tatsache gilt ihnen als (Schein-)Gewissheit, dass sie anscheinend über alle notwendigen Kompetenzen verfügen.

Daher wird sich an ihrem Status auch sehr wenig ändern. Der Zustand des eigentlich immerwährenden Anfängers (bei der Überzeugung, ein Profi zu sein) wird konserviert.

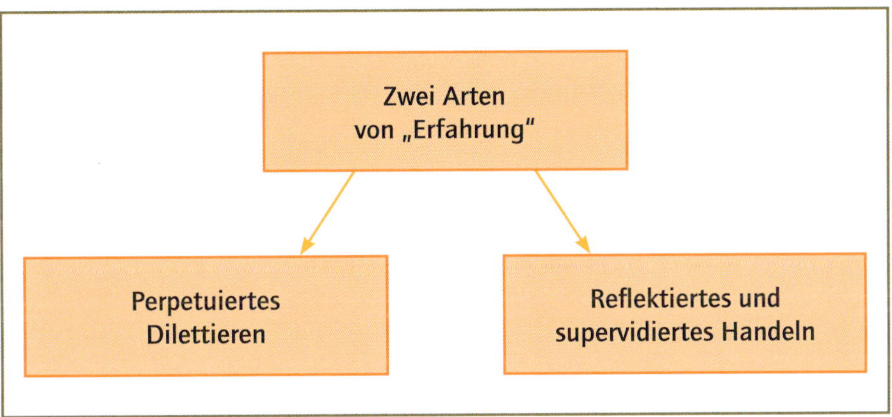

8.3 DIE BESONDERE ROLLE DER GRUPPE

Eine weitere potenzielle Gefahrenquelle stellt die Gruppe dar, mit der ein Canyon begangen werden soll. Die Gefahr besteht dabei in den allgemeinen Gruppenphänomenen und im Spannungsfeld zwischen Individuum und Gruppe.

Allgemeine Gruppenphänomene

In jeder Gruppe kommt es zu spezifischen Gruppenphänomenen wie Konformität, Risikoschub etc. Diese Phänomene werden auch in dem Buch *Canyoning und Psychologie* der Deutschen Canyoning Schule beschrieben. Im Gegensatz zu „normalen" Gruppen können diese Phänomene bei Canyoninggruppen jedoch deutlich ernstere Konsequenzen haben.

Wie oben beschrieben, ist es besonders für Personen, die selbst wenig Kompetenz auf dem Gebiet des Canyonings haben, schwer, die Kompetenz der anderen Gruppenmitglieder einzuschätzen. Insbesondere stellt sich dieses Problem bei den oben beschriebenen „erfahrenen Praktikern". Dadurch kann sehr schnell die Illusion entstehen, dass man im Notfall schon auf der sicheren Seite ist, während sich in der Realität jeder auf den anderen verlässt. Ohne dass dieser ihm jedoch helfen kann.

In Gruppen werden bestimmte Überzeugungen (z. B. zu Sicherheitsfragen) zur essenziellen Gruppenidentität, die weniger dadurch bestimmt ist, was man weiß und was man kann, als viel mehr dadurch, wer man ist. Ein bestimmtes Verhaltensmuster wird dann zum Motto, zum Erkennungszeichen, zum heiligen Prinzip, auch wenn dieses nicht zu sicherem Verhalten führt.

Für viele Menschen ist es nicht einfach, in einer Gruppe ein Außenseiter zu sein. Dadurch kann es scheinbar „vernünftiger" erscheinen, sich – auch gegen besseres Wissen – der (unter Umständen auch falschen) Meinung der Gruppe anzuschließen. An die Stelle der rationalen Überlegung tritt dann die gruppenidentitätsstützende Tendenz, die im Zweifelsfalle Vorrang erhält.

Oftmals sucht man in einer Gruppe auch eher nach Informationen, die die bevorzugte Schlussfolgerung innerhalb der Gruppe stützen, als dass man eine Argumentation stringent verfolgt. Man sucht dann selektiv nach Informationen, die die Sichtweise der Gruppe stützen und nicht solche, die unsere Meinung präzisieren.

Solche Phänomene finden sich im Alltagsleben zuhauf. Beim Canyoning sind jedoch die Konsequenzen deutlich drastischer. Den Canyon interessieren Sozialpsychologie und Gruppenkohäsion nicht, in ihm zählt nur die reine Physik. Daher sind Gruppen mit einer hohen Gruppenkohäsion und damit einhergehendem Konformitätsdruck eher gefährlich, besonders natürlich, wenn sie seltsame Haltungen zum Thema Sicherheit perpetuieren.

„Individualisten"

Eine Gruppe ist mehr als eine Ansammlung von Menschen zur gleichen Zeit am selben Ort. Canyoning ist zwar ein Teamsport, er zieht aber durch seine „Exotik" auch viele Individualisten an. Viele dieser Charaktere haben Schwierigkeiten damit, sich in eine Gruppe zu integrieren. Das ist natürlich problematisch, da es sich bei einer Canyontour immer um eine Gruppenleistung handelt: Es muss abgesprochen werden, ob es überhaupt sinnvoll ist, mit der entsprechenden Gruppenzusammensetzung den Canyon zu gehen, wer welches Material mitnimmt, es muss klar sein, wer selbstständig agieren kann und wer Unterstützung braucht, die Vorgehensweise muss abgesprochen werden, bei einem Notfall muss eine Person die Leitung haben etc.

All das entsteht nicht von alleine, sondern muss koordiniert werden. Koordination bedeutet jedoch auch Führung. Das Ignorieren der Notwendigkeit von Koordination und Führung einer Gruppe, die in Canyons geht, ist eine potenzielle Gefahrenquelle.

Oftmals kommt es zu inhaltlichen Scheindiskussionen, hinter denen in Wirklichkeit die Frage der Akzeptanz oder der Ablehnung von Führung steckt.

Der Gesetzgeber sucht sich im Falle eines Unfalls einen Führer der Gruppe, wenn dies kein ausgebildeter Canyonführer ist, so wird ein „faktischer Führer" ermittelt. Spätestens dann kann das Thema „Führung" nicht mehr ignoriert, verleugnet bzw. verdrängt werden.

Verantwortung und Kontrolle – der „faktische Führer"

Derjenige, der die faktische Verantwortung hat, sollte auch die Kontrolle über das haben, was passiert. Fatal ist es, wenn jemand die Verantwortung hat (z. B., weil er im Falle eines Unfalls im Nachhinein als der faktische Führer identifiziert werden wird), aber keine Kontrolle hat über das, was in der Gruppe passiert.

Dies ist zwar für die anderen Gruppenmitglieder komfortabel, da sie sich, solange es gut läuft, als Individualisten betrachten können, denen niemand etwas zu sagen hat und auch nichts zu sagen braucht. Wenn es dann problematisch wird oder ein Unfall passiert, kann man dann bequem die Verantwortung an den faktischen Führer delegieren, obwohl man natürlich sonst die Notwendigkeit der Führung vehement ablehnt. Komfortabel für die „Individualisten", höchst unkomfortabel für den „faktischen Führer".

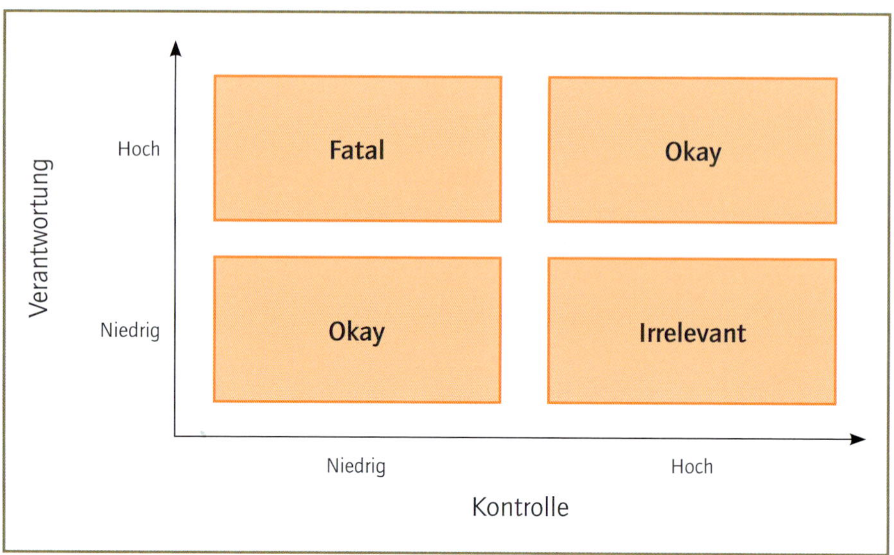

Der Zusammenhang zwischen Verantwortung und daraus resultierender notwendiger Kontrolle

8.4 EIN MODELL ZUR ENTSTEHUNG VON UNFÄLLEN

Man kann prinzipiell drei Sichtweisen für das Zustandekommen von Un- und Zwischenfällen unterscheiden: die personenzentrierte Perspektive, die technikzentrierte Perspektive und die Systemperspektive.

Die personenzentrierte Perspektive

Fehler kommen aus dieser Perspektive durch mangelhaft agierende, unachtsame, fahrlässig handelnde Menschen zustande und lassen sich eindeutig dem Handeln einer einzelnen (oder mehrerer) Person zuordnen.

Die technikzentrierte Perspektive

Aus dieser Perspektive kommen Fehler hauptsächlich von nicht optimalem Material bzw. nicht optimaler Durchführungstechnik.

Diese beide Perspektiven kommen einem unwillkürlich in den Sinn, wenn man einen Unfall analysiert. Doch beide sind „zu kurz gesprungen“ – viel relevanter ist die Systemperspektive, auf die wir daher nachfolgend etwas ausführlicher eingehen.

Die Systemperspektive

Fehler und Fehlhandlungen lassen sich aus der Systemperspektive nicht (nur) einer oder mehreren Personen zuschreiben. Sie sind dagegen prinzipiell immer das Ergebnis einer Verkettung von technischen, organisatorischen und personalen Faktoren, wenn auch jeweils mit verschiedenem Gewicht der einzelnen Faktoren. Es müssen jedoch immer alle drei Faktoren betrachtet werden. In komplexen Handlungsumfeldern sind Fehler daher eher normal, da sie gewissermaßen „Systemunfälle“ sind.

Ein Modell, das die Systemperspektive sehr gut beschreibt, aber auch die anderen Sichtweisen integriert, ist das Modell von Reason (1997). Dieses Modell wird im folgenden Abschnitt vorgestellt.

Jedes System verfügt über verschiedene Sicherheitsbarrieren (personeller, technischer, struktureller Art). Jede einzelne Sicherheitsbarriere ist dabei jedoch nicht perfekt.

Unfälle entstehen durch latente Systembedingungen (stumpfes Ende) sowie bei der letzten Sicherheitsbarriere durch einen aktiven Fehler. Die aktiven Fehler werden durch Personen begangen (scharfes Ende). Sie sind sofort sichtbar und führen zu Zwischenfällen, Störungen und Unfällen. Latente Systembedingungen sind dagegen eher verborgen und nicht sofort sichtbar. Sie liegen meist im System verborgen und führen erst dann zu Problemen, wenn sie mit entsprechenden auslösenden Bedingungen zusammentreffen. Die latenten Systembedingungen entstehen dabei schon fernab des eigentlichen Handelns am stumpfen Ende und liegen in Planung, Werten, Normen, Grundsatzentscheidungen, Management, Ausbildung, ungeeigneten oder geeigneten Verfahren, (fehlendem) Briefing oder sonstigen Absprachen, unklaren Zeichen etc.

Aktive Fehler stehen somit oft am Ende und nicht, wie meist angenommen wird, am Anfang einer Fehlerkette. Personen, die aktive Fehler begehen, tragen, so gesehen, nicht nur die Last der eigenen Verantwortung, sie tragen auch die „Erblast" der latenten Systembedingungen.

Unfälle entstehen dann, wenn latente Systembedingungen auf dem Hintergrund ungewöhnlicher Umstände auf aktive Fehler treffen. Während aktive Fehler schwer vorhersehbar sind, kann man die latenten Systembedingungen, die zu Fehlern führen können, (zumindest prinzipiell), vorab erkennen oder im Nachhinein analysieren und optimieren. Das erfolgt am besten in einer Nachbesprechung (Debriefing) unmittelbar nach einer Tour (siehe Kap. 9).

Worin besteht nun dieses „System" speziell beim Canyoning?

Das „stumpfe Ende" beim Canyoning beinhaltet u. a.:

- die Vorbereitung einer Tour (Wetter, Einzugsgebiet, Schwierigkeitsbewertungen, . . .);
- die Zusammenstellung der Ausrüstung;
- das (gegebenenfalls auch fehlende) Briefing vor einer Tour;
- das (gegebenenfalls fehlende) Debriefing nach einer Tour;
- die Frage der Führung der Tour;
- die Frage der standardmäßig angewandten Begehungstechniken;
- die Frage des Verhaltens im Notfall;
- die Auswahl der Teilnehmer;
- den Kenntnisstand der Teilnehmer;
- die Kommunikation bei der Tour;

Wenn mit den Aspekten des „stumpfen Endes" leichtfertig umgegangen wird, ist das Entstehen eines Unfalls schon angelegt. Daher ist das stumpfe Ende zentral bei der Prävention von Unfällen.

8.5 INCIDENTS UND ACCIDENTS

Unfälle (Accidents) kommen durch eine Verkettung unsicherer Handlungen (Incidents) zustande. Ganz an der Spitze der Unfallentstehungspyramide stehen die tödlichen Unfälle. Von diesen wird regelmäßig in den Medien berichtet. Von leichten und auch schweren Verletzungen wird weniger oft berichtet.

Oftmals werden diese auch von den Beteiligten aktiv beschwiegen. Das führt dazu, dass ihre Häufigkeit deutlich unterschätzt wird. Bei Beinaheunfällen hat man ja noch mal Glück gehabt. Viele unsichere Handlungen bleiben letztendlich ohne Konsequenz und werden daher in ihrem Charakter – einen Unfall vorzubereiten – verkannt. Sie bilden jedoch die Grundlage für das Zustandekommen von Unfällen.

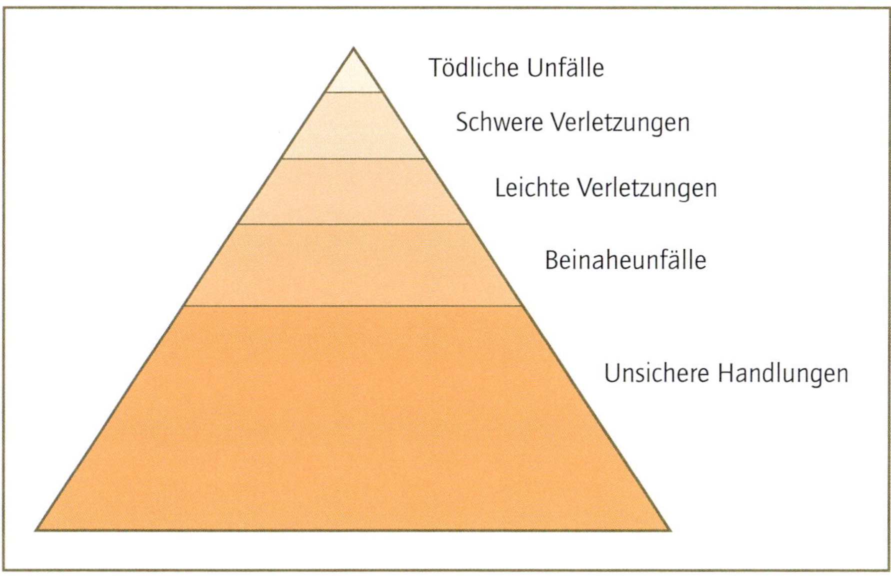

Die Unfallpyramide: Unsichere Handlungen sind die Basis für die meisten Unfälle

Wie kappt man die Spitze der Pyramide? Der Schlüssel hierzu liegt nicht, wie oftmals vermutet, darin, die Spitze der Pyramide zu bearbeiten. Er liegt im Gegenteil drin, dass man die Basis der Pyramide „zerbröselt“, indem man die unsicheren Handlungen beseitigt. Dadurch entzieht man der Unfallentstehungspyramide ihre Basis.

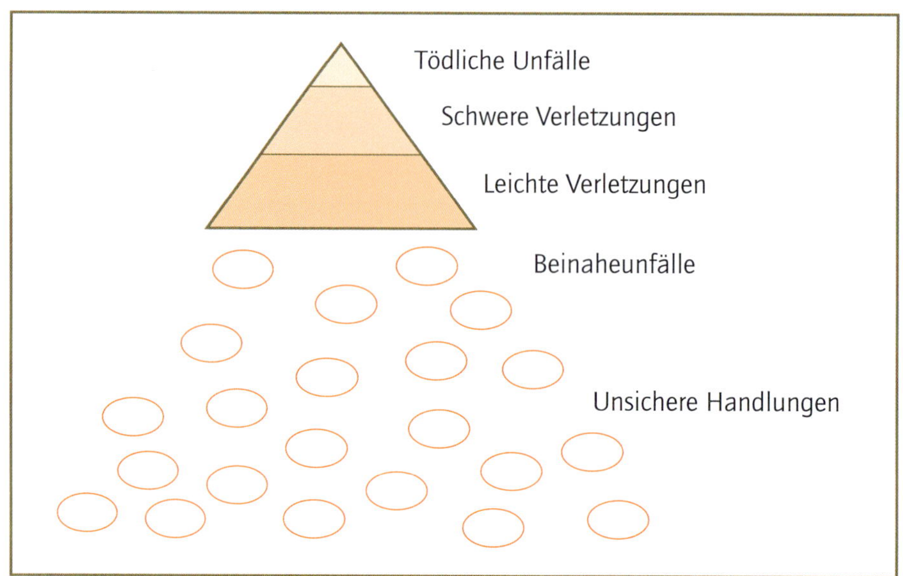

Abbau der Unfallpyramide „von unten"

„Bisher ging es ja immer gut"

Der scheinbar schlagende Beweis dafür, dass man sich nicht mit dem Thema „Sicherheit und Gefahren" auseinandersetzen muss, besteht darin, dass einem bisher ja noch nichts Schlimmes passiert ist. Das ist dann eine (scheinbare) Garantie dafür, dass dies auch in Zukunft so bleiben wird.

Man würde mit einer solchen Argumentation jedoch lediglich der sogenannten *Truthahnillusion* aufsitzen:

Am ersten Tag, an dem ein Truthahn bei einem Bauern ist, weiß er nicht, was der Bauer von ihm möchte. Der Bauer gibt ihm dann etwas zu essen. Am zweiten Tag ist die Wahrscheinlichkeit für den Truthahn, dass ihm der Bauer nichts Böses möchte, 0,5, am dritten Tag dann schon 0,66, am hundertsten Tag dann 0,99, an diesem Tag, an dem sich der Truthahn aller Erfahrung nach sehr sicher fühlen kann, wird er jedoch geschlachtet.

Aus der Tatsache, dass bisher nichts Gravierendes passiert ist, kann man nun prinzipiell zwei Schlüsse ziehen: Man kann sich sagen: „Das beweist, dass das alles nicht so gefährlich ist", oder man kann sich sagen: „Der Glücksvorrat geht mit jedem Mal Glückhaben etwas mehr zur Neige, es wird so langsam Zeit, auf andere Mechanismen zu setzen."

Folgende wichtige Prinzipien kann man aus dem Modell von Reason ableiten:

- Nur sehr wenige unsichere Handlungen führen zu tatsächlichen Schäden.
- Daraus zu schließen, dass man nichts tun braucht, wäre fatal (Truthahneffekt).
- Viele gefährliche Situationen sind weit vorher schon im System angelegt.
- Systemfaktoren (stumpfes Ende) und aktive Fehler (scharfes Ende) spielen **immer** eine Rolle.
- Die Systemfaktoren sind in aller Regel wichtiger als die aktiven Fehler.
- Systemfaktoren sind besser planbar und beeinflussbar als die Vermeidung aktiver Fehler.
- Aktive Fehler sind durch Ausbildung zu beeinflussen.
- Systemfaktoren sind nur durch Systemanalyse und Systemoptimierung zu beeinflussen.

Wissens-Handlungs-Lücke

Auch dann, wenn man das nötige Wissen besitzt, ist es nicht selbstverständlich, dass man dieses auch anwendet. Es besteht oftmals eine sogenannte *Wissens-Handlungs-Lücke*. Dies ist eine irritierende Einsicht beim Versuch, das (Sicherheits-) Verhalten anderer Menschen zu ändern.

Wenn man über die Veränderung von Verhalten in Richtung erhöhter Sicherheit diskutiert, könnte man meinen, der sicherste Weg bestünde darin, dass man den betreffenden Personen gegenüber sachlich, logisch, schlüssig und stringent argumentiert (genauso, wie es z. B. in diesem Buch erfolgt). Die Erfahrung zeigt jedoch, dass dies nicht immer wirksam ist.

Dies kann daran liegen, dass diese:

- die Argumentation nicht akzeptieren, oder
- die Argumentation akzeptieren, die entsprechende Einsicht zeigen, bekunden, es fürderhin anders zu machen und es dann doch so zu machen, wie sie es immer gemacht haben (wie sie es sich oftmals von irgendjemandem abgeschaut haben), oder
- ihr Verhalten kurzfristig ändern, dann aber doch wieder in das alte Verhalten (insbesondere auch unter dem Einfluss ihrer Gruppe) zurückfallen.

Wie kann man das erklären? Dafür gibt es einige Erklärungen:

- Es gibt für viele Menschen nicht nur eine objektive, sondern auch eine subjektive Logik, diese subjektive Logik ist eingebettet in ihre persönlichen Ziele, ihre Persönlichkeit und oftmals auch in die Gruppe, in der sie sich befinden. Diese Einbettung verhindert dann eine Annäherung an die „objektive" Logik.
- „Unbewusste" Ziele und Motive überlagern das rationale Denken. Mit der Bezeichnung „unbewusst" sind nicht psychoanalytische Prozesse gemeint, sondern die Tatsache, dass unser Verhalten von verschiedenen Subsystemen, nicht nur von der Großhirnrinde als dem Ort der Logik und des rationalen Handelns, bestimmt wird, sondern auch von anderen Subsystemen (Hofmann, 2011).

Die Akzeptanz eines Sachverhalts auf der bewussten Ebene kann durch eine Inkonsistenz mit autonomen („unbewussten") Zielen und Motiven in Kollision geraten. Im Regelfall werden dann die „autonomen" Motive und Ziele dominant sein (Roth, 2019). Solche autonomen Motive und Ziele, die eine Umsetzung rational als richtig anerkannter Verhaltensweisen verhindern können, sind z. B. Macht, Anerkennung, Zugehörigkeit zu einer Gruppe etc.

8.6 DESKRIPTIVER ZUGANG

Man kann sich dem Thema „Gefahren beim Canyoning" auch dadurch nähern, dass man sich ansieht, welche Unfälle passieren. Betrachten wir das Unfallgeschehen statistisch, können wir folgende Erkenntnisse ableiten:

- Auf was muss man bei einer Canyoningtour vorbereitet sein?
- Welche Verletzungsarten sind die wahrscheinlichsten?
- Bei welchen Aktionen passieren erfahrungsgemäß die meisten Unfälle?

Da es eine spezielle Unfallstatistik für Canyoning in Deutschland bisher nicht gibt, sind wir zur Beantwortung dieser Fragen auf Erhebungen aus Frankreich, Italien und Spanien angewiesen, die Inhalte werden sich dabei jedoch kaum vom Unfallgeschehen in Deutschland unterscheiden, zumal in den jeweiligen Statistiken natürlich auch die Unfälle deutscher Canyongeher im jeweiligen Ausland erfasst sind.

Bei welchen Aktionen passieren Unfälle?

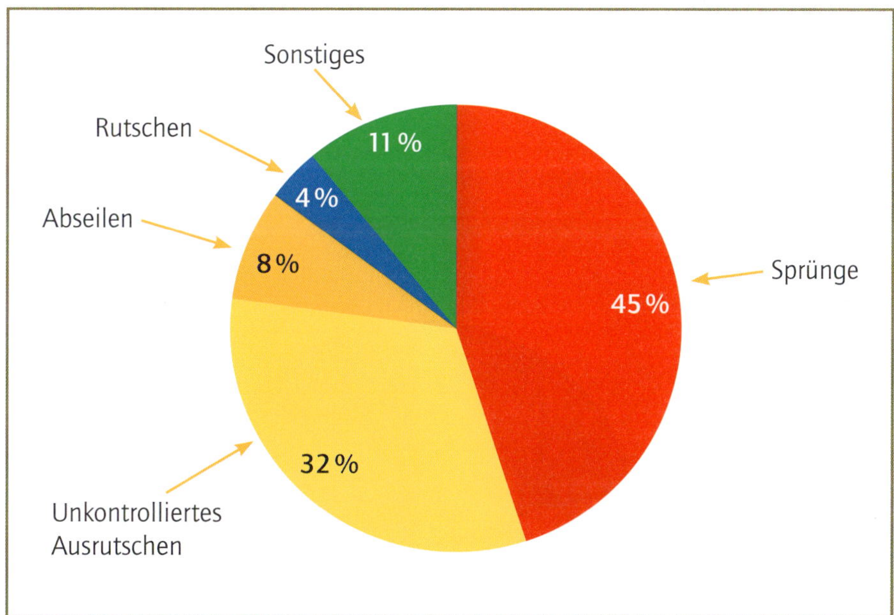

Verteilung der Ursachen für Unfälle beim Canyoning

Bei Sprüngen gibt es gemäß dieser Statistik die meisten Verletzungen beim Canyoning, fast die Hälfte aller Unfälle passiert beim Springen.

Bei den Sprüngen kann man zwei Arten von Unfällen unterscheiden:

- Sprünge in Becken, die nicht tief genug sind oder in denen sich Steine befinden.
- Sprünge in Becken, die eigentlich tief genug sind, bei denen sich die Verletzung jedoch durch eine nicht optimale Sprungtechnik ereignet.

Nach einer italienischen Statistik scheint die erste Art von Sprungunfällen etwas häufiger zu sein. Die zweithäufigste Quelle für Unfälle beim Canyoning stellt das unkontrollierte Ausrutschen dar. Dagegen helfen nur Umsicht und gute Schuhe, es wird jedoch immer ein Restrisiko bestehen bleiben, das nicht durch technische oder organisatorische Maßnahmen verringert werden kann.

Die nächsthäufigste Unfallquelle ist das Abseilen, dort besonders das Blockieren im Strahl und das Verheddern des Seils beim Schwimmen im Gumpen. Als letzte Einzelursache taucht das Rutschen auf.

Welche Arten von Verletzungen treten auf?

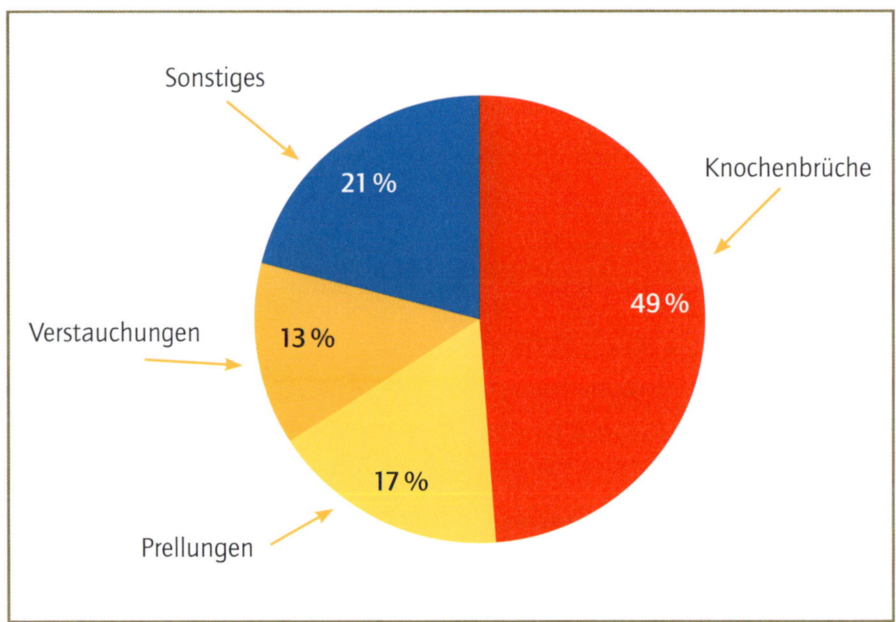

Welche Arten von Verletzungen treten bei Canyoningunfällen auf?

Man muss also mit einer hohen Wahrscheinlichkeit mit einem Knochenbruch rechnen, wenn eine Verletzung beim Canyoning auftritt.

Wo verletzt man sich mit welcher Wahrscheinlichkeit?

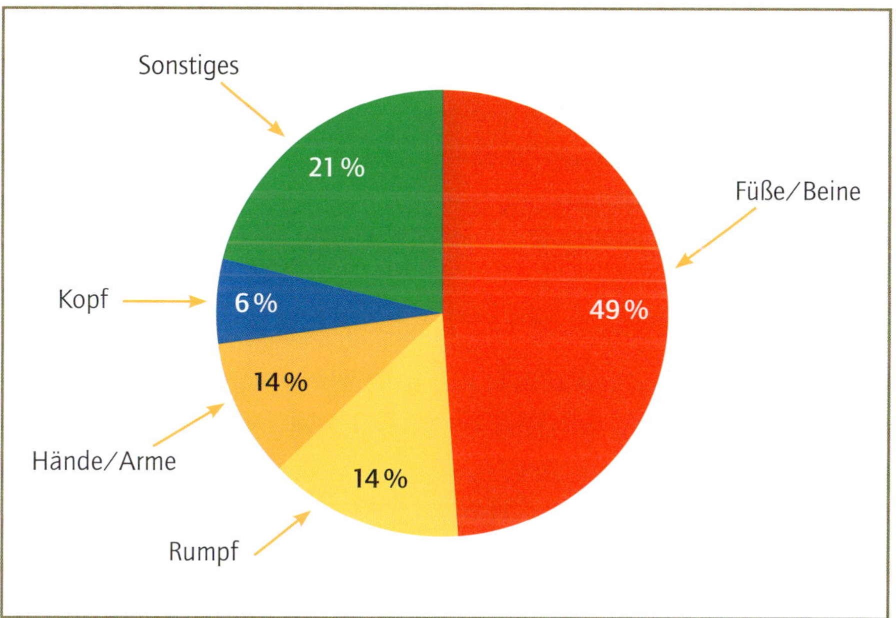

Welcher Körperteil ist bei einer auftretenden Verletzung betroffen?

Zusätzlich zu jeder Verletzung im Canyon gibt es immer auch noch ein weiteres Problem: Da der Verletzte aufgrund seiner Verletzung einen anderen Wärmehaushalt hat, besteht bei ihm die erhöhte Gefahr einer Unterkühlung. Sofern der Verletzte nicht mehr gehfähig ist, muss er gelagert werden, bis die Rettung eintrifft. Das kann unter ungünstigen Bedingungen (keine Handyverbindung, keine Hubschrauberbergung möglich, wenig begangener Canyon, . . .) lange dauern.

In dieser Zeit besteht dann die massive Gefahr einer Unterkühlung des Verletzten. Zudem bewegen sich die anderen Gruppenmitglieder dann auch nicht mehr viel und auch für diese besteht dann das Risiko einer Unterkühlung.

Aus diesen Fakten lässt sich Folgendes ableiten:

> Beim Canyoning sind mit relativ hoher Wahrscheinlichkeit Verletzungen im Fuß- und Beinbereich und hierbei besonders häufig Knochenbrüche zu erwarten. Bei jeder Verletzung besteht zudem automatisch auch das Risiko einer Unterkühlung des Verletzten (und der übrigen Gruppenmitglieder).

Diese Überlegungen haben unmittelbare Konsequenzen für die Zusammensetzung der medizinischen Notfallausrüstung (siehe Onlinematerialien zu Kap. 2).

Wie oft passiert etwas?

Man kann sich nun fragen, wie oft es zu Unfällen in Canyons kommt. Diese Frage kann man einmal absolut und einmal relativ beantworten. Die absolute Antwort: In Österreich passierten in den letzten Jahren durchschnittlich pro Jahr circa 11 gemeldete Unfälle. Die relative Antwort: Für das relative Risiko eines Unfalls im Canyon gibt es nur wenige belastbare Zahlen, da ja niemand die Grundrate der Canyonbegehungen und der dabei anwesenden Personen erfassen kann. Entsprechende Berichte in den Medien sind dabei nur die Spitze des Eisbergs, da über viele Unfälle nicht berichtet wird.

Es existieren jedoch Zahlen für die Auerklamm im Ötztal, die hauptsächlich kommerziell begangen wird. Dort beträgt die Wahrscheinlichkeit, einen Unfall zu erleiden, 1:1.000. Demnach erleidet jeder tausendste Canyoninggeher einen Unfall. Man muss bei dieser Zahl bedenken, dass es sich um professionell geführte Touren handelt und dass die Auerklamm bestens eingesichert ist. Auf jeden Fall stellt die Zahl 1:1.000 eine grobe Abschätzung und auch eine Unterschätzung der Wahrscheinlichkeit eines Canyonunfalls dar.

Bei jeder Art von Wahrscheinlichkeitsabschätzung ist zu beachten: Die Zahl stimmt im Durchschnitt. Ein jeweiliger Unfall kann aber natürlich jederzeit erfolgen. Eine „Verkettung unglücklicher Umstände" ist ebenfalls eine Frage der Wahrscheinlichkeit und somit nur eine Frage der Zeit, bis sie auftritt. Man kann durch eine entsprechende Durchführung der Tour die Wahrscheinlichkeit eines Unfalls deutlich reduzieren, ein Restrisiko bleibt jedoch immer.

Selbst dann, wenn in der eigenen Gruppe kein Unfall passiert, kann man nie sicher sein, dass man auf eine andere Gruppe trifft, bei der ein Unfall passierte und die nicht dafür ausgebildet bzw. ausgerüstet ist, den Notfall zu beherrschen. Daher sollte man ausgerüstet und ausgebildet sein, um bei Unfällen im Canyon angemessen handeln zu können.

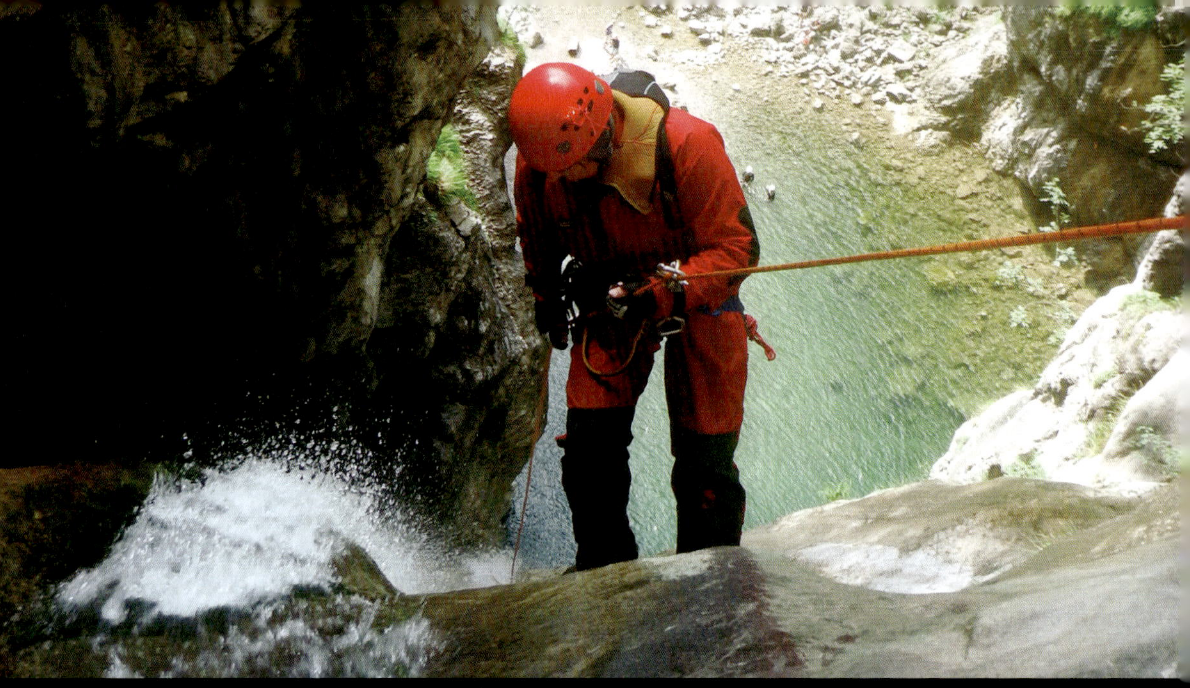

9 SICHERHEIT BEIM CANYONING

In diesem Kapitel geht es darum, die im letzten Kapitel beschriebenen Gefahren zu vermeiden. Dazu werden im ersten Abschnitt die notwendigen Tätigkeiten und Verhaltensweisen in den verschiedenen Phasen einer Canyontour (Vorbereitung, Durchführung und Nachbereitung) komprimiert aufgeführt.

Im zweiten Abschnitt werden einige Sicherheitsprinzipien diskutiert. Im dritten Abschnitt werden paradoxe Ratschläge aufgeführt, die widersinnig sind, aber deshalb aufgeführt sind, weil die Erfahrung zeigt, dass diese trotz ihrer Widersinnigkeit tatsächlich gegeben werden, bzw. dass implizit nach ihnen gehandelt wird.

Das Befolgen einiger basaler Regeln reduziert den Spaß nicht, im Gegenteil, es macht ihn erst möglich.

Informationen und Verhaltensweisen in verschiedenen Abschnitten der Tour

Was muss man wissen und wie muss man sich in den verschiedenen Phasen der Tour – im Vorfeld der Tour, unmittelbar vor der Tour, während der Durchführung der Tour und nach der Tour – verhalten, um die Tour sicher durchführen zu können?

Im Vorfeld der Tour

Vor jeder Tour ist es essenziell, alle relevanten Informationen zum Canyon einzuholen (Führerliteratur, Topos, Internetrecherche, Bekannte fragen, unter Umständen örtliche Führer fragen).

- Die Tour nach Vertikalität, Aquatik und Ernsthaftigkeit einschätzen.
- Das Einzugsgebiet des Canyons in Erfahrung bringen (das geht manchmal nur mit Kartenmaterial).
- Informationen zur Wetterprognose UND zur Wettervergangenheit im **Einzugsgebiet** einholen.
- Prüfen, ob oberhalb des Canyons eine Wasserfassung ist. Wenn dies der Fall ist: Prüfen, ob es eine Telefonnummer des Betreibers gibt und dort anfragen, ob Wasser abgelassen werden soll.
- Mannschaftsgröße: Mindestens vier Personen.
- Die Zusammensetzung der Teilnehmer checken.

Alle Teilnehmer müssen mindestens folgende Grundkenntnisse haben:

- Sich selbst sichern können.
- Sich im Notfall selbst blockieren können.
- Sich selbst einbinden und abseilen können.
- Die Rutschtechnik beherrschen.
- Eine Seilbahn benutzen können.
- Ein Seilgeländer benutzen können.

Mindestens zwei Teilnehmer der Tour brauchen darüber hinaus noch zusätzliche Kenntnisse:

- Eine Abseilstelle einrichten können.
- Seile akustisch ablängen können.
- Einen Knoten überseilen können.
- Eine Seilbahn von oben und von unten aufbauen können.
- Einen Flaschenzug aufbauen können.
- Ein Seilkappmanöver sicher durchführen können.
- Ein abziehbares Seilgeländer aufbauen können.
- Wiederaufstieg am Einfach- und Doppelseil.
- Haken setzen/Standplätze reparieren können.
- Jemanden passiv ablassen können.
- Ein Seil frei hängend entknoten können.
- Einen Umlenker ein- und ausbauen können.
- Erste Hilfe, insbesondere bei Knochenbrüchen und bei Unterkühlungen, leisten können.

Wer ist der Führer?

Wenn es einen formalen Führer gibt, dann ist diese Frage eindeutig beantwortet. Wenn es diesen formalen Führer nicht gibt, kann man sich fragen, wer bei einem Schadensfall der „faktische Führer" wäre. Dies ist diejenige Person, die:

- über den höchsten Ausbildungsstand verfügt;
- die längste Erfahrung hat;
- die beste Ortskenntnis hat;
- für Sicherheitsmaßnahmen sorgt;
- Entscheidungen über wichtige Elemente der Tour (Verlauf, Abbruch, Auswahl der Ausrüstung, Zeitplanung, . . .) trifft;
- normalerweise vorangeht;
- die Initiative und zur Auswahl der Tour ergriffen hat.

Der faktische Führer muss seine Rolle als Führer auch annehmen, da er sowieso die Verantwortung hat und daher auch die Kontrolle braucht. Der Versuch, sich um die Frage der Führung herumzumogeln (eventuell noch mit dem Hinweis auf „Individualität" garniert), ist für die Durchführung einer Tour kontraproduktiv und spätestens im Schadensfall auch zum Scheitern verurteilt. Auch der Versuch, die Notwendigkeit von Führung verbal wegzudefinieren, z. B. durch das Label „Gemeinschaftstour", ist nicht erfolgreich und auch nicht sinnvoll.

Die Sonderausrüstung checken

- Ist Material zum Setzen dauerhafter Haken notwendig?
- Sind Funkgeräte notwendig?
- Ist spezielles Material bei Wassergefahr notwendig (Treibanker, Wurfsäcke, . . .)?
- Sind alle Akkus (Handy, Funkgeräte, Foto) geladen?

Unmittelbar vor der Tour (Briefing)

Alle Teilnehmer einer Tour müssen wissen:

- Name des Canyons
- Charakter des Canyons (Vertikalität, Aquatik, Ernsthaftigkeit)
- Längste Abseilstelle
- Voraussichtlicher Zeitbedarf
- Wer ist faktischer Führer?
- Wer verfügt über die notwendigen Zusatzkenntnisse?
- Wer hat welche Seile?
- Regulärer Ausstieg
- Notausstiege
- Welche Personen haben Handys dabei und wo sind sie verstaut?
- Notfallrufnummer: 112
- Wo ist die Notfallausrüstung?
- Braucht jemand besondere Betreuung (Medikamente, Diabetes, . . .)?

Alle Teilnehmer müssen folgende visuelle Signale kennen:

- Stopp
- Okay
- Seil ausgeben
- Seil einziehen
- Stein
- Hat jeder eine Pfeife?

Alle Teilnehmer müssen folgende akustische Signale kennen:

- Einmaliges Pfeifen = Stopp oder nicht okay
- Zweimaliges Pfeifen = Seil frei oder okay
- Dreimaliges Pfeifen = Seil ausgeben
- Viermaliges Pfeifen = Seil zurückziehen
- Permanentes Pfeifen = Gefahr
- Verhaltensweisen zum Schutz der Natur

Bei der Durchführung der Tour

- Diejenige Person, die eine Abseilstelle einrichtet, baut sie auch wieder ab.
- Es gilt die Maxime: Kein Seil ist im Wasser!
- Daher werden Seile grundsätzlich über der Wasseroberfläche abgelängt und prinzipiell lösbar eingerichtet.
- Das Einrichten der Abseilstelle erfolgt mit einem Zentralkarabiner.
- Beim Abseilen mit dem Achter alpin beachten: Der Seilsteg zeigt in Richtung Gesicht.
- Die erste und die letzte Person an einer Abseilstelle müssen über die zusätzlichen Kenntnisse verfügen:
  - Eine Abseilstelle lösbar einrichten.
  - Einen Knoten übersteigen.
  - Eine Seilbahn aufbauen.
  - Einen Flaschenzug aufbauen.

    - Ein Seilkappmanöver sicher durchführen.
    - Ein abziehbares Seilgeländer auf- und abbauen.
    - Wiederaufstieg am Einfach- und Doppelseil.
- Nur bei Abseilstellen ohne Wasser kann auch an fixen Systemen (jedoch nur mit einer Absicherung gegen das unbeabsichtigte Herausziehen des Seils aus dem Haken mittels einer Expressschlinge) abgeseilt werden.
- Ein Notseil, das mindestens doppelt so lang ist wie die jeweilige Abseilstelle, bleibt oben an der Abseilstelle, erst die letzte Person, die abseilt, nimmt dieses Seil dann wieder mit.
- Spätestens der Vorletzte führt nach dem Abseilen eine Abziehprobe durch.
- Beim Abziehen des Seils sind immer zwei Personen vor Ort.
- Sofern das Seil über eine Kante läuft, muss es vor dem Durchscheuern geschützt werden. Dies kann durch einen Seilschutz erfolgen (Seilschoner oder Rucksack), oder durch Nachlassen des Seils während jeder Person, die abseilt und beim späteren Rückholen des Seils. Die letzte Person wird dann toprope abgelassen. Im Granit ist das Seil bei jeder Art von Felskontakt zu schonen.
- Bei Sprung- und Rutschstellen muss grundsätzlich zuerst die Wassertiefe erkundet werden, z. B. durch Abklettern, Austauchen. Dann erst erfolgt die Freigabe der Stelle.
- Niemand wird zum Rutschen bzw. Springen überredet. Auch bei Zwangspassagen kann man in aller Regel ein Seil an Bäumen, Steinen etc. installieren.
- Stellen mit starker oder unbekannter Strömung umgehen oder nur abgesichert begehen.
- Fixseilen ist prinzipiell immer zu misstrauen. Besteht auch nur ein geringer Zweifel an ihrer Brauchbarkeit, werden sie ausgetauscht.
- Man bewegt sich so, dass man immer Sichtkontakt zur nachfolgenden Person hat.
- Die Tour möglichst früh am Tag beginnen, die Gewitterwahrscheinlichkeit steigt im Laufe des Tages.
- Ab einer Tourenlänge von drei Stunden Essen und Trinken mitnehmen.

Die „Bevor"-Regeln

- Trinke, bevor du durstig bist.
- Esse, bevor du hungrig bist.
- Lege Kleidung ab, bevor du nass geschwitzt bist.
- Ziehe Kleidung an, bevor du frierst.
- Pausiere, bevor du erschöpft bist.
- Behandle kleine Verletzungen, bevor sie groß werden.

Nach der Tour (Debriefing)

Nach jeder Tour lohnt es sich, ein Debriefing durchzuführen. Dieses dient, neben dem allgemeinen gemeinsamen Tourabschluss, Sicherheitslücken, die unter Umständen aufgetreten sind, zu benennen und daraus Schlüsse für nachfolgende Touren zu ziehen.

Fragen dazu können sein:

- Was war positiv, was soll beibehalten werden?
- Was hat dazu beigetragen, dass alles glatt lief?
- An welchen Stellen wären Fehler möglich gewesen?
- Welche Maßnahmen am „stumpfen Ende" des Reason-Modells waren hilfreich?

Wenn kritische Situationen aufgetreten sind:

- Wie war die Planung vorab?
- Was ist tatsächlich passiert?
- Gibt es Hinweise auf Mängel in der Ausrüstung/im Material?
- Welche besonderen Umstände gab es?
- Welche Mängel im System (stumpfes Ende) gab es?
- Wie lassen sich diese Mängel zukünftig vermeiden?

Sicherheitsprinzipien

Canyoning birgt immer ein gewisses Risiko. Im Umgang mit Risiken kann man aus Bereichen lernen, die ebenfalls mit riskanten Prozessen arbeiten. Dies ist bei vielen technischen Anlagen der Fall, z. B. Chemieanlagen, Flugzeugen, Kraftwerken etc. Die bei solchen Anlagen verwendeten Sicherheitsprinzipien lassen sich auf die Situation des Canyonings gut übertragen und für das Canyoning nutzbar machen.

Diese Prinzipien sind insbesondere: Redundanz, Diversität, Second Chance, Poka Yoke, Bereithalten von Material, das nicht für den „Normalbetrieb" notwendig ist sowie die Verwendung des besten Materials für den Notfall. Diese Prinzipien werden nachfolgend beschrieben und auf die Situation beim Canyoning übertragen.

Redundanz und Diversität

Redundanz bedeutet „Überfluss" und meint, dass wichtige Dinge oder Systeme mehrfach vorhanden sein müssen. Das Motto der Redundanz ist: „Doppelt (oder noch öfter) genäht hält besser". Dem eigentlichen Sicherheitssystem wird ein zweites (oder noch weitere) hinzugefügt, das beim Versagen des ersten Systems dessen Funktion übernehmen kann.

In einem Flugzeug sind z. B. alle Rechner vierfach redundant, drei können also ausfallen und das System funktioniert immer noch. In einem Kraftwerk sind alle wichtigen Komponenten (z. B. Pumpen oder Notstromdiesel) ebenfalls vierfach redundant vorhanden.

Eine Analogie für Redundanz

Wenn man verhindern möchte, dass einem die Hose herunterfällt, kann man einen Gürtel benutzen. Hat man Angst, dass der Gürtel kaputtgehen könnte, kann man zur Sicherheit zwei Gürtel anziehen. Man benutzt also bei dem Prinzip der Redundanz eine identische Funktionsweise mehrmals.

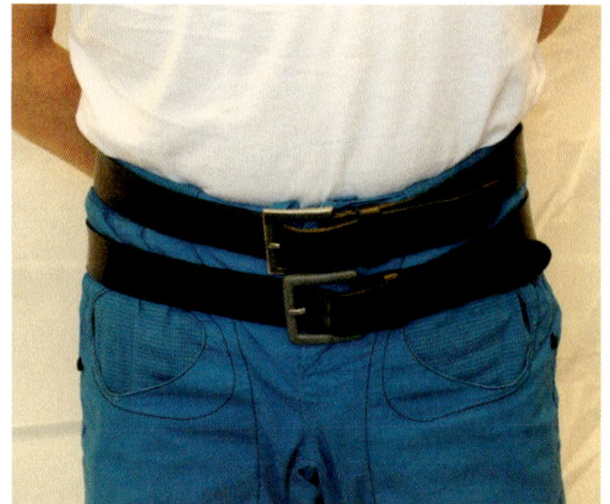

Redundanz

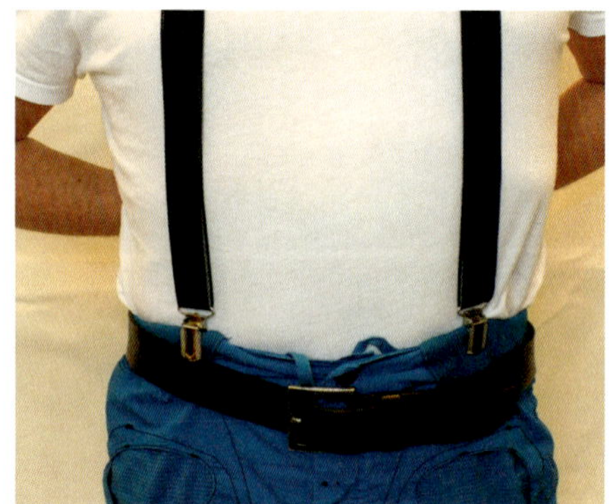

Diversität

Anders als beim Prinzip der Redundanz, bei dem eine Mehrzahl *gleicher* Mechanismen zur Anwendung kommt, werden bei dem Prinzip der Diversität *unterschiedliche* Mechanismen verwendet. Man kann in einem Flugzeug z. B. Rechner mit verschiedenen Betriebssystemen und Rechner von verschiedenen Herstellern verwenden. In der Hosenanalogie würde Diversität bedeuten, dass man nicht zwei Gürtel verwendet, sondern einen Gürtel und einen Hosenträger.

Was heißt das für das Canyoning?

Zentrale Ausrüstungsgegenstände müssen redundant vorhanden sein. Besonders betrifft das natürlich die Seile. Aber auch andere wichtige Materialien wie Shunt, Rollen etc. müssen redundant vorhanden sein. Das ist schon alleine deswegen notwendig, weil man diese Dinge leicht verlieren kann.

Ergänzend hierzu sollte man nach Möglichkeit für die Ausführung der beschriebenen Techniken über unterschiedliche Systeme verfügen, die auf unterschiedlichen Prinzipien beruhen. Der Wiederaufstieg kann z. B. mit einem Shunt oder mit Tiblocks erfolgen, beide Arten funktionieren nach einem völlig anderen Prinzip.

Es kann z. B. in einem Eiscanyon der Fall eintreten, dass die Mechanik eines Shunts vereist und nicht mehr funktionsfähig ist. Der Tiblock funktioniert immer noch. Eine Rücklaufsperre kann man mit einer Minitraxion, einem Stuflesserknoten oder einem Prusik herstellen. Man sollte beim Canyoning über diversitäre Methoden zur Lösung eines Problems und über das entsprechende Material verfügen, das auf unterschiedlichen Funktionsprinzipien beruht.

Kettenstände sind oft so aufgebaut, dass sie einen Expansionsanker und einen Klebanker haben. Beide folgen einem unterschiedlichen Funktionsprinzip. Dadurch ist z. B. sichergestellt, dass die Sicherung auch dann hält, wenn der Klebstoff fehlerhaft sein könnte oder der Spannmechanismus des Expansionsankers fehlerhaft sein könnte.

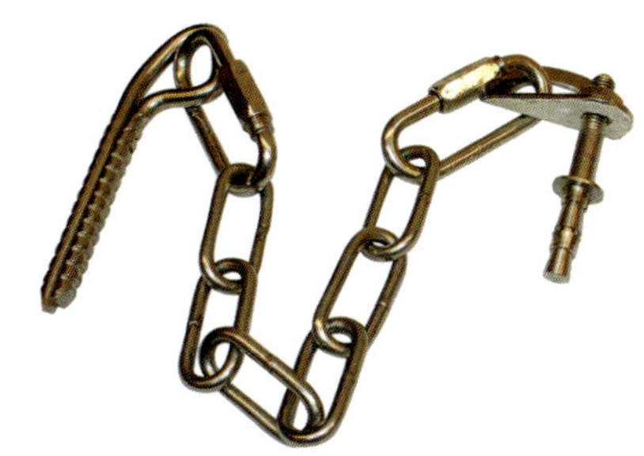

Redundanz (doppelte Anker) und Diversität (verschiedene Arten von Ankern) bei einem Kettenstand

Second Chance

Das Prinzip der „Second Chance" fordert, dass man auf jeden prinzipiell absehbaren Zwischenfall nicht nur eine Reaktion bereithat, sondern immer noch eine zweite Reaktionsmöglichkeit in der Hinterhand bereithält, falls die erste Aktion nicht erfolgreich ist. Die Situation, in der man sagt: „Es muss gut gehen, ein Fehler darf nicht passieren, ich muss auf mein Glück vertrauen", darf nie auftreten, man braucht immer eine Handlungsoption, falls die erste Idee nicht funktioniert.

Was bedeutet das für das Canyoning?

Alle absehbaren Gefahrensituationen sollten über eine „Second Chance" abgesichert werden. Ein lösbares System beim Abseilen ist ein Beispiel dafür. Eigentlich müsste das Abseilen reibungslos funktionieren. Für den Fall, dass es dies wider Erwarten nicht tut, hat man ein lösbares System oder ein Notseil.

Schwimmt jemand in einer Strömung, die von außen nicht genau einschätzbar ist, muss es immer noch eine Strategie geben, um den Schwimmer sicher zu retten (Wurfsack, angeseilter Schwimmer, . . .). Auch das konsequente Mitführen eines Notseils ist eine „Second Chance". Man muss sich immer fragen: „Was passiert, wenn der beabsichtigte Ablauf nicht eintritt?"

Poka Yoke

Der japanische Ausdruck Poka Yoke (deutsch: „unglückliche Fehler vermeiden") bezeichnet das Prinzip, technische Vorkehrungen bzw. Einrichtungen zur sofortigen Fehleraufdeckung und -verhinderung anzuwenden, wo immer es möglich ist. Als Erfinder des Prinzips gilt Shiego Shingo (Mitentwickler des Toyota-Produktionssystems). Das Toyota-Produktionssystem, bei dem ein wesentlicher Bestandteil Poka Yoke ist, gilt als Schlüssel für den Markterfolg des japanischen Automobilkonzerns.

Bei Poka Yoke geht es darum, potenzielle Fehler durch präventive Maßnahmen zu verhindern. Ein Beispiel für die Anwendung von Poka Yoke stellt die Form einer SIM-Karte dar. SIM-Karten lassen sich aufgrund ihrer Form nur in der korrekten Ausrichtung im SIM-Kartenslot einlegen.

Das Prinzip des Poka Yoke kann sehr gut auf das Canyoning übertragen werden. Auch im Canyoning ist es sinnvoll, viel Energie darauf zu verwenden, Fehler von vorneherein zu vermeiden, anstatt eventuell später auftretende Fehler auszubügeln. Dies kann z. B. durch die standardmäßige Verwendung lösbarer Systeme erfolgen.

Ein weiteres Beispiel ist das Absichern eines fixen Systems mit einer Expressschlinge, bei dem man sich nicht darauf verlässt, dass die anderen Personen schon erkennen werden, an welchem Seil man sich abseilt, sondern bei dem man auch Sicherheitsvorkehrungen trifft, wenn dies nicht der Fall ist.

Für den Notfall nur das beste Material

Oftmals wird bei Notfallausrüstungen nach dem Motto verfahren: „Da reicht auch älteres oder schlechteres Material, es wird ja sowieso im Normalfall nicht gebraucht." Diese Logik ist falsch. Man sollte für den Notfall nur das beste Material verwenden, da man im Notfall die ganze Aufmerksamkeit auf das Rettungsverfahren konzentrieren sollte und nicht darauf, mit dem Material zu kämpfen. Es erscheint zwar ökonomisch unsinnig, das beste Material eigentlich NICHT zu benutzen, sondern nur in Reserve zu halten. Sicherheitstechnisch ist dies jedoch die beste Investition.

Was heißt das für das Canyoning?

Es ist notwendig, entsprechendes Sicherheits- bzw. Notfallmaterial mitzuführen, auch wenn es für die eigentliche Durchführung der Tour unter optimalen Bedingungen nicht notwendig ist. Das Argument: „Ich habe das bisher noch niemals gebraucht", verfängt nicht. Es sollte ein Ziel beim Canyoning sein, das Notfallmaterial niemals zu brauchen und es TROTZDEM immer dabeizuhaben.

Auch das Argument, dass die Notfallausrüstung natürlich Gewicht bedeutet, ist zwar richtig, aber sollte nicht dazu führen, diese Ausrüstung nicht mitzunehmen.

Paradoxe Ratschläge

An dieser Stelle sollen statt einer Zusammenfassung ein paar paradoxe Ratschläge für das Begehen von Canyons gegeben werden, es handelt sich um praxiserprobte Ratschläge und Einstellungen, mit denen man sicherstellen kann, dass man in Gefahr geraten oder sich verletzen kann. Canyoning eignet sich für diese Zwecke ganz besonders, da man von der ersten Abseil-, Rutsch- oder Sprungstelle bereits der vollen Gefahr ausgesetzt ist. Bei anderen Sportarten dagegen nimmt die Gefahr oft erst mit zunehmender Erfahrung zu.

Beim Canyoning hat man das ganze Spektrum der Gefahr, sobald man in den Canyon einsteigt und sehr häufig kann man auch noch direkt mit dem Auto dort hinfahren. Die nachfolgenden paradoxen Ratschläge mögen sehr absurd erscheinen, in vielen Diskussionen habe ich genau diese Argumente tatsächlich (!) gehört. Zu jedem dieser Ratschläge gibt es auch Unfälle oder Notsituationen.

NATÜRLICH NICHT ERNST GEMEINTE, SONDERN PARADOXE RATSCHLÄGE:

 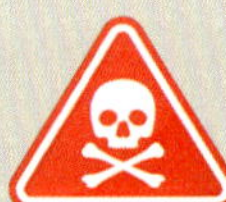    

- Lerne Canyoning von Laien („Autodidakten"). Canyonführer braucht man nicht zu sein, damit man Ausbildung im Canyoning anbieten kann, ebensowenig, um über das Thema „Sicherheit beim Canyoning" zu sprechen.
- Vertraue auf Leute und gehe mit Leuten in Canyons, die sich selbst „praktisch" für Führer halten, obwohl sie keinen Fachkundenachweis besitzen.
- Führung ist beim Canyoning nicht nötig. Es reicht durchaus, auf eine wie auch immer geartete Selbstorganisation zu hoffen.
- Gehe davon aus, dass ein Canyon immer gleich bleibt.
- Rutsche und springe dort, wo du das auch bei der letzten Begehung getan haben.
- Verlasse dich völlig auf die Informationen, die in Führern und auf Topos stehen.
- Das Mitführen von Ausrüstung behindert nur bei einem schnellen. Begehen des Canyons und kann daher sogar ein Sicherheitsrisiko darstellen.
- Vertraue jeder Sicherung, die du vorfindest, irgendjemand wird sie schon fachmännisch gesetzt haben.
- Übertrage die Techniken aus anderen Sportarten (z. B. Klettern) eins zu eins auf das Canyoning.
- Notfallmaterial braucht nicht gut zu sein, es ist ja „nur für den Notfall".

    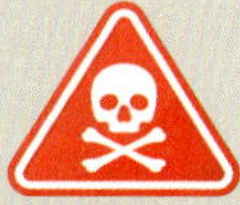 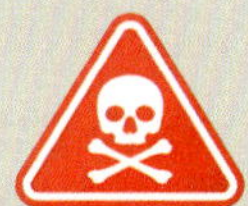

- Sage dir: „Ich habe kein Recht, andere Personen nach ihrem Kenntnisstand zu fragen", wenn du mit dir unbekannten Leuten in einen Canyon gehst.
- Gehe davon aus, dass derjenige, der die meisten Knoten beherrscht, auch der sicherste Canyongeher ist.
- Sage dir: „Man muss beim Canyoning nur das Seil durch die Öse ziehen und das Seil in das Abseilgerät einlegen können."
- Gehe davon aus, dass Fehler beim Canyoning schon irgendwie verziehen werden.
- Vertraue darauf, dass die im Kalk ausreichende Seiltechnik auch im Granit und im Gneis ausreicht.
- Vertraue darauf, dass man Gefahrenstellen immer schon irgendwie erkennen kann.
- Gehe davon aus, dass derjenige, der schon viele Canyons gemacht hat, alles beherrscht (sonst hätte er ja bisher nicht überlebt).
- Die „eigentlich richtige" Technik braucht man im Normalfall nicht, sondern nur dann, wenn man sie wirklich braucht. Man erkennt dann schon, wenn man sie wirklich braucht und kann sie dann sicher ausführen.
- Nur derjenige, der nie selbst einen Fehler gemacht hat, darf andere auf Fehler hinweisen.

Wenn jemand tatsächlich solche Ratschläge gibt oder (was häufiger vorkommt) nach ihnen handelt, sollte man sich auf jeden Fall von ihm fernhalten.

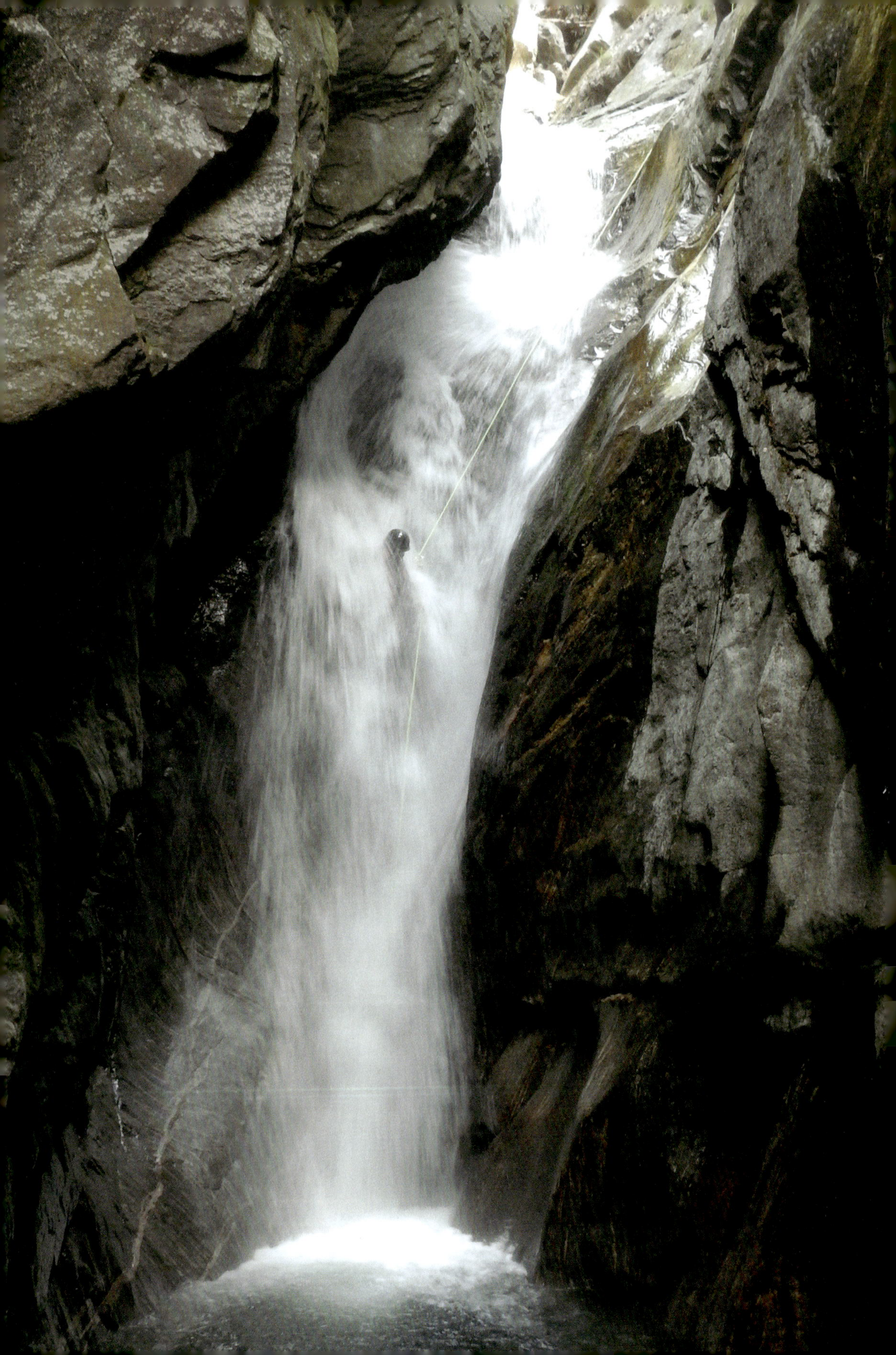

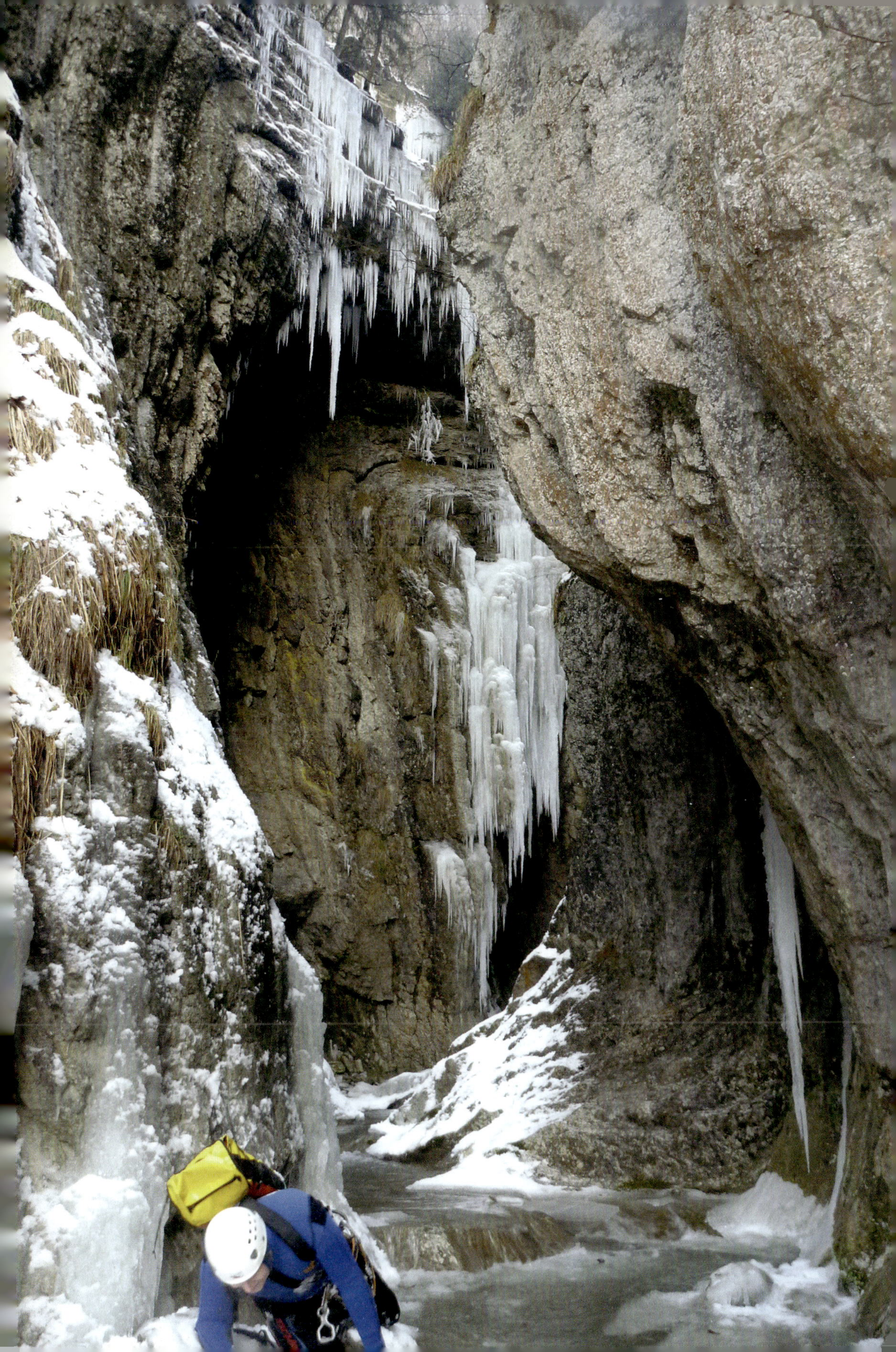

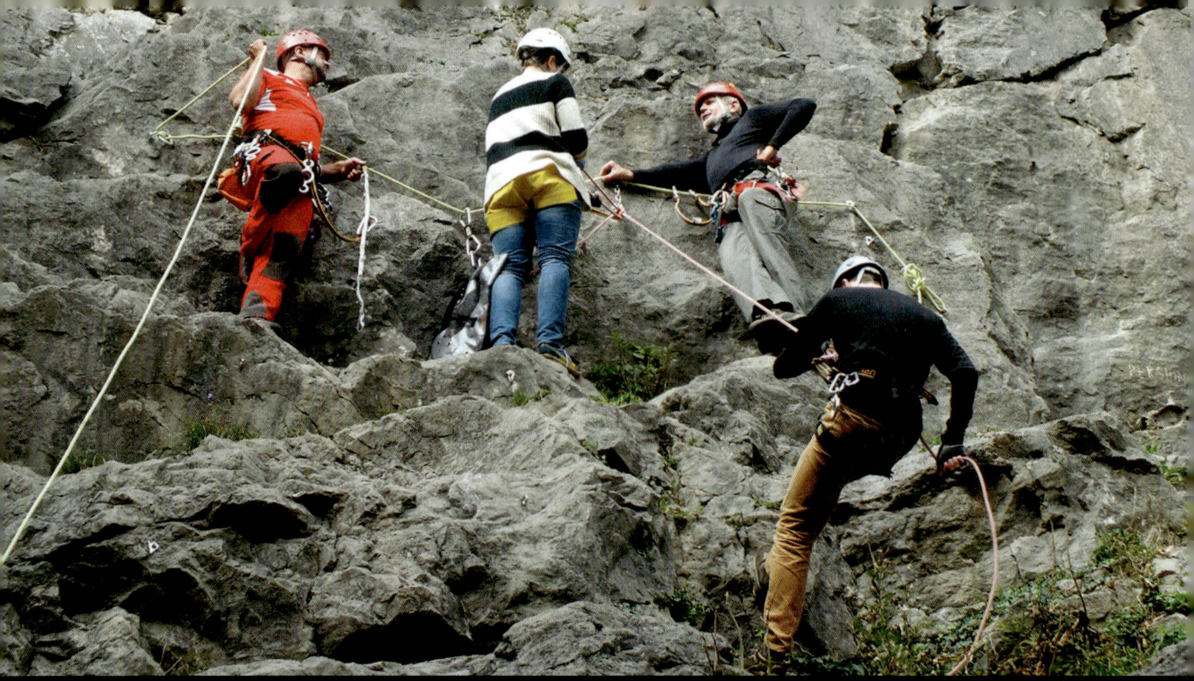

10 DER WEG ZUM CANYONING – CANYONING LERNEN

In diesem Kapitel werden Mechanismen beschrieben, die für das Lernen im Bereich des Canyonings von Bedeutung sind. Es beschäftigt sich im ersten Teil mit der Frage, wie man Canyoningtechniken am besten erlernt und wie man die erlernten Fähigkeiten präsent hält. Im zweiten Teil geht es darum, wie man Canyoning in der Gesamtheit (und nicht nur auf einzelne Techniken beschränkt) am besten lernt.

10.1 LERNEN VON TECHNIKEN

- Was ist zu beachten, wenn man Canyoningtechniken lernen will?
- Welche Prinzipien gibt es hierbei?
- Wie kann man sich das Lernen leichter machen?

Um diese Fragen geht es im folgenden Abschnitt.

Lernen ist Automatisierung

Für das Thema Lernen ist die Unterscheidung zwischen der bewussten Verarbeitung und der sogenannten *autonomen Kognition* von besonderer Bedeutung (siehe dazu auch Hofmann, 2011). Um eine Handlung zu erlernen, benötigt man zunächst das Bewusstsein. Das Bewusstsein ist jedoch das besondere Werkzeug unseres Gehirns. Das Gehirn hat die Tendenz, das Bewusstsein möglichst freizuhalten und schiebt daher gelernte Inhalte entweder in die autonome Kognition oder sie werden vergessen.

Ob eine Handlung mit Bewusstsein belegt ist oder „automatisch" ausgeführt wird, hängt davon ab, wie gut wir die Handlung beherrschen. Wenn sie bereits sehr gut gelernt wurde, wird sie von der autonomen Kognition gesteuert, wenn sie neuartig ist, von der bewussten Verarbeitung. Unsere bewusste Verarbeitung arbeitet rational, nach den Regeln der Logik, des Verstehens, des Nachvollziehens.

Die autonome Kognition arbeitet dagegen nach dem Prinzip: „So wird das schon immer gemacht!" In der autonomen Kognition befindet sich z. B. das Wissen, wie man einen Schuh bindet, wie man Fahrrad fährt etc. Dieses Wissen wurde ursprünglich einmal mit hoher Bewusstseinsbeteiligung erlernt, ging aber durch sehr häufige Übung in die autonome Kognition über und wir können oftmals mit unserem Bewusstsein gar nicht mehr erklären, wie es funktioniert – es funktioniert jedoch trotzdem.

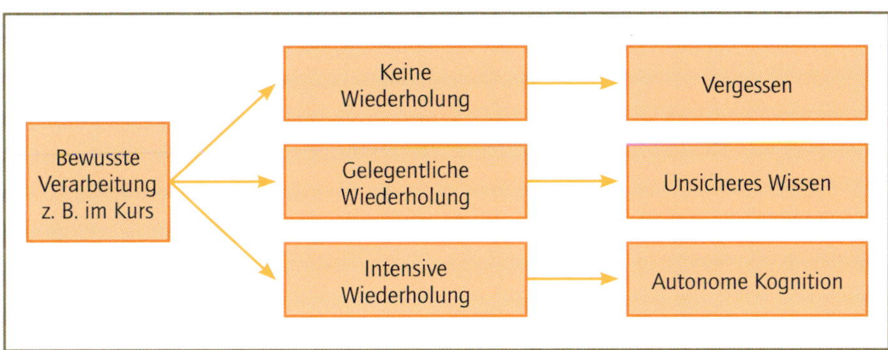

Es gibt noch ein zweites Kriterium, das darüber entscheidet, ob eine Handlung bewusst oder automatisch ausgeführt wird. Dieses Kriterium ist der Grad der Anspannung, in dem man sich gerade befindet. Man kann anstelle von Anspannung auch Nervosität, Stress, Angst, Unwohlsein etc. sagen. Bei einem mittleren Grad der Anspannung kann man sehr gut mit dem Bewusstsein arbeiten, man kann dann logisch denken, klare Schlüsse ziehen, hat Zugriff auf alles, was man prinzipiell gelernt hat und weiß und kann auch unterschiedliche Lösungsansätze generieren und kombinieren. Die Handlung wird dann durch den Modus der bewussten Verarbeitung gesteuert.

Steigt die Anspannung über dieses mittlere Optimalniveau hinaus an, so wird das Verhalten zunehmend von der autonomen Kognition gesteuert, die wesentlich standardisierter, unflexibler und an Routinen orientierter arbeitet. In diesem Zustand ist dann keine Zeit mehr für logische Reflexion, es laufen stattdessen nur noch automatisierte Handlungsroutinen ab. Dieser Zusammenhang zwischen Handlungseffizienz und Anspannung wurde schon 1908 von zwei amerikanischen Physiologen, Yerkes und Dodson, im sogenannten *Yerkes-Dodson-Gesetz*, beschrieben.

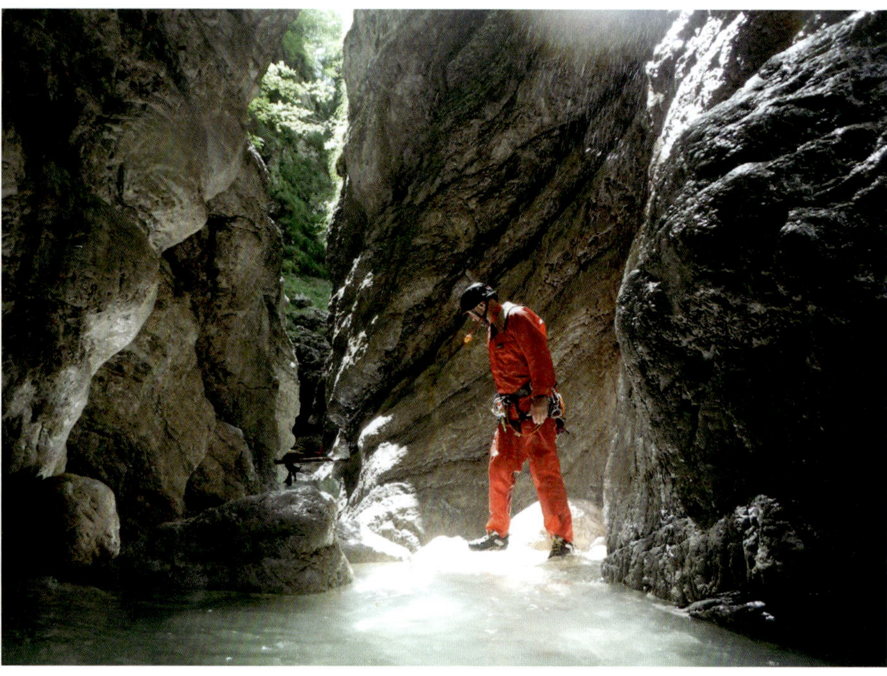

Das Yerkes-Dodson-Gesetz

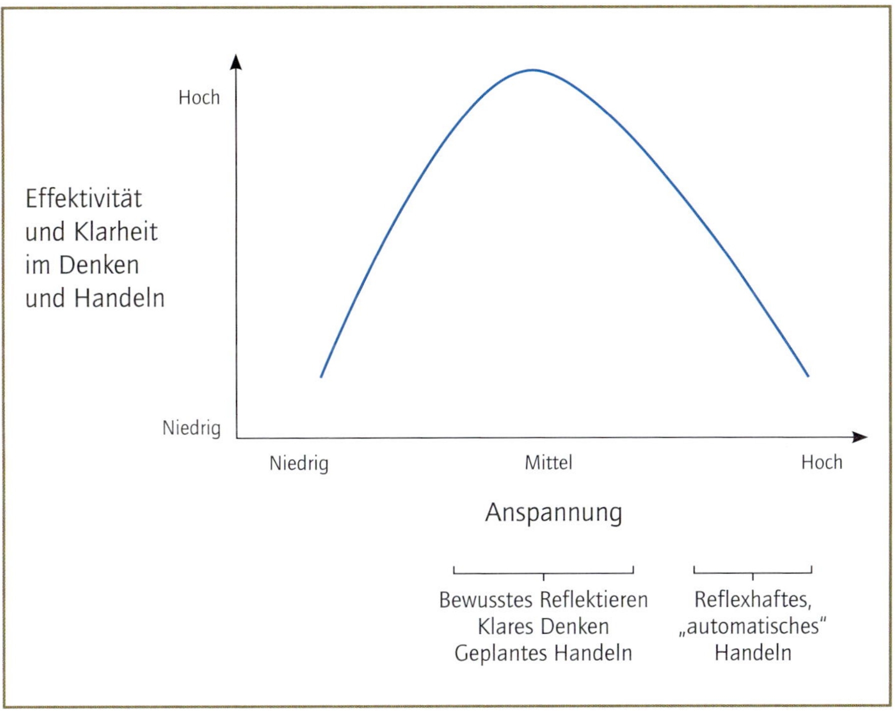

Was heißt das für das Canyoning?

Wenn wir etwas Neues lernen müssen, z. B. einen neuen Knoten, eine Rettungstechnik usw., so brauchen wir dafür zunächst das Bewusstsein. Um die Kenntnisse daraufhin in die autonome Kognition zu bringen, müssen sie zur Routine werden. Erst wenn man etwas „wie im Schlaf" beherrscht, befindet es sich in der autonomen Kognition. Es ist zwingend notwendig, dass sich sämtliche Techniken, insbesondere natürlich Notfall- und Rettungstechniken, in der autonomen Kognition befinden, um effizient angewendet zu werden, wenn man sie braucht.

In einer Notfallsituation wird man sich mit absoluter Sicherheit in der rechten Hälfte der Yerkes-Dodson-Kurve befinden. Diese Situation ist dann nicht mehr gut dazu geeignet, logisch zu denken, verschiedene Problemlöseansätze zu kombinieren, flexibel zu sein oder auch nur sich genau an das zu erinnern, was man irgendwann einmal gelernt hat. In einer Notsituation muss man sich stattdessen auf die Handlungsroutinen verlassen, die in der autonomen Kognition gespeichert sein müssen. Sind dort keine gespeichert, so bleibt das Handeln mit großer Wahrscheinlichkeit ineffizient.

Das Suchen nach Erinnerungsspuren wird oft erfolglos bleiben, da in einer solchen Situation der Zugang zum Gedächtnis erschwert ist. Man muss dann reflexhaft handeln können und vorab sicherstellen, dass man die richtigen Reflexe gelernt hat.

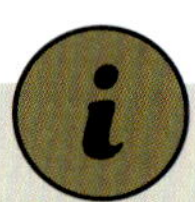

Insbesondere für Notfall- und Rettungstechniken gilt daher:

Notfall- und Rettungstechniken sind nur dann einsetzbar, wenn sie sich sicher in der autonomen Kognition verankert befinden und daher auch noch bei starker Anspannung automatisch ablaufen können. In einer Notfallsituation darf es nur noch darum gehen, DASS man die Technik einsetzt, nicht jedoch darum, WIE man die Technik ausführt.

Der Versuch, in einer Notfallsituation reflektiert vorzugehen und sich an etwas zu erinnern, das man nicht exakt beherrscht, ist aufgrund der unterschiedlichen Subsysteme der Handlungssteuerung von vorneherein zum Scheitern verurteilt. Eine Notsituation ist keine Situation zum Nachdenken und Reflektieren!

Daher müssen Rettungstechniken immer wieder geübt werden und zwar nicht nur gedanklich, sondern physisch real. Es reicht nicht aus, einen Kurs für Rettungstechniken absolviert zu haben und zu hoffen, dass man die Inhalte im Notfall parat hat. Natürlich ist ein Kurs für Rettungstechniken eine gute Sache. Wenn man, darauf aufbauend, jedoch die Rettungstechniken nicht ständig übt, kann man ihn sich auch sparen.

Gelegentlich hört man den Einwand: „Techniken wie Zentralkarabiner, lösbare Systeme etc. sind mir im Normalfall zu kompliziert und brauchen zu viel Zeit, diese wende ich nur an, wenn ich sie wirklich brauche."

Diese Argumentation greift jedoch zu kurz. Es ist sehr unwahrscheinlich, dass man in Ausnahmesituationen Techniken zur Verfügung hat, die man nicht routinemäßig beherrscht. In einer Ausnahmesituation muss man geradezu auf reflexhaft verfügbare Verhaltensmuster zurückgreifen können, diese entstehen jedoch nur durch permanente Anwendung der Techniken. Auch das zeitliche Argument ist fraglich.

Mit zunehmender Übung ist z. B. das Einrichten eines lösbaren Systems nur eine Frage von Sekunden. Ohne Übung und wenn ein Nachdenken erforderlich ist, wie die Technik überhaupt funktioniert, erfordert sie jedoch tatsächlich relativ viel Zeit.

Daher gilt die Maxime: Techniken, die auch im Ausnahmefall Sicherheit bieten, ständig einüben, auch dann, wenn man sie vermeintlich gerade nicht braucht.

Lernen und Training unter Stress

Notfalltechniken benötigt man per Definition nur in Notfällen. Dann sollten sie jedoch sehr schnell und präzise abrufbar sein. Das widerspricht sich natürlich, denn erstens treten Notfallsituationen (glücklicherweise) nur sehr selten auf, daher hat man wenig Übung in ihrer Anwendung und zweitens stellen Notfallsituationen immer auch Stresssituationen dar, die die Anwendung und korrekte Ausführung der Techniken erschweren.

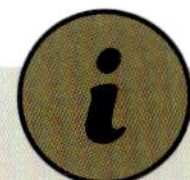

Für das Training von Notfalltechniken gelten zwei Prinzipien:

- Notfalltechniken muss man immer (auf Vorrat) üben.
- Man muss die Notfalltechniken auch unter Stress abrufen können.

Beim Umgang mit Notfalltechniken muss man daher zwei Phasen unterscheiden:

Die erste Phase ist die Phase des Erlernens der Technik. Das Erlernen der Technik erfordert die bewusste Verarbeitung in der Großhirnrinde. Daher muss das Erlernen einer Technik in einem mittleren Aktivierungsniveau erfolgen.

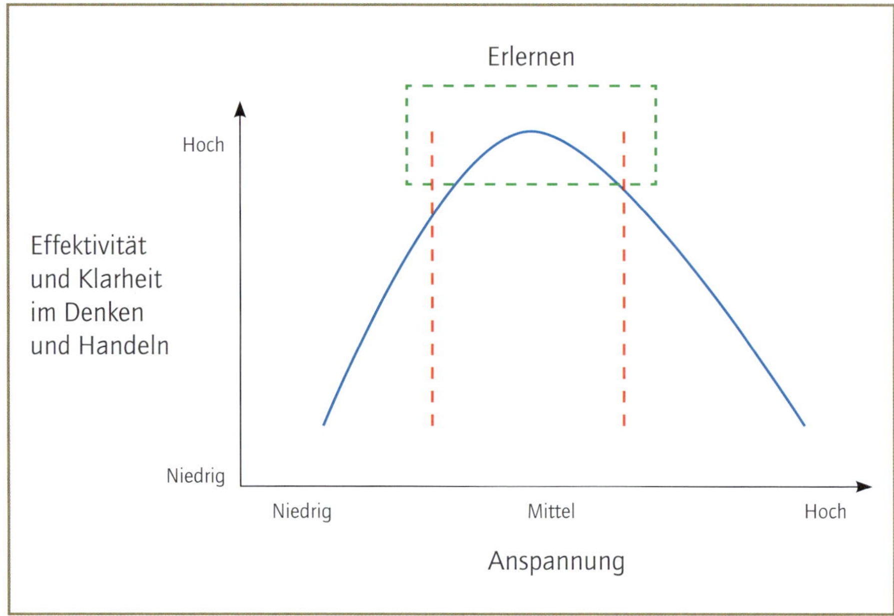

Phase 1 – optimale Aktivierung zum Erlernen einer Technik

Sobald die Technik beherrscht wird, muss sie auch unter Stress geübt werden, also jenseits des optimalen Aktivierungsniveaus. Wichtig dabei ist, dass dieser Schritt erst erfolgen kann, wenn die Technik vollständig verstanden ist. Wenn dies nicht der Fall ist, würde ein Üben unter Stress nur das Einüben falscher Elemente begünstigen und wäre damit nicht nur ineffizient, sondern sogar auch noch kontraproduktiv.

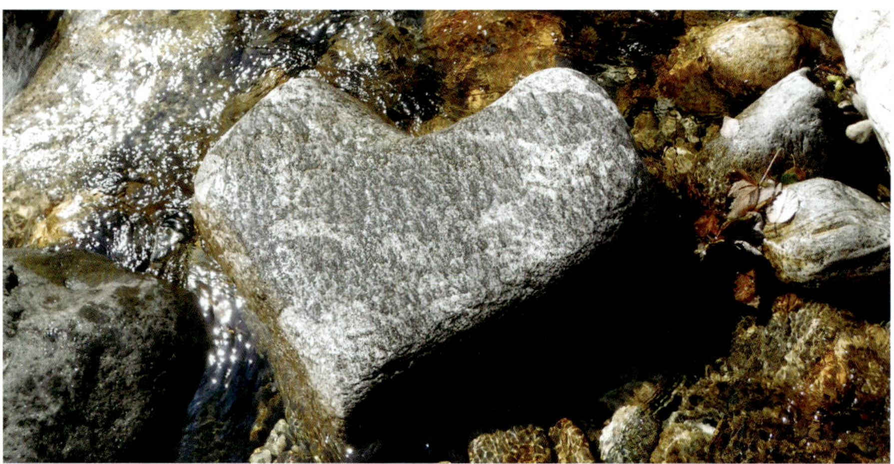

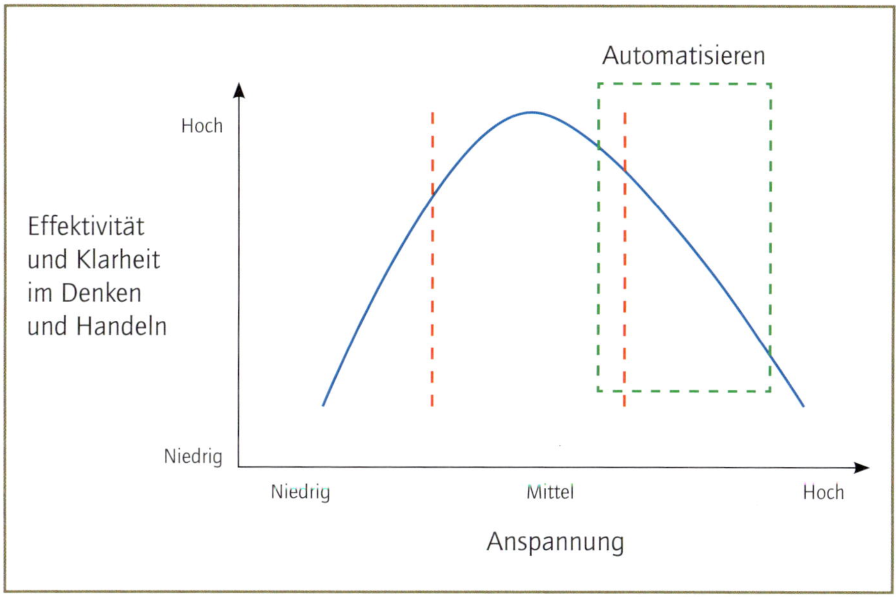

Phase 2 – optimale Aktivierung zum Automatisieren einer Technik

Zur Automatisierung einer Technik muss sich die hierfür notwendige Information bereits in der autonomen Kognition befinden. Durch weiteres Üben wird sie dann in der autonomen Kognition gefestigt.

Alte Muster werden unter Stress gut erinnert, neue eher schlecht, daher gilt: „Das Neue so lange üben, bis es alt ist", das heißt, so lange, bis es sicher in der autonomen Kognition verankert ist. Automatisieren unter Stress ist vergleichbar mit einem Höhentraining, wie es z. B. die Leichtathleten durchführen, sie trainieren in großer Höhe den dann erschwerten Umsatz von Sauerstoff, kehren dann aus der Höhe zurück und nutzen die verbesserte Sauerstoffaufnahme zur Leistungssteigerung.

Am besten trainiert man die Anwendung bereits gelernter Techniken (unter Belastung kann man nur schlecht neue Inhalte lernen) unter erschwerten (aber kontrollierten) Bedingungen.

Solche erschwerenden Bedingungen können dabei sein:

- Zeitdruck,
- Kälte,
- im Wasserstrahl,
- sensorische Überlastung (Lärm, . . .),
- aus verschiedenen Perspektiven,
- große Gewichte,
- ungünstige Standpositionen,
- unkomfortable Haken sowie
- fehlender visueller Kanal (Techniken „blind" ausführen).

Wichtig hierbei ist ein abgestuftes Vorgehen, bei dem zunächst immer nur eine Bedingung variiert wird. Erst mit zunehmender Übung ist es dann sinnvoll, mehrere Bedingungen gleichzeitig zu variieren.

Das Training unter Belastungen hat noch einen weiteren Effekt:

Der Lerneffekt unter Belastungen ist nicht so sehr der, dass man die Belastbarkeit erhöhen kann, sondern eher der, dass man die Belastung mit ihren Konsequenzen erkennen kann.

Dies kann geschehen durch die Erfahrung der eigenen Grenzen und führt zu:

- einer Sensibilisierung für Ausfälle der Informationsaufnahme und -verarbeitung;
- einem Erkennen von Vorwarnsymptomen bei beginnender Überlastung;
- der Entwicklung von frühzeitigen Interventionsmethoden;
- effizienterem Handeln unter langfristiger Überlastung.

Man kann auch versuchen, den Anspannungsgrad in einer Stresssituation zu verringern und dadurch wieder in den mittleren Bereich der Yerkes-Dodson-Kurve zu gelangen. Entsprechende Techniken sind im Buch *Canyoning und Psychologie* beschrieben.

EINE Technik gut beherrschen

Für die meisten Situationen gibt es mehrere Techniken, die angewandt werden können. Es ist besser, wenn man eine Technik sicher beherrscht, als dass man verschiedene Techniken nicht richtig beherrscht. Die Anzahl verschiedener Technikoptionen verlängert die Reaktionszeit. Die Reaktionszeit für motorische Handlungen steigt schon bei zwei Optionen um 58 Prozent gegenüber der bei nur einer Handlungsoption.

Daher sollte man sich durchaus zunächst mit mehreren Techniken beschäftigen, dann aber ab einem gewissen Zeitpunkt sich für eine Technik, die einem als die praktikabelste erscheint, entscheiden und diese dann automatisieren. Ein Auswahlkriterium stellt dabei die materielle Ausrüstung dar. Im Zweifelsfall sollte man diejenige Technik auswählen, für die man keine spezielle Ausrüstung braucht.

Nicht derjenige ist der Beste, der die meisten Techniken kennt, sondern derjenige ist der Beste, der eine der jeweils notwendigen Techniken sicher anwenden kann.

Das Wissen-Handlungs-Transfer-Problem

Jeder kennt diese Problematik aus anderen Lebensbereichen. Wir wissen z. B. sehr gut, was zu tun wäre, um gesünder zu leben: aufhören zu rauchen, weniger essen, sich mehr bewegen etc. Auch die vielen und in der Regel völlig unwirksamen Neujahrsvorsätze sind ein Beispiel hierfür. Die Zusammenhänge sind dabei jeweils klar, und die Informationen dazu sind überall sehr leicht zugänglich.

Es hapert eigentlich „nur" noch an der Umsetzung. In solchen Fällen arbeitet das Bewusstsein und die autonome Kognition ziemlich unabhängig voneinander.

Diese Problematik ist allgegenwärtig, beim Canyoning und anderen potenziell gefährlichen Sportarten erlangt sie jedoch besondere Relevanz. Dieses Thema wurde auch speziell im Bereich des Kletterns (als eine Sportart, die dem Canyoning nahesteht) empirisch untersucht.

Aus der Tatsache, dass es ein Wissen-Handlungs-Transfer-Problem gibt, lassen sich folgende Aussagen ableiten:

- Wissen ohne Erfahrung bleibt abstrakt. Erfahrung bleibt ohne Wissen ahnungslos.
- Das Lernen aus Fehlern funktioniert nicht. Offensichtlich werden Fehler oft gar nicht als solche erkannt.
- Fehlerhafte Technik muss daher bei der Ausbildung erlebbar gemacht werden (dieses Erleben muss natürlich entsprechend abgesichert sein).
- Es geht nicht nur darum, im Canyon unterwegs zu sein, sondern auch immer darum, dabei weiter lernen zu wollen.
- Gefahrensituationen, die man bei anderen Personen sieht, müssen angesprochen werden. Dieser Rückmeldung sollte man als Betroffener mit Dankbarkeit für die Aufmerksamkeit begegnen und sie nicht als illegitime Einmischung betrachten.

Weitere Tipps für das Techniklernen und das Techniktraining

Canyoningtechnik erfordert ein gewisses handwerkliches Geschick, es kommt oft auf relativ kleine Details an, die darüber entscheiden, ob die Technik funktioniert oder nicht. So müssen z. B. Trittschlingen beim Wiederaufstieg eine genau passende Länge haben, damit sie beim Wiederaufsteigen effizient genutzt werden können. Eine Technik zu kennen, nützt nichts, man muss sie üben und dies immer wieder.

Alle Notfalltechniken (insbesondere auch die Notfalltechniken, wie sie in Kap. 6.8 beschrieben sind) müssen routinemäßig und sehr schnell ablaufen, um hilfreich zu sein.

Man muss alle Techniken in der Vertikalen üben und zwar mit der realen Belastung von circa 80 Kilogramm Gewicht.

Auch den Fall, dass man einen Menschen retten muss, der schwerer ist, als man selbst, muss man üben.

Keinesfalls durch Versuch und Irrtum lernen!

Sicher Geübtes muss unter ungünstigen Bedingungen drillmäßig geübt werden, um es auch in Extremsituationen abrufbar zu haben.

10.2 WIE LERNT MAN CANYONING IN DER GESAMTHEIT?

Der vorangegangene Abschnitt hat sich mit dem Erlernen von einzelnen Techniken, die für das Canyoning notwendig sind, befasst. Im zweiten Abschnitt soll der Weg aufgezeigt werden, auf dem man das sichere Durchführen selbstständiger Touren in der Gesamtheit erlernt. Dazu ist deutlich mehr nötig als das Beherrschen von Seiltechniken.

Die Erfahrung zeigt, dass es drei oft genutzte, aber sehr risikobehaftete Wege gibt, um sich mit dem Canyoning vertraut zu machen: der Transfer ähnlicher Sportarten auf das Canyoning, die Orientierung am Verhalten von professionellen Canyonführern bei kommerziellen Touren und das „Lernen" von einer Gruppe.

Ein kritischer Weg: Der Transfer von anderen Sportarten auf das Canyoning

Oftmals besitzt man Kenntnisse aus Sportarten, die dem Canyoning verwandt sind, bzw. zumindest so erscheinen, z. B. aus dem Klettern oder dem Kajakfahren oder ähnlichen Sportarten, und von diesen Sportarten stammen oft auch Teile der Ausrüstung für das Canyoning. Den fehlenden Teil der Ausrüstung leiht man sich dann irgendwo aus oder verzichtet ganz auf ihn. Nicht selten wird man auch einfach von anderen Personen mitgenommen, ohne deren Qualifikation (sofern sie überhaupt irgendeine Qualifikation besitzen) einschätzen zu können.

Man wendet die Technik anderer Sportarten dann auch im Canyoning an. Das geht jedoch nur sehr begrenzt und kann sehr gefährlich werden (z. B. wenn man beim Abseilen einen Prusikknoten zur „Sicherheit" mitlaufen lässt). Nach einiger Zeit fühlt man sich dann irgendwann selbst so „fit", dass man glaubt, selbstständig Touren gehen zu können, oder gar – im schlimmsten Falle – andere Personen in Canyons mitnimmt:

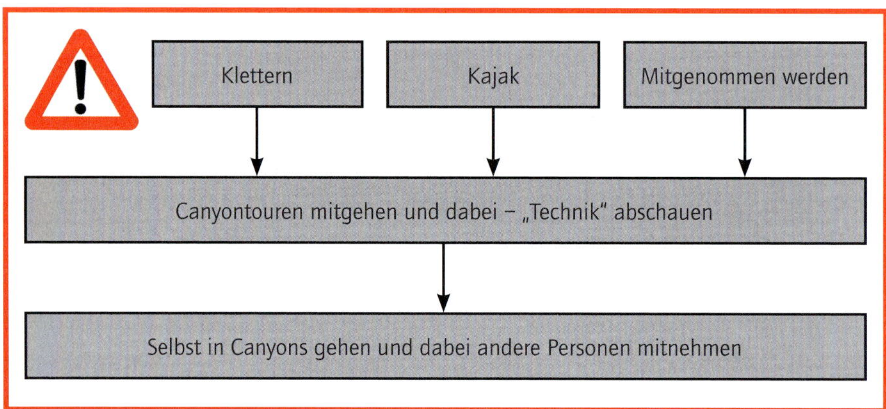

Häufiger, aber nicht sinnvoller Weg zum Canyoning

Ein weiterer kritischer Weg: Orientierung am Verhalten von Canyonführern bei kommerziellen Touren

Ein ideales Vorbild für die sichere Durchführung einer Tour könnte natürlich ein Canyonführer sein. Man könnte sich abschauen, wie er sich auf einer geführten Tour verhält. Das ist im Prinzip auch richtig, aber auch nur mit einigen Einschränkungen. Geführte Touren werden in aller Regel nur in bestimmten Canyons, die sich für diese Art der Touren besonders eignen, durchgeführt. Dadurch ist die Variation dessen, was man lernen kann, eingeschränkt.

Ein Canyonführer führt Touren in aller Regel sehr oft – meist zigmal pro Jahr – in seinen Stammcanyons durch. Daher weiß er auch, wo man springen oder rutschen kann, wo es gefährlich und wo es völlig ungefährlich ist. Da er den Canyon ständig geht und ihn auch bei allen möglichen Wasserbedingungen kennt, muss er z. B. kein Ankunftsbecken prüfen. Ein Canyonführer vertraut bei dem, was er tut, nicht auf sein Glück, er hat auch keine besondere Intuition für das, was geht und was nicht geht, er hat ganz einfach eine exzellente und aktuelle Ortskenntnis.

Wenn sich in dem Canyon etwas ändert, ist ein Canyonführer durch seine Kollegen schnell darüber informiert. Übrigens: Am Beginn der Saison oder nach einem Hochwasser checken die Canyonführer ihren Canyon genauso wie sie einen ihnen unbekannten Canyon checken würden, nur haben sie auf solchen Begehungen keine Gäste dabei.

Da der Canyonführer seinen Canyon wie seine Westentasche kennt, kann er diesen anders begehen, als wenn dies nicht der Fall wäre. Daher kann diese Begehungsart nicht als Vorbild für Leute dienen, die diese Kenntnisse nicht haben.

Man sieht bei einer geführten Canyontour nur einen Teil des Materials, das bei einer privaten Tour notwendig wäre, genauso verhält es sich mit den bei einer geführten Tour angewandten Techniken. Das Material und die Techniken, die man bei einer geführten Tour zu sehen bekommt, ist nur ein Bruchteil dessen, über was der Canyonführer verfügt.

Daraus den Schluss zu ziehen, dass das, was man bei einer kommerziellen Tour zu sehen bekommt und was man auch relativ schnell erlernen kann, sei ausreichend zur selbstständigen Begehung von Canyons, wäre fatal. Ein guter Canyonführer stellt sicher, dass es auf der Tour nicht zu schwierigen Situationen kommen kann und er gar keine Notfall- und Rettungstechniken anwenden muss. Bei privaten Touren ist dies nicht der Fall.

> Es ist wenig hilfreich, sich das Verhalten des Canyonführers eins zu eins als Vorbild zu nehmen. Eine geführte Tour und eine selbstständige Tour (vielleicht auch noch in einem unbekannten Canyon) ist etwas völlig anderes und erfordert unter Umständen ein völlig anderes Vorgehen bzw. Verhalten.

Ein dritter kritischer Weg: Das „Lernen“ von einer Gruppe

Wenn man sich einer Gruppe anschließt, kann man sich – zumindest prinzipiell – auch an der von der Gruppe geübten Praxis orientieren. Die Frage, ob diese „Praxis“ sinnvoll ist, stellt sich hierbei natürlich. Eine Antwort darauf findet man, indem man sich fragt, über welche Qualifikationen die Mitglieder und insbesondere auch der (formelle oder informelle) Führer der Gruppe besitzen.

Oftmals wird man feststellen, dass keines der Mitglieder über eine formelle Ausbildung, die auch entsprechende Prüfungen beinhaltet, verfügt. Von einem „Learning by Doing" ist beim Canyoning dringendst abzuraten!

Das hört sich zwar (schon alleine, weil es englisch ist) gut an, kann aber lebensgefährlich sein. Besonders trifft dies auf die Situation zu, in der man die Verantwortung für andere Personen übernimmt, obwohl man dazu eigentlich gar nicht qualifiziert ist.

Für die Beurteilung der Kompetenz der Teilnehmer (und oftmals auch sogar der „Führer" von Gruppen) wird dann oftmals die Anzahl der Touren, die jemand gemacht hat, als ein Ersatzkriterium verwendet. Maße hierfür sind dabei z. B. die Ausrüstung der Person, die Anzahl der Geschichten, die sie erzählen kann, die Aufzählung der (natürlich möglichst spektakulären) Touren, die sie durchgeführt hat, die Jahre, seit denen sie Canyoning macht, die Intensität, mit der sie sich als erfahren produziert etc.

All diese Kriterien sind natürlich sehr fraglich und fast nicht zu beurteilen. Nach unserer Erfahrung besteht in der Regel sogar ein geradezu inverses Verhältnis zwischen ihrer Verwendung und ihrer Qualität.

Solche „Qualitätskriterien" der Gruppenmitglieder oder gar Gruppen-„Führer" sollte man daher als äußerst relativ und invalide betrachten. Oftmals ist gerade das möglichst laute Kundtun der eigenen Erfahrung der Versuch, einen entsprechenden faktischen Mangel im Rahmen einer Vorwärtsverteidigung zu verbergen. Man kann auch durchaus jahrelang in Canyons gehen, ohne entsprechende Kenntnisse und Fertigkeiten zu haben (siehe Kap. 8).

Eine weitere Gefahr beim Lernen von einer (in welcher Weise sich auch immer als kompetent definierenden) Gruppe besteht in dem gelegentlich konstruierten (Schein-)Widerspruch zwischen Ausbildung und Praxis. Dieser wird oft als Begründung dafür genommen, dass man es „in der Praxis" doch völlig anders macht, als man es in Kursen lernt. In vernünftigen Kursen lernt man das Canyoning ganz genau so, wie es in der Praxis abläuft.

Einer Gruppe, die auf dem (Schein-)Widerspruch beharrt, sollte man sich nicht anschließen. Das Zitieren dieses (Schein-)Widerspruchs dient in der Regel lediglich der Konservierung des eigenen (oftmals geringen) Könnens und der Vermeidung des Lernens.

Weiterhin darf man sich nicht von verwandten Qualifikationen blenden lassen, wie z. B. von der Tatsache, dass jemand klettert, Mitglied der Bergwacht ist, Kajak fährt etc. Dies alles hilft beim Canyoning nur sehr bedingt, genauso wenig wie umgekehrt. Man sollte nur von dem lernen, der eine Ausbildung im Bereich des Canyonings hat.

Merke: Canyoning sollte man ausschließlich von jemandem lernen, der selbst eine formelle Ausbildung mit entsprechenden Prüfungen hat (jeder Fahrlehrer hat ja auch zwingend einen Führerschein zu besitzen).

Der empfohlene Weg

Der richtige, systematische und sichere Weg ist folgender: Am besten sammelt man erste Erfahrungen im Canyoning, indem man an einer oder mehreren professionell geführten Touren teilnimmt. Man kann dann sicher sein, dass die Tour mit maximaler Sicherheit durchgeführt wird. Wenn man Spaß am Canyoning gefunden hat, sollte man zunächst die Techniken systematisch in Kursen lernen, aber dabei beachten:

Das Absolvieren von Technikkursen alleine reicht nicht, um Canyons sicher begehen zu können.

Im Anschluss an die Kurse muss man lernen, Gefahren einzuschätzen, man muss Handlungsroutinen im realen Umfeld entwickeln, man muss lernen, eine Gruppe zu koordinieren, zu strukturieren und zu führen und man muss permanent das Verhalten bei Notfällen üben.

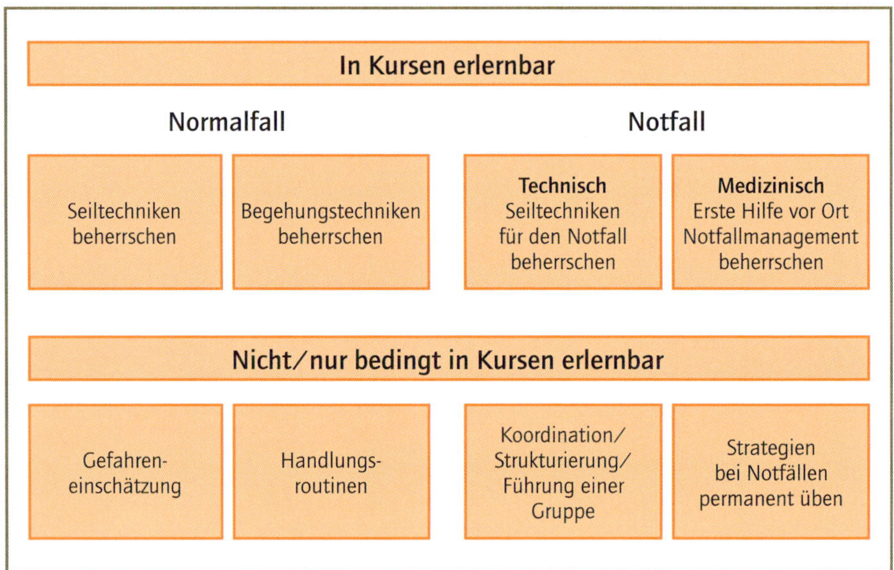

Nicht alle Fertigkeiten sind in Kursen erlernbar.

Die Einschätzung von Gefahren ist genauso wichtig wie schwierig. Strömendes Wasser ist z. B. sehr tückisch, manche Stellen sehen sehr dramatisch aus und sind dann in Wirklichkeit völlig ungefährlich. Andere Stellen sehen sehr unspektakulär aus, sind aber in Wirklichkeit tödlich (siehe Kap. 4.4).

Hier ist es besonders hilfreich, von der Erfahrung anderer Personen mit guter Ortskenntnis zu profitieren. Wenn man Kurse absolviert hat, beherrscht man die vermittelten Techniken prinzipiell. In Kursen kann jedoch keine Routine vermittelt werden, diese entsteht erst durch permanentes Üben in der Realität. Es gilt der Grundsatz: „Use it or lose it!“ Man sollte daher die Anwendung der Techniken nicht anderen (vermeintlich) erfahreneren Gruppenmitgliedern überlassen, sondern diese aktiv unter Realbedingungen im Canyon zur Anwendung bringen.

Eine weitere wichtige und nur in der Realität zu erlernende Fähigkeit ist die Strukturierung, Koordination und Führung einer Gruppe. Canyoning erfolgt ausschließlich in Gruppen. Die zeitgleiche, rein physische Präsenz verschiedener Menschen an einem Ort macht aus dieser Ansammlung von Menschen noch lange keine Gruppe. Das gilt generell, hat aber beim Canyoning besondere Bedeutung, da hier das eigene Leben unter Umständen von der Gruppe abhängt.

Wie eignet man sich diese zusätzlich zu den Kursen notwendigen Kenntnisse an?

Supervidierte Touren

Die optimale Möglichkeit, sich nach initialen Kursen im Bereich Canyoning weiterzuentwickeln, stellen sogenannte *supervidierte Touren* dar. Bei einer supervidierten Tour ist ein ausgebildeter Canyonführer bei einer Gruppe dabei, hält sich aber im Normalfall im Hintergrund und greift nur bei Fehlern ein. Er stellt zudem die Backup-Lösung dar, falls Schwierigkeiten auftreten sollten, die die Gruppe nicht von sich aus bewältigen kann.

Im Rahmen der Tour kann der Canyonführer eine Notfallsituation simulieren, in der die Teilnehmer den Einsatz von Notfalltechniken üben können. Nach der Tour erfolgt eine Rückmeldung an die Gruppe im Sinne eines intensiven Debriefings.

Wenn man erste Touren selbst unternimmt, sollte man Touren gehen, die nur eine geringe Ernsthaftigkeitsbewertung haben und die kommerziell begangen werden. Der Vorteil kommerziell begangener Canyons besteht in den guten und gut instand gehaltenen Sicherungen, die man dort in aller Regel vorfindet, in gut erkennbaren und gut ausgestatteten Notausstiegen und darin, dass diese frequentiert sind und daher im Notfall die Aussicht auf schnelle Hilfe besteht.

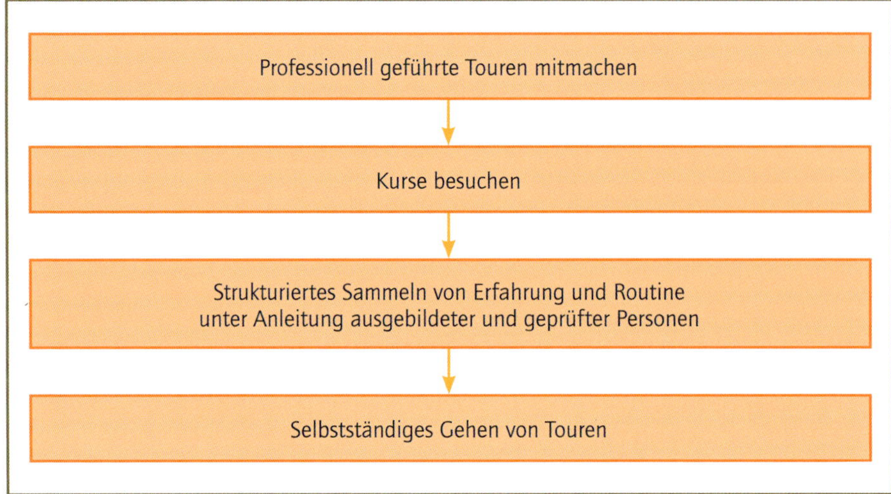

Optimaler Weg zum Canyoning

Es sei an dieser Stelle noch einmal davor gewarnt, Verantwortung für andere Personen zu übernehmen, die ihrerseits keine Erfahrung im Canyon haben und sich voll auf die Person, die sie mitnimmt, verlassen müssen. Dies sollte unbedingt professionellen Canyonführern vorbehalten bleiben.

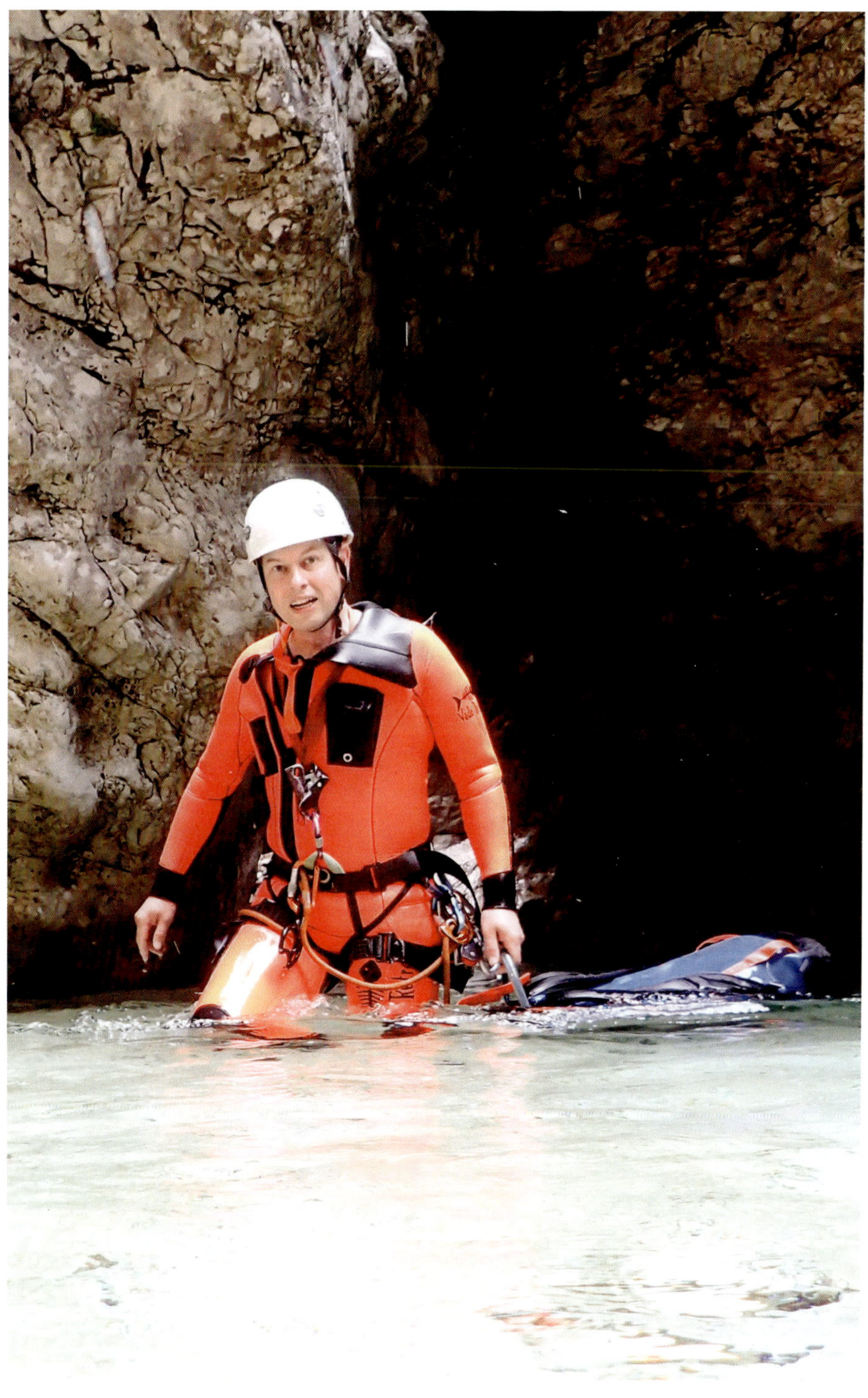

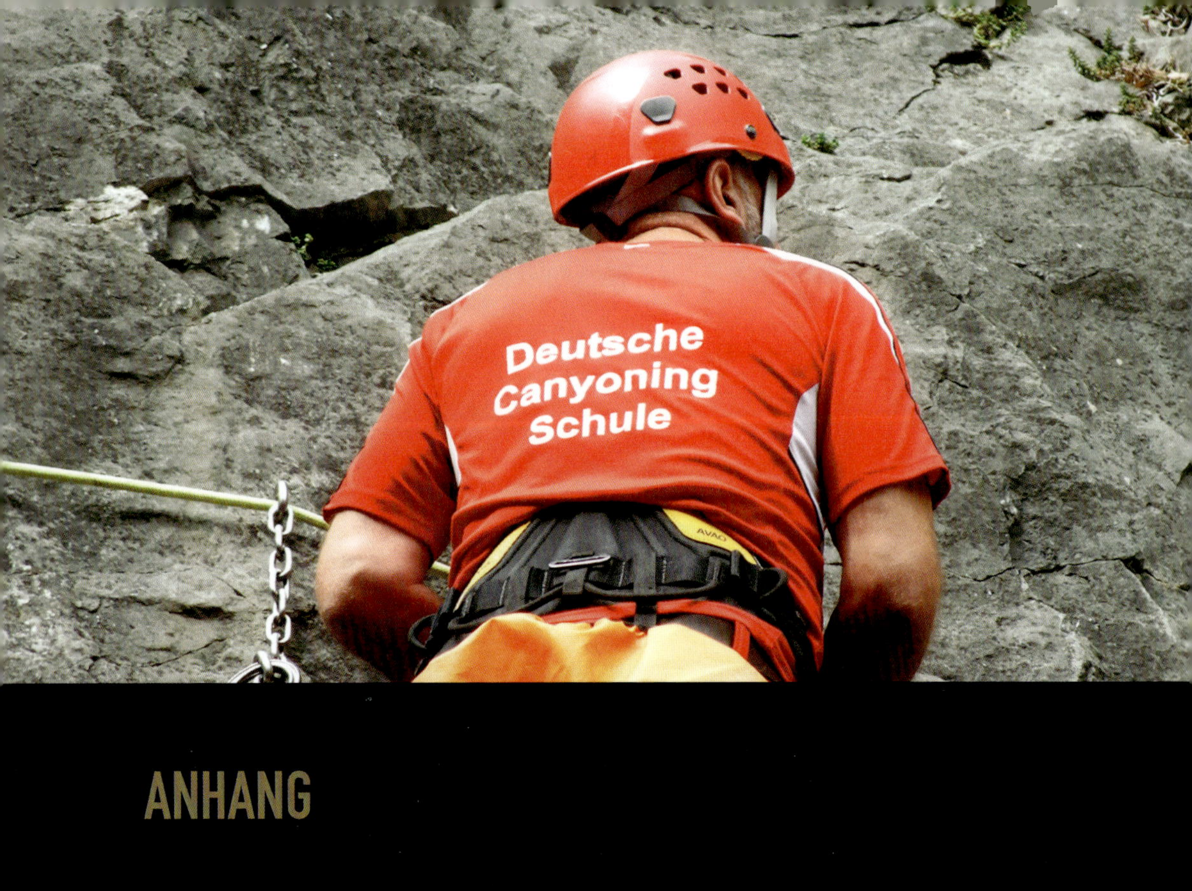

ANHANG

1 Das Ausbildungssystem der Deutschen Canyoning Schule*

Ausgehend von den obigen Überlegungen ist das Ausbildungssystem der Deutschen Canyoning Schule konzipiert. Dieses umfasst Kurse, supervidierte Touren und das DCS-Forum. Detaillierte Informationen zu den Kursinhalten finden sich auf der Homepage der DCS.

* Die Deutsche Canyoning Schule hat nichts mit dem Deutschen Canyoning Verein zu tun. Dieser versteht sich als Laienvereinigung und verfolgt daher andere Ziele als die Deutsche Canyoning Schule.

Das Kurssystem

Zum Erlernen der notwendigen Kenntnisse und Techniken gibt es unterschiedliche Kurse im Sinne eines Curriculums.

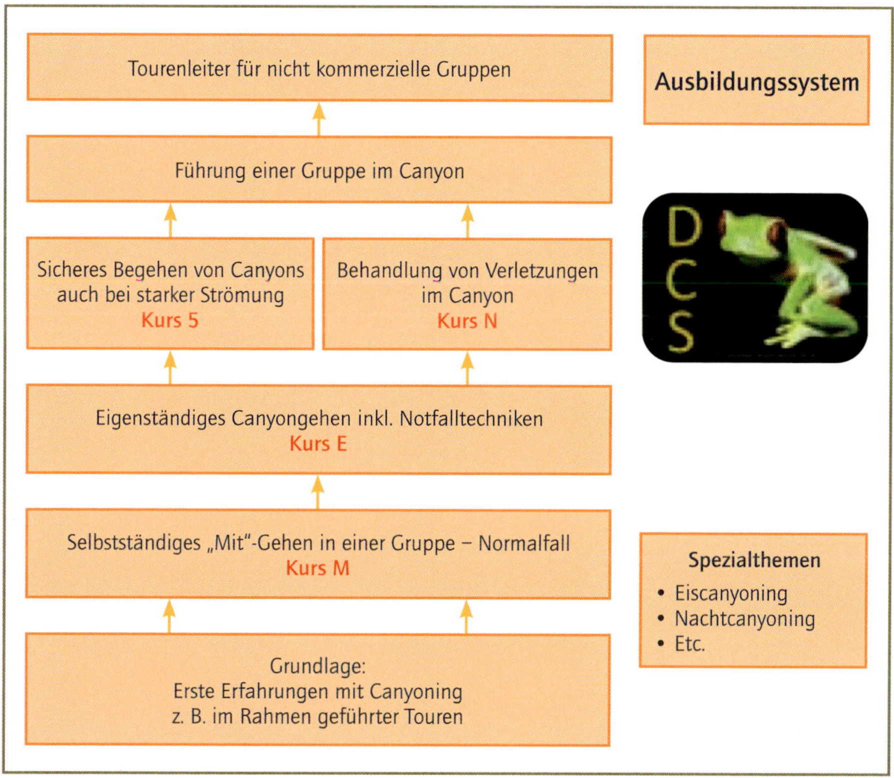

Das Kurssystem der Deutschen Canyoning Schule

Supervidierte Touren

Zur Umsetzung der Kenntnisse und Fertigkeiten werden supervidierte Touren angeboten, bei denen Teilnehmer, die definierte Kurse besucht haben müssen, selbstständig Touren vorbereiten und begehen und dabei von einem ausgebildeten Canyonführer supervidiert werden, der zunächst nur bei gravierenden Fehlern eingreift. Im Rahmen einer supervidierten Tour wird ein Notfall simuliert, bei dem die Teilnehmer reagieren müssen. Im Anschluss an eine Tour erfolgt ein detailliertes Debriefing.

Tourenleiterausbildung

Aus den oben aufgeführten Gründen übernimmt man als Laie eine untragbare Verantwortung für andere Personen, wenn man diese auf Touren mitnimmt, ohne dafür ausgebildet zu sein. Die wenigsten Canyongeher möchten jedoch jemals als kommerzielle Canyonführer beruflich tätig sein. Für die Zielgruppe der Canyongeher, die Touren im nicht kommerziellen Bereich sicher leiten möchten und der Verantwortung, die sie damit (moralisch und auch rechtlich) übernehmen, gerecht werden möchten, bietet die Deutsche Canyoning Schule eine spezielle Ausbildung zum Tourenleiter an.

Diese setzt sich zusammen aus:

- einem Curriculum aus Kursen;
- supervidierten Touren als Tourenleiter und
- dem Nachweis definierter Kenntnisse.

Kurse	Erfahrung	Supervidierte Touren
• Kurse Seiltechnik • Kurs Strömungskurs • Kurs Unfallmanagement • Kurs Tourenleitung Nachweis der Kenntnisse in einem Parcours bzw. in schriftlichen Tests	Nachweis von 10 Canyonbegehungen in verschiedenen Canyons Dokumentation anhand eines „Logbuchs"	• Drei von einem Canyonführer supervidierte Touren inkl. Planung der Touren • Bewältigung von zwei simulierten Notfallsituationen je Tour

Zusammenspiel von Kurs, Erfahrung und Supervision

Ziel dieser Ausbildung ist es, eine Gruppe von Personen in einem Canyon zu führen, die über Grundkenntnisse im Canyoning verfügen. Dadurch unterscheidet sich diese Ausbildung von einer Canyonführerausbildung, bei der es darum geht, völlig unbedarfte Kunden, die man vorher nicht kennt, in der Regel ohne jegliche Art von Vorkenntnissen, gegen Bezahlung durch eine Schlucht zu bringen.

Das DCS-Forum/Camps der DCS

Kursteilnehmer und Teilnehmer an supervidierten Touren, die einen gewissen Stand erreicht haben, werden in ein Forum aufgenommen, in dem man gleichermaßen qualifizierte Privatgeher treffen und sich zu selbstständig begangenen Touren mit anderen, qualifizierten Gruppenmitgliedern verabreden kann.

Die Deutsche Canyoning Schule veranstaltet jährlich mehrere Camps für Teilnehmer, die mindestens die ersten beiden Kurse absolviert haben und die Canyoning unter professioneller Supervision praktizieren wollen. Diese Camps sind kostenfrei.

Nähere Informationen zu den Ausbildungen finden sich auf der Homepage der Deutschen Canyoning Schule (www.deutsche-canyoniong-schule.de).

2 LINKS

Topos

www.canyoningapp.com

www.canyon.carto.net

Material

www.canyonzone.nl

www.aventureverticale.com

www.beal-planet.com

www.bestard.com

www.canyonzone.com

www.exped.ch

www.leatherman.com

www.petzl.com

www.vaderetro.com

www.vonblon.com

www.worx-europe.com

www.betaclimbingdesigns.com

www.canyon.cramerzone.de (Bezugsquelle „Reacher")

Wetter

www.weatherservice.de /gewittervorhersage

www.skywarn.de

www.wetter.de/regenradar

Speziell für Österreich:

www.uwz.at

Speziell für die Schweiz:

www.meteo.svizerra.ch

Blitzortung: http://de.blitzortung.org/live_lightning_maps.php?map=10

Die drei Tessiner Telefonnummern der Elektrizitätswerke

+41 91 756 66 15 (OFIBLE: die meisten Canyons: Cresciano, Iragna etc.)

+41 91 756 93 01 (SES: Maggiatal)

+41 91 822 26 66 (AET: Leventina/Nordwesten Tessins noch über Biasca)

Vereinigungen

www.canyoning.or.at (Austrian Canyoning Association)

www.canyoning.it (Assoziatione Canyoning Italiana)

Ausbildung

www.deutsche-canyoning-schule.de

3 LITERATUR

Deutscher Alpen Verein. *DAV-Sicherheitsforschung* www.alpenverein.de/bergsport/sicherheit/ausruestung/seilrisse. Abgerufen 23. September 2020.

Dunning, D. & Kruger, L. (1999). Unskilled and unaware of it. How difficulties in recognizing one's own incompetence lead to inflated self-assessment. *Journal of Personality and Social Psychology (77)*, 1121-1134.

Gigerenzer, G., Bauer, T. & Krämer, W. (2014). *Warum dick nicht doof macht und Genmais nicht tötet.* Campus Frankfurt.

Gigerenzer, G. (2013). *Risiko – Wie man die richtigen Entscheidungen trifft.* Bertelsmann.

Göring, A. (2006). *Risikosport – Interdisziplinäre Annäherung, empirische Befunde und Anwendungsbezüge.* Dissertation. Göttingen.

Heilmann, K. (2010). *Das Risiko Barometer.* Heyne München.

Hofmann, E. (2011). *Verhaltens- und Kommunikationsstile erkennen und optimieren.* Hogrefe Göttingen.

Hofmann, E. (2013). *Weniger Stress erleben.* Hogrefe Göttingen.

Hofmann, E. (ständig aktualisiert). *Behandlung von Verletzungen im Canyon.* Deutsche Canyoning Schule, Friedrichshafen.

Hofmann, E. (ständig aktualisiert). *Canyoning und Psychologie.* Deutsche Canyoning Schule, Friedrichshafen.

Hofmann, E. (ständig aktualisiert). *Canyoningtechnik Advanced.* Deutsche Canyoning Schule, Friedrichshafen.

Hofmann, E. (ständig aktualisiert). *Unfälle beim Canyoning.* Deutsche Canyoning Schule, Friedrichshafen.

Hofmann, E. (ständig aktualisiert). *Sicherungen beim Canyoning.* Deutsche Canyoning Schule, Friedrichshafen.

Hofmann, S. (1997). *Canyoning.* Rother.

Reason, J. (1997). *Managing the risk of organizational accidents Aldershot.*

Roth, G. (2019). *Warum es so schwierig ist, sich und andere zu ändern.* Klett Kotta.

Schwiersch, M. (2019). Risikomanagement und Unfallprävention im Bergsport. Ergebnisse alpiner Feldforschung. In F. Bergold et al., *Alpin- und Höhenmedizin.* Springer.

Spiegel, B. (2012). *Die obere Hälfte des Motorrads.* Motorbuch Verlag.

Urquhart, J. & Heilmann, K. (1983). *Risk watch. The odds of life facts on file.* New York.

Williams, A. F. (2003). Views of US drivers about driving safety. *Journal of Safety Research, 34* (5).

Yerkes, R. M. & Dodson J. D. (1908). The relationship of strength of stimulus to rapidity of habitformation. *J. of Comp. Neurol. Psychol* (18).

Zaunhuber, A. (1996). *Canyoning Bergsport im Wasser.* Pollner Verlag, München.

4 SCHWIERIGKEITSBEWERTUNGEN

Vertikalität und Aquatik

Schwierigkeits-stufe	v: Vertikalität
1 sehr leicht	• Keine Abseilstellen • Kein Seil notwendig • Keine Kletterstellen
2 leicht	• Einfache, leicht zugängliche Abseilstellen bis maximal 10 Meter • Einfache, nicht ausgesetzte Kletterstellen
3 wenig schwierig	• Einfache, leicht zugängliche, voneinander unabhängige Abseilstellen bis maximal 30 Meter • Standplätze, die für Gruppen geeignet sind • Einfache Handläufe • Abseilstellen mit geringem Wasserdruck • Abseilen in glitschigem, holprigem oder instabilem Gelände oder direkt im Wasserlauf • Nicht ausgesetzte Kletterstellen bis maximal Schwierigkeitsstufe 3 UIAA
4 ziemlich schwierig	• Wasserfälle mit geringem oder mittlerem Wasserdurchlauf • Der Wasserdruck kann zu Problemen mit dem Gleichgewicht oder zum Blockieren führen. • Schwierig zugängliche und/oder über 30 Meter lange Abseilstellen • Zwischenstände sind gut erreichbar und man kann gut stehen. • Technik zur Vermeidung von Seilreibung ist notwendig. • Schwierige Seilgeländer • Ankunftsstelle ist nicht vom Standplatz aus einsehbar. • Ankunft in tiefem Wasserbecken • Kletterstellen bis maximal Schwierigkeitsstufe 4 oder A0 UIAA • Ausgesetzte Kletterstellen

Schwierigkeitsstufe	a: Aquatik
1 sehr leicht	• Meist kein Wasser • Gehen in ruhigem Wasser • Eventuelle Schwimmstrecken können umgangen werden.
2 leicht	• Schwimmstrecken bis maximal 10 Meter in ruhigem Wasser • Einfache Sprünge bei drei Meter • Kurze, leicht geneigte Rutschen
3 wenig schwierig	• Schwimmstrecken bis maximal 30 Meter in ruhigem Wasser • Abstieg in geringer Strömung • Einfache Sprünge zwischen drei und fünf Meter • Lange, mittelmäßig geneigte Rutschen
4 ziemlich schwierig	• Langer Aufenthalt im Wasser • Mittlere Strömung • Einfache Sprünge zwischen fünf und acht Meter • Sprünge mit schwierigem Absprung bzw. schwieriger Landung bis maximal fünf Meter • Weite Siphons bis maximal einen Meter Länge oder Tiefe • Sehr lange oder sehr steile Rutschen

Schwierigkeits-stufe	v: Vertikalität
5 schwierig	• Wasserfälle mit mittlerem oder hohem Wasserdurchlauf, die den Abseilenden aus dem Gleichgewicht bringen können. • Die Abseilstrecke muss richtig eingeschätzt werden. • Überwinden von Wasserbecken wählen des Abseilens • Abseilen mit ausgesetzten Zwischenständen • Glitschige Abseilstrecke oder Hindernisse in der Abseilstrecke • Schwierige Seilmanöver (z. B. Seil in Schwimmposition abziehen) • Ausgesetzte Kletterstellen bis maximal 5 oder A1 UIAA
6 sehr schwierig	• Wasserfälle mit starkem oder sehr starkem Wasserdurchlauf • Schwer zugängliche Abseilstellen: Komplizierte Seilgeländer erforderlich • Lange Wasserfälle • Schwieriges Abseilen • Richtiges Einschätzen der Abseilstrecke und absolute Gleichgewichtsbeherrschung sind erforderlich. • Standplätze sind schwierig erreichbar. • Schwieriges Einrichten von Standplätzen, komplizierte Seilgeländer notwendig • Schwierige Nutzung natürlicher Fixpunkte (Klemmblöcke etc.) • Ausgesetzte Kletterstellen bis maximal 6 oder A2 UIAA • Sehr glitschige oder instabile Abseilstrecken • Sehr turbulente Ankunftsbecken
7 extrem schwierig sehr ausgesetzt	• Abseilstellen mit sehr starkem oder extremem Wasserdurchlauf • Sehr lange Wasserfälle • Sehr schwieriges Abseilen • Exaktes Einschätzen der Abseilstrecke und absolute Gleichgewichtsbeherrschung unbedingt erforderlich • Perfektes Seilhandling erforderlich • Sehr eingeschränkte Sicht und viele Hindernisse beim Abseilen • Sehr turbulente Ankunftsbecken • Die starke Wasserführung kann zu Atemproblemen führen. • Ausgesetzte Kletterstellen bis 6 oder A2 UIAA

Schwierigkeits-stufe	a: Aquatik
5 schwierig	• Langer, anstrengender Aufenthalt im Wasser • Abstieg durch ziemlich starke Strömung • Schwierigkeiten beim Ein- und Ausschwimmen in die/aus der Strömung • Prallwände • Walzen, die eine Person halten können. • Einfache Sprünge zwischen fünf und acht Meter • Sprünge mit schwierigem Absprung bzw. schwieriger Landung zwischen fünf und acht Meter • Weite Siphons bis maximal zwei Meter Länge oder Tiefe
6 sehr schwierig	• Langer, anstrengender Aufenthalt im Wasser • Abstieg in starker Strömung • Große Schwierigkeiten beim Ein- und Ausschwimmen in die/aus der Strömung • Prallwände • Ausgeprägte Walzen, die eine Person längere Zeit halten können. • Einfache Sprünge zwischen 10 und 14 Meter • Sprünge mit schwierigem Absprung bzw. schwieriger Landung zwischen acht und 10 Meter • Weite Siphons bis maximal drei Meter Länge oder Tiefe • Technisch anspruchsvolle Siphons bis einen Meter Weite oder Tiefe
7 extrem schwierig sehr ausgesetzt	• Abstieg in starker Strömung • Extreme Schwierigkeiten beim Ein- und Ausschwimmen in die/aus der Strömung • Sehr ausgeprägte Walzen, die eine Person längere Zeit halten können. • Einfache Sprünge bis 14 Meter • Sprünge mit schwierigem Absprung bzw. schwieriger Landung über 10 Meter • Weite Siphons über drei Meter Länge oder Tiefe • Technisch anspruchsvolle Siphons bis einen Meter Weite oder Tiefe • Technisch anspruchsvolle Siphons über einen Meter mit Strömung

Ernsthaftigkeit

Bewertung der Ernsthaftigkeit eines Canyons. Wie oben schon erwähnt, hängt die Ernsthaftigkeit eines Canyons von drei Komponenten ab:

- Wie schnell ist man im Falle eines plötzlichen Wasseranstiegs (z. B. als Folge eines Gewitters) an einer sicheren Stelle innerhalb der Schlucht?
- Wie schnell ist man im Notfall an einem Notausstieg, um aus der Schlucht herauszukommen?
- Wie lange dauert die Begehung der Schlucht?

Gesamtrisiko Gesamtdauer	Kriterien
I	• Hochwassergeschützte Stellen können immer und einfach erreicht werden. • Fluchtmöglichkeiten sind einfach zu erreichen und auf der ganzen Länge der Schlucht vorhanden. • Gesamtdauer (Zustieg, Abstieg, Rückweg) maximal zwei Stunden
II	• Hochwassergeschützte Stellen können innerhalb von 15 Minuten erreicht werden. • Fluchtmöglichkeiten sind innerhalb von 15 Minuten erreichbar. • Gesamtdauer (Zustieg, Abstieg, Rückweg) 2-4 Stunden
III	• Hochwassergeschützte Stellen können innerhalb von 30 Minuten erreicht werden. • Fluchtmöglichkeiten sind innerhalb von 30 Minuten erreichbar. • Gesamtdauer (Zustieg, Abstieg, Rückweg) 4-8 Stunden
IV	• Hochwassergeschützte Stellen können innerhalb von einer Stunde erreicht werden. • Fluchtmöglichkeiten sind innerhalb von zwei Stunden erreichbar. • Gesamtdauer (Zustieg, Abstieg, Rückweg) acht Stunden bis ein Tag

Gesamtrisiko Gesamtdauer	Kriterien
V	• Hochwassergeschützte Stellen können innerhalb von zwei Stunden erreicht werden. • Fluchtmöglichkeiten sind innerhalb von vier Stunden erreichbar. • Gesamtdauer (Zustieg, Abstieg, Rückweg) zwischen ein und zwei Tagen
VI	• Hochwassergeschützte Stellen können nach mehr als zwei Stunden erreicht werden. • Fluchtmöglichkeiten sind nach mehr als vier Stunden erreichbar. • Gesamtdauer (Zustieg, Abstieg, Rückweg) über zwei Tage

Auszüge aus der UIAA-Bewertung von Kletterstellen

Bewertung	Erklärung
1	• Einfachste Form der Kletterei (kein Gehgelände mehr)
2	• Drei-Punkt-Haltung ist erforderlich.
3	• Zwischensicherungen an exponierten Stellen sind erforderlich. • Senkrechte Stellen erfordern bereits Kraftaufwand. • Geübte und erfahrene Kletterer können noch ohne Seilsicherung klettern.
4	• Längere Kletterpassagen erfordern mehrere Zwischensicherungen. • Auch erfahrene und geübte Kletterer benötigen Seilsicherung.
5	• Zunehmende Anzahl an Zwischensicherungen ist die Regel. • Erhöhte Anforderungen an körperliche Voraussetzungen, Klettertechnik und Erfahrung.
6	• Weit überdurchschnittliches Können und hervorragender Trainingszustand sind erforderlich. • Große Ausgesetztheit, oft verbunden mit kleinen Standplätzen

Die Schwierigkeitsbewertung in Form eines „A" (artifiziell = künstlich), gefolgt von einer Zahl, gibt die Schwierigkeit an, wenn Sicherungen als Griffe und Tritte benutzt werden oder wenn künstliche Hilfsmittel verwendet werden. Man spricht dann auch von technischem Klettern.

Skala	Beschreibung
A0	• Sicherungspunkte werden zur Fortbewegung als Tritt oder Griff verwendet.
A1	• Eine Trittschlinge wird eingehängt und verwendet.
A2	• Zwei Trittschlingen oder Trittleitern werden verwendet.

5 SCHRIFTENREIHE DER DEUTSCHEN CANYONING SCHULE

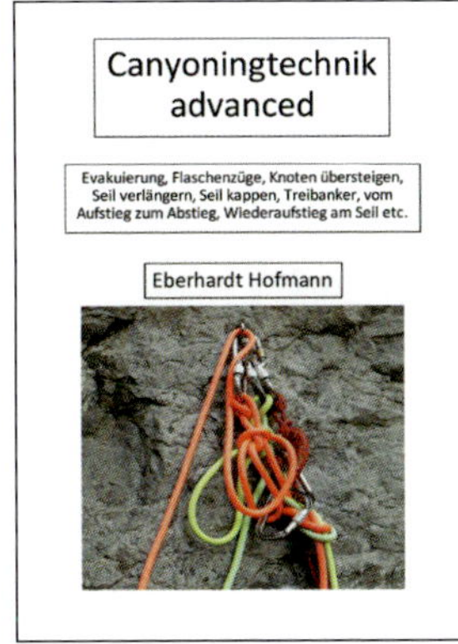

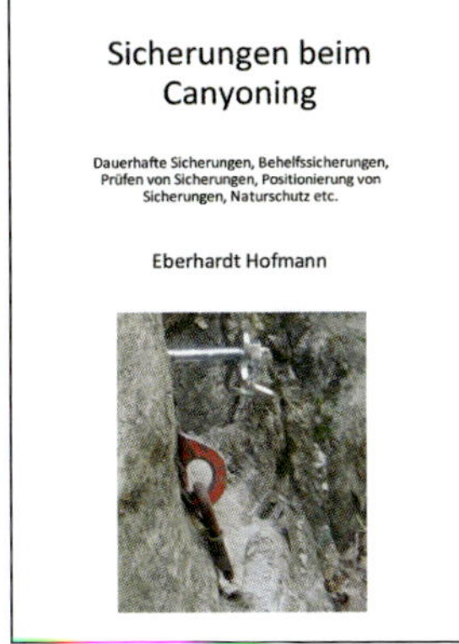

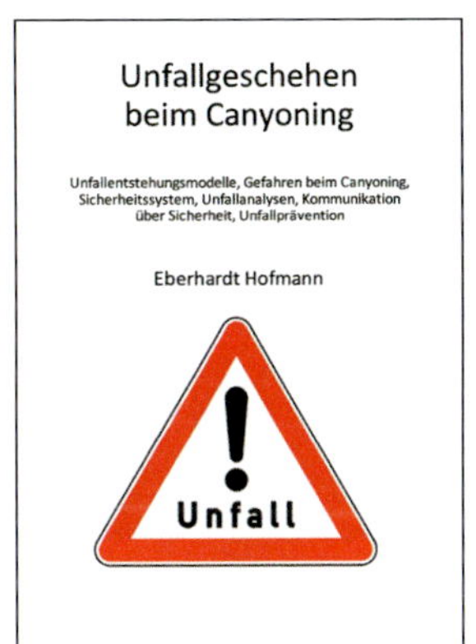

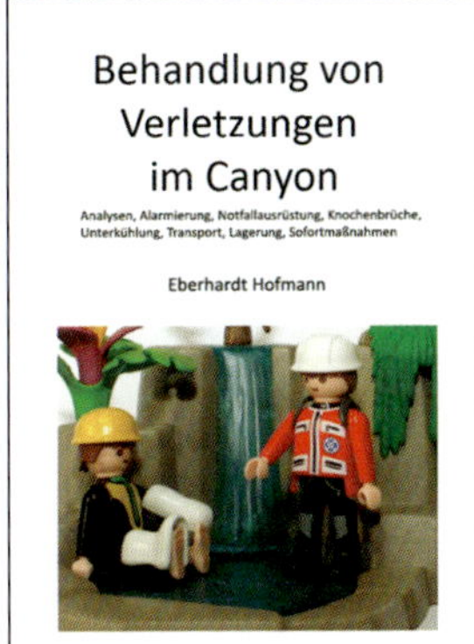

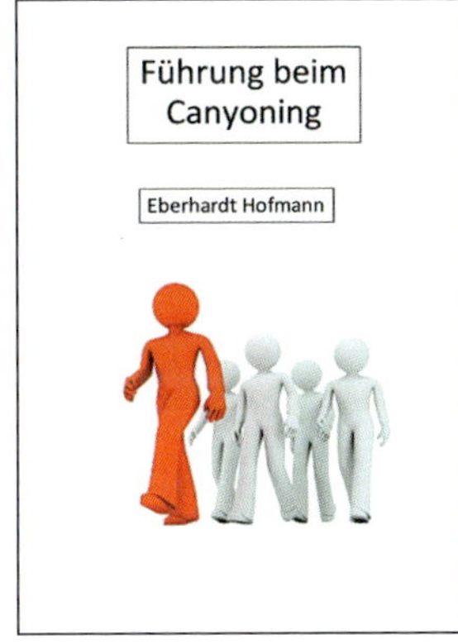

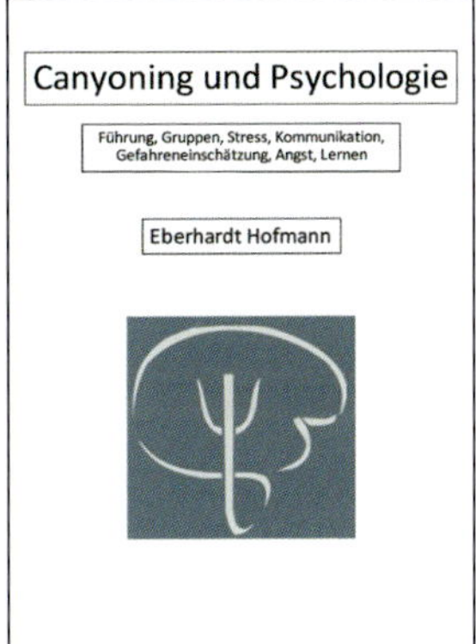

Zu beziehen über die die Deutsche Canyoning Schule

www.deutsche-canyoning.schule.de

6 MAKING OF

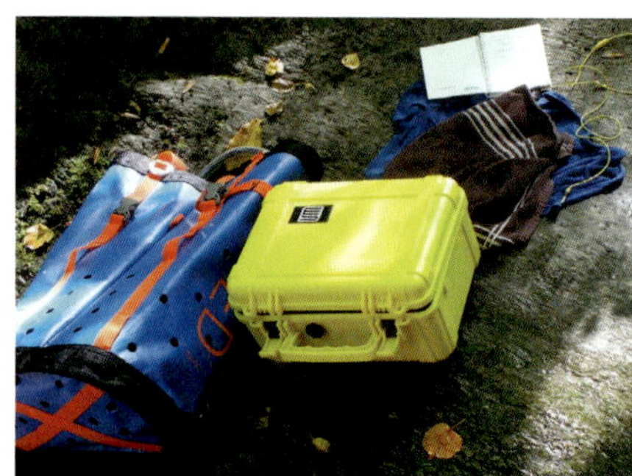

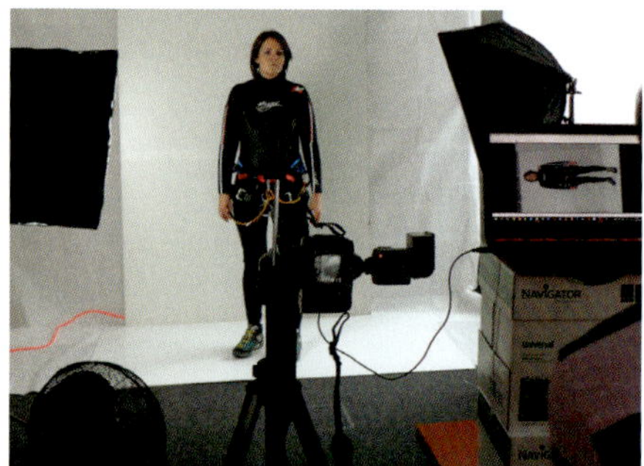
NAVIGATOR

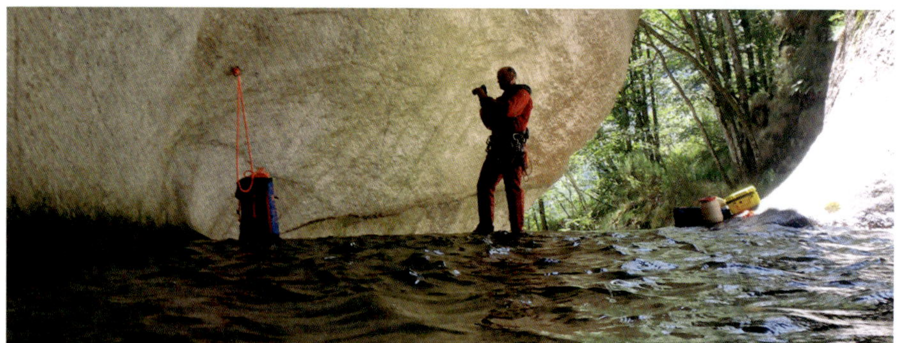

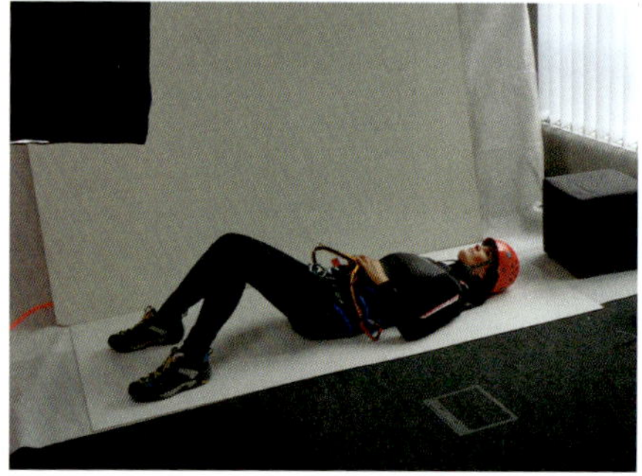

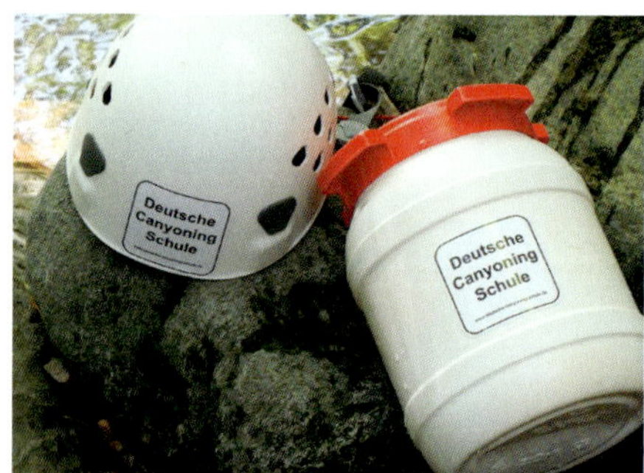
Deutsche
Canyoning
Schule
Deutsche
Canyoning
Schule

Wir bedanken uns ganz herzlich bei unseren Sponsoren:

- 3S
- Aventure Verticale
- Beal
- Bestard
- Exped
- hf-Kanusport
- Leatherman
- Peiker
- Petzl
- Vade Retro
- Vonblon
- Worx

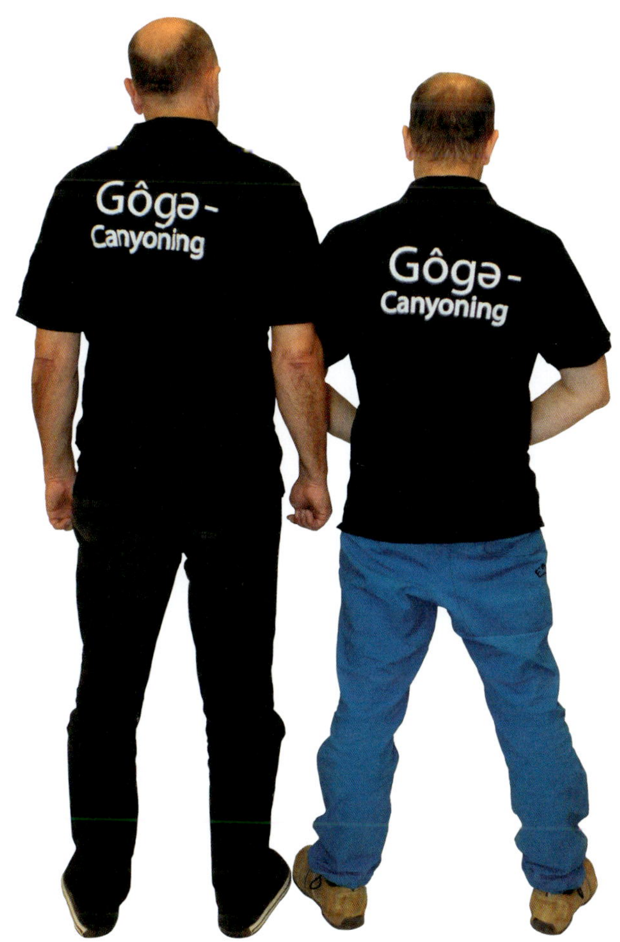

Wir wünschen unseren Lesern viele beeindruckende und sichere Canyoningerlebnisse.

7 BILDNACHWEIS

Umschlagfoto:	Eberhardt Hofmann, © AdobeStock
kleine Umschlagfotos:	© Tobias Hase
Covergestaltung:	Sannah Inderelst
Umschlaggestaltung:	Isabella Frangenberg
Innenlayout:	Katerina Georgieva
Satz:	www.satzstudio-hilger.de
Fotos Innenteil:	S. 70, S. 161: © Andreas Maier S. 167, 169 oben: © AdobeStock S. 358: © Ernst Schmitzberger S.16, S. 379, kleine Bilder auf dem Umschlag (U1): © Tobias Hase
Alle übrigen Fotos:	© bei den Autoren
Abbildungen:	29, 31, 56, 67, 80, 105, 108-110, 113, 115, 116, 118, 241, 242: © Satzstudio Hilger
Lektorat:	Dr. Irmgard Jaeger
Projektleitung:	Riccardo Rip

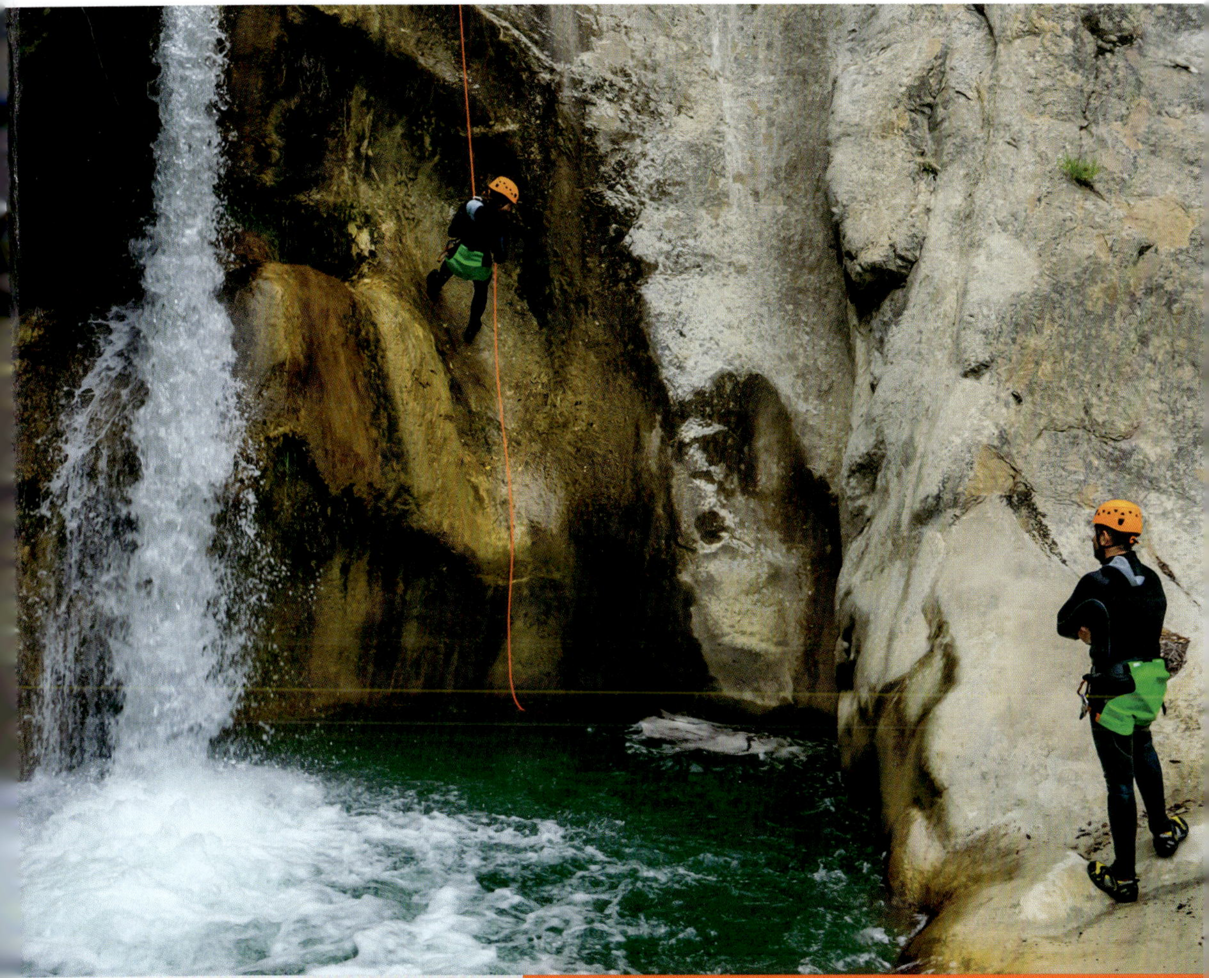

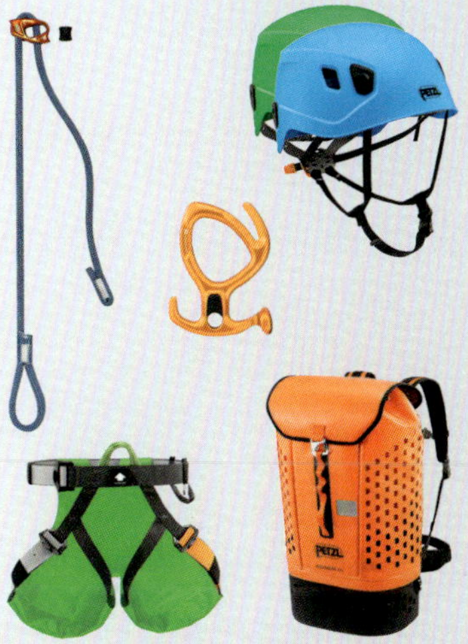